・郵送申込みは，必ず「**簡易書留郵便**」扱いとし，郵便局の**窓口**から全国社会保険労務士会連合会試験センターへ郵送する（郵便ポストへの投函は不可）。受験手数料15,000円（払込手数料313円は受験申込者負担）は，受験案内書同封の専用の払込用紙を使用して，必ず**郵便局・ゆうちょ銀行の窓口**から納付する。5月31日消印有効。

### 6．郵送による受験案内等の入手手順

受験案内の請求受付けは3月上旬より，発送は4月中旬以降（官報公示後）。

1．準備するもの
①封筒：角形2号（A4判が折らずに入る大きさ：縦332mm×横240mm）を1通，長形3号（縦235mm×横120mm）を1通
②切手：84円分・140円分。

2．返信用封筒――上記1の角形2号を返信用とし，140円分（速達は400円）の切手を貼付して，受験案内請求者（以下，「請求者」という）の①郵便番号，②住所，③氏名を記入する（マンション・アパート名，部屋番号など詳細に正しく記入のこと）。

3．往信用封筒――上記1の長形3号を往信用とし，84円分の切手を貼付して，試験センターの宛名，請求者（差出人）の①郵便番号，②住所，③氏名を記入。なお，必ず往信用封筒の表面に「**受験案内 請求**」と赤い文字で記入する（書類送付状や受験案内請求の文書等を同封する必要はない。）。

4．封筒の送付――上記2の返信用封筒を折りたたみ，3の往信用封筒に入れて送付（投函）する。

（注）電話，FAX，試験センター窓口，各都道府県社会保険労務士会の窓口での請求は受け付けない。

### 7．合格者の発表

10月4日（水）に厚生労働省ホームページ及び試験オフィシャルサイトに合格者受験番号が掲載される。合格証書は10月16日（月）発送。10月下旬に官報に合格者受験番号が公告される。

### 8．受験資格――短期大学卒業以上又は行政書士試験合格者等（次頁受験資格表参照）。

### 9．受験申込書請求先，受験申込書提出先及び受験に関するお問い合わせ

全国社会保険労務士会連合会 試験センター
〒103-8347　東京都中央区日本橋本石町3-2-12 社会保険労務士会館5階
電　話：03-6225-4880
　　　　　　　受付時間　土日・祝日・年末年始を除く：9時30分〜17時30分
ＦＡＸ：03-6225-4883（受付時間24時間：連絡先を明記のこと。）
試験センターホームページ（https://www.sharosi-siken.or.jp）
　　検索→ 社会保険労務士試験オフィシャルサイト

## 受験資格の概要 （詳しくは、試験センターにお問い合せ、ご確認ください。）

| 受　験　資　格 | |
|---|---|
| (1)　学校教育法による大学，短期大学，専門職大学，専門職短期大学若しくは高等専門学校（5年制）を卒業した者又は専門職大学の前期課程を修了した者（専攻の学部学科は問わない） | (9)　国又は地方公共団体の公務員として行政事務に従事した期間及び行政執行法人（旧特定独立行政法人），特定地方独立行政法人又は日本郵政公社\*の役員又は職員として行政事務に相当する事務に従事した期間が通算して3年以上になる者<br>※民営化後の従事期間とは通算できない。<br>　全国健康保険協会，日本年金機構の役員（非常勤の者を除く）又は従業者として社会保険諸法令の実施事務に従事した期間が通算3年以上になる者（社会保険庁の職員として行政事務に従事した期間を含む）。 |
| (2)　上記の大学（短期大学を除く）において62単位以上を修得した者又は一般教養科目と専門教育科目等との区分けをしているものにおいて一般教養科目36単位以上を修得し，かつ，専門教育科目等の単位を加えて合計48単位以上の卒業要件単位を修得した者 | |
| (3)　旧高等学校令による高等学校高等科，旧大学令による大学予科又は旧専門学校令による専門学校を卒業し，又は修了した者 | (10)　行政書士となる資格を有する者 |
| (4)　前記(1)又は(3)に掲げる学校等以外で，厚生労働大臣が認めた学校等を卒業し又は所定の課程を修了した者 | (11)　社会保険労務士若しくは社会保険労務士法人又は弁護士若しくは弁護士法人の業務の補助の事務に従事した期間が通算して3年以上になる者 |
| (5)　修業年限が2年以上で，かつ，課程の修了に必要な総授業時間数が1,700時間以上（62単位）の専修学校の専門課程を修了した者 | (12)　労働組合の役員として労働組合の業務に専ら従事（いわゆる「専従」という）した期間が通算して3年以上になる者又は会社その他の法人（法人でない社団又は財団を含み，労働組合を除く。以下「法人等」という）の役員として労務を担当した期間が通算して3年以上になる者 |
| (6)　社会保険労務士試験以外の国家試験のうち厚生労働大臣が認めた国家試験に合格した者※主なもの下記欄外参照 | |
| (7)　司法試験予備試験，旧法による司法試験第一次試験，旧司法試験第一次試験又は高等試験予備試験に合格した者 | (13)　労働組合の職員又は法人等若しくは事業を営む個人の従業者として労働社会保険諸法令に関する事務に従事した期間が通算して3年以上になる者 |
| (8)　労働社会保険諸法令の規定に基づいて設立された法人の役員（非常勤の者を除く）又は従業者として同法令の実施事務に従事した期間が通算して3年以上になる者 | (14)　全国社会保険労務士会連合会において，個別の受験資格審査により，学校教育法に定める短期大学を卒業した者と同等以上の学力があると認められる者 |

※　(6)の「厚生労働大臣が認めた国家試験に合格した者」のうち主なものは次のとおり。
国家公務員採用総合職試験並びに一般職大卒程度試験，一般職高卒者試験（事務に限る）及び一般職社会人試験（事務に限る）（旧国家公務員採用Ⅰ種〜Ⅲ種（行政事務及び税務に限る）試験並びに旧国家公務員採用上級（甲種・乙種），中級及び初級（行政事務及び税務に限る）試験を含む），労働基準監督官採用試験，公認会計士試験（旧第2次試験を含む），不動産鑑定士試験（旧第2次試験を含む），弁理士試験，税理士試験，1級建築士試験，司法書士試験，土地家屋調査士試験，気象予報士試験，中小企業診断士試験（旧中小企業診断士試験を含む）他。

# ごうかく 社労士
## まる覚えサブノート

### 2024年版

労務経理ゼミナール 代表
**秋保雅男**——監著

古川飛祐[共著]

中央経済グループパブリッシング

## はしがき

　中央経済グループパブリッシングのご厚意により，令和元年に復活した『ごうかく社労士　まる覚えサブノート』（以下「まる覚えサブノート」）は，過去10年間の本試験問題を精査し，内容を見直すとともに，頁のサイドに**出題年度と問題番号**を明示した。また，索引を充実させ，よりわかりやすく表現し，直前サブノートとして完全を期した。

　本書は，『ごうかく社労士　基本テキスト』（以下「ごうかく社労士」）のまとめ・整理版である。これだけの小冊子であるが，**本試験出題事項**がこれでもか，これでもかと詰め込まれている。過去の社労士試験において**合格率が2.6%と最難関だった平成27年度に完全対応**し，利用した受験生の間で**的中率の高さ**が話題になった。

　令和5年度の社労士試験は，内容的にはレベルの高い問題もあったが，多くは基本事項からの出題であった。合格のためには，**基本事項**の**反復学習**によって高得点を取ることが最良の方法である。

　短期合格のキメ手は，「まる覚えサブノート」を暗記用のまとめとして繰り返し10回以上読み込み，基本書のバイブルといえる「ごうかく社労士」を参考書として常に立ち返ると良い。コマ切れ学習時間を活用して合格できる社労士試験に，本書は非常に役立つのである。

　著者の**古川飛祐氏**は，数多くの執筆で受験と社労士実務に精通し，**正確無比**である。

　この珠玉の名著「まる覚えサブノート」を活用され，ぜひ，社会保険労務士試験の合格を勝ち取って下さい。

令和6年1月　　　　　　　　監修　著者　秋保　雅男
　　　　　　　　　　　　　　　　　著者　古川　飛祐

## 監修・著者略歴

### 秋保 雅男 (RKZ代表取締役)

　有名社労士講師として，TAC，LEC，朝日カルチャーセンター，産能大学，早稲田大学，労務経理ゼミナール等で企業研修担当講師や，社労士試験等の受験指導請師を歴任。各科目の趣旨，仕組み，考え方等全てを明解に，分かりやすく，面白く講義する。20年超の講師歴，2万時間超の講義時間数が数多くの合格者達を輩出してきた。

　日本のフーズ・フー（Who's Who）といわれる明治22年刊行の㈱交詢社出版局の「日本紳士録」に，平成4年から掲載。興信データ㈱の第42版「人事興信録」等の日本のほとんどの現代人名辞典に掲載。

**(Facebook，Twitter検索)**
「社労士受験の秋保雅男」

**(主な著書)**
「うかるぞ社労士」他，うかるぞ社労士シリーズの監修　週刊住宅新聞社
「ごうかく社労士基本テキスト」他，ごうかく社労士シリーズの監修　中央経済グループパブリッシング
「年金のもらい方」東洋経済新報社
「年金Q＆A680」税務経理協会
「労務管理ノウハウ（上・下）」税務経理協会
他著書等50冊超となっている。

### 古川 飛祐 (社会保険労務士)

　古川労務管理事務所（労働保険事務組合八幡共栄会併設）で29年間の実務経験がある。社労士試験をトップクラスで合格し，㈱労務経理ゼミナール，早稲田大学エクステンションセンター講師を歴任。受験生から高い信頼を得ている。

**(主な著書)**
「うかるぞ社労士SRゼミ」週刊住宅新聞社
「秋保雅男の社労士試験最短最速合格法」日本実業出版社
「社労士年金ズバッと解法」秀和システム
「法務教科書　マイナンバー実務検定1級合格ガイド」翔泳社
「やさしくわかる社労士業務便覧」税務経理協会
他著書・共著書30冊超となっている。

# 本書の利用法

　「ごうかく社労士」のダイジェスト版である「まる覚えサブノート」は，単なる縮小版でなく，まとめとしての役割と，択一式及び選択式対策書として「ごうかく社労士」を補充するものであり，最新法に基づき著述されている。

　特に，内容が充実している小冊子で，常に持ち歩きに便利なように，高級紙を使用し，目にやさしいクリーム色の用紙を使用している。電車やトイレ等のコマギレ時間の活用が，合否を決定する社労士試験である。

　今日から合格するまで「まる覚えサブノート」を持ち歩き，常に反復学習し，頭脳に知識を刻み込んでいけば，合格間違いなしである。

　選択式対策と択一式対策を兼ね備えた本書は，内容が充実しており本格的対策書として活用できる。条文を示した箇所では，キーワードを□□□で囲んでいる。過去問や，行政解釈も手短に記載されている。

　合格水準に近い者であるほど，本書の価値を認め，手離せなくなるはずである。

　著者としても，自信をもって推薦できる。重要ポイント書は，かくあるべきという内容なのである。

　本書を手にした時から，社労士試験合格への希望と自信が湧きい出，充分な反復活用により，合格が実現するだろう。

監修　著者　秋保　雅男

著者　古川　飛祐

## 紙面の見方

●条文の枠囲み
法律の条文をまとめたものです。なお、□□□の赤い語句は、選択式問題のキーワードです。

### 扉で改正点をチェック

●主な改正点
令和6年度試験における改正点の一覧表です。表中の「本書頁」の欄にある頁を開くと、改正点を含む記述に 改 が表示されています。

### 見やすい本文で効率的に学習

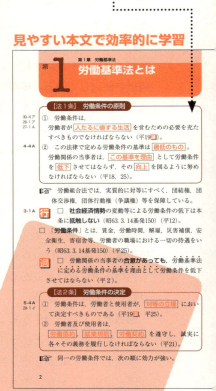

## 本書のアイコンについて

- **●チェック欄**
学習の到達度をチェック。覚えた箇所には✓を記入します。

- **●重要箇所**
特に重要な箇所は赤の太字で、重要な箇所は黒の太字で表記しています。

- **●過去10年間の問題番号**
記述内容が本試験で出題されたときの問題番号です。なお、過去問題集があれば、この記号から実際の問題文を確認することができます。

---

総則

労働協約＞就業規則＞労働契約

□ 法1条、2条違反について罰則はない（平7、13）。

**[分-3条] 均等待遇**

使用者は、労働者の **国籍**、**信条**、**社会的身分** を理由として、**賃金**、**労働時間** その他の **労働条件** について、差別的取扱をしてはならない。

5-4B
3-1B
2-4A
29-5ア
27-1B

☞ 法3条では、**国籍**、**信条**、**社会的身分** による差別を禁止している（**限定列挙**）（平23、25）。

行 □ 信条とは、特定の **宗教的** 又は **政治的信念** をいう（平24）。 4-4B

□ 社会的身分とは、**生来** の身分をいう。

過 □「その他の労働条件」には、解雇や安全衛生も含まれるが（平11）、雇入れは含まれないものと解されている（平9、21）。

30-4イ
28-1ウ

### POINT

労働基準法は、憲法25条1項の生存権、27条2項の**勤労条件の基準**を具体化したものといえる。

**憲法25条1項**→すべて国民は、健康で文化的な最低限度の生活を営む権利を有する。

**憲法27条2項**→賃金、就業時間、休息その他の勤労条件に関する基準は、法律でこれを定める。

---

- **●POINT**
本文にプラスして押さえておきたい基本知識や発展的な知識のまとめ。総合的な実力アップに役立ちます。

---

### 本書のアイコンについて

**ポ** 重要なポイント

**参** 参考事項

**行** 行政解釈

**改** 法改正のあった箇所

**覚** 覚えるべき事項

**法** 法令・条文から引用し、まとめたもの

☐ （枠囲みの語句）選択式問題のキーワード

**過** 過去問（択一式）で出題されたもの

**択** 択一式問題として出題される可能性が大きいもの

**選** 選択式問題として出題される可能性が大きいもの、及び過去問（選択式）で出題されたもの

**記** 過去問（記述式）で出題されたもの

- ●頁のサイドの記号は、過去10年間（令和5～平成26年度）の過去問の出題年度と問題番号を表します。
  
  例 2-1A……令和2年度択一式の問1A肢で出題
  
  2選……令和2年度選択式で出題
  
  ※直近の5年分（令和5～令和元年度）は太字で表記 例 **元-1A**
  
  前半の5年分（平成30～26年度）は細字で表記 例 27-1A

- ●本文中の（ ）内の年度は、過去10年間より前（平成25年度以前）の過去問の出題年度を表します。
  
  例（平21）……平成21年度択一式で出題
  
  （平18選）……平成18年度選択式で出題

v

# CONTENTS 目次

## 第❶章 労働基準法

**総　則** ...... 2
第1　労働基準法とは――2
第2　適用事業等――6
第3　労働者，使用者――8
**賃金と平均賃金** ...... 10
第4　賃金，平均賃金――10
第5　非常時払・休業手当・
　　　最低賃金等――14
**労働契約** ...... 16
第6　労働条件の明示等――16
第7　賠償予定の禁止，前借金
　　　相殺の禁止，強制貯金――22
第8　解雇等――24
第9　退職時の証明，金品の返還
　　　――26
**労働時間** ...... 28
第10　労働時間，変形労働時間制
　　　――28
第11　臨時の必要，休憩，休日
　　　――34

第12　36協定，割増賃金，
　　　みなし労働時間制――36
第13　年次有給休暇，比例付与
　　　――43
第14　年次有給休暇の計画的付与，
　　　適用の除外，労働時間の特例
　　　――46
**年少者** ...... 49
第15　年少者――49
**妊産婦等** ...... 53
第16　妊産婦等――53
**就業規則** ...... 56
第17　就業規則――56
**寄宿舎** ...... 58
第18　寄宿舎――58
**技能者の養成等** ...... 60
第19　技能者の養成，災害補償，
　　　雑則――60
**罰則** ...... 62
第20　罰則――62

## 第❷章 労働安全衛生法

**総　則** ...... 66
第1　総則――66
**安全衛生管理体制** ...... 68
第2　総括安全衛生管理者等――68
第3　産業医，作業主任者，
　　　安全衛生推進者――72
第4　安全委員会・衛生委員会
　　　――74
第5　統括安全衛生責任者等――76
**機械等並びに危険物及び
有害物に関する規制** ...... 78

第6　機械等並びに危険物及び
　　　有害物に関する規制――78
**安全衛生教育** ...... 83
第7　安全衛生教育，就業制限
　　　――83
**健康の保持増進のための措置**
...... 85
第8　健康の保持増進のための
　　　措置――85
**監督等** ...... 90
第9　監督等――90

vi

目　次

## 第❸章　労働者災害補償保険法

**目的，適用事業等**‥‥‥‥‥‥94
第1　目的，適用事業等——94
**業　務　災　害**‥‥‥‥‥‥‥‥96
第2　業　務　災　害——96
**通　勤　災　害**‥‥‥‥‥‥‥‥98
第3　通　勤　災　害——98
**給付基礎日額**‥‥‥‥‥‥‥‥100
第4　給付基礎日額——100
**業務災害に関する保険給付**
‥‥‥‥‥‥‥‥‥‥‥‥‥‥104
第5　療養補償給付——104
第6　休業補償給付，
　　　傷病補償年金——106
第7　障害補償年金，
　　　障害補償一時金——108
第8　障害補償年金前払一時金，
　　　差額一時金——110
第9　介護補償給付——112
第10　遺族補償年金——114
第11　遺族補償年金前払一時金，
　　　遺族補償一時金，葬祭料等

　　——118
**通勤災害に関する保険給付**
‥‥‥‥‥‥‥‥‥‥‥‥‥‥122
第12　通勤災害に関する保険給付
　　——122
**二次健康診断等給付**‥‥‥‥123
第13　二次健康診断等給付——123
**保険給付の通則**‥‥‥‥‥‥125
第14　内払，過誤払，未支給の
　　　保険給付等——125
第15　支給制限，費用徴収——129
**不服申立て，雑則**‥‥‥‥‥131
第16　不服申立て，雑則——131
**保険給付と他の諸制度との**
**関係**‥‥‥‥‥‥‥‥‥‥‥133
第17　保険給付と他の諸制度との
　　　関係——133
**社会復帰促進等事業**‥‥‥‥136
第18　社会復帰促進等事業——136
**特別加入制度**‥‥‥‥‥‥‥139
第19　特別加入制度——139

## 第❹章　雇用保険法

**総　　　　則**‥‥‥‥‥‥‥‥144
第1　雇用保険法とは——144
**適　用　範　囲**‥‥‥‥‥‥‥146
第2　費用の負担，適用事業等，
　　　被保険者，適用除外等——146
**事　務　手　続**‥‥‥‥‥‥‥152
第3　被保険者に関する事務手続
　　——152
**失業等給付の基本事項**‥‥‥156
第4　失業等給付の基本事項——156
**一般被保険者の求職者給付①**
‥‥‥‥‥‥‥‥‥‥‥‥‥‥158
第5　基本手当の受給要件——158
第6　受給手続・賃金日額・
　　　基本手当の日額——160
第7　所定給付日数，
　　　算定基礎期間，待期——164
第8　受　給　期　間——168
第9　延　長　給　付——170
第10　給　付　制　限——172
**一般被保険者の求職者給付②**
‥‥‥‥‥‥‥‥‥‥‥‥‥‥173
第11　傷病手当，技能習得手当，
　　　寄宿手当——173

vii

**高年齢被保険者等の**
**求職者給付**・・・・・・・・・・・・・・ 175
第12　高年齢求職者給付金,
　　　特例一時金——175
**日雇労働被保険者の**
**求職者給付**・・・・・・・・・・・・・・ 177
第13　日雇労働求職者給付金——177
**就職促進給付**・・・・・・・・・・・・・ 181
第14　就職促進給付——181
**教育訓練給付**・・・・・・・・・・・・・ 189
第15　教育訓練給付——189

**雇用継続給付及び育児休業**
**給付**・・・・・・・・・・・・・・・・・・・・・ 194
第16　高年齢雇用継続基本給付金
　　　——194
第17　高年齢再就職給付金——196
第18　介護休業給付——198
第19　育児休業給付——200
**雇用保険二事業**・・・・・・・・・・・ 203
第20　雇用保険二事業——203
**不服申立て, 雑則**・・・・・・・・・・ 205
第21　不服申立て, 雑則——205

## 第❺章　労働保険の保険料の徴収等に関する法律

**総　　　則**・・・・・・・・・・・・・・・・ 208
第1　総　　　則——208
**保険関係の成立及び消滅**・・・ 210
第2　保険関係の成立——210
第3　保険関係の消滅——212
**事務の所轄の区分**・・・・・・・・・ 214
第4　事務の所轄の区分——214
**保険関係の一括**・・・・・・・・・・・ 215
第5　保険関係の一括——215
**労働保険料の納付の手続等**
・・・・・・・・・・・・・・・・・・・・・・・・・ 219
第6　一般保険料の計算方法等
　　　——219

第7　特別加入保険料の計算
　　　方法等——222
第8　特例納付保険料——223
第9　概算保険料——224
第10　確定保険料——231
**印紙保険料その他**・・・・・・・・・ 235
第11　印紙保険料その他——235
**メリット制**・・・・・・・・・・・・・・・ 239
第12　メリット制——239
**労働保険事務組合**・・・・・・・・・ 243
第13　労働保険事務組合——243
**不服申立て, 雑則**・・・・・・・・・・ 247
第14　不服申立て, 雑則——247

## 第❻章　健康保険法

**総　　　則**・・・・・・・・・・・・・・・・ 250
第1　目的・被扶養者——250
第2　基本的理念・諮問・
　　　標準報酬月額——252
第3　届　　　出——258
**被保険者**・・・・・・・・・・・・・・・・・ 259
第4　適用事業所, 被保険者——259
第5　被保険者資格の取得と喪失

　　　——263
**保険者**・・・・・・・・・・・・・・・・・・・ 265
第6　保　険　者——265
**保険給付**・・・・・・・・・・・・・・・・・ 268
第7　療養の給付・入院時食事療養費・
　　　入院時生活療養費——268
第8　保険外併用療養費・療養費・
　　　訪問看護療養費——274

viii

第9　移送費・傷病手当金——277
第10　埋葬料（費）・
　　　出産育児一時金等——280
第11　被扶養者に関する給付——282
第12　高額療養費——284
第13　資格喪失後の給付——287
第14　保険給付の制限等——289

**日雇特例被保険者**‥‥‥‥‥292
第15　日雇特例被保険者——292
**費用の負担**‥‥‥‥‥‥‥‥296
第16　費用の負担——296
**不服申立て，雑則**‥‥‥‥‥305
第17　不服申立て，雑則——305

## 第❼章　国民年金法

**総　　　則**‥‥‥‥‥‥‥‥308
第1　総　　　則——308
**被 保 険 者**‥‥‥‥‥‥‥‥312
第2　被保険者の種類等——312
第3　被保険者期間，届出等——316
**給付の通則**‥‥‥‥‥‥‥‥318
第4　給付の通則——318
**老齢基礎年金**‥‥‥‥‥‥‥324
第5　老齢基礎年金全般——324
**障害基礎年金**‥‥‥‥‥‥‥337
第6　障害基礎年金——337
**遺族基礎年金**‥‥‥‥‥‥‥343
第7　遺族基礎年金——343

**第1号被保険者の独自給付**
　‥‥‥‥‥‥‥‥‥‥‥‥‥348
第8　第1号被保険者の独自給付
　　　——348
**給 付 制 限**‥‥‥‥‥‥‥‥354
第9　給 付 制 限——354
**費　　　用**‥‥‥‥‥‥‥‥355
第10　費　　　用——355
**不服申立て，雑則**‥‥‥‥‥368
第11　不服申立て，雑則——368
**国民年金基金**‥‥‥‥‥‥‥371
第12　国民年金基金——371

## 第❽章　厚生年金保険法

**総則，被保険者**‥‥‥‥‥‥376
第1　総則，適用事業所，
　　　被保険者の種類——376
第2　資格の取得，喪失——383
第3　被保険者期間，届出等——385
**保険給付の通則**‥‥‥‥‥‥390
第4　保険給付の通則——390
**老齢厚生年金**‥‥‥‥‥‥‥393
第5　60歳代前半の老齢厚生年金
　　　——393
第6　65歳からの老齢厚生年金
　　　——406

**障害厚生年金及び障害手当金**
　‥‥‥‥‥‥‥‥‥‥‥‥‥411
第7　障害厚生年金及び
　　　障害手当金——411
**遺族厚生年金**‥‥‥‥‥‥‥418
第8　遺族厚生年金——418
**脱退手当金・脱退一時金**‥‥426
第9　脱退手当金・脱退一時金
　　　——426
**厚生年金の分割**‥‥‥‥‥‥429
第10　厚生年金の分割——429

ix

二以上の種別の被保険者で
あった期間を有する者につい
ての特例‥‥‥‥‥‥‥434
第11 二以上の種別の被保険者で
あった期間を有する者につい
ての特例──434
保険給付の制限‥‥‥‥‥437
第12 保険給付の制限──437

費用の負担‥‥‥‥‥‥‥439
第13 費用の負担──439
不服申立て，雑則‥‥‥‥445
第14 不服申立て，雑則──445
存続厚生年金基金・
存続連合会‥‥‥‥‥‥‥448
第15 存続厚生年金基金・
存続連合会──448

## 第❾章 労務管理その他の労働に関する一般常識

労働法規‥‥‥‥‥‥‥452
第1 雇用関係法規──452
第2 均等法，育児・
介護休業法等──472

第3 賃金関係法規──480
第4 集団的労働法規──483
労務管理‥‥‥‥‥‥‥485
第5 労務管理──485

## 第❿章 社会保険に関する一般常識

社会保険法規‥‥‥‥‥492
第1 国民健康保険法──492
第2 児童手当法──499
第3 高齢者の医療の確保に
関する法律──501
第4 船員保険法──507

第5 社会保険労務士法──511
第6 介護保険法──519
第7 確定給付企業年金法，
確定拠出年金法──526
共通事項等，沿革‥‥‥‥530
第8 共通事項等，沿革──530

索引‥‥‥‥‥‥‥‥‥‥535

第 **1** 章

# 労働基準法

### 主な改正点

| 改正内容 | 重要度 | 本書頁 |
|---|---|---|
| 労働契約の絶対的明示事項である「就業の場所，従事すべき業務」について，変更の範囲も明示することとされた。 | A | P20 |
| 建設業，自動車の運転業務，医師等について時間外労働の上限規制が適用されることとなった。 | A | P37 |
| 専門業務型裁量労働制について，対象労働者の同意が必要となった。 | A | P41 |
| 専門業務型裁量労働制の対象業務に，「銀行又は証券会社における顧客の合併及び買収に関する調査又は分析及びこれに基づく合併及び買収に関する考案及び助言の業務」が追加された。 | B | P41 関連 |
| 企画業務型裁量労働制の定期報告について，「当分の間6箇月以内ごとに1回」とする規定が削除された。 | A | P42 |

# 第1章 労働基準法

## 第1 労働基準法とは

### 【法1条】 労働条件の原則

30-4ア
28-1ア
27-1A
① 労働条件は，労働者が 人たるに値する生活 を営むための必要を充たすべきものでなければならない（平19選）。

4-4A
② この法律で定める労働条件の基準は 最低のもの 。労働関係の当事者は， この基準を理由 として労働条件を 低下 させてはならず，その 向上 を図るように努めなければならない（平18，25）。

☞ 労働組合法では，実質的に対等にすべく，団結権，団体交渉権，団体行動権（争議権）等を保障している。

3-1A **行** □ **社会経済情勢** の変動等による労働条件の低下は本条に **抵触しない**（昭63.3.14基発150）（平12）。

□ 「**労働条件**」とは，賃金，労働時間，解雇，災害補償，安全衛生，寄宿舎等，労働者の職場における一切の待遇をいう（昭63.3.14基発150）（平25）。

**過** □ 労働関係の当事者の**合意があっても**，労働基準法に定める労働条件の基準を理由として労働条件を低下させてはならない（平2）。

### 【法2条】 労働条件の決定

5-4A
28-1イ
① 労働条件は，労働者と使用者が， 対等の立場 において決定すべきものである（平19選，平25）。

② 労働者及び使用者は， 労働協約 ， 就業規則 ， 労働契約 を遵守し，誠実に各々その義務を履行しなければならない（平21）。

☞ 同一の労働条件では，次の順に効力が強い。

総　則

## 労働協約＞就業規則＞労働契約

□　法1条，2条違反について罰則はない（平7，13）。

**【法3条】均等待遇**

使用者は，労働者の 国籍，信条，社会的身分 を理由として 賃金，労働時間 その他の 労働条件 について，差別的取扱をしてはならない（平19）。

5-4B
3-1B
2-4A
29-5ア
27-1イ

☞　法3条では，**国籍，信条，社会的身分**による差別を禁止している（**限定列挙**）（平23，25）。

【行】□　信条とは，特定の**宗教的**又は**政治的信念**をいう（平24）。　4-4B

□　社会的身分とは，**生来の身分**をいう。

【過】□　「**その他の労働条件**」には，解雇や安全衛生も含まれるが（平11），雇入れは含まれないものと解されている（平9，21）。

30-4イ
28-1ウ

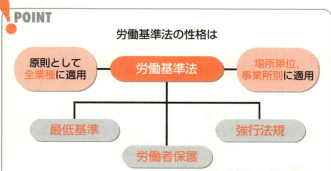

労働基準法は，憲法25条1項の生存権，27条2項の**勤労条件の基準**を具体化したものといえる。

憲法25条1項 →すべて国民は，健康で文化的な最低限度の生活を営む権利を有する。

憲法27条2項 →賃金，就業時間，休息その他の勤労条件に関する基準は，法律でこれを定める。

3

第1章　労働基準法

### 【法4条】　男女同一賃金の原則

4-4C
元-3ア

使用者は，労働者が 女性 であることを理由として， 賃金 について，男性と差別的取扱いをしてはならない。

27-1C　☞　労基法では， 賃金 についてのみ 男女 差別を禁止している（平24，25）。なお，支給条件があらかじめ明確にされた退職手当は賃金である。

**行**　□　労働者の職務，能率，技能等によって，賃金に**個人的差異**のあることは，違反ではない。

□　男性は月給制，女性は日給制で**実質的に差**が出るのは違反（昭63.3.14基発150）。

30-4ウ　**過**　□　女性であることを理由に**有利**に扱うことも差別的取扱いに該当し禁止される（平10，21）。

### 【法5条】　強制労働の禁止

5-4C
4-4D
3-1C
元-3イ

使用者は，暴行，脅迫，監禁その他 精神 又は 身体 の自由を不当に拘束する手段によって，労働者の意思に反して労働を強制してはならない（平元，10）。

2-4B　**行**　□　「精神又は身体の自由を不当に拘束する」とは，**社会通念上是認し難き程度**の手段の意であり，「不法」なものに限らない（昭63.3.14基発150）。

□　**長期労働契約，労働契約不履行に関する賠償額予定契約，前借金契約，強制貯金**のような手段が，不当に拘束する手段に該当する（昭63.3.14基発150）。

### 【法6条】　中間搾取の排除

5-4D
2-4C
29-5ウ

何人も，法律に基いて許される場合の外， 業として 他人の 就業 に介入して利益を得てはならない（平20，23）。

28-1エ
26-1B

□　「**何人も**」の範囲➡法6条の違反行為の主体は，他人の就業に介入して利益を得る第三者であって，**個人・団体又は**

総　　則

**公人・私人を問わない**（昭23. 3. 2基発381）。

**ポ** □　「法律に基づいて許される場合」とは，職業安定法の規定により有料職業紹介事業を行う者が定められた手数料を受ける場合等をいう。

□　労働契約が派遣元と締結された**労働者派遣**については，「他人の就業に介入」するものではない（平14，15）。

---

【法7条】　公民権行使の保障

　使用者は，労働者が労働時間中に，

選挙権 その他 公民 としての権利を行使し，

又は 公の職務 を執行するために 必要な時間 を

請求した場合，拒んではならない（平20選）。

　但し，権利の行使又は公の職務の執行に妨げがない限り，

請求された 時刻を変更 することができる。

2-4D

3-1D

---

☞　公の職務には，労働審判員・裁判員の職務も含まれる。

**行** □　**必要な時間を与える義務はあるが，有給にする義務はない**（昭22. 11. 27基発399）（平10，24）。

元-3ウ
26-1C

□　公職に就任する際，会社の承認が必要で，承認を得なかったら懲戒解雇という旨の就業規則は，7条に違反する（判例）（平23）。

29-5エ

---

**!POINT**

| | 該当する | 該当しない |
|---|---|---|
| **公民としての権利** | 選挙権，被選挙権<br>最高裁裁判官の国民審査<br>住民投票，国民投票<br>選挙人名簿の登録の申出<br>行政事件訴訟法による民衆訴訟<br>選挙人名簿に関する訴訟 | 訴権の行使（行政事件訴訟法による民衆訴訟，選挙人名簿に関する訴訟は除く）<br>他の立候補者のための選挙運動<br>（平12） |
| **公の職務** | 衆議院議員等，労働委員会の委員，**労働審判員**，訴訟法上の証人，選挙立会人<br>（平21） | 予備自衛官の防衛招集・訓練招集，**非常勤の消防団員**の訓練招集<br>（平14） |

5

# 第1章 労働基準法

## 第2 適用事業等

**ポ** ☐ 労働基準法は，原則として事業の種類を問わず，**労働者を使用するすべての事業で適用される**（ただし，**適用除外**の規定があること等に注意）。

☐ **事業とは**，業として継続的に行われているものをいう。

☐ 一部の条文は業種によって扱いが異なるため，**法別表第1**に業種の区分（製造業，鉱業，建設業など）が設けられている（❸P21参照）。

26-1 B ☐ 労基法は，「**事業**」（**場所**）単位で適用する。

☐ ただし，工場内の**食堂・診療所**，新聞社の**印刷工場**（平7）は，同一場所であっても事業内容が異なるので**別々に適用**する。

**過** ☐ 規模が極めて小さく，**独立性のないものは**，**直近上位の機構と一括**して一の事業とする。㉑新聞社の通信部（平3）

☐ 複数の事業場を有する企業等が，本社において**一括して**就業規則の作成等を行い，かつ，本社の所轄労基署長に届出をすることは一定の要件の下に認められている。

**法** ■ **適用除外**（法116条）

① 船員法の適用を受ける**船員**については，**総則と罰則以外は適用しない**（平16）。

4-1 C ② 同居の親族のみを使用する事業及び家事使用人については適用しない（平16，20，23）。

※ その他，実態によっては，労基法の適用を受けないものもある（❸次頁POINT参照）。

29-2 ウ **行** ☐ 同居の親族であっても，**常時同居の親族以外の他の労働者と一緒に指揮命令の下で仕事に従事し**，他の労働者と同様の就労の実態があれば，労働者である（昭

総　則

54. 4. 2基発153)。

□　法人に雇われ，その役職員の家庭において，その家族の指揮命令のもとで**家事一般に従事**しているものは**家事使用人**である（昭63. 3. 14基発150）。　29-2イ

□　個人の家庭における家事を事業として請け負う者に雇われてその指揮命令の下に当該家事を行う者は，家事使用人に該当しない（昭63. 3. 14基発150）（平13）。

□　一般職の地方公務員に対しては，労基法の**労働時間に関する規定**（フレックス・１年単位・１週間単位非定型的の変形労働時間制は除く）が**適用される**（平10）。

□　派遣労働者が国又は地方公共団体に派遣される場合，派遣先の国又は地方公共団体に労基法が適用される。

> **！POINT**
>
> 労働基準法を適用するもの，適用しないもの（例示）
>
> | 適 用 す る | 適 用 し な い |
> | --- | --- |
> | ・都道府県土木出張所<br>・都道府県保健所<br>・都営バス，市営バス<br>・JT，JR，NTT<br>・**行政執行法人の職員**㊟<br>・日本国内にある外国企業<br>・（日本企業の労働者の）海外出張中<br>・**組合専従職員**<br>・日本国内の事業で使用される**不法就労の外国人労働者**（平10）<br>㊟　行政執行法人の職員……行政執行法人（国立印刷局，造幣局等）に勤務する一般職の国家公務員。労基法は100％適用されるが労災法は適用なし。 | ・**同居の親族のみ**を使用する事業<br>・**家事使用人**<br>・一般職の国家公務員（行政執行法人の職員㊟を除く）<br>・一般職の地方公務員（一部の規定について適用なし。それ以外の規定については労基法適用）<br>・船員法による船員（原則適用なし。ただし，総則と罰則は適用）<br>・選挙事務所（ただし，継続性，独立性があり事業として認められるものには労基法が適用される）<br>・受刑者<br>・一定の芸能タレント |

元-3エ

7

# 第3 労働者，使用者

### 第1章 労働基準法

## 【法9条，10条】 定　義

4-1A
2選

・**労働者**とは，│職業の種類│を問わず，

29-2ア
① │事業又は事務所│に

29-5オ
② │他人の指揮命令下│で使用され，

4-1E
③ │労働の対償│として│賃金を支払われる者│をいう。

26-1E
・**使用者**とは，

① │事業主│

② 事業の│経営担当者│

③ │労働者│に関する事項について│事業主│のために行為
をする│すべての者│をいう（平21選，平24）。

2-1A～D ☞ ・│事業主│……事業主体のこと。個人企業では**事業主**
**個人**，法人では**法人そのもの**

・│経営担当者│……事業経営一般について責任を負う者

・│事業主のために行為をする者│……人事・労務管理等
について権限を与えられている者

4-4E □ **社労士**が事務代理委任を受けながら，その懈怠（けたい）により当
該申請等を行わなかった場合，社労士は法10条の**使用者**に
該当し，責任を問われる（昭62. 3. 26基発169）。

5-4E
4-1D **行** □ 法人，団体，組合等の**代表者**又は執行機関たる者
は**労働者ではない**（昭23. 1. 9基発14）。

29-2エ □ **法人の重役等**で業務執行権，代表権を持たない者が，工
場長，部長の職にあって**賃金を受ける場合**は，その限りに
おいて**労働者である**（昭23. 3. 17基発461）（平13，19）。

4-1B
29-2オ
27-1E □ 請負契約，共同経営事業の出資者であっても，実態とし
て**使用従属関係**があれば労働者。

□ 次の者は**労働者ではない**（例示）。

8

- 競輪選手　・労働委員会の委員
- 受刑者　　・市町村の非常勤の消防団員

 □ **派遣労働者に関する使用者責任➡基本的**には労働契約関係にある**派遣元**の使用者が責任を負うが，**派遣先**の使用者が責任を負う規定もある。

□ **派遣先**の責任にあたるもの（派遣法44条）
- 公民権行使の保障
- 労働時間（変形労働時間制等），休憩，休日
  注　労使協定を締結する責任は派遣元にある。
- 年少者の労働時間，休日，深夜業，坑内労働の禁止
- 妊産婦の時間外・休日労働，深夜業，坑内労働の禁止
- **育児時間**（平25），いわゆる生理休暇

## POINT
### 労働者派遣（平24選）
㋐　労働者は派遣元の労働者として労働契約を締結するため，**派遣元**が使用者としての責任を負う（一部，**派遣先**）。

派遣元　──労働契約──　派遣労働者　──指揮命令──　派遣先

### 出　向
㋑　**移籍型出向**……使用者としての責任→出向先

出向元　　　出向労働者　──労働契約──　出向先

㋒　**在籍型出向**……使用者としての責任→出向元，出向先

出向元　──労働契約──　出向労働者　──労働契約・指揮命令──　出向先

※　在籍型出向の場合，出向元，出向先，出向労働者の三者間で取り決められた権限と責任に応じて，出向元の使用者又は出向先の使用者が労基法上の使用者責任を負う（昭61.6.6基発333）（平19）。

第1章 労働基準法

# 第4 賃金，平均賃金

### 【法11条】 賃 金

**賃金**とは，
賃金，給料，手当，**賞与**その他名称の如何を問わず，
**労働の対償**として
使用者が**労働者**に支払うすべてのものをいう（平23）。

30-4オ ☞ ・賃金であるか否かは，**労働の対償**であるか否かで判断する（ストックオプション制度から得られる利益は賃金ではない）（平14）。

2-4E
28-1オ ・実質が見舞金等**恩恵的**なもの，**福利厚生的**なものは賃金ではない。ただし，**労働協約**，**就業規則等**であらかじめ支給条件の明確なものは賃金である（平22）。

### 【法12条】 平均賃金

**算定事由発生日以前3箇月間**に支払われた**賃金の総額**①
算定事由発生日以前3箇月間の**総日数**（暦日数）②

☞ ・算定事由発生日**以前**となっているが，実際には**前日**から起算する（民法の初日不算入の原則）。

□ 〔**最低保障額**〕……上記の額より次の⒜⒝の額の方が高いときは，⒜⒝を採用（平19）

⒜賃金が，**日給**，**時間給**，**出来高払制**等の**請負制**の場合

$$\frac{算定期間中の賃金の総額}{算定期間中の実際に労働した日数} \times \frac{60}{100}$$

⒝賃金の**一部**が，**月給**，週給その他一定の期間によって定められる場合

$$\frac{その部分の賃金の総額}{その期間の総日数} + ⒜の額$$

賃金と平均賃金

□ 〔①賃金の総額と②総日数から除外するもの〕（平19）　元-1A～E　27-2 B

ア　業務上の負傷・疾病による療養のための休業期間

イ　労基法に規定する産前産後の休業期間

ウ　使用者の責めに帰すべき事由の休業期間

エ　育児・介護休業法に規定する育児休業・介護休業期間

オ　試みの使用期間

㊟　通勤による負傷・疾病による療養のための休業期間，子の看護休暇，介護休暇の期間は除外しない（平13，19）。

□ 〔①賃金の総額から除外するもの〕（平24）　27-2 A

ア　臨時に支払われた賃金……私傷病手当，退職手当等

イ　3箇月を超える期間ごとに支払われる賃金……賞与等

ウ　法令又は労働協約の定め以外に基づいて支払われた実物給与

□ 通貨以外のもので支払われる賃金も，原則として平均賃金の算定基礎に含まれる。　4-6ア

□ 〔日雇労働者の平均賃金〕（原則）

$$\frac{1箇月間に支払われた賃金の総額}{日雇労働者が実際に労働した日数} \times \frac{73}{100}$$

**！POINT**

**賃金についての解釈（例示）**（平19，22，24，25）

| 賃金となるもの | 賃金とならないもの | |
|---|---|---|
| ・労働契約，就業規則，労働協約によって支給条件が明確な右の恩恵的給付 | ・退職手当，結婚祝金・災害見舞金等の恩恵的給付（原則） | 27-4 D |
| ・労働協約による通勤定期券 | ・制服，作業衣 | 26-3エ |
| ・労基法26条の休業手当 | ・出張旅費，役職員交際費 | |
| ・育児休業期間中の賃金 | ・休業補償（100分の60を超える部分も賃金ではない） | |
| ・事業主の負担する税，社会保険料の労働者負担分 | ・使用者が負担する労働者の生命保険料 | 3-1 E |
| ・福利厚生費でも，就業規則等で支給条件が明確なもの | ・福利厚生施設とされるもの | |
| | ・解雇予告手当 | 26-3ア |
| | ・実費弁償のガソリン代 | 元-3オ |

11

- □ 賃金締切日がある場合は，原則として**直前の賃金締切日**から起算する（締切日が異なるものは別計算）。
- □ 雇入後**3箇月**に満たない者については，**雇入後の期間**（雇入日～算定事由発生日）**により算定**する（法12条6項）。この場合でも，賃金締切日があれば，原則として，**直前の賃金締切日**から起算する（昭23.4.22基収1065）。
- □ 一定の場合には，都道府県労働局長の定めるところにより算定する（則4条）。例育児休業期間が算定事由発生日以前3箇月以上，雇入日に算定事由発生等。
- □ 平均賃金として算定した額に**銭位未満**の端数が生じたときは，その端数を**切り捨てる**（昭22.11.5基発232）。
- □ 実際に解雇予告手当等を支払う場合には，法に定める特約があればその特約により，特約がない場合は**1円未満の端数**が**四捨五入**される。
- □ 平均賃金は，**算定事由発生時**において，労働者が**現実に受け**，又は受けることが**確定した賃金**によって算定する（昭23.8.11基収2934）。

  したがって，**算定事由発生後**に賃金ベースが遡及して改定されても，**旧ベース**で算定する。
- □ **年次有給休暇**の日数と賃金は，平均賃金の計算において**算入**する（昭22.11.5基発231）。

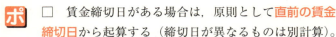

賃金は，
① **通貨**で
② **直接労働者**に
③ その**全額**を支払わなければならない。
④ **毎月1回以上**
⑤ **一定の期日**を定めて支払わなければならない。

ただし，次のものは**例外**として認められる。

賃金と平均賃金

| | |
|---|---|
| ① **通貨払い**の例外（平13，25） | 元-5 A |
| ・**法令**若しくは**労働協約**に別段の定めがある場合（**通勤定期券**等）（平14，20，21） | |
| 　㊟　労働協約による通貨払いの例外が認められるのは，その労働協約の適用を受ける労働者に限る（平12）。 | 3-3イ<br>29-6 A |
| ・**労働者の個々の同意**を得た場合〔デジタルは同意書必要〕 | 3-3ア<br>28-3 A |
| 　**労働者の指定する**銀行等の預金・貯金への振込み，証券会社の預り金（一定のものに限る）への払込み（平11）。 | |
| 　**退職手当**の支払い（銀行振出小切手，支払保証小切手等）。 | |
| ② **直接払い**の例外 | 5-6 A<br>4-6エ<br>30-6 A<br>28-3 B |
| ・**使者**に支払う（**代理人**は不可）（平20，21） | |
| ③ **全額払い**の例外（平20） | |
| ・**法令**に別段の定めがある場合（税金，社会保険料等） | |
| ・**労使協定**による場合〔届出は**不要**〕（組合費，社内預金等） | 5-6 B |
| （端数処理について➡P63**POINT**参照） | |
| ④ **毎月1回以上払い**の例外 | |
| ⑤ **一定期日払い**の例外（「毎月第2土曜日」は不可，支払日が休日の場合の繰上げ又は繰下げは可） | 5-6 C<br>4-6イ<br>元-5 C<br>27-4 E |
| ・**臨時に支払われる賃金**，**賞与** | |
| ・**1箇月超**の期間に対して支払われる**精勤手当**，**勤続手当**，**奨励加給**，**能率手当**（平20） | |

**過**　□　**労働協約**に基づく**6箇月定期券**は**前払賃金**と認められ，平均賃金の算定に含まれる（平17）。

□　**適正な賃金の額を支払うための手段たる相殺**は，労使協定がなくても，その**行使の時期**，**方法**，**金額**等から見て，労働者の経済生活の安定を脅かさない程度のものであれば，**労基法24条の禁止するところではない**（判例）。 3-3エ / 29-6 D / 27-4 B

□　労働者の**自由な意思**に基づくと認められる同意のある，退職金債権に対する相殺は，違法ではない（判例）（平18）。 3-3ウ / 30-6 B

□　**労働者が賃金債権を放棄**したときは，使用者がそれを支払わなかったとしても**全額払の原則に違反しない**（判例）。 元-5 B / 27-4 C

□　**年俸制**でも**毎月1回以上賃金を支払う**必要がある（平2）。 30-6 C

13

第1章 労働基準法

# 第5 非常時払・休業手当・最低賃金等

## 【法25条，則9条】非常時払

使用者は，労働者が

4-6ウ
元-5D

① 出産，疾病，災害 その他厚生労働省令で定める 非常の場合 の費用〔「疾病」には私傷病も含む〕

② 結婚，死亡，やむを得ない事由により 1週間以上 にわたって帰郷する場合の費用

に充てるために請求する場合，

28-3D
26-4A

支払期日前であっても，既往の労働 に対する賃金を支払わなければならない。

3-3オ
29-6B

☞ 労働者の収入によって**生計を維持する者**は親族でなく同居人でもよい。

5-6D

□ 通貨払，直接払，全額払の原則が適用される。

## 【法26条】休業手当

5-1A〜E
3-4A,
C，E

使用者の責 に帰すべき事由による休業の場合，使用者は，休業期間中当該労働者に 平均賃金 の 100分の60 以上の手当を支払わなければならない。

**ポ**

□ 「使用者の責に帰すべき事由」の適用解釈に当たっては，いかなる事由による休業の場合に労働者の**生活保障**のために使用者に労基法26条の限度〔平均賃金の6割〕での負担を要求するのが**社会的に正当とされるか**という考量を必要とする（判例）（平21選）。

26-4B

□ 「使用者の責に帰すべき事由」とは，取引における一般原則たる過失責任主義とは異なる観点をも踏まえた概念というべきで，民法536条2項の「債権者の責めに帰すべき事由」よりも**広く，使用者側に起因する経営，管理上の障害**

14

賃金と平均賃金

を含むものと解する（判例）（平24）。
□ 毎月1回以上・一定期日払の原則が適用される。　元-5E
□ 休業手当を支払うべきか否かの判断は，主に行政解釈にゆだねられている。以下参照。

| 休業手当・必要 | 休業手当・不要（平23） |
|---|---|
| ・**親工場の経営難**から下請工場が休業した場合（平22）<br>・所定労働時間が，通常より短い日に休業させた場合<br>・**一部の労働者**による**ストライキ**の場合に，他の労働者を就業させることができるにもかかわらず，その者らを休業させた場合<br>・年次有給休暇の一斉付与の場合（●P46参照） | ・**天災事変等**による休業<br>・**安衛法による健康診断**の結果に基づき休業させた場合<br>・**正当なロックアウト**（工場閉鎖）による休業<br>・**一部の労働者**による**ストライキ**の場合に，他の労働者のみでは，正常な就業ができないため，その者らを休業させた場合<br>・労働協約，就業規則等で定めた休日に休業した場合 |

3-4D
26-4C
30-6E

5-6E
26-4D

3-4B
29-6E
27-5A
27-5C

【法27条】　出来高払制の保障給

出来高払制 その他の 請負制 で使用する労働者については，使用者は， 労働時間 に応じ 一定額 の賃金の保障をしなければならない（平10記，平17）。

4-6オ
元選
28-3E

□ **労働者が労働しなかった場合**は，保障給を支払う義務はない（昭23.11.11基発1639）（平13）。

□ **材料不足等の理由**により出来高が上がらないときは，保障給は必要である（平3）。

□ 保障給の額について，大体の目安として少なくとも平均賃金の**100分の60**程度が妥当とされている（平17）。

■ 最低賃金
□ 賃金の最低基準に関しては，**最低賃金法**の定めるところによる。

第1章　労働基準法

# 第6 労働条件の明示等

【法13条】　この法律違反の契約

5-5 A
27-3 A

この法律で定める基準に達しない 労働条件 を定める 労働契約 は，その部分については無効とする。この場合，無効となった部分は，この 法律 で定める基準による。

☞　法13条の「**部分無効自動引上げ**」という考え方は，労基法の一つの特色である。

【法14条1項】　契約期間

3-2 A

労働契約は， 期間 の定めのないものを除き， 一定の事業の完了に必要な期間 を定めるもののほかは， 3年 （一定の労働契約にあっては5年）を超える期間について締結してはならない（平23）。

☞　長期労働契約による人身拘束という封建的悪習を排除するために，契約期間に上限が設けられている。

**法**　□　認定職業訓練を受ける労働者に係る労働契約は，3年超の期間を定めることが可能（法70条）。

**ポ**　□　**定年制**を設けていても，3年超の契約の規制に反しない（退職の自由が保障されていることが前提）。

□　**一定の事業の完了に必要な期間**を定める労働契約は，その期間（上限なし）について締結できる。

□　次のいずれかに該当する労働契約は，**契約期間の上限を5年**とする（法14条1項）。

Ⓐ　高度の専門的知識等を有する労働者（厚生労働大臣が定める基準に該当する者）との労働契約*

4-5 A
2-5 ア
28-2 A

\*　ただし，**高度な専門的知識等を必要とする**業務に就く場合に限る（平16）。

16

労働契約

Ⓑ　**満60歳以上**の労働者との労働契約（平25）

30-5 D
29-3 A

□　Ⓐの高度の専門的知識を有する者

①博士の学位を有する者

②次のいずれかの資格を有する者（限定列挙）〔公認会計士，医師，歯科医師，獣医師，弁護士，1級建築士，税理士，薬剤師，**社会保険労務士**，不動産鑑定士，技術士，弁理士〕

③ITストラテジスト試験若しくはシステムアナリスト試験又はアクチュアリーに関する資格試験に合格した者

④特許法に規定する特許発明者，意匠法に規定する登録意匠を創作した者，種苗法に規定する登録品種を育成した者

⑤いわゆる技術者，システムエンジニア，デザイナー，システムコンサルタント（一定の実務経験を有する者に限る）であって，労働契約の期間中に支払われることが確実に見込まれる賃金の1年あたりの額が，**1,075万円**を下回らない者（平18選）

⑥国，地方公共団体，一般社団法人・一般財団法人等が認定した者（上記①〜⑤に準ずる者として厚生労働省労働基準局長が認めた者に限る）（平28. 10. 19厚労告376）

□　民法628条によれば，期間の定めをした場合の**途中解約**は，やむを得ない事由があるときを除き許されず，理由のない解約により損害を与えたときは労使ともに損害賠償の責任が生じる。

□　一定措置が講じられるまでの間，**1年超え**の有期労働契約を締結した**労働者**（契約期間上限5年の対象となる労働者を除く）は，**1年**を経過した日以後においては，使用者に申し出て，**いつでも退職**することができる（平24）。

□　**法定の期間**（法14条1項に規定する期間）を超える期間を定めた労働契約は，**部分無効自動引上げ**により，**法定の期間に短縮**される（全体が無効となるわけではない）。

➡例えば，3年契約が限度である者について3年半の有期労働契約を締結した場合は，契約期間3年となる。

第1章　労働基準法

> 【法14条2項・3項】
>
> 　厚生労働大臣 は，有期労働契約の締結時及び当該労働契約の期間の満了時に労働者と使用者との間に**紛争が生ずることを未然に防止**するため，使用者が講ずべき 労働契約の期間の満了 に係る通知に関する事項等の 基準 を定めることができる。
>
> 　行政官庁は，上記の基準に関し，有期労働契約を締結する**使用者**に対し， 必要な助言 及び 指導 をすることができる。

☞　助言・指導の対象は，使用者のみである。

■　**法14条2項に基づく基準〔有期労働契約の締結，更新，雇止め等に関する基準〕**（令5.3.30厚労告114）

□　①　**雇止めの予告**

　使用者は，次の有期労働契約を更新しない場合には，**少なくとも期間満了日の30日前**までに，その予告をしなければならない（平16，19）。

> 当該契約が**3回以上**更新されたもの，**又は**，
> 雇入れの日から起算して**1年を超えて継続勤務**している者に係るもの
> （あらかじめ更新しない旨明示されているものを除く）

□　例えば，2か月の有期労働契約を3回更新し，4回目を更新しない場合は，予告が必要となる（平24）。

□　②　**雇止めの理由の明示**

　イ．使用者が上記①の**予告**をした場合に，労働者が更新しない理由について**証明書を請求**したときは，**遅滞なく交付**しなければならない（在職中の請求）。

　ロ．上記①と同様の期間の定めのある労働契約が更新されなかった場合において，使用者は，労働者が更新しな

18

労働契約

かった理由について**証明書を請求**したときは，**遅滞なくこれを交付**しなければならない（退職時又は退職後の証明）（平18）。

☐ ③ **契約期間についての配慮**

使用者は，次の期間の定めのある労働契約を更新しようとする際は，契約の実態及び労働者の希望に応じ，**契約期間をできるだけ長く**するよう努めなければならない。

当該契約が**1回以上**更新されたもので，**かつ**，
雇入れの日から起算して**1年を超えて継続勤務**している者に係るもの

**【法15条】 労働条件の明示**

① 使用者は，労働契約の締結 に際し，労働者に対して**賃金，労働時間**その他の労働条件を明示しなければならない。この場合，**賃金及び労働時間**その他厚生労働省令で定める事項については，労働者に**書面を交付**することにより明示しなければならない（平16）。　2-5イ

② 明示された労働条件が，事実と相違 する場合は，労働者は，即時 に労働契約を 解除 することができる（平23）。　5-5B　28-2B　27-3C

③ 就業のために住居を変更 した労働者が，契約解除の日から 14日以内 に帰郷する場合においては，使用者は，必要な旅費 を負担しなければならない。

☐ 「必要な旅費」は家族の分も含まれる。　29-3B

☐ 「14日以内」は，解除**翌日**から数える。　4-5B

☐ **派遣労働者**については，**派遣元**に明示義務がある（昭61. 6. 6基発333）（平24）。　29-3E

☐ 絶対的明示事項のうち**昇給**に関する事項**以外**は，**書面の交付による明示**が義務づけられている（労働者の希望があ

19

第1章　労働基準法

ればFAX，電子メール等も可）（平18，21）。

□　**絶対的明示事項**（明示が義務づけられているもの）

元-4A　①　**労働契約の期間**に関する事項

②　**期間の定めのある労働契約を**更新する場合の基準に関する事項（期間満了後に更新する場合があるものの締結の場合に限る）（更新回数の上限等も含む）**改**（平25）

3-2B　③　**就業の場所，従事すべき業務**に関する事項（変更の範囲も明示**改**）

④　**始業・終業の時刻，所定労働時間を超える労働の有無，休憩時間，休日，休暇，就業時転換**に関する事項

⑤　賃金（退職手当，臨時に支払われる賃金，賞与等を除く。）の決定，計算及び支払の方法，賃金の締切り及び支払の時期並びに昇給に関する事項

⑥　**退職**に関する事項（解雇の事由を含む。）

※　退職に関する事項として，退職事由及び手続等の明示が必要（平12）。

□　絶対的明示事項のうち下線部分以外は，**就業規則の絶対的必要記載事項**と同じ（平13，15）。

**ポ**　□　その労働者に適用される部分を明らかにした**就業規則を交付**し，就業規則の記載事項となっていない事項（**労働契約の期間，就業の場所，従事すべき業務，所定労働時間を超える労働の有無**〔一定の場合には，**期間の定めのある労働契約を更新する場合の基準**〕）に関する事項につき書面を交付すれば，労働条件を明示したことになる（平11，24）。

□　**相対的明示事項**（その定めをする場合は明示）

⑦　退職手当

⑧　**臨時**に支払われる賃金，**賞与**等，**最低賃金**に関する事項

⑨　労働者に負担させる食費，作業用品等に関する事項

労働契約

⑩ **安全及び衛生**に関する事項

⑪ **職業訓練**に関する事項

⑫ **災害補償**及び業務外の傷病扶助に関する事項

⑬ **表彰及び制裁**に関する事項（平24）

⑭ **休職**に関する事項

過 □ 転勤命令が他の不当な動機・目的をもってなされ **4選**
たものであるとき若しくは労働者に対し通常甘受すべ
き程度を著しく超える不利益を負わせるものであるとき
等，特段の事情の存する場合でない限りは，当該転勤命令
は**権利の濫用になるものではない**（判例）。

---

**！POINT**

**労基法における業種の区分**◆P6（平9，18）

【法別表第1】

(1)　工業的業種──①製造業　②鉱業　③建設業
　　④運輸交通業　⑤貨物取扱業

(2)　農林・水産業──⑥農林業　⑦畜産・水産業

(3)　非工業的業種等──⑧商業　⑨金融・広告業
　　⑩映画・演劇業　⑪通信業　⑫教育研究業
　　⑬保健衛生業　⑭接客娯楽業　⑮清掃・と畜場の事業

**労基法の適用（労働時間及び休憩）について**

【法40条】

別表第1第①号〜③号，第⑥号及び第⑦号に掲げる事業**以外**
の事業で，公衆の不便を避けるために必要なものその他**特殊
の必要**のあるもの

↓

**労働時間，休憩**に関する規定について，厚生労働省令で**別段
の定め**をすることができる。

この法40条を前提として，労働時間及び休憩に関しさまざ
まな特例が規定されている（◆本章第10，第11参照）。

21

第1章　労働基準法

# 第7 賠償予定の禁止，前借金相殺の禁止，強制貯金

## 【法16条】　賠償予定の禁止

4-5 C 　使用者は，労働契約の不履行について 違約金 を定め，又は 損害賠償額を予定する契約 をしてはならない（平23，25）。

**行** **過** □ **現実に生じた損害**の賠償を請求することは禁止していない（昭22. 9. 13発基17）（平12，20）。

30-5 B □ 「故意又は重大な過失により会社に損害を与えた場合，損害賠償を行わせることがある」旨の契約を締結することは，**金額を予定していない**ので違法ではない（平10）。

3 選
28-2 C □ 労働者の親権者又は身元保証人との間でも禁止。

## 【法17条】　前借金相殺の禁止

4-5 D
28-2 D 　使用者は， 前借金 その他労働することを条件とする 前貸の債権 と 賃金 を相殺してはならない（平20，23）。

3-2 C **行** □ 労働者が使用者から人的信用に基づいて受ける賃金の前払のように**身分的拘束を伴わない**と認められるものは，本条に抵触しない（昭33. 2. 13基発90）。

5-5 C □ 生活資金を貸し付け，その貸付金を賃金から控除することも，**労働することが条件となっていない**ことが極めて明白な場合には，本条に違反しない（昭63. 3. 14基発150）。

## 【法18条】　強制貯金

元-4 B 　使用者は， 労働契約に附随 して 貯蓄 の契約をさせ，又は 貯蓄金 を管理する契約をしてはならない（平23）。

☞ 強制貯金はいかなる場合にも**禁止**されるが，労働者の委託を受けて貯蓄金を管理することは，一定の要件のもとに認められる（次頁参照）。

22

労働契約

□　労働者の貯蓄金を 委託 を受けて管理する場合

・過半数で組織する労働組合
　労働者の過半数代表者 } との 書面による協定 * ⇨ 届出 3-2D

・ 貯蓄金の管理に関する規程 を定め➡労働者に周知

・貯蓄金の管理が労働者の**預金の受入**であるとき

　➡ 利子 をつけなければならない（**下限利率**は厚生労働省令で定める（**年5厘**未満となることはない））。

　（現在，利率の上限は特に定められていない（平10））。

┌─────────────────────────────┐
│ 【則5条の2】 *書面による協定 │
├─────────────────────────────┤
│ ①　 預金者の範囲                        │
│ ②　預金者1人当たりの 預金額の限度      │
│ ③　預金の 利率及び利子の計算方法        │
│ ④　預金の 受入れ及び払いもどしの手続    │
│ ⑤　預金の 保全の方法                    │
└─────────────────────────────┘

□　この労使協定は，労使委員会の代替決議（➡P42参照）が認められていない。

**ポ**　□　使用者は，労働者が貯蓄金の**返還を請求**したときは，**遅滞なく返還**しなければならない。 28-2E

□　「貯蓄金を管理する」には，**社内預金**（預金の受入）のほか，**通帳保管**による場合も含まれる。

□　通帳保管による場合は，保全の義務はない。

□　**社内預金**を行う使用者は，**毎年3月31日以前1年間**の預金の管理の状況を，**4月30日**までに**行政官庁に報告**する義務がある（則57条3項）。

**過**　□　**労働者**が貯蓄金の**返還を請求**したときに**使用者が**返還しない場合で，貯蓄金の管理を継続することが労働者の利益を著しく害するときは，**行政官庁**は，**貯蓄金の管理を中止**すべきことを命ずることができる（平6）。

□　貯蓄額を賃金の一定比率としても差し支えない（平9）。

23

第1章　労働基準法

# 第8 解雇等

□　解雇は，**客観的に合理的な理由**を欠き，**社会通念上相当**であると認められない場合は，その権利を**濫用**したものとして**無効**とする（労働契約法16条）。

**【法19条】 解雇制限**

29-3D

5-3C
元-4C
26-2D

27-3E

労働者が **業務上負傷** し，又は **疾病** にかかり

① **療養のために休業する期間** ＋その後 **30日間**（平24）

② **産前産後の女性** が労基法の規定により休業する期間＋その後 **30日間**，

使用者は労働者を解雇できない。

〈例外〉……解雇できる場合（平19，21）

・**打切補償** を支払う場合

・**天災事変その他やむを得ない事由** のために **事業の継続が不可能** な場合（行政官庁の認定必要）（平21）

**行**　□　**育児休業期間中の労働者を解雇**することは制限していないが，**育児休業取得を理由**に解雇することは，**育児・介護休業法で禁止**されている（平3. 12. 20基発712）。

□　障害補償後の外科後処置のために休業する期間は，療養のために休業する期間ではないから解雇できる（昭25. 4. 21基収1133）。

□　**期間の定めのある労働契約**により雇い入れられた労働者が，業務上負傷し，療養のため休業している間に，契約期間が満了する場合，解雇制限は適用しない（期間満了とともに，契約は終了する）（平15）。

□　「事業の継続が不可能」とは，事業の**全部**又は**大部分**が継続不可能になった場合をいう（昭63. 3. 14基発150）。

5-5E
30-5C

□　税金の滞納処分を受け**事業廃止**となったときや，**取引先**

労働契約

が休業状態になり発注品がないために事業が金融難になったときはやむを得ない事由に該当しない（平4，8）。

### 【法20条】 解雇の予告

使用者が労働者を解雇しようとするときは，①少くとも 30日 前\*にその予告をするか，② 30日 分以上の平均賃金を支払うことが必要（平23）。〔「30日」は，暦日計算〕

〈例外〉（平21）

・ 天災事変その他やむを得ない事由 のために 事業の継続が不可能 となった場合（行政官庁の認定必要）（平23）

・ 労働者の責 に帰すべき事由に基づく場合（行政官庁の認定必要）（帰責性が極めて軽微なものは除く（平21））

\* 労働者からの任意退職➡民法の規定（2週間）が適用。

4選
2-5ウ

元-4D

2-5エ

☞ 予告の日数は，1日につき平均賃金を支払った場合には短縮できる（予告と手当の併用が可能）（平24）。

26-2B

□ 解雇予告手当は，**解雇通告と同時に支払わなければならない**（昭23.3.17基発464）（平12）。

30-2オ

過 □ 解雇予告期間中に解雇制限事由が発生した場合には解雇できないが，休業期間が長期にわたり，解雇予告としての効力を失うものと認められる場合を除き，**改めて解雇予告する必要はない**（平8，15）。

30-2エ

□ 即時解雇の意思表示後に解雇予告除外の認定を受けても，解雇の効力は意思表示をした日に発生する（平24）。

### POINT

**解雇予告が不要な労働者**

・日日雇い入れられる者

・2箇月以内の期間を定めて使用される者

・季節的業務に4箇月以内の期間を定めて使用される者

・試の使用期間中の者（平23）

（**解雇予告が必要な場合**）

⇨ 1箇月を超えて引き続き使用

⇨ 所定の期間を超えて引き続き使用（平19）

⇨ 14日を超えて引き続き使用

30選

26-2C

25

# 第9 退職時の証明, 金品の返還

第1章 労働基準法

## 【法22条】 退職時の証明

① 労働者が, 退職 の場合において, 使用期間 , 業務の種類 , その事業における 地位 , 賃金 又は 退職の事由 （退職の事由が解雇の場合はその理由を含む。）について 証明書 を請求した場合➡使用者は, 遅滞なく これを交付（平15）

② 労働者が, 法20条1項の解雇の予告がされた日から退職の日までの間において, **解雇の理由**について**証明書を請求した場合➡使用者は遅滞なくこれを交付しなければ**ならない。

ただし, **解雇予告後**に労働者が**解雇以外の事由**により退職した場合, 使用者は, **退職の日以後**, これを**交付**することを要しない。

③ 証明書には, 労働者の請求しない事項 を記入してはならない。

④ 使用者は, あらかじめ第三者と謀り, 労働者の 就業 を妨げることを目的として,
労働者の 国籍 , 信条 , 社会的身分 , 労働組合運動 に関する 通信 をし, 又は
証明書に 秘密の記号 を記入してはならない（平22）。

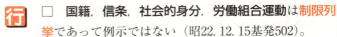

☐ **国籍, 信条, 社会的身分, 労働組合運動**は制限列挙であって例示ではない（昭22.12.15基発502）。

従ってこれ以外の事項, 例えばタクシー運転手の交通違反回数等を通信しても本条に抵触しない。

☐ 労働者が解雇の事実のみの証明を請求した場合は, 解雇の理由を記載してはならない（平22）。

労働契約

**ポ** □ **秘密の記号**については，事項が限定されていない
から，**いかなる事項**を記入しても法に反する。

□ 法22条中の①〜③違反…30万円以下の罰金

④違反…6箇月以下の懲役又は30万円以下の罰金

□ **雇用法の離職票**は退職時の証明書の**代わりにならない。**

□ 証明を求める**回数に制限はないが**，請求権の消滅時効は　5-5D
**2年**と解されている（平11.3.31基発169）。　29-3C

**過** □ 証明は退職理由によって拒否できない（平元）。　元-4E

□ ②の**解雇予告期間中の証明**は，解雇予告の義務が
ない**即時解雇の場合は適用されない**（平16）。

┌─────────────────────────────┐
│ 【法23条】 金品の返還
│
│ 使用者は，労働者の ┃死亡又は退職┃ の場合において，┃権
│ 利者┃ の請求があった場合には，┃7日以内┃ に賃金を支払
│ い，┃積立金┃，┃保証金┃，┃貯蓄金┃ その他名称を問わず，┃労　30-5A
│ 働者の権利┃ に属する ┃金品┃ を返還しなければならない。
│                  ⬇
│ 賃金又は金品に関して争がある場合には，┃異議のない部　2-5オ
│ 分┃ を7日以内に支払い，又は返還しなければならない。
└─────────────────────────────┘

**行** □ 労働者の所有する**ふとん**，**衣類等**も，労働者の権
利に属する金品に該当する。

□ 「**権利者**」とは，労働者の死亡の場合には相続人，労働者
の退職の場合には労働者本人をいい，**一般債権者は含まれ
ない**（昭22.9.13発基17）。

**過** □ **退職手当**の支払いは，**就業規則等で定められた時
期に支払えば足りる**（平7，12）。

□ 賃金支払日が毎月20日とされている会社で，当月15日に
退職する旨を当月1日に届け出て予定どおり退職した者
が，退職日の翌日に当月支給分の賃金の支払いを請求した
場合は，当月20日に賃金を支払う必要がある（平12）。

27

第1章　労働基準法

# 第10

# 労働時間，
# 変形労働時間制

## 【法32条】　労働時間

30-1オ　　使用者は，労働者に，休憩時間を除き1週間について40時間を超えて，労働させてはならない。また，1週間の各日については，休憩時間を除き1日について8時間を超えて労働させてはならない（平20）。

30-3D, E
29-4D

☞　所定労働時間とは，就業規則等で決められている所定内時間から休憩時間を除いた時間をいう。

法定労働時間とは，法32条で定められた労働時間をいうが，業種によって特例が認められている。

元-6A　□　1日とは午前0時から午後12時までをいう。

5-7E　□　使用者には，労働時間を適切に管理する責務がある（平25）。

### ■　法定労働時間の特例

4-7A　□　常時10人未満の労働者を使用する①商業，②映画・演劇
30-1ウ　　業（映画の製作の事業を除く），③保健衛生業，④接客娯楽
　　　　　業は，1週44H，1日8Hが法定労働時間（平19, 22）。

28-4A　**ポ**　□　労働時間とは，労働者が使用者の指揮命令下に置
27-6ア　　　　かれている時間をいう（労働時間に該当するか否かは
　　　　　労働者の行為が使用者の指揮命令下に置かれたものと評価
　　　　　することができるか否かにより客観的に定まる）（判例）。

4-2B　□　休憩時間とは，労働者が権利として労働から離れること
2-6A
30-1イ　　を保障されている時間の意であり，その他の拘束時間（手
26-5E　　待時間）は労働時間として扱う（昭22.9.13発基17）。

5-2オ　□　昼休みの休憩時間に来客当番として待機させていれば，
　　　　　労働時間である（平21）。

4-2A, C　□　強制参加の教育訓練，安衛法の安全衛生教育，特殊健康
　　　　　診断の時間は労働時間である。

28

労働時間

□　仮眠時間は，労働からの解放が保障されていない場合には，労働時間に当たる（判例）（平22）。

5選
4-2 E

---

**【法32条の２】１箇月単位の変形労働時間制**

使用者は，労使協定 又は 就業規則その他これに準ずるもの により，1箇月以内 の一定の期間を平均し１週間当たりの労働時間が 法定労働時間 を超えない定めをした場合においては，特定された週 又は 特定された日 において法定労働時間を超えて，労働させることができる。

4-7 B
元-2 A, D

---

**ポ**　□　労使協定とは，①事業場に労働者の過半数で組織する労働組合がある場合は，その労働組合，②労働者の過半数で組織する労働組合がない場合は，労働者の過半数を代表する者との書面による協定をいう。

3-5 B

□　必要な事項を，労使協定に定めるか，就業規則等に定めて導入するかは，使用者の判断。ただし，労使協定の効力は，労基法に違反しないという免罰効果にすぎない。

□　従って労使協定により１箇月単位の変形を導入した場合でも，就業規則等にも定めをする必要がある。

□　労使協定は，行政官庁に届け出なければならない（届出を怠った場合は，30万円以下の罰金）。

□　労使協定において定めるべき事項は，変形期間の起算日を含め，就業規則等で定めるべき事項と基本的には同じ。ただし労使協定には，有効期間の定め（３年以内が望ましい）が必要である（平11.3.31基発169，則12条の２の２）。

□　就業規則の作成義務のない常時10人未満の労働者を使用する事業場では，就業規則に準じた文書に定めれば，１箇月単位の変形を採用できる（周知義務あり）。

□　変形期間における各日，各週の労働時間は具体的に定める必要があり，業務の都合により任意に労働時間を変更することはできない（平18，22）。

29

第1章　労働基準法

元-2C
29-1A, B
□　1箇月・1年単位の変形では，①1日ごと，②1週間ごと（①で把握した分を除く），③変形期間全体（①と②で把握した分を除く）について，それぞれ時間外労働となる時間を把握する（平6.3.31基発181他）。

【法32条の3】　フレックスタイム制

30-1ア
30-2ア
28-4 B
就業規則その他これに準ずるもの　で　始業及び終業の時刻　をその労働者の決定にゆだねることとした労働者について

労使協定　で定めたとき，　清算期間　として定められた期間を平均し1週間当たりの労働時間が　法定労働時間　を超えない範囲内において1週間又は1日において法定労働時間を超えて，労働させることができる。

①　労働者の範囲，②　清算期間（　3箇月以内　の期間に限る），③　清算期間における　総労働時間，④　標準となる1日の労働時間，⑤　コアタイム，フレキシブルタイムを設ける場合にはその　開始及び終了の時刻

**ポ**　□　清算期間が**1箇月超え**の場合は，①労働協約による場合を除き協定の**有効期間を定める**，②協定の**届出**

元-6 B
**必要**，③清算期間平均で週40H超又は**1か月ごとに平均**して**週50H超**が時間外労働となる，④労働させた期間が清算期間より短い場合に**賃金の清算**（労働させた期間を平均して週40H超の時間について割増賃金を支払う）が必要。

**行**　□　清算期間の起算日を明らかにすることが必要。
　　　□　フレキシブルタイムが**極端に短い**場合はフレックスタイム制の趣旨に合致しない（昭63.1.1基発1）。

**過**　□　コアタイムとフレキシブルタイムは，必ず設ける必要はないが，**設けた場合には労使協定に定めなければ**ならない（平4，13）。

□　**フレックスタイム制**採用時でも，使用者は**各労働者の各**

30

労働時間

日の労働時間を把握する必要がある（昭63.3.14基発150）。

---

【法32条の4】　1年単位の変形労働時間制

労使協定 で定めたとき， 対象期間 として定められた期間を平均し，1週間当たりの労働時間が 40時間 を超えない範囲内において， 特定された週 又は 特定された日 において法定労働時間を超えて労働させることができる。

① 労働させることができる 労働者の範囲
② 対象期間 （ 1箇月 を超え 1年 以内の期間に限る）
③ 特定期間 （対象期間中の特に業務が繁忙な期間）
④ 対象期間における 労働日 *
　　労働日ごとの 労働時間 *（平22）
⑤ 有効期間 の定め（則12条の4第1項）

28-4 C

---

\*　1箇月以上の期間ごとに区分する場合には，㋐最初の期間における労働日，㋑最初の期間における労働日ごとの労働時間，㋒最初の期間を除く各期間における労働日数，㋓最初の期間を除く各期間における総労働時間を定めればよい。

翌期から各期間の初日の少なくとも30日前に，過半数労働組合又は過半数代表者の同意を得て各期間の労働日及び労働日ごとの労働時間を書面により定める（平18）。

**ポ**　□　中途採用，中途退職する労働者等についても適用。
　　　　ただし，労働させた期間が対象期間より短い労働者について，その労働させた期間を平均して1週間当たり40時間を超えて労働させた場合は，**その超えた時間**について**割増賃金**を支払い賃金を清算する必要がある（平11，17）。

注　この割増賃金は，法33条の非常災害等又は36協定による法定時間外・休日労働についての本来の割増賃金とは別に計算する（フレックスタイム制の賃金の清算でも同様）。

□　労働日数・労働時間等の限度（則12条の4第3～5項）

31

第1章　労働基準法

| ① 労働日数（平11） | 対象期間3箇月超…<br>1年当たり　280日<br>1年未満の限度<br>$280 \times \dfrac{\text{対象期間の日数}}{365}$ |
|---|---|
| ② 1日及び1週間の労働時間（平22） | 対象期間一律<br>　1日　　　　10時間 ｝＊<br>　1週間　　　52時間<br>ただし，対象期間3箇月超の場合…<br>　イ．48時間を超える週は連続3以下であること<br>　ロ．3箇月ごとに区分した各期間において，48時間を超える週の初日の数は3以下であること |
| ③ 対象期間における連続労働日数 | 6日 |
| ④ 特定期間における連続労働日数 | 1週間に1日の休日が確保できる日数 |

30-2イ（②の行）

＊　積雪地域の建設業の屋外労働者等
　……ただし書イ．ロ．の制限なしに，1日10H，1週52H
　隔日勤務のタクシー運転者……1日16H，1週52H

□　上記の範囲内で対象期間を**1箇月以上**の期間に区分できる。

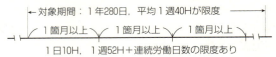

1日10H，1週52H＋連続労働日数の限度あり

　1日10H，1週52Hが限度だが，対象期間が3箇月を超える場合には，さらに，1週48H超の週が連続3を超えてはならない等の制限がある。

**行**　□　**対象期間の途中に**，その変形労働時間制の内容（例えば特定期間）を変更することはできない（平6. 3. 31基発181，平11. 1. 29基発45）。

**行**　□　1年単位の変形において，**休日の振替**は，就業規則に，振替をできる旨の規定を設けた場合，一定要件を満たせば可能となる（平9. 3. 28基発210）。

32

労働時間

**過** □ 1年単位の変形に係る**労使協定**は，**所轄労働基準監督署長に届け出**なければならない。違反すれば，**30万円以下の罰金**（平7）。

□ 変形期間開始後にしか休日を特定できない場合は，労働日が特定されたことにならない。　30-2ウ

【法32条の5】 1週間単位の非定型的変形労働時間制

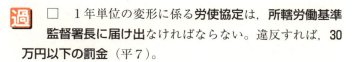

28-4D

☞ **日ごとの業務に著しい繁閑の差**が生ずることが多く，かつ，これを予測した上で各日の労働時間を特定することが困難であると認められる上記の事業に適用。

**ポ** □ 1週間の各日の労働時間を，少なくとも**1週間の開始する前に**，**書面**により**通知**しなければならない。

□ 緊急でやむを得ない事由があるため労働時間を変更しようとするときは，**変更しようとする日の前日までに書面**により労働者に通知する。

**行** □ 変更の場合の緊急でやむを得ない事由とは，使用者の主観的必要性ではない（昭63.1.1基発1）。

**!POINT**
法定労働時間の総枠

$$40時間^{注} \times \frac{各制度における変形期間の暦日数}{7}$$
（平17）

注 **特例事業**での計算→1箇月単位とフレックス（清算期間が1箇月以内の場合）は44時間で計算できる。

第1章 労働基準法

# 第11 臨時の必要，休憩，休日

### 【法33条】 臨時の必要

災害その他避ける
ことのできない事由
➡ 臨時の必要（平22） ⬅ 公務
のため
国家公務員
地方公務員
について

行政官庁の 許可 を受けて，
（事態急迫…事後に遅滞なく 届出 ）
労働時間を 延長 し， 休日 に労働させることが可能

**ポ**
3-5C
30-1エ

□ 満18歳未満の者に対する適用について（平13）
災害等の場合……時間外労働，休日労働，深夜業㊣
公務の場合………時間外労働，休日労働のみ㊣

□ 事態急迫のため事後に届け出た場合に行政官庁が不適当
と認めるとき➡その後に休憩又は休日付与命令できる。

**過**

□ 臨時の必要のため，時間外・休日労働，深夜業を
させた場合にも，割増賃金は必要である（平7）。

□ 災害その他避けることができない事由によって臨時の必
要がある場合に時間外労働をさせるための行政官庁への許
可は，派遣先の使用者がその義務を負う（平9）。

### 【法34条】 休　憩

5-2イ

労働時間が 6時間 を超える場合➡少くとも 45分
労働時間が 8時間 を超える場合➡少くとも 1時間 の

5-2エ

休憩時間を労働時間の 途中 に与えなければならない（平
23，24）。休憩時間は 一斉 に与えなければならない（ただ
し 労使協定 がある場合を除く）。

5-2ウ
28-4E

休憩時間を 自由 に利用させなければならない。

**ポ**

□ 労働時間が6時間の場合には，休憩を与える必要
はない（平21）。

34

労働時間

> **【法35条】休 日**
>
> 〈原則〉毎週少くとも **1回** の休日の確保
>
> 〈例外〉**4週間** を通じ **4日以上** の休日の確保（平23）

**ポ**

□ 休日とは，原則として，午前0時から午後12時までの**暦日**による休業を意味する（平24）。　30-3B, D　29-1 D

□ 法定休日とは，法35条に規定する休日をいう。

□ 変形休日制（4週4日）の採用は，就業規則等により4週間の**起算日**を明らかにし，**労働者に周知**させる（平23）。

□ 法定休日に出勤させるが，その替りの休日を計画的に与えることを**休日の振替**という。この場合，**休日労働に関する割増賃金は不要**（振替の結果，時間外労働に関する割増賃金は必要となることがある）（平13，21）。

□ 法定休日に出勤させて，**事後**にその替りの**代休**を与えた場合には，**休日労働に関する割増賃金が必要**。

**！POINT**

### 休憩の特例（平14，21，23）

| | | |
|---|---|---|
| 休憩を与えなくてもよい者 | ① | 列車，気動車，電車，自動車等の**乗務員**で，長距離にわたり**継続して乗務する者** |
| | ② | 屋内勤務者30人未満の日本郵便株式会社の営業所において郵便の業務に従事する者 |
| | ③ | 法41条該当者（農水産業従事者，管理監督者等） |
| 一斉休憩の例外 | ① | 運輸交通業，商業，金融・広告業，映画・演劇業，通信業，保健衛生業，接客娯楽業，現業以外の官公署 |
| | ② | 上記以外の事業（例製造業）で**労使協定**がある場合 |
| 自由利用の例外 | ① | **所轄労働基準監督署長の許可を必要**とするもの→乳児院，児童養護施設，障害児入所施設に勤務する職員で児童と起居をともにする者 |
| | ② | **許可がいらないもの**→警察官，消防吏員，常勤の消防団員，准救急隊員，児童自立支援施設に勤務する職員で児童と起居をともにする者，居宅訪問型保育事業に使用される家庭的保育者（同一の居宅で，一の児童に対して複数の家庭的保育者が同時に保育を行う場合を除く） |

5-2ア
29-1 C

35

**第1章 労働基準法**

# 第12

# 36協定，割増賃金，みなし労働時間制

**【法36条】 時間外及び休日労働**

4-3 E
29-4 E

労使協定 を締結し，行政官庁へ届け出た場合，労働時間を 延長 し，休日 に労働させることが可能。

4-3 C, D

☞ 36協定が必要となるのは，**法定労働時間を超える場合**であって，所定外で法定内の場合は，法律上は不要となる。

**行** □ 法定休日に，36協定により労働させた場合には，**代休を与える義務はない**（昭23.4.9基収1004）。

□ 過半数組合と締結→効力はその組合員以外にも及ぶ（平25）。

5-7 B
3-5 E

**ポ** □ 36協定で定める事項は，①対象労働者の範囲，②対象期間（**1年間**に限る），③時間外労働又は休日労働ができる場合，④対象期間における**1日，1箇月及び1年**のそれぞれについての時間外労働の時間数（限度時間を超えないこと）又は休日労働の日数，⑤有効期間（労働協約による場合を除く），⑥限度時間を超えて労働する労働者の**健康福祉確保措置**（記録を有効期間中及び有効期間の満了後**5年間**（当分の間，3年間）保存），**限度時間を超えて労働する場合**の手続と割増賃金率　等

2-6 C

□ 限度時間は**1箇月45H，1年360H**（3箇月超えの1年変形は1箇月42H，1年320H）。

□ 臨時に限度時間超えで労働させる場合，1年の時間外労働は**720時間以内**，1箇月の時間外・休日労働は**100時間未満**であること。また，1年に**6箇月以内**であること。

4-3 B

□ **2〜6か月平均**の時間外・休日労働は**80H**まで。

29-4 B, C

□ **坑内労働**その他厚生労働省令で定める**健康上特に有害**な業務の時間外労働は1日**2時間**以内。

36

労働時間

□　時間外労働の上限規制が適用されないのは，新技術・新商品等の研究開発業務である。改

□　単に協定を締結したのみでは，労働基準法違反の責めを免れない（平24）。 3-5A

□　フレックスタイム制は1日の延長時間は協定不要。 5-7A

【法36条7～9項】

厚生労働大臣 ➡ 36協定で定める労働時間の延長及び休日労働について留意すべき事項等について指針を定めることができる（労働者の健康，福祉，時間外労働の動向等を考慮して定める）。

行政官庁 ➡ 指針に関し，36協定の締結当事者（使用者及び労働組合又は労働者の過半数代表者）に対し必要な助言及び指導を行うことができる（平13選，平11）。

36協定締結当事者 ➡ 36協定の内容が指針に適合したものとなるようにしなければならない。

法　□　労使協定の締結時等の「労働者の過半数代表者」は，①法41条2号に規定する監督又は管理の地位にある者でなく，②投票，挙手等の方法により選出された者でなければならない（則6条の2）（平15，22）。また，使用者の意向に基づき選出されたものでないこと。 5-6B

【法37条】　時間外，休日及び深夜の割増賃金

・時間外，休日労働 ➡ 通常の労働時間，労働日の賃金の額の2割5分以上5割以下の率以上の率で計算 3選

・1箇月に60時間を超えた時間外労働 ➡ 通常の労働時間の賃金の計算額の5割以上の率で計算

・深夜労働（原則午後10時から午前5時）➡ 通常の労働時間の賃金の額の2割5分以上の率で計算（平25選）

□　所定外で法定内の労働は，割増賃金も36協定も不要。

□　割増賃金政令により，時間外労働（原則）は2割5分以

37

第1章　労働基準法

上，休日労働は**3割5分**以上の率とされている。

30-3A
29-1E
□　時間外・休日労働が**深夜**に及ぶとダブルカウント。

・時間外で深夜➡**5割**以上

・休日労働で深夜➡**6割**以上

・月60時間超えの時間外労働で深夜➡**7割5分**以上

30-3E　**過**　□　時間外労働は，まず**1日単位**で計算する。その次に**1週間単位**で計算する。

30-3D　□　時間外労働が翌日の法定休日に及んだ場合，法定休日の**午前0時**からは**休日労働**となる（午前0時から午前5時までの時間について，3割5分以上＋2割5分以上を支払うこととなる）。

2-6D　□　法33条・36条による手続を経ない**違法な**時間外・休日労働でも，割増賃金の支払義務は免れない（平23）。

4-7C
3選
□　年俸制等の場合でも，**通常の労働時間の賃金**に当たる部分と割増賃金に当たる部分とが**判別できる**ことが必要（判例）。

> **【法37条3項】　代替休暇**
>
> 　事業場で，（労使の）　書面による協定　により，法37条1項ただし書の規定により割増賃金を支払うべき労働者に対して，　割増賃金の支払　に代えて，　通常の労働時間の賃金が支払われる休暇　（法39条の規定による有給休暇を除く）を与えることを定めた場合において，当該労働者が**当該休暇を取得**したときは，　月60時間　を超えた時間外労働のうち当該取得した休暇に対応する労働については，　5割以上　の率による割増賃金を支払うことを要しない。

□　代替休暇を取得しても**2割5分**以上の割増賃金は必要。

□　労使協定では，①代替休暇として与えることができる時

4-7D
間の時間数の算定方法，②代替休暇の単位（1日又は半日），③代替休暇を与えることができる期間（月60時間を超えた当該1箇月の末日の翌日から**2箇月**以内とする）を定める。

労働時間

□ ①の算定方法は，月60時間を超えた時間外労働の時間数に**換算率**（5割以上の率－2割5分以上の率）を乗じる。

**【具体例】時間外労働を月76時間行った場合**

→月60時間を超える16時間分については，

　25％（50％－25％）の支払に代えて，有給の休暇付与も可能

→**16時間×0.25＝4時間分の有給の休暇を付与**

　（76時間×1.25の賃金の支払は必要）

賞　□ **割増賃金**の基礎となる賃金に**算入しない賃金**
**家族手当，通勤手当，別居手当，子女教育手当，臨時に支払われた賃金，1箇月を超える期間ごとに支払われる賃金，住宅手当**（平13選・平16, 23）

□ 「一律」「定額」の住宅手当は算入する（平19）。

法　□ 労働時間は，**事業場を異にする場合**でも**通算**する。　26-5 A
この「事業場を異にする場合」には，**事業主を異にする場合も含む**（平22）。

□ 休憩，休日，年次有給休暇の規定においては通算しない。　5-7 C

□ 坑内労働については，労働者が**坑口に入った時刻から出た時刻までの時間**を，**休憩時間を含め**労働時間とみなす（法38条）（平14）。

**【法38条の2】事業場外労働（平12選）**

事業場外で業務に従事　→　**労働時間を算定し難い**　→　**所定労働時間**労働したものとみなす

所定労働時間を超えて労働することが必要　→　通常必要とされる時間労働したものとみなす

**労使協定があるときは，協定で定める時間を通常必要とされる時間とする**

**労使協定**で定める協定時間が**法定労働時間超**のとき

労使協定届出義務
※所轄労働基準監督署長に届出

27選

元-6 C

□ みなし労働時間制の場合も，使用者は，**休憩，休日，深夜業**を管理しなければならない（平9, 16, 19）。

□ **在宅勤務**についても，要件に該当すれば，**事業場外労働に関するみなし労働時間制が適用される**（平22）。

### 【法38条の3】 専門業務型裁量労働制

使用者が，労使協定により次の事項を定め，①の対象業務に就かせたときは，②の算定される時間労働したものとみなす（平16）。

① **対象業務**（注1）
② 労働時間として算定される時間（**みなし**労働時間）
③ 対象業務の**遂行の手段**及び**時間配分**の決定等に関し，労働者に対し使用者が**具体的な指示をしないこと**
④ 労働者の**健康及び福祉**を確保するための措置
⑤ 労働者からの**苦情の処理**に関する措置
⑥ その他，**厚生労働省令で定める事項**（注2）

☞ たとえば，②を9時間と定めた場合は，現実の労働が7時間でも10時間でも，毎日1時間ずつ（9－8＝1）時間外労働が発生する。

□ **（注1）対象業務**とは，

業務の**遂行の方法**を大幅に労働者の裁量にゆだねる必要があるため，**業務の遂行の手段**及び**時間配分**の決定等に関し使用者が具体的な指示をすることが困難なものとして**厚生労働省令で定める業務**＊のうち，労働者に就かせることとする業務

＊ 厚生労働省令で定める業務……新商品研究開発等，情報処理システムの分析等，新聞・出版の取材・編集，デザイナー業務，プロデューサー・ディレクター業務，コピーライター，システムコンサルタント，インテリアコーディネーター，ゲーム用ソフトウェアの創作，証券アナリスト，金融工学等の知識を用いて行う金融商品の開発，大学での教授研究の業務（主として研究に従事するものに限る），公認会計士，弁護士，建築士，不動産鑑定士，弁理士，税理士，中小企業診断

士等（令5.3.30厚労告115）

□ **（注２）厚生労働省令で定める事項**

・対象労働者の**同意**が必要。不同意による解雇その他不利
益取扱いの禁止。**改**

・協定の**有効期間の定め**

・使用者は，協定事項④⑤の記録を，**有効期間中**及び**有効
期間満了後５年間**（当分の間，**３年間**）**保存**すること

---

【**法38条の４**】 **企画業務型裁量労働制**

**委員会**（使用者及び当該事業場の労働者を代表する者
を構成員とするものに限る）が設置された事業場において，
その委員の**５分の４以上の多数**による議決により次の事
項を決議し，かつ，使用者が当該決議を**行政官庁に届け出**
たときは，③に掲げる時間労働したものとみなす。

①**対象業務**（注1） ②**対象労働者**の範囲（注2）

③労働時間として算定される時間（**みなし労働時間**）

④対象労働者の**健康及び福祉**を確保するための措置

⑤対象労働者からの**苦情の処理**に関する措置

⑥**対象労働者の同意**を得なければならないこと及び同意
しなかった労働者に対して**解雇その他不利益**な**取扱い**
をしてはならないこと　等

（労働時間の状況及び④の実施状況について，定期報告
が必要）　　　　　　　　　　　　　　　　　　（平17，20）

---

☞　**対象事業場**……事業運営に影響を及ぼす決定が行われる
事業場又は独自の事業戦略を策定している事業場が該当。

□ **（注１）対象業務**とは，

①　事業運営の**企画**，**立案**，**調査**及び**分析**の業務で，

②　当該業務の**遂行の手段**及び**時間配分**の決定等に関し使
用者が**具体的な指示**をしないこととする業務

28選

□ **（注２）対象労働者**は，対象業務を適切に遂行するための

第1章 労働基準法

知識，経験等を有する労働者でなければならない。
- □ 法38条の4の委員会（労使委員会）は，
  ① 賃金，労働時間その他の当該事業場における労働条件に関する事項を調査審議し，事業主に対し当該事項について意見を述べることを目的とする委員会であること
  ② 委員の半数については，当該事業場の労働者の過半数で組織する労働組合，当該労働組合がない場合は労働者の過半数代表者に任期を定めて指名されていること
  ③ 議事について，議事録が作成され，かつ，保存（5年間，当分の間3年間）され，労働者に対する周知が図られていること

ポ
- □ 決議の有効期間は，1年以内の期間に限らない。
- □ 定期報告は，決議の有効期間の始期から起算して6箇月以内に1回，その後1年以内ごとに1回（平18選）。改
- □ 厚生労働大臣は労働政策審議会の意見を聴き指針を定め，公表する（指針は後述の高度プロフェッショナル制度で準用）（平17選）。

過
- □ 企画業務型裁量労働制を採用しても使用者は安全配慮義務を免れない（平17選）。

- □ 労使委員会の委員の5分の4以上の多数による決議は，次の労使協定に代わるものとして位置づける（平22）。

26-5C
①変形労働時間制（1箇月単位，フレックス，1年単位，1週間単位），②一斉休憩の適用除外，③時間外・休日労働，④代替休暇，⑤事業場外労働，専門業務型裁量労働制，⑥年次有給休暇（時間単位年休，計画的付与，年休中の賃金支払方法）

➡ この協定代替決議は，賃金の一部控除・貯蓄金の管理の労使協定については認められない。

29-4A
- □ 協定代替決議の場合でも，36協定（時間外・休日労働）は届出が必要である（届出をしないと免罰効果が生じない）。

第1章　労働基準法

# 第13 年次有給休暇，比例付与

### 【法39条】　年次有給休暇

① 　使用者は，| 雇入れの日 | から起算して | 6箇月間継続勤務 | し全労働日の | 8割 | 以上出勤した労働者に対して，| 継続し，又は分割した10労働日 | の有給休暇を与えなければならない（平20）。

② 　使用者は，| 1年6箇月 | 以上継続勤務した労働者に対して，| 6箇月 | を超えて継続勤務する日（6箇月経過日）から起算した | 継続勤務年数1年 |（全労働日の | 8割 | 以上出勤した1年に限る。）ごとに継続勤務年数の区分に応じ，次の表に記載した日数の有給休暇を与えなければならない。

| 継続勤務年数 | 0.5 | 1.5 | 2.5 | 3.5 | 4.5 | 5.5 | 6.5以上 |
|---|---|---|---|---|---|---|---|
| 年休付与日数 | 10 | 11 | 12 | 14 | 16 | 18 | 20 |

㊟　継続勤務年数「0.5」は「雇入れの日から6箇月」，「1.5」は「雇入れの日から1年6箇月」を意味する。

**ポ**

□　年次有給休暇の権利は，上記①②の要件を満たせば当然に発生するものであり，その成立要件として，労働者の請求・使用者の承認は要しない（判例）（平22）。　4-7E

□　「継続勤務」とは**在籍期間**をいう。労働組合専従期間，休職期間（平25），再雇用，在籍出向も**通算の対象**となる。

□　直前の1年間の出勤率が8割未満である場合には，その年の年次有給休暇の権利は発生しない（平16）。

〈出勤率8割以上〉

| | ○ | ○ | × | ○ | |
|---|---|---|---|---|---|
| | 6箇月 | 1年6箇月 | 2年6箇月 | 3年6箇月 | |

発生する年休権　　　⑩労働日　　⑪労働日　　⓪ナシ　　⑭労働日

㊟　出勤率8割未満の年があっても継続勤務年数が中断されるわけではない。したがって3年6箇月経過後に14労働日の年休権が発生する。

43

第1章　労働基準法

□　「**全労働日**」とは，総暦日数から就業規則等で定められた**所定休日を除いた日**をいう（●P62参照）。

**賞**　□　「**出勤したもの**」とみなす日（平18，19）

28-7 C

①　**年次有給休暇**を取得した日

②　**業務上の負傷，疾病による療養**のための休業期間

③　**産前産後の休業期間**

④　**育児休業，介護休業**をした期間

**行**　□　**全労働日から除外される日**

①　**不可抗力**による休業日

②　**使用者側に起因**する経営，管理上の障害による休業日

③　正当な同盟罷業その他**正当な争議行為**により労務の提供が全くなされなかった日

26選　□　**労働者の責に帰すべき事由によるとはいえない不就労日**は，「**全労働日から除外される日**」に該当する場合を除き，**出勤日数に算入すべきものとして全労働日に含まれる**（解雇が無効とされた判例に基づく通達）。

**ポ**　□　年次有給休暇は，労働者が時季を具体的に指定して請求する。〔**労働者の時季指定権**〕

5選
5-7 D
29選

□　使用者は，「**事業の正常な運営を妨げる場合**」には，その時季を変更できる（派遣労働者については派遣元で判断。平16）。〔**使用者の時季変更権**〕

2-6 E　□　10労働日以上の権利がある労働者には**年5日**取得させる義務がある（自ら取得又は計画的付与で5日でもよい）。

□　**年次有給休暇管理簿**は**5年間**（当分の間，3年間）**保存**。

26-6 B　**行**　□　年次有給休暇をどのように利用するかは**労働者の自由**だが，所属する事業場の一斉休暇闘争には利用できない（昭48.3.6基発110）（平14，22）。

□　**年次有給休暇日の賃金**（平25）

・　**就業規則**等で定めるところより➡　**平均賃金**又は**通常の賃金**を支払わなければならない。ただし，

労働時間

- 労使協定 を締結➡健康保険法による 標準報酬月額の 30分の1 に相当する金額（10円未満四捨五入）を支払う 旨を定めたときは，これによらなければならない。

㊟　時間単位年休の場合，各金額は所定労働時間数で除す。

【法39条3項】比例付与

次の労働者に対して比例付与を行う（平19）。

週所定労働日数が4日以下（週以外の期間によって所 定労働日数が定められている場合には，年間所定労働 日数が216日以下）かつ，

1週間の所定労働時間が30時間未満である者

ポ　■　比例付与の計算の仕方

□　（例）6箇月経過，出勤率8割以上，週3日勤務

$$10労働日^* \times \frac{3日}{5.2日（定数）} ≒ 5.76 ➡ 5労働日$$

＊　通常の労働者と同様に算定した付与日数

【法39条4項】時間単位年休

労使協定により，労働者の請求に基づき1年に 5日 を 限度として 時間単位 年休を与えることができる（平24）。

①時間単位年休の対象となる労働者の範囲　②時間単位で 与えることができる有給休暇の日数（5日以内）　③時間単 位年休1日の時間数（日によって所定労働時間が異なる場合 は，1年における1日平均所定労働時間数。④について同じ） ④1時間以外の単位で与える場合の時間数

□　半日単位の付与は，従来どおり認められる（協定不要）。　元-6E

POINT
時間単位年休と他の規定との関係（平25）

・「使用者の時季変更権」の行使が認められる（ただし，時間単 位の請求を日単位に変更すること等は，認められない）。　3-2E

・「計画的付与（後述）」として与えることは認められない。　26-6C

第1章 労働基準法

# 第14 年次有給休暇の計画的付与, 適用の除外, 労働時間の特例

【法39条6項】 計画的付与

労使協定

→ 5日を超える部分
（前年度からの繰越分も含める）

《与える時季を具体的に定める》

→ その定めにより, 年次有給休暇を与えることができる（平22）

〈例〉
- 一斉付与
- 班別付与
- 個人別付与

**行過** □ **計画的付与**をしたら, 労働者の**時季指定権**, 使用者の**時季変更権**はともに行使できない。

□ 計画的付与により5日を超える部分について**一斉付与**を行った場合に, 年次有給休暇の残日数がないため賃金カットを受ける労働者については, 使用者は, **休業手当**を支払わなければならない（平5）。

【法41条】 適用の除外

次の労働者については, 労働時間, 休憩及び休日に関する規定は適用しない。

① 農水産業に従事する者（ 林業 を除く）（平16）

② 事業の種類にかかわらず 監督 , 管理 の地位にある者, 機密の事務 を取り扱う者（平20）

③ 監視 又は 断続的労働 , 宿日直勤務で断続的労働に従事する者で, 使用者が 行政官庁の許可 を受けたもの

4-3A

**ポ** □ **年次有給休暇**の付与と, **深夜労働に関する割増賃金**の支払の適用は除外されない（平23選, 平17, 18）。

□ いわゆる**管理監督者**とは, 一般的には, 労働条件の決定等の労務管理について 経営者と一体的な立場にある者 の意であり, 名称にとらわれず, **職務内容**, **責任と権限**, 勤

労働時間

務態様等の**実態**に即して判断すべきものである（平24選，平22）。

☐ 管理監督者であるかの判断に当たっては，**労働時間等の規制になじまない**ような立場にあるか，その地位にふさわしい処遇を受けているかなどに留意する（平24選）。

**【法41条の2】高度プロフェッショナル制度**

労使委員会の委員の5分の4以上の多数による議決➡所轄労働基準監督署長に届出➡労働時間，休憩，休日，深夜割増賃金に関する規定の適用を除外する。

〈決議事項〉

① 対象業務，対象労働者

② 対象労働者の健康管理時間を把握する措置

③ 年104日以上，かつ，4週4日以上の休日を与えること

④ 選択的措置（後述）

⑤ 健康管理時間の状況に応じた**健康・福祉確保措置**

⑥ 対象労働者の同意の撤回に関する手続

⑦ 対象労働者からの**苦情の処理に関する措置**

⑧ 同意をしなかった対象労働者の**解雇その他不利益取扱いの禁止**

⑨ 有効期間の定め及び**自動更新をしないこと**

⑩ 委員会の開催頻度，開催時期

⑪ 常時50人未満の事業場では一定の**医師を選任**すること

⑫ 一定の事項の記録を**5年間**（当分の間，3年間）保存すること

（健康管理時間の状況と③④⑤の実施状況を6箇月以内ごとに労基署長へ報告）※この制度は年少者には適用しない。

☞ 高度の専門的知識等が必要で**従事した時間と成果との関連性**が通常高くないと認められる業務（金融商品の開発，金融商品のディーリング，アナリスト，コンサルタ

47

第1章　労働基準法

ント，新たな技術・商品又は役務の研究開発）が対象。

**ポ** □ **健康管理時間**とは，事業場内にいた時間と事業場外で労働した時間との合計である。

□ 対象労働者は書面等による合意で職務が明確に定められており，年間賃金が1,075万円以上であること。

□ ④の選択的措置とは，㋑**連続11時間以上**の休息時間を確保，かつ，**深夜業が月4回以内**，㋺健康管理時間が週40時間を超えた時間が**1箇月に100時間以内**又は**3箇月に240時間以内**，㋩継続2週間（原則）の**休日付与**，㋥**臨時の健康診断の実施**\*，のいずれかを講じることである。

\* ㋥は，健康管理時間が週40Hを超えた場合の超えた時間が月**80H超え**の労働者又は**申出**をした労働者が対象。

**！POINT**

★**変形労働時間制**について復習してみよう!!

| | 1箇月単位 | フレックス | 1年単位 | 1週間単位 |
|---|---|---|---|---|
| 必要な手続<br>（何に定めるか） | 就業規則等<br>か労使協定 | 就業規則等<br>と労使協定 | 労使協定 | 労使協定 |
| 協定の届出義務 | 有 | ― | 有 | 有 |
| 変 形 期 間 | 1箇月以内 | 3箇月以内<br>（清算期間） | 1年以内<br>（対象期間） | 1週間単位 |
| 週平均労働<br>時間 | 法定労働時間 | | 40時間<br>㊟特例（44H）の適用ナシ | |
| 労働時間の上限 | ― | ― | 週52H，日10H | 1日10H |
| 有効期間の定め | 有 | ― | 有 | ― |
| 変形期間の<br>起算日の定め | 有 | 有 | 有 | ― |
| 育児，介護，職<br>業訓練等を行う<br>者への配慮義務 | 有 | ― | 有 | 有 |

※ 導入要件として，法令上要求されているものに「有」と付し又は簡単な説明を記入した。1箇月超えのフレックスタイム制は，協定の届出義務「有」，特例（44H）の適用ナシ，有効期間の定め「有」。

# 第15 年少者

第1章 労働基準法

### 【法56条】 最低年齢

使用者は 児童が満15歳に達した日以後の最初の３月31日 が終了するまで，これを使用してはならない。

29-7 A

ただし，非工業的業種で，児童の 健康及び福祉 に有害でなく，かつ，その 労働が軽易 なものについては， 行政官庁の許可 を受けて， 満13歳以上 の児童をその者の 修学時間外 に使用することが可能。

29-7 B

映画の製作 又は 演劇の事業 については，満13歳に満たない児童についても可能（平16）。

□ 法56条の最低年齢違反の労働契約のもとに就労していた児童を解雇する場合にも，法20条の解雇予告等が必要となる（平24）。

### 【法57条】 年少者の証明書

満18歳に満たない者 ➡ 戸籍 証明書

満15歳に達した日以後の最初の３月31日が終了するまでの児童 ➡ 学校長 の証明書　及び親権者又は後見人の 同意書

を事業場に備え付けなければならない。

**法** □ **親権者**又は**後見人**は，**未成年者**に代って労働契約を締結してはならない（法58条１項）。

□ **親権者，後見人**又は**行政官庁**は，労働契約が**未成年者に不利**であると認める場合においては，**将来に向って**これを**解除**できる（法58条２項）（平11）。

□ **未成年者**は，**独立して賃金を請求**することができる。親権者又は後見人は，未成年者の賃金を代って受け取っては

第1章 労働基準法

ならない（法59条）（平10, 20）。

**過** □ 労働者に休憩を一斉に与える必要のない保健衛生の事業であっても，**満18歳に満たない者**については，一斉休憩除外の労使協定がない限り，休憩は一斉に与えなければならない（平8, 15）。

**ポ** □ 使用者は，**満18歳に満たない者**を**坑内**で労働させてはならない（法63条）。

□ ただし，**認定職業訓練を受けている満16歳以上の男性**労働者については，**坑内労働**が認められる。

┌─────────────────────────────────┐
│ 【法64条】 帰郷旅費

　 満18歳 に満たない者が解雇の日から 14日以内 に帰郷する場合においては，使用者は， 必要な旅費 を負担しなければならない（平11, 19）。ただし，満18歳に満たない者が その責めに帰すべき事由 に基づいて解雇され，使用者がその事由について 行政官庁の認定 を受けたときは，この限りでない。
└─────────────────────────────────┘

**POINT**
**年齢区分**

| | | |
|---|---|---|
| **18歳未満** | **未成年者** | ①労働契約の締結〔本　人〕<br>②賃金請求権　　　〔本　人〕<br>③未成年者の職業訓練生の年次<br>　有給休暇（12労働日が最低） |
| | **年少者** | ①労働時間，休日の制限<br>②深夜業の制限<br>③坑内労働の制限<br>④危険有害業務の制限<br>⑤帰郷旅費<br>⑥証明書の備え付け |
| **15歳<br>到達年度末<br>未満** | **児童** | |

　→ 原則→使用禁止　例外→非工業的業種
　（修学時間を通算して，1日7H，1週40H）
　（映画・演劇……13歳未満も可能）

年少者

### 【法60条】 労働時間及び休日

● **満15歳到達年度末未満**の児童の場合

 休憩時間 を除き，修学時間を通算して1日 7時間 ，1週 40時間 が限度（平23）。

● **満15歳以上満18歳未満**の者の場合

・1週間の労働時間が 法定労働時間 を超えない範囲内で，1週間のうち1日の労働時間を 4時間以内 に短縮した場合，他の日の労働時間を 10時間 まで延長することが可能（例外1）。

・1週 48時間 ，1日 8時間 を超えない範囲内で， 1箇月単位 の変形労働時間制， 1年単位 の変形労働時間制が可能（例外2）。 （平18，23）

☞ **18歳未満の者**は，原則として1日8時間，1週40時間が限度である。変形労働時間制，時間外・休日労働の規定，法定労働時間・休憩時間に関する特例規定は適用されないが，法60条，61条における例外がある。

※ **満15歳到達年度末**までの間については除く。

### !POINT

（法61条）

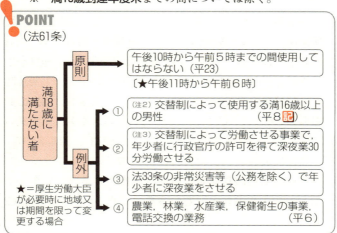

51

☞ **15歳到達年度末未満の児童**の場合，深夜時間帯は，**午後8時**から**午前5時**（★午後9時から午前6時）までとなる。

□ 法60条（注1）「他の日」は，1日だけと限定されていない（昭23.2.3基発161）（平10）。

例えば次のように，10時間の日を複数設けることができる。

| 日 | 月 | 火 | 水 | 木 | 金 | 土 |
|---|---|---|---|---|---|---|
| 休 | 8 | 10 | 4 | 10 | 8 | 休 |

□ 労働時間の例外2は，次のような場合を指す。

|   | 日 | 月 | 火 | 水 | 木 | 金 | 土 | 合計 |
|---|---|---|---|---|---|---|---|---|
| 1 | 休 | 8 | 8 | 8 | 8 | 8 | 8 | 48H |
| 2 | 休 | 8 | 8 | 8 | 8 | 休 | 休 | 32H |
| 3 | 休 | 8 | 8 | 8 | 8 | 8 | 8 | 48H |
| 4 | 休 | 8 | 8 | 8 | 8 | 休 | 休 | 32H |
|   |   |   |   |   |   |   |   | 160H |

合計の160時間を4週で割ると，**1週40時間**となる。

□ 法61条（注2）「交替制」とは，**同一労働者**が**一定期間ごと**に，昼間勤務と夜間勤務とに**交替**につく勤務態様をいう（昭23.7.5基発971）。

□ 法61条（注3）「交替制によって労働させる事業」とは，**事業全体として交替制をとっている場合**を意味する（例A勤務が午前5時～午後1時45分で45分間休憩，B勤務が午後1時45分～午後10時30分で45分間休憩の場合，午後10時から**30分間の深夜業が可能**）。（注2）の交替制は**特定の労働者**でも構わないため，この点で異なる。なお，深夜業の30分に対して**割増賃金**は必要である（昭23.2.20基発297）。

□ 満18歳未満の者については，ボイラー取扱い・クレーンの運転等の**危険な業務**，重量物取扱いの業務，安全・衛生・福祉に**有害な場所での業務**も禁止されている（法62条）。

第1章 労働基準法

# 第16 妊産婦等

### 【法64条の2】 坑内業務の就業制限

使用者は，次の①又は②に掲げる女性を当該①又は②に定める業務に就かせてはならない。

① 妊娠中の女性及び坑内で行われる業務に従事しない旨を 使用者に申し出た 産後１年を経過しない女性

…坑内で行われる すべての業務

② 上記①に掲げる女性以外の満18歳以上の女性

…坑内で行われる業務のうち人力により行われる 掘削 の業務その他の 女性に有害な業務 として厚生労働省令で定めるもの（平20）

5-3ア

□ **妊産婦の就業制限**（平25）

妊産婦（妊娠中の女性・産後１年を経過しない女性）を**重量物を取り扱う業務，有害ガスを発散する場所における業務，その他妊産婦の妊娠，出産，哺育等に有害な業務**に就かせてはならない（法64条の３第１項）（平4，23）。

2-3B～E
27選

**ポ** □ **妊産婦以外の女性の就業制限**

次の業務は，女性の妊娠，出産に係る機能に有害であると考えられ，就業が制限されている（同条２項）。

・**重量物を取り扱う業務**

・**有毒ガスを発散する場所における業務**

（限定２業務）

2-3A

### 【法65条】 産前産後

使用者は， 6週間 （ 多胎妊娠 の場合は 14週間 ） 以内に出産する予定の女性が休業を請求した場合においては，その者を就業させてはならない。

使用者は， 産後8週間 を経過しない女性を就業させて

第1章　労働基準法

はならない。ただし，産後6週間を経過した女性が請求した場合において，その者について医師が支障がないと認めた業務に就かせることは，差し支えない（平20）。

**3-6A**
**29選**
☞　ここで言う出産とは，妊娠4箇月（85日）以上の分娩をいう（平18，25）。※1箇月を28日として計算。

**5-3B**
**3-6B**
□　死産，人工妊娠中絶も「出産」に含まれる。

□　産前産後の休業について，賃金の支払いに関しては何も定められていない（有給，無給を問わない）。

**3-6D**
**ポ**
□　**産前**は，**請求がなければ**労働させてもよい。
**産後**は，請求の有無に関係なく，原則**不可**（平4）。

**3-6C**
**行**
□　出産日当日は**産前**に含まれる（昭25.3.31基収4057）。

**26-6D**
**法**
□　使用者は，**妊娠中**の女性が**請求した場合**は，**他の軽易な業務に転換**させなければならない（平19）。

**3-6E**
**行**
□　他の軽易な業務への転換のため**新たに軽易な業務を設ける義務までは課さない**（昭61.3.20基発151）。

□　産前産後休業，妊娠中の女性の請求に基づく**他の軽易な業務への転換**に係る義務は**派遣元**にある（平25）。

**覚**
□　**妊産婦の労働時間等**（法66条）

**妊産婦が**請求した場合⇨次のように**制限される**

**元-2B**
変形労働時間制（1箇月，1年，1週間単位）により法定労働時間を超えた労働は不可
※フレックスタイム制は適用が除外されない

**5-3D**
非常災害，公務，36協定による時間外労働，休日労働も不可（平20，25）

深夜業も不可（平13，19）

□　「妊産婦には変形労働時間制を全く適用できない」わけではない。例えば，1箇月単位の変形労働時間制で10時間と定めた日について，妊産婦の請求があれば8時間労働が限度，という意味である。

妊産婦等

過 □ 妊産婦であっても法41条2号に規定する監督又は管理の地位にある者に該当するものについては、**時間外労働**又は**休日労働**の制限の規定は適用しない（労働時間・休憩・休日の規定が適用されないため）。  3-5D 29-7D

□ **妊産婦である法41条該当労働者が請求した場合**
⇨ **時間外・休日労働は制限されない**（平14, 19, 20）
⇨ **深夜業は制限される**（平17）

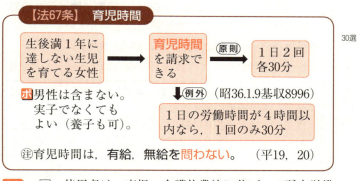

行 □ 使用者は、育児・介護休業法に基づいて所定労働時間の短縮措置を講じている場合であっても、請求があれば育児時間を与える必要がある（平14）。

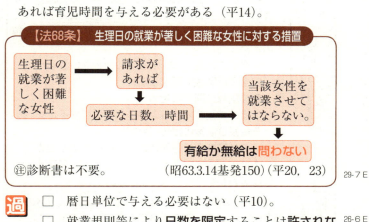

過 □ 暦日単位で与える必要はない（平10）。
□ 就業規則等により**日数を限定**することは**許されない**（昭23.5.5基発682）。  26-6E

# 第17 就業規則

第1章 労働基準法

## 【法89条】 作成及び届出の義務

2-7D
28-5A

| 常時10人以上 | の労働者を使用する使用者 ➡ 就業規則の **作成**・届出義務あり（変更も**届出**義務あり）（平23）

元-7A ☞ 「常時10人以上」には，**パート**，**日雇**，**臨時雇**も含む。

26-7イ □ 通常は8人であるが，繁忙期には2，3人雇い入れるような場合は，「**常時10人以上**」に該当しない。

2-7C □ 派遣労働者について作成義務を負うのは派遣元（平25）。

| | | |
|---|---|---|
| 3-7B<br>元-7E<br>30-7B<br>28-5B | 絶対的必要記載事項 | ① 始業及び終業の時刻，休憩時間，休日，休暇，就業時転換に関する事項<br>② 賃金（臨時の賃金等を除く）の決定，計算，支払の方法，賃金の締切り，支払の時期，昇給に関する事項（平25）<br>③ 退職に関する事項（解雇の事由を含む。）（平24） |
| 28-5C<br><br><br><br><br><br><br>30-7C | 相対的必要記載事項 | ① 退職手当の定め（平24）<br>  適用される 労働者の範囲，退職手当の 決定，計算，支払の方法，退職手当の 支払の時期<br>② 臨時の賃金等（退職手当を除く）及び最低賃金額の定め<br>③ 労働者に食費，作業用品等の負担をさせる定め<br>④ **安全及び衛生に関する定め**<br>⑤ **職業訓練に関する定め**<br>⑥ 災害補償及び業務外の傷病扶助に関する定め<br>⑦ **表彰及び制裁の定め**（平20）<br>⑧ その他事業場の労働者の全てに適用ある定め<br>※ 本欄①〜⑧に関する事項は，その定めをする場合に記載義務が生じる（平21，23，25）。 |
| 2-7A<br>27-7B | 任意的記載事項 | 絶対的必要記載事項と相対的必要記載事項以外の事項をいう。〈例〉その就業規則の目的，適用の人的範囲，適用の場所的範囲等に関する事項 |

就業規則

**過** □ **重要判例**⇨①**就業規則**は，合理的な労働条件を定めるものである限り，**法的規範性**がある。②就業規則が拘束力を生ずるためには，労働者に**周知**させる手続が必要。③懲戒権の行使に当たっては，就業規則の定めるところに従ってなしうる（平17）。

□ 必要記載事項の**一部を欠く就業規則**も，**有効**。　3-7 A
26-7ウ

**ポ** □ 就業規則を複数の規則に分割して作成する場合でも，同時に作成し，**すべて**を行政官庁へ届出。

**覚** □ **就業規則の作成と変更**については，労働者の過半　2-7 B
元-7 C
数で組織する労働組合，当該労働組合がない場合は労　30-7 A
27-7 C
働者の過半数代表者の**意見**を聴取（反対意見でもよい）。　26-7オ

　| 就業規則 | ＋ | 意見書 |　⇨　遅滞なく**届出**（平24）

□ **一部の者が対象の就業規則**も**全体の過半数**の意見を聴く。　3-7 C
30-7 A

**【法91条】 減給の制裁**

就業規則で，**減給の制裁**を定める場合　3-7 D, E
元-7 D

　1回の額……平均賃金*の | 1日分の半額 | を超えては

　総　　額……一賃金支払期における } ならない

　　　　　| 賃金の総額の10分の1 |　（平23，25）

\* 算定事由発生日は，制裁の意思表示が相手方に到達した日。　30-7 D

□ 「就業規則」とあるが，常時10人未満の事業場にも適用　27-7 A
（平16）。

**過** ■ **法令及び労働協約との関係**（法92条）

□ **就業規則**は，法令又は当該事業場について適用される**労働協約**に反してはならない（平16選）。　28-5 E

□ 行政官庁は，法令又は労働協約に抵触する**就業規則の変**　30-7 E
**更**を命ずることができる（平20，24，25）。

■ **労働契約との関係**（法93条，労働契約法12条）

□ 就業規則で定める基準に**達しない**労働契約➡その部分は**無効**となり，就業規則で定める基準による（平16選）。

第1章 労働基準法

# 第18 寄宿舎

## 【法94条】 寄宿舎生活の自治

使用者は，事業の附属寄宿舎に寄宿する労働者の 私生活の自由 を侵してはならない。

使用者は，寮長，室長その他 寄宿舎生活の自治 に必要な役員の選任に干渉してはならない（平11記，平21）。

□ 禁止されている事項（寄宿舎規程4条）（平21）

・**外出**又は**外泊**について使用者の**承認**を受けさせること

・教育，娯楽その他の行事に**参加を強制**すること

・共同の利益を害する場所及び時間を除き，**面会の自由を制限**すること

## 【法95条】 寄宿舎生活の秩序

附属寄宿舎に労働者を寄宿させる使用者

↓

寄宿舎規則作成

↓

行政官庁に届出，寄宿労働者に周知

① 起床，就寝，外出 及び 外泊
② 行事
③ 食事
④ 安全及び衛生
⑤ 建設物 及び設備の管理
①～⑤に関する事項を定める （平21）

〔ゴロアワセ〕**キギョウ**の**ショクジ**は**アンゼン**に**タテ**られている！！
起床 行事　　食事　　安全及び衛生　建設物

**ポ** □ 上の①～④の事項については，**寄宿舎に寄宿する労働者の過半数代表者の同意**が必要（平21）。

□ 寄宿舎規則に**同意**を証明する書面を添付し，行政官庁に届出，寄宿労働者に周知（変更時も同様）。

□ 使用者及び寄宿する労働者は，**寄宿舎規則**を遵守しなけ

58

寄 宿 舎

ればならない。

**法** □ **使用者**は，事業の附属寄宿舎について，換気，採
光，照明，保温等労働者の健康，風紀，生命の保持に
必要な措置を講じなければならない（法96条）（平15）。

・**第1種寄宿舎**⇨労働者を6箇月以上寄宿させるもの
・**第2種寄宿舎**⇨労働者を6箇月未満寄宿させるもの（仮
設）
・**建設業附属寄宿舎**（平3，7）

---

【法96条の2】 **監督上の行政措置**

・ 常時10人以上 の労働者　　　　　の 附属寄宿舎 を
　　を就業させる事業　　　　　　設置，移転，変更

・ 危険な事業 ・衛生上 有害な事業　　　　　　↓

・工事着手 14日前 までに計画を行政官庁に届出（平21）

↑

　行政官庁は，必要であると認めるときは，工事の着手を
差し止め，又は計画の変更を命ずることができる。

2 選

---

**過** □ 安全衛生基準に反する場合は，**労働基準監督署長**
は，その全部又は一部の**使用の停止**を命ずることがで
きる（平3）。この場合において，労働者に急迫した危険が
あれば，**労働基準監督官**が，上記の行政官庁の権限を**即時**
に行うことができる（平9）（法96条の3，103条）。

---

**❗POINT**

〔監督機関〕　　　　　　　　　　〔審議会〕

（厚生労働省）　厚生労働省労働基準局　（厚生労働省）
　　　　　　　　　　　　　　　　　　労働政策審議会
　　　　　　　　　　↓

（都道府県）　　都道府県労働局　（都道府県労働局）
　　　　　　　　　　　　　　　　　地方労働審議会
　　　　　　　　　　↓

　　　　　　　労働基準監督署

59

**第1章 労働基準法**

# 第19 技能者の養成, 災害補償, 雑則

**法** □ 「**職業訓練に関する特例**」について（法70条）

| 原　　則 | 都道府県知事の**認定**した職業訓練を受ける者 |
|---|---|
| 労働契約——**3年以内** | ➡①**3年超**回 |
| 年少者, 女性┬危険有害業務の就業制限 | ➡②満18歳未満は, 危険有害業務回 |
| └坑内労働禁止 | ➡③満16歳以上の男性は, 坑内労働回 |
| 年次有給休暇<br>(雇入れ6箇月後, 8割以上の場合)**10労働日** | ➡④**12労働日** |

☞　使用者は, 上記の①～③について労働者を使用するときは, **所轄都道府県労働局長の許可**を受けなければならない（法71条）（平10）。④は未成年者に限る（法72条）。

28選　□ 「**打切補償**」について（法81条, 19条1項）

業務上負傷し又は疾病にかかり療養のために休業し, **療養開始後3年経過**してもなおらない場合⇨**平均賃金の1,200日分**の打切補償を支払えばその後の災害補償は不要, また, 解雇制限**は解除**。

※　解雇制限は, **3年経過＋傷病補償年金**でも解除される。

□ 事業場に, この法律又はこの法律に基づいて発する命令に違反する事実がある場合は, 労働者は, その事実を**行政官庁又は労働基準監督官に申告**できる（平10記, 平14）。

□ 使用者は, 当該申告したことを理由として解雇その他不利益な取扱いをしてはならない（罰則あり）（平20）。

**法** □ 使用者は,

①**労基法と命令**⇨その**要旨**　③**労使協定**

2-2A, B　②**就業規則**⇨その**全文**　④**労使委員会の決議**

元-7B　常時各作業場に㋑**掲示**, ㋺**備え付ける**, ㋩**書面を交付**する,

を,

60

㈢磁気テープ，磁気ディスク等に記録し，各作業場に記録の内容を常時確認できる機器を設置する方法で**労働者に周知**させなければならない（法106条１項，平20，21，23）。

□ 「**労働者名簿**」について（法107条）（平22）

　**各事業場ごとに調製，日日雇い入れられる者**は除く

□ 「**賃金台帳**」について（法108条）（平22）

　**各事業場ごとに調製**，賃金支払の都度遅滞なく記入

　**日雇**についても調製

□ **記録の保存**（**5年間**，当分の間３年間）**の起算日**（則56条）（平19，22）

- ① 労働者名簿……死亡，退職又は解雇の日
- ② 賃金台帳……最後の記入日*
- ③ 雇入れ，退職の書類……労働者の退職，死亡の日
- ④ 災害補償の書類……災害補償を終った日
- ⑤ 賃金その他に関する重要書類……その完結の日*

\* 　②⑤は，支払期日の方が遅いときは支払期日。

□ 労働者等及び使用者は，労働者等の戸籍に関して，戸籍事務を掌る者等に対して，**無料で証明を請求**することができる（法111条）。

□ 「**付加金の支払**」について（法114条）（平18）

　**裁判所**は，　　　　　　　　**労働者の請求**により，

| ①解雇予告手当 | | **未払金**の他これと**同一額**の**付** |
| ②休業手当 | を使用者 | **加金の支払を命ずる**ことがで |
| ③割増賃金 | が支払わ | **きる**（平20，24）。 |
| ④年次有給休暇 | ない場合 | 請求は違反があった時から**5** |
| 　の賃金 | | **年**（当分の間，３年）**以内**。 |

□ 「**時効**」について（法115条）（平22）

　賃金………………… **5年**（**退職手当以外**は，当分の間**3年**）

　災害補償，年次有給休暇等……………………………**2年**　5選

第1章 労働基準法

# 第20 罰則

**法** □ **罰則**（法117条〜法121条）―要点のみ―

29-5イ
・**法5条（強制労働の禁止）**の規定の**違反**は，**1年以上10年以下の懲役又は20万円以上300万円以下の罰金**（労基法中，最も重い罰則。平10，21）

・法6条（中間搾取の排除），法56条（最低年齢），法63条，64条の2（坑内労働の禁止）の規定の違反は，1年以下の懲役又は50万円以下の罰金

・その他の違反行為の大部分については，「6箇月以下の懲役又は30万円以下の罰金」か「30万円以下の罰金」が適用される。

□ **「両罰規定」**について（法121条）（平20）

違反行為者が，労働者に関する事項について，事業主のために行為した代理人，使用人その他の従業者である場合には，原則として，事業主に対しても各本条の罰金刑を科する（平17）。

**! POINT**

28-7 A
28-7 B
28-7 D
28-7 E

**年次有給休暇はここまでマスターしよう**

・**所定休日**に労働しても「全労働日」に含まない。

・休職中は**労働義務が免除**されているため，年次有給休暇の権利を行使できない。

・**育児休業期間中**は年次有給休暇を請求できない。ただし，休業申出前に時季指定や**計画的付与**が行われた場合は，その分の賃金を使用者が支払う必要がある（平8，17）。

・年の途中で勤務形態が変わった場合，すでに付与された年次有給休暇の日数は，次の基準日まで変わらない。

・時給制労働者の年次有給休暇に対し「通常の賃金」を支払う場合は，**各日の所定労働時間**に応じて支払う。

罰　　則

## !POINT

**端数処理と法24条との関係**（昭63.3.14基発150号）

　次のような端数の処理をすることは，法24条の**賃金の全額払の原則に違反しない**（平24）。

| 賃金支払額 | ①　1箇月の賃金支払額（賃金の一部を控除して支払う場合には控除した額。②において同じ）に**100円**未満の端数が生じた場合に，**50円**未満を切り捨て，それ以上を**100円**に切り上げて支払うこと（平15）。<br>②　1箇月の賃金支払額に生じた**1,000円**未満の端数を翌月の賃金支払日に繰り越して支払うこと（平18）。 | 29-6 C |
| --- | --- | --- |
| 割増賃金の計算 | ①　1箇月における時間外労働，休日労働，深夜業の各々の時間数の合計に**1 時間**未満の端数がある場合に，**30分**未満の端数を切り捨て，それ以上を**1 時間**に切り上げること（平12，19，25）。<br>②　1時間当たりの賃金額及び割増賃金額に**1 円**未満の端数が生じた場合に，**50銭**未満の端数を切り捨て，それ以上を**1 円**に切り上げること（平10）。<br>③　1箇月における時間外労働，休日労働，深夜業の各々の割増賃金の総額に**1 円**未満の端数が生じた場合に，**50銭**未満の端数を切り捨て，それ以上を**1 円**に切り上げること。 | 28-3 C |

※　月給制の者について割増賃金を計算するため，通常の労働時間1時間当たりの賃金額を求める場合，月によって所定労働時間数が異なるときは年平均を用いる。　28-6A〜E

**遅刻，早退，欠勤等の時間の端数処理**（同通達）

> 　5分の遅刻を30分の遅刻として賃金カットするというような処理は，労働の提供のなかった**限度を超える**カット（25分についてのカット）について，**法24条の賃金の全額払の原則に違反し，無効である**（平23）。　2-7 E
>
> 　なお，このような取扱いを就業規則に定める**減給の制裁として，法91条の制限（●P57参照）の範囲内で行う場合**には，**賃金の全額払の原則に違反しない。**　28-5 D

第1章　労働基準法

> ## !POINT
>
> **覚えておきたい最高裁判所の判例**
>
> 労―30-3ア
> ① 採用内定の法的性質は**当該企業の当該年度における採用内定の事実関係に即して**検討する。新卒学生の採用内定は，就労の始期を大学卒業直後とし，誓約書記載の採用内定取消事由に基づく解約権を留保した労働契約が成立したと解するのを相当とする（大日本印刷事件。平9，25）。
>
> 28選
> ② 労災保険法の療養補償給付を受ける労働者は，**打切補償**の根拠規定である労基法75条の療養補償を受ける労働者に含まれる（専修大学事件）。
>
> ③ 予告を欠く解雇は即時解雇としては無効であるが，通知後30日を経過するか，通知後に予告手当の支払いをしたときに効力が生ずる（細谷服装事件。平18，19，21）。
>
> 元選
> ④ 使用者の責めに帰すべき事由による解雇で，解雇期間中に他の職に就いて利益を得た場合，使用者は解雇期間中の賃金からその利益の額を控除できるが，平均賃金の6割までは利益控除できない（あけぼのタクシー事件。平23選，平21）。
>
> 27-6ウ
> ⑤ 使用者が当該事業場に適用される就業規則に36協定の範囲内で一定の場合に時間外労働をさせられる旨定めているときは，当該就業規則の内容が合理的なものである限り具体的労働契約の内容をなし，労働者は時間外労働の義務を負う（日立製作所武蔵工場事件。平18）。
>
> 元-6D
> ⑥ 定額残業代が時間外労働等に対する対価として支払われるものとされているか否かは，契約書等の記載内容，使用者の労働者に対する**説明の内容**，労働者の**実際の労働時間等の勤務状況**などの事情を考慮して判断すべきである（日本ケミカル事件）。
>
> 29選
> ⑦ 労働者が事前の調整を経ることなく長期の年次有給休暇の時季指定をした場合は，使用者の時季変更権の行使について，ある程度の裁量的判断の余地を認める（時事通信社事件）（平22選）。

64

第 2 章

# 労働安全衛生法

**主な改正点**

| 改正内容 | 重要度 | 本書頁 |
|---|---|---|
| 雇入れ時の安全衛生教育について、業種により科目の省略を認める規定は削除された。 | B | P83 |

## 第2章 労働安全衛生法

# 第1 総 則

### 【法1条】 目 的

元選 労働基準法と相まって，労働災害の防止のための 危害防止基準の確立 ， 責任体制の明確化 及び 自主的活動の促進 の措置を講ずる等その防止に関する 総合的計画的な対策 を推進することにより 職場 における労働者の 安全と健康 を確保するとともに，快適な 職場環境の形成 を促進することを目的とする（平10記，平24選，平12）。

29-8 E ☞ 安衛法は，労働条件のうち安全衛生に関する事項に特化した法律である。昭和47年に労基法から分離独立したが，労働基準法とは**一体的**な関係にある（選平15）。

28-9 B **法** □ 「労働災害」とは，労働者の就業に係る建設物等により又は作業行動その他**業務に起因**して労働者が負傷

3-8 A し，疾病にかかり又は死亡することをいう。

2-9 A □ 「労働者」とは，労働基準法第9条に規定する労働者。
28-9 A

26-8 ア □ 「事業者」とは，事業を行う者で**労働者を使用する者**。

□ 「化学物質」とは，**元素**及び**化合物**。

30選 □ 「作業環境測定」とは，作業環境の実態をは握するため空気環境その他の作業環境について行う**デザイン**，**サンプリング**及び**分析**（解析を含む）をいう（平12）。

4選 □ **事業者**は，単にこの法律で定める労働災害の防止のための**最低基準**を守るだけでなく，**職場における労働者の安全と健康を確保するようにしなければ**ならない（平18選）。また，国が実施する労働災害の防止に関する施策に**協力**するようにしなければならない（平11記）。

□ 労働者は，事業者等が実施する措置に**協力**するよう努めなければならない。

総　則

□　機械，器具等の設備を設計・製造・輸入する者，原材料を製造・輸入する者又は建設物を建設・設計する者は，設計等に際し，これらの物が使用されることによる労働災害の発生の防止に**資するように努めなければならない**（平17選）。

□　建設工事の注文者等仕事を他人に請け負わせる者は，安全で衛生的な作業の遂行をそこなうおそれのある条件を附さないように**配慮しなければならない**（平14）。

□　共同企業体（ジョイント・ベンチャー）について

**２つ以上の建設業の事業者が一の場所で共同連帯で仕事を請け負った場合**，そのうち**１人を代表者と定め都道府県労働局長**に届け出なければならない。

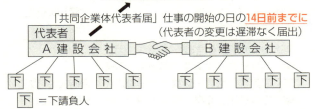

ポ　□　「**事業者**」は安衛法で用いられる用語で，法人では，**法人そのものを**，個人では，**事業主**を指す。

! POINT

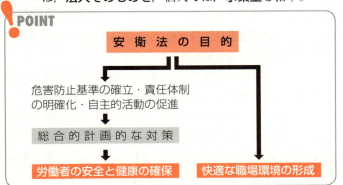

67

第2章　労働安全衛生法

# 第2 総括安全衛生管理者等

**【法10条】　総括安全衛生管理者（平12選）**

3-9A〜E

　事業者は，政令で定める規模の事業場ごとに，総括安全衛生管理者を選任し，その者に安全管理者，衛生管理者又は救護に関する技術的事項を管理する者の指揮をさせるとともに，一定の業務を統括管理させなければならない。

29-9A

**法**　□　**総括安全衛生管理者**を選任すべき事業場

（令2条1号〜3号）

|   | 業　　　種 | 労働者数 |
|---|---|---|
| Ⓐ | 林業，鉱業，建設業，運送業及び清掃業 | **常時100人以上**（平20，24） |
| Ⓑ | 製造業（加工業を含む），電気業，ガス業，熱供給業，水道業，通信業，各種商品卸売業，**家具・建具・什器等卸売業，各種商品小売業，家具・建具・什器小売業，燃料小売業**，旅館業，ゴルフ場業，自動車整備業及び機械修理業 | **常時300人以上**（平19，20） |
| Ⓒ | その他の業種 | **常時1,000人以上** |

2-9C
28選

**ポ**　□　**総括安全衛生管理者**は，事業場においてその事業の実施を統括管理する者をもって充てなければならない。

　□　選任すべき事由が発生した日から**14日以内**に選任し，**遅滞なく**，選任報告書を所轄労働基準監督署長に提出。

　□　主な職務は，安全管理者，衛生管理者等の指揮及び安全，衛生に関する業務の統括管理である（平19）。

26-9ア

**過**　□　都道府県労働局長は，**事業者に**総括安全衛生管理者の業務の執行について勧告できる（平2，19）。

安全衛生管理体制

□ **安全管理者，衛生管理者**（法11条，12条）（平20）

| | 安 全 管 理 者 | 衛 生 管 理 者 | |
|---|---|---|---|
| 業種・規模 | 常時**50人以上**の労働者を使用する**屋外・工業的業種**（具体的には，前頁表の事業場のうち④®の業種） | 常時**50人以上**の労働者を使用する**全業種** | 29-9 A |
| 資格要件 | ① 所定の**研修**修了者で，大学，高等専門学校の理科系卒➡産業安全の実務経験**2年以上**又は高等学校の理科系卒➡産業安全の実務経験**4年以上**（平24）<br>② **労働安全コンサルタント**<br>③ 厚生労働大臣が定める者（平22） | **一定の屋外・工業的業種では**<br>① 第一種衛生管理者免許保持者<br>② 衛生工学衛生管理者免許保持者<br>③ 医師・歯科医師（平3）<br>④ 労働衛生コンサルタント 等<br>**上の業種以外の業種では**<br>上記①〜④のほか<br>⑤ 第二種衛生管理者免許保持者（平22，24） | 元選 |
| 選任すべき人数 | 常時50人以上の事業場ごとに1人以上 | 事業場の規模により<br>50人以上〜 200人以下　1人以上<br>200人超〜 500人以下　2人以上<br>500人超〜1,000人以下　3人以上<br>1,000人超〜2,000人以下　4人以上<br>2,000人超〜3,000人以下　5人以上<br>3,000人超　　　　　　　6人以上 | |
| 選任・報告 | 選任すべき事由が発生した日から**14日以内**に選任。**遅滞なく**，選任報告書を**所轄労働基準監督署長に提出。** | 安全管理者と同じ（平5）<br>**ポ** 「選任・報告」については，総括安全衛生管理者，産業医も左と同じ。 | |

**!POINT**

┌ ちょっと一休み!! ┐

・㊬括安全衛生㊬理者➡ソウカン　今度㊬刊された
・㊬括安全衛生㊬任者➡トウセキ　人工㊬析の本で
・㊬方安全衛生㊬理者➡モトカン　私は㊬にカンバック!!
・㊬社安全衛生㊬理者➡テンカン　㊬換した

第2章　労働安全衛生法

|  | 安 全 管 理 者 | 衛 生 管 理 者 |
|---|---|---|
| 専属 | 〈原則〉**専属の者**であること<br>〈例外〉2人以上選任する場合に，その中に**労働安全コンサルタント**がいるときは，そのうち**1人**は，事業場に専属の者でなくともよい。 | 〈原則〉**専属の者**であること<br>〈例外〉2人以上選任する場合に，その中に**労働衛生コンサルタント**がいるときは，そのうち**1人**は，事業場に専属の者でなくともよい。 |
| 専任 | 次の業種・規模の事業場では，安全管理者のうち，少なくとも1人を**専任**としなければならない。 | 次の事業場では，衛生管理者のうち，少なくとも1人を**専任**としなければならない。<br>① **常時1,000人を超える**労働者を使用する事業場<br>② **常時500人を超える**労働者を使用する事業場で，坑内労働又は健康上有害な業務に**常時30人以上**従事させる事業場（②のうち，特に有害な業務については，衛生管理者のうち1人を，**衛生工学衛生管理者**免許保持者から選任）（選平25）<br>〔ゴロアワセ〕衛生管理者の専任は1,000人超えて必要!!（センニン）<br>**過** 都道府県労働局長は，地方労働審議会の議を経て，**常時50人未満の事業場**の2つ以上で同一の地域にあるものについて，共同して衛生管理者を**選任**すべきことを勧告できる（平7）。 |

安全管理者の専任の表：

| 業　種 | 規　模 |
|---|---|
| 建設業，有機化学工業製品製造業，石油製品製造業　⑦ | 常時300人以上 |
| 無機化学工業製品製造業，化学肥料製造業，道路貨物運送業，港湾運送業　⓪ | 常時500人以上 |
| 紙・パルプ製造業，鉄鋼業，造船業　⑧ | 常時1,000人以上 |
| 林業，鉱業，運送業（⓪を除く），清掃業，製造業（⑦⓪⑧を除く。物の加工業を含む），電気業，ガス業，熱供給業，水道業，通信業，各種商品卸売業，家具・建具・じゅう器等卸売業，各種商品小売業，家具・建具・じゅう器小売業，燃料小売業，旅館業，ゴルフ場業，自動車整備業及び機械修理業のうち，過去3年間の労働災害による休業1日以上の死傷者数の合計が100人を超える事業場 | 常時2,000人以上 |

26-9エ

29-9C

|   | 安 全 管 理 者 | 衛 生 管 理 者 |
|---|---|---|
| 職務 | 安全に係る技術的事項の管理等<br>〔作業場等の巡視義務は**常に**あると考えられる（平23）。〕 | 衛生に係る技術的事項の管理等<br>〔作業場等の巡視義務は少なくとも**毎週1回**（平16, 23）〕 |
| 命令 | 労働基準監督署長は，必要があるとき，事業者に対して安全管理者の**増員又は解任**を命令できる。 | 労働基準監督署長は，必要があるとき，事業者に対して衛生管理者の**増員又は解任**を命令できる。 |

☞ 専属とは，その事業場のみに所属していること。

専任とは，専ら安全管理者・衛生管理者等の職務のみに，勤務時間を費やすこと

> **POINT**
> **代理者の選任が必要なもの**
> ・一般の体制→総管，安全管理者，衛生管理者
> ・建設業等の体制→統責，元管，店管，安全衛生責任者
>
> **安全衛生管理体制**……イメージ図
>
>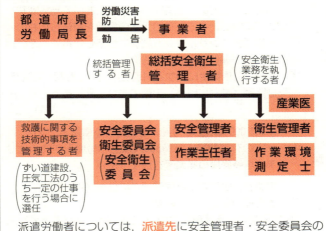
>
> 派遣労働者については，派遣先に安全管理者・安全委員会の選任・設置義務がある（平19）。

# 第3 産業医，作業主任者，安全衛生推進者

第2章 労働安全衛生法

**法** □ **産業医**（法13条）

（選任後は労働者に周知）

| | |
|---|---|
| 業種 | **常時50人以上**\*の労働者を使用する**全業種**の事業場（**常時3,000人を超える**労働者を使用する場合，**2人以上の**産業医を選任する）（平6，11）。<br>〔事業者は産業医の辞任・解任や勧告について**衛生委員会**又は**安全衛生委員会**に報告。勧告を受けたときは記録を**3年間**保存〕<br>\*　**常時50人未満**の労働者を使用する事業者は，**医師**，**保健師**に労働者の健康管理等の全部又は一部を行わせるよう**努めなければならない**。 |
| 資格要件 | **医師**のうち<br>①　労働者の健康管理等を行うのに必要な医学に関する知識についての研修で厚生労働大臣の指定する者（法人に限る）が行うものを修了した者（平24）<br>②　産業医の養成等を行うことを目的とする医学の正規の課程を設置している産業医科大学等において当該課程を修めて卒業した者で，その大学の実習を履修したもの<br>③　**労働衛生コンサルタント試験に合格**した者で，その試験の区分が保健衛生であるもの<br>④　**大学**で労働衛生に関する科目を担当する**教授，准教授**，又は**講師**（常勤に限る）の職にあり，又はあった者　等<br>（平11，22） |
| 専属 | ①　常時**1,000人以上**の労働者を使用する事業場　又は<br>②　一定の**有害業務**に常時**500人以上**の労働者を従事させる事業場➡**専属の産業医**を選任（平17） |
| 職務 | ①　**事業者，総括安全衛生管理者**に**勧告**（平21選）<br>②　**衛生管理者**を**指導，助言**<br>〔作業場等の巡視義務は，少なくとも**毎月1回**（事業者から毎月1回以上，衛生管理者の巡視結果等の提供を受け，事業者の同意を得ているときは**2月に1回**）（平23）〕 |

安全衛生管理体制

☞　産業医に**専任の規定はない**。

□　**法人の代表者・事業を営む個人**（事業場の運営について利害関係を有しない者を除く）・事業場において事業の実施を**統括管理**する者を**産業医に選任してはならない**。

□　**学校医**については選任報告書の提出不要。

**法**　□　**作業主任者，安全衛生推進者**（法14条，12条の2）　4-9A～C

|  | 作　業　主　任　者 | 安全衛生推進者 |  |
|---|---|---|---|
| 業種・規模 | 高圧室内作業その他一定の危険有害作業を行う事業場（規模は問わない）㊟　当該作業の区分に応じて選任 | **常時**労働者数が**10人以上50人未満**の事業場で，**屋外・工業的業種**（➡P68Ⓐ・Ⓑ）※　安全管理者の選任を要する業種と同じ業種（平12）〔**その他の業種**（➡P68Ⓒ）では，**衛生推進者**を選任〕 | 29-10 A～E / 29-9D, E |
| 資格要件 | ①　都道府県労働局長の**免許取得者** ②　都道府県労働局長の登録を受けた者が行う**技能講習修了者** | ①　都道府県労働局長の登録を受けた者が行う講習を修了した者＊（平24）②　その他，必要な能力を有すると認められる者（大学・高等専門学校卒⇨**1年以上**安全衛生の実務（衛生推進者では衛生の実務），高等学校卒⇨実務経験**3年以上**，実務経験**5年以上**等）＊　安全管理者・衛生管理者の資格を有する者は，①の講習科目（安全衛生推進者に係るものに限る）の一部の免除を受けられる。 | 4-9 E |
| 職務 | 危険作業の指揮有害設備の管理 | 事業場における安全衛生に関する業務 |  |
| 選任・周知 | ——労働者に**周知** | 選任すべき事由が発生した日から**14日以内に選任**，関係労働者に**周知**（平20） | 4-9 D |
| 専属 | —— | **専属の者**〔ただし，労働安全（労働衛生）コンサルタント等の中から選任する場合には専属不要〕 |  |

☞　衛生推進者は，**全業種ではない**。

第2章　労働安全衛生法

第4

# 安全委員会・衛生委員会

**法**　□　**安全委員会，衛生委員会，安全衛生委員会**

（法17条，18条，19条）

| | 安 全 委 員 会 | 衛 生 委 員 会 |
|---|---|---|
| 4-10A | 屋外・工業的業種で，下記の一定規模以上の事業場 | 全業種で，常時50人以上の労働者を使用する事業場 |
| 4-10B | 〈常時50人以上の労働者〉林業，鉱業，建設業，製造業（木材，木製品製造業，化学工業，鉄鋼業，金属製品製造業，輸送用機械器具製造業に限る），運送業（道路貨物運送業，港湾運送業に限る），自動車整備業，機械修理業，清掃業 | ㊟　安全委員会は業種によって設置規模が，常時50人以上と常時100人以上とに区分されるが，衛生委員会の設置規模は一律常時50人以上である。 |
| | | ㊟　安全委員会，衛生委員会を設置しても労基署長への報告義務はない（平5）。 |
| 4-10B 26-9イ | 〈常時100人以上の労働者〉製造業（物の加工業を含む。上に掲げるものを除く），運送業（上に掲げるものを除く），電気業，ガス業，熱供給業，水道業，通信業，各種商品卸売業，家具・建具・じゅう器等卸売業，各種商品小売業，家具・建具・じゅう器小売業，燃料小売業，旅館業，ゴルフ場業 | ㊟　安全委員会，衛生委員会又は安全衛生委員会を設けている事業者以外の事業者は，安全又は衛生に関する事項について，関係労働者の意見を聴くための機会を設けるようにしなければならない（則23条の2）。 |

（「業種・規模」は左列の行ラベル）

4-10C
29-9B
**ポ**　□　安全委員会の設置義務のある事業場では，衛生委員会の設置義務もある（平21）。このため，衛生委員会と一本化し**安全衛生委員会**とすることができる。

□　衛生委員会のメンバー（次頁参照）となる産業医は，専属の産業医に限られない（平16）。

|  | 安　全　委　員　会 | 衛　生　委　員　会 |  |
|---|---|---|---|
| 構成メンバー | ① **総括安全衛生管理者**又は事業を**統括管理**する者等<br>② **安全管理者**<br>③ 安全に関する経験のある**労働者**<br>㊟・議長は①の者がなる。<br>・委員は事業者が指名する。ただし①**以外の委員の半数**は，過半数労組（又は週半数代表者）の推薦に基づき指名（平6，16）。 | ① 同左<br><br><br>② **衛生管理者**<br>③ 衛生に関する経験のある**労働者**<br>④ **産業医**（平21）<br>⑤ **作業環境測定士**を委員として**指名できる**（平12）<br>㊟ 議長になる者，及び委員の指名の方法については左に同じ。 | 4-10D<br><br><br><br><br>4-10E<br>26-9オ |
| 会議 | **毎月1回以上**開催（平21）。意見及び意見を踏まえて講じた措置の内容と議事の記録の**保存は3年**。開催の都度，遅滞なく議事の概要を所定の方法（労基法106条の周知方法と同じ）によって労働者に周知する（平20，21）。 |  |  |
| 役割 | ・労働者の危険防止基本対策<br>・労働災害原因調査等 | ・健康障害防止基本対策<br>・労働災害原因調査等 |  |

## ■ 労働者の危険又は健康障害を防止するための措置

□ **元方事業者**は，関係請負人及び関係請負人の労働者が，当該仕事に関しこの法律又はこれに基づく命令に**違反しないよう必要な**指導**を行わなければならない（法29条）（平22）。

□ また，元方事業者は，**違反していると認めるとき**は，是正のため必要な指示を行わなければならない（平13選）。

□ **製造業等の元方事業者**は，その労働者及び関係請負人の労働者の同一の作業場所による労働災害防止のため，**作業間の連絡・調整等**の措置を講じなければならない（平18，22）。

□ 重量が1つで**1トン**以上の貨物を発送しようとする者は，原則として，見やすく，かつ，容易に消滅しない方法で，当該貨物にその重量を表示しなければならない（平24）。

3選<br>26-8エ<br>4-8E

元-8D

5選

# 第5 統括安全衛生責任者等

第2章 労働安全衛生法

**法** □ 統括安全衛生責任者，元方安全衛生管理者
（法15条，15条の２）

| | | 統括安全衛生責任者 | 元方安全衛生管理者 |
|---|---|---|---|
| 4-8A, B 元-8B | 業種・規模 | 建設業，造船業の元方事業者（特定元方事業者）で，常時労働者数が50人以上<br>・ずい道等建設<br>・圧気工法 では，常時30人以上<br>・一定の橋梁の建設（平20, 22） | 建設業の元方事業者（統括安全衛生責任者を選任した事業者のうち建設業に属するもので選任） |
| | 資格要件 | 事業の実施を統括管理する者 | 大学・高専〔高等学校〕の理科系統卒⇨建設工事の安全衛生実務経験3年以上〔5年以上〕 等 |
| 4-8D 元-8A | 職務 | ・特定元方事業者等の講ずべき措置の統括管理（平20）（協議組織の設置，運営等）<br>・元方安全衛生管理者の指揮 | 特定元方事業者等の講ずべき措置のうち技術的事項の管理（統括安全衛生責任者を補佐）<br>専属の者であること |
| | 選任等 | 作業開始後遅滞なく⇨選任し所轄労働基準監督署長に報告 | 同左 |
| | 行政の関与 | 都道府県労働局長は，統括安全衛生責任者の業務の執行について特定元方事業者に勧告できる（平20）。 | 労働基準監督署長は元方安全衛生管理者の増員又は解任を命ずることができる（平7）。 |

**法** □ 安全衛生責任者 （法16条）

元-8C

□ 安全衛生責任者は，下請負業者の方で選出される者で，連絡の係を主な仕事とする。

□ 安全衛生責任者を選任した請負人は，統括安全衛生責任

者を選任している**事業者**に，**遅滞なくその旨を通報**しなければならない。㊟　行政官庁への報告は不要。

〔建設業と造船業〕（元方事業者）── **統括安全衛生責任者** ── ・建設業等で常時50人以上
・ずい道，圧気工法，橋梁建設は常時30人以上

〔建設業のみ〕── **元方安全衛生管理者**〔技術的事項を管理〕

（下請負業者）── **安全衛生責任者**
（職　務）
①統括安全衛生責任者との連絡
②連絡を受けた事項を，関係者へ連絡　等

　□　**店社安全衛生管理者**（法15条の3）（平5 記）

| 選任・規模 | **ずい道等建設**，一定の**橋梁建設**，**圧気工法**<br>　…………**常時20人以上30人未満**の労働者数<br>（30人以上なら統括安全衛生責任者）<br>主要構造部が**鉄骨造**，**鉄骨鉄筋コンクリート造**の建築物の建設<br>　…………**常時20人以上50人未満**の労働者数<br>（50人以上なら統括安全衛生責任者） |
|---|---|
| 資格要件 | 大学，高等専門学校卒⇒建設工事の安全衛生実務経験**3年以上**<br>高等学校卒⇒建設工事の安全衛生実務経験**5年以上**<br>建設工事の安全衛生実務経験**8年以上**，<br>その他厚生労働大臣が定める者 |
| 職務 | ①　少なくとも**毎月1回**作業場を巡視<br>②　作業の種類や実施の状況を把握<br>③　**協議組織**の会議に随時参加等 |
| 報告 | 　店社安全衛生管理者を選任しなければならないときは，作業の開始後，**遅滞なく選任し所轄労働基準監督署長に報告** |

4-8C

第2章 労働安全衛生法

# 第6 機械等並びに危険物及び有害物に関する規制

## 【法37条，令12条】 製造の許可

5-8A〜E

次のもの（特定機械等）は，製造する前にあらかじめ **都道府県労働局長の許可** を受ける必要がある（平25）。

① ボイラー （小型ボイラー等を除く）（平5，11）

② 第一種圧力容器 （小型圧力容器等を除く）

③ つり上げ荷重 3トン 以上の クレーン
（スタッカー式は， 1トン 以上）

④ つり上げ荷重 3トン 以上の 移動式クレーン

⑤ つり上げ荷重 2トン 以上の デリック

⑥ 積載荷重が 1トン 以上の エレベーター

⑦ ガイドレールの高さが 18m以上 の 建設用リフト
（積載荷重が0.25トン未満のものを除く）

⑧ ゴンドラ　　　　　　　　　　　（令12条1項1〜8号）

**法** □ 都道府県労働局長 （又は登録製造時等検査機関）の行う検査（法38条1項）

① **製造時**の検査（構造検査，溶接検査）

② **輸入時**の検査（使用検査）（平5）

③ ①，②の検査の後**一定期間設置されなかったものを設置**する場合の検査（使用検査）

④ **使用廃止後再使用**する場合の検査（使用検査）

□ **特定機械等**が，特別特定機械等以外のものであるときは **都道府県労働局長**の，特別特定機械等（ボイラー〔小型ボイラーを除く〕及び第一種圧力容器〔小型圧力容器を除く〕）であるときは登録製造時等検査機関の**検査**を受ける。

□ 都道府県労働局長又は登録製造時等検査機関は，検査に合格した**移動式**のものに**検査証**を交付する。

78

**法** □ **労働基準監督署長**の行う検査（法38条３項）

① **移動式のもの以外**の設置工事が**落成**した場合の検
査（落成検査）➡合格後，労基署長が検査証を交付

② **一定の部分を変更**した場合の検査（変更検査）

③ **使用休止後再使用時**の検査（使用再開検査）

➡合格後，**労基署長**が検査証に**裏書**を行う（平７）。

**☞** 使用休止後の再使用時等には，すでに検査証が存在し
ているため，「交付」ではなく「裏書」。

**ポ** □ **検査証**を受けていない特定機械等は，使用しては
ならない（法40条）（平14）。

□ 検査証を受けた特定機械等は，**検査証**とともにするので
なければ，**譲渡**し，又は**貸与**してはならない（平10）。

□ **性能検査**（検査証の有効期間の更新の検査）は，厚生労
働大臣の登録を受けた者（**登録性能検査機関**）が行う。

**法** □ **譲渡等の制限など**（法42条，43条他）

次のものは，**特定機械等以外の機械等**であるが，危
険又は有害な作業を必要とするため，規制している。

［プレス機械又はシャーの安全装置，フォークリフト，保
護帽，小型ボイラー，防じんマスク，不整地運搬車 等］ 元-9A～E

**ポ** □ 上記の**特定機械等以外の機械等**については，厚生
労働大臣が定める**規格**又は**安全装置**を具備しなけれ
ば，**譲渡**，**貸与**，**設置**してはならない（法42条，平10）。

□ 動力により駆動される機械等で，作動部分上の**突起物**や
動力伝導部分，調速部分に防護措置が施されていないもの
は，譲渡，貸与，**展示**してはならない（法43条）（平22**選**）。

**法** □ **個別検定，型式検定**（法44条，44条の２，令14条，
14条の２他）

第2章　労働安全衛生法

|  | 個 別 検 定 | 型 式 検 定 |
|---|---|---|
|  | 個別に受ける検定 | サンプルの検定 |
| 実施者 | 厚生労働大臣の登録を受けた者（**登録個別検定機関**） | 厚生労働大臣の登録を受けた者（**登録型式検定機関**） |
| 対象機械等 | ㋑　ゴム，ゴム化合物等のロール機の急停止装置（電気的制動方式に限る）<br>㋺　第二種圧力容器 ⎫<br>㋩　小型ボイラー ⎬ 船舶安全法等の適用を受けるものを除く<br>㋥　小型圧力容器 ⎭ | ㋑　ゴム，ゴム化合物等のロール機の急停止装置（㋑以外のもの）<br>㋺　プレス機械，シャーの安全装置（平7）<br>㋩　（移動式）クレーンの過負荷防止装置<br>㊁　一定の防じんマスク等 |
| 合格後 | **個別検定 ➡** 合格した機械等の見やすい箇所に**個別検定合格標章**を付し又は**刻印**を押すこと等により合格の旨を表示<br>**型式検定 ➡** 合格した**型式**について**型式検定合格証**の交付を受ける。また，当該型式の機械等を製造・輸入した段階で当該機械等の見やすい箇所に型式検定合格標章を付し合格の旨を表示（平6）。 | |

30選

30-9 A,
B, D, E

**法**　□　**定期自主検査**（法45条1項）
　　　　特定機械等を含む一定の機械等について行う。

　〈例〉3トン以上の（移動式）クレーン ⎫<br>　　　　2トン以上のデリック，エレベーター ⎬ **1回／年**

　　　　その他　　　　　　　　　　　　　　**1回／1箇月**

**法**　□　**特定自主検査**（法45条2項）（平7，11）
　　　　特に**技術的に検査が難しく**，事故が発生すると重篤な災害をもたらすおそれのある機械等については，

30-9 C
　　　⎧①　**一定の資格を有する労働者** ⎫ が行う検査を受けなけ<br>　　　⎩②　登録を受けた**検査業者** ⎭ ればならない。

□　特定自主検査の対象機械等（令15条2項）

①　**動力プレス**　　　　②　**フォークリフト**（平6）

③ **建設用車両系機械** ④ **不整地運搬車**

⑤ 作業床の高さが**２ｍ以上の高所作業車**

【法55条，令16条】 製造等の禁止

次に掲げる物は，**製造，輸入，譲渡，提供又は使用**することはできない。

〔例外〕 **試験研究のための**製造，**輸入，使用**については，あらかじめ**都道府県労働局長の許可**を受けること等一定の要件に該当する場合は可能である（平11）。

① **黄りんマッチ** ② **ベンジジン及びその塩**

③ **石綿** 等 （平７）

☞ 譲渡・提供は例外なく禁止。

【法56条，令17条】 製造の許可

次に掲げる物を製造しようとする者は，あらかじめ**厚生労働大臣の許可**を受けなければならない。

① **ジクロルベンジジン**及びその塩（平５，11）

② アルファーナフチルアミン及びその塩

③ 塩素化ビフエニル（別名PCB）等

☞ 都道府県労働局長の許可ではない。

**法** □ **表示等が必要な物質**（法57条，令18条）

上記の「製造の許可」が必要な物質の他，次の物を容器に入れ，又は包装して，**譲渡し**，又は**提供する者**は，一定の事項を表示しなければならない。

① **ベンゼン**（平11） ② アクリルアミド

③ アクリロニトリル ④ 塩化ビニル 等

□ 表示等が必要な物質でも**主として一般消費者の生活の用に供するためのもの**については，表示しなくてもよい。

□ 表示方法（平６，７）

① **容器又は包装に表示**（原則）

② 容器に入れかつ包装するとき……その**容器**に表示

③ ①，②以外の方法によるとき……**文書を交付**

**3-10C**

**法** □ **通知義務**（法57条の２）

通知対象物（「製造許可物質」，その他政令で定める
もの）を**譲渡**し，又は**提供**する者は，**文書の交付**その他厚
生労働省令で定める方法により，名称，成分等一定の事項
を**相手方に通知**しなければならない。

□ ただし，主として一般消費者の生活の用に供される製品
として譲渡，提供する場合は，通知する必要はない。

**3-8D** □ **新規化学物質の有害性の調査**（法57条の４）

新規化学物質を**製造**又は**輸入**しようとする**事業者**は，あ
らかじめ厚生労働大臣の定める基準に従って有害性の**調査**
を行い，その新規化学物質の名称，調査の結果等を厚生労
働大臣に届け出なければならない。

**過** □ 上記の場合でも，**試験研究のため製造**し，又は**輸
入**するときは届出は不要である（平６）。

□ 労働者が新規化学物質にさらされるおそれがない旨の厚
生労働大臣の確認（製造・輸入日の30日前までに申請）を
受けた場合にも届出不要（平９）。

**法** □ 新規化学物質が主として一般消費者の生活の用に
供される製品として輸入される場合も届出不要。

**過** □ **厚生労働大臣は**，学識経験者の意見を聴き，新規
化学物質による健康障害防止のため必要があるとき
は，事業者に防止のための措置を講ずべき旨**勧告**すること
ができる（平７）。

---

**❗POINT**

表示義務対象物及び通知対象物について，**リスクアセスメ
ントの規定**がある。一定の場合は，都道府県労働局長の**認定**
（**3年**ごと更新）により，個別規則の適用を除外しリスクアセス
メントに基づく管理に委ねることができる。

第2章 労働安全衛生法

# 第7 安全衛生教育，就業制限

## 【法59条，60条】 安全衛生教育

事業者は，
① 労働者を 雇い入れた とき，
② 作業内容を変更した とき，
③ 危険又は有害な業務 につかせるとき，
④ 職長 等（ 作業主任者 を除く）が新たに一定の職務
につくときは， 安全又は衛生 のための教育
（③は特に， 特別教育 ）を行わなければならない。

4選

☞ ①，②は， 全業種ですべての労働者 （臨時雇含む）が対象。　2-10A，B
③は5トン未満のクレーン運転業務等が対象（則36条参照）。　2-10D

過 □ 新任職長教育は次の業種で行う（平3，22）。　2-10E
①建設業　②製造業（ たばこ ，繊維工業，繊維製品
製造業，紙加工品製造業を除く）③電気業　④ガス業　⑤
自動車整備業　⑥機械修理業

□ 特別教育は，厚生労働大臣が定めた教育科目，時間等の
細目に従い行う必要があるが，雇入時の教育については，
このような細目は定められていない（平3）。

□ 特別教育は， 十分な知識 ， 技能を有する労働者 について
は，その科目を省略できる（平2，7，22）。雇入時・作業
内容変更時の教育も同様（平22）。

□ 雇入・変更時の教育については，記録保存義務はないが，
特別教育については， 3年間 の保存義務あり（平17，22）。

□ 安全衛生教育と労働者派遣（派遣法45条他）
・雇入時→派遣元に実施義務……派遣法の特例なし　30-8 C
　　　　　　　　　　　　　　　　　　　　　　　27-9 B
・作業内容変更時→派遣元・派遣先の双方に実施義務　26-10E
・特別教育・職長等→派遣先のみに実施義務（平17）

83

第2章　労働安全衛生法

---

**【法61条】　就業制限**

事業者は，クレーンの運転等で政令で定めるものについては，都道府県労働局長 の 免許 を受けた者又は，都道府県労働局長の登録を受けた者が行う 技能講習を修了 した者その他厚生労働省令で定める有資格者でなければ，当該業務につかせてはならない。また，これらの者が当該業務に従事するときは，免許証 等を携帯していなければならない（平21）。

---

☞　就業制限に係る業務には，**発破業務**，ボイラー業務（小型ボイラーを除く），つり上げ荷重５トン以上のクレーン運転業務（移動式は１トン以上）等がある（令20条参照）。

28-10A〜E

**! POINT**

|  | 1トン | 5トン |
|---|---|---|
| クレーン： | 特別教育（5トン未満） | 就業制限（5トン以上） |
| 移動式クレーン： | 特別教育（1トン未満） | 就業制限（1トン以上） |

小型ボイラー：特別教育（小型ボイラー以外のボイラー業務：就業制限）
アーク溶接：特別教育（ガス溶接：就業制限）

**過**　□　特別（普通）ボイラー溶接士免許の**有効期間は2年**，ボイラー技士（整備士）免許，クレーン・デリック運転士免許には**有効期間の規定はない**（平4，7）。

□　事業者は，所轄都道府県労働局長が指定する一定の事業場について，**安全衛生教育に関する具体的な計画**を作成しなければならない（則40条の3）（平13）。

**ポ**　□　**高圧室内作業主任者免許は20歳未満**，その他の免許の多くが**18歳未満**不可という年齢制限あり。

**! POINT**

5選

事業者は，伝染性の疾病その他の一定の疾病にかかった労働者の就業を禁止 しなければならない（法68条）。

84

第2章 労働安全衛生法

# 第8 健康の保持増進のための措置

**法** ☐ **作業環境測定**（法65条）

① **有害業務を行う屋内作業場**等で必要。結果記録。

② **厚生労働大臣**の**作業環境測定基準**により実施。

〔 **等価騒音レベル測定**は，**6箇月に1回**行う。
  坑内の**炭酸ガス濃度**の測定は，**1箇月に1回**行う。〕

☐ **作業環境測定の結果の評価等**（法65条の2）

事業者は，作業環境測定の結果を，厚生労働大臣の定める基準に従い評価。評価結果等を**3年間保存**（粉じんは7年，石綿等は40年間など例外あり）注 届出は不要。

☐ 作業の管理等（法65条の3，4）

① 事業者は，労働者の**健康**に配慮して，労働者の**従事する作業**を適切に**管理**するように努める必要がある（平16選）。 30選

② **高圧室内業務**，**潜水業務**は作業時間制限あり（平23選）。 5-9D

**法** ■ **健康診断**（法66条）

☐ **雇入時の健康診断**

・**常時使用する労働者**を雇い入れるときに実施（全業種）。

・医師による健康診断を受けてから**3箇月以内**の者が証明書を提出したときは，その項目は省略できる。 5-10B
元-10B

☐ **定期健康診断**

・常時使用する労働者（次の特定業務に従事する者を除く）に対し，**1年以内ごとに1回**実施（費用は事業者負担）。 元-10A

・次の**項目**については，それぞれの**対象者**について，**医師が必要でないと認めるとき**は省略できる。

| 項 目 | 対象者 |
|---|---|
| ①身 長 | 20歳以上の者 |
| ②腹囲の検査 | **40歳未満**の者（**35歳**の者を除く），BMIが20未満の者 など |

85

第2章　労働安全衛生法

| 項　　目 | 対象者 |
|---|---|
| ③貧血検査，肝機能検査，血中脂質検査，血糖検査，心電図検査 | 40歳未満の者（35歳の者を除く） |

※　その他，胸部エックス線検査，かくたん検査について，省略の規定がある（一定の者について医師が必要でないと認めるときは省略可）。

## □　その他の健康診断

| | | いつ | 対象者 | 対象となる業　　種 | 省略，その他 | 報告 |
|---|---|---|---|---|---|---|
| 27-10D | 特定業務従事者（則45条）（平17） | 配置替の際，6箇月以内ごとに1回 | 特定業務（則13条1項3号の業務）に常時従事する者 | 特定業務の例…坑内，暑熱・寒冷地における業務，振動，騒音，深夜の業務等 | 前回の健康診断で上表③に掲げた項目の診断を受けた者については，医師が不要と認めるときは省略可 | ○ |
| 2選 | 海外派遣労働者（則45条の2）（平19） | 派遣時帰国時 | 6箇月以上の海外派遣者 | ── | 派遣時の場合雇入時，定期，特定業務従事者の健康診断等を受けた者については，6箇月間に限り，その項目の省略可 | × |
| | 有害業務従事者の特別の項目の健康診断（法66条2項・3項，令22条，則48条） | 雇入時配置替の際定期的（赤で表記の4業務は一定の場合は1年に1回） | → 高圧室内・潜水業務，有機溶剤業務，鉛業務，特定化学物質業務……1回／6月<br>→ 四アルキル鉛等業務……1回／6月<br>→ 塩酸，硝酸等のガス，粉じんを発散する場所における業務……1回／6月（歯科医師による健康診断） | | ○（定期のものに限る） |
| | 給食従業員の検便（則47条） | 雇入時配置替の際 | 給食業務従事者 | ── | 検便による健康診断を行う | × |

86

健康の保持増進のための措置

**法** □ **常時50人以上**の労働者を使用する事業者は，定期 5-10C
に行う健康診断の実施後**遅滞なく**，**定期健康診断結果**
**報告書**を**所轄労働基準監督署長に提出**（選平25，平20）。

□ **歯科健康診断結果報告書**は，**規模を問わず**提出しなけれ
ばならない。

□ 健康診断（特殊健康診断も含む）実施後，事業者は，**労** 5-10D
**働者に結果を通知**。違反→**50万円以下の罰金**（平9）。 元-10E

□ ＊**深夜業に従事する労働者**であって厚生労働省令で定め
る要件に該当するものは，**自ら受けた健康診断の結果を証**
**明する書面**（3月前のものを除く）を事業者に提出。

＊ 常時使用され，健康診断を受けた日前6月間を平均して1
月当たり4回以上深夜業に従事した労働者

□ **事業者は健康診断の結果**（深夜業従事者の自発的健康診
断の結果を含む）**を記録**しなければならない。

※ 具体的には，**健康診断個人票**を作成し，**5年間**その記録を 27-10エ
**保存**（平19）。㊟規模を問わず作成・保存義務がある。

□ **事業者**は，健康診断の結果に基づき，**3月以内**（深夜業 5-10A
従事者の自発的健康診断の場合は書面提出日から**2月以**
**内**）に**医師又は歯科医師の意見を聴か**なければならない。

㊟ 異常の所見がある労働者に係るものに限る。

□ **事業者**は，医師又は歯科医師の意見を勘案し，必要があ 26選
ると認めるときは，**就業場所の変更，作業の転換，労働時**
**間の短縮，深夜業の回数の減少**等の措置を講ずるほか，**作**
**業環境測定の実施**等，医師又は歯科医師の意見の**衛生委員**
**会，安全衛生委員会**，労働時間等設定改善委員会への報告
等，適切な措置を講じなければならない。……#

□ **医師**又は**保健師**による**保健指導**は**努力義務**（平9）。

**法** ■ **長時間にわたる労働に関する面接指導等**（法66条の8）

□ **事業者**は，時間外・休日労働時間（1週40時間を
超えた時間）が1月当たり**80時間**を超え，かつ疲労の蓄積 2-8A

が認められる労働者に対して，本人の**申出**があったときは，**医師による**面接指導を行わなければならない（平21，25）。

- [ ] **労働者**は，上記の面接指導を受けなければならない。ただし，事業者の指定した医師以外の面接指導を受け，その結果を書面で事業者に提出したときは，この限りでない（平25）。

- [ ] 時間の算定は毎月１回以上，一定期日を定めて行う。

- [ ] 事業者は，面接指導の結果に基づき，

2-8E
① **記録を作成**し，5年間保存（平21，25）。
② 遅滞なく，**医師の意見を聴取**（平21，25）。

➡必要があると認めるときは，前頁＃と同様の措置（作業環境測定の実施等を除く）を講じる（平25）。

27-9E
- [ ] 派遣労働者に対する面接指導は**派遣元**に実施義務がある。

- [ ] 面接指導の費用は事業者が負担すべきものである。

2-8B,C
- [ ] 次の者に対する面接指導は**申出を要しない**（実施後は必要に応じ職務内容の変更，有休の付与等を行う）。①**新商品開発等の業務**で時間外・休日労働が月**100時間**超え，②**高度プロフェッショナル制度**対象者で健康管理時間が週40時間を超えた場合の，その超えた時間が月**100時間**超え。

**法** ■ **心理的な負担の程度を把握するための検査等〔ストレスチェック制度〕**（法66条の10）

- [ ] **事業者**は，労働者に対し，医師，保健師その他の厚生労働省令で定める者（**医師等**）による心理的な負担の程度を把握するための検査を**行わなければならない**＊。

＊ 常時50人未満の規模の場合，当分の間，**努力義務**。

30-10A
- [ ] **常時使用する労働者**が対象。1年以内ごとに1回，定期に行う。

- [ ] 医師等は，労働者の同意を得ないで，検査の結果を**事業者に提供してはならない**。

- [ ] 事業者は，結果の通知を受けた**労働者**で一定の要件に該

健康の保持増進のための措置

当するものが**申し出た**ときは，**医師による**面接指導を行わ
なければならない。**事業者**は，この申出を理由として，当
該労働者に対し，**不利益な取扱いをしてはならない。**

■　**健康管理手帳**（法67条，則53条）

□　**都道府県労働局長**は，**がん**その他の重度の健康障害を生
ずるおそれのある業務の従事者で一定の要件に該当する者
に，**離職の際又は離職後**に，**申請に基づいて**健康管理手帳
を**交付**する。

■　**特別安全衛生改善計画（法78条）及び安全衛生改善計画**

①　厚生労働大臣は，一定の重大な労働災害が発生した場合
にその再発を防止するため必要がある場合に該当すると認
めるときは，事業者に対し，**特別安全衛生改善計画を作成**
し，これを厚生労働大臣に**提出**すべきことを指示できる。

☞　「重大な労働災害」は，労働者が死亡した場合や，労
　　働者が傷病により労災保険の障害等級**第1級～第7級**に
　　該当した場合等を指す。

②　都道府県労働局長は，必要があると認めるとき（①の場
合を除く）は，事業者に対し，**安全衛生改善計画を作成**す
べきことを指示できる（法79条）（平23）。

③　①②の場合に，専門的な助言を必要とすると認めるとき
は，事業者に対し，**労働安全コンサルタント**又は**労働衛生
コンサルタント**による**診断**を受け，かつ，これらの者の意
見を聴くべきことを勧奨することができる（法80条，平18）。

> **POINT**
> ・保健指導➡医師又は保健師が行う。
> ・面接指導➡医師が行う。
> ・ストレスチェック➡医師等（医師，保健師，一定の研修を
> 　修了した歯科医師，看護師，精神保健福祉士又は公認心理
> 　師）が行う。

28選

第2章　労働安全衛生法

# 第9　監　督　等

**法** □ **計画の届出等**（法88条）

① 事業者 ————————→ **労働基準監督署長**
　　　　　工事開始**30日前**までに届出

　危険・有害な機械等の設置，移転等をするとき
　㋕　一定の動力プレス（平7），3トン以上のクレーン（平5）

② 事業者 ————————→ **厚生労働大臣**
　　　　　仕事開始**30日前**までに届出

　建設業の仕事のうち，重大な労働災害を生ずるおそれの
ある**特に大規模な仕事を開始**するとき（平25）
　㋕　高さ300メートル以上の塔の建設（平10）

③ 事業者 ————————→ **労働基準監督署長**
　　　　　仕事開始**14日前**までに届出

　**建設業又は土石採取業で一定の仕事を開始**するとき
　㋕　石綿の除去作業（平8，18），**ずい道工事**（平5）

□ 上記①の届出義務（法88条1項）は，法28条の2第1項
（●P92）の危険性又は有害性の調査及びその結果に基づき
**講ずる措置**その他の厚生労働省令で定める措置を講じてい
るものとして，**労働基準監督署長が認定**した事業者につい
ては，**免除**される（平18）。

□ **労働基準監督署長**（上記②の場合は，**厚生労働大臣**）は，
届出事項が安衛法又はその命令に違反するときは，事業者
に対し，**工事・仕事の開始の差止め**，又は**計画の変更を命
ず**ることができる（平10）。

□ また，仕事の発注者に対し，**必要な勧告**又は**要請を行う**
ことができる（法88条7項）。

□ **厚生労働大臣**は，届出計画のうち高度の技術的検討を要

監督等

するものについて**審査**できる（法89条）（平25）。

☐ **都道府県労働局長**は，労働基準監督署長への届出計画のうち高度の技術的検討を要するものに準ずるものについて**審査**できる（法89条の2）。

☐ **都道府県労働局**に労働衛生指導医（非常勤）を置く。

☐ 労働衛生指導医は**厚生労働大臣が任命**。任期は2年。

☐ **都道府県労働局長**は，**労働衛生指導医**の意見に基づき，事業者に対して，①**臨時の健康診断の実施**その他必要な事項，②**作業環境測定の実施**その他必要な事項を**指示**することができる（平8 記, 平14 選, 平23）。

☐ 都道府県労働局長は，労働衛生指導医に**立入検査**をさせることができる（平25）。

☐ **事故報告**……事業者は，事業場又はその附属建設物内で火災又は爆発事故等が発生したときは，遅滞なく事故報告書を所轄労働基準監督署長に提出（則96条）（平8, 20, 25）。

☞ 労働者の負傷，疾病又は死亡がなくても提出する。

☐ 労働者死傷病報告…事業者は，労働者が労働災害等により死亡し又は4日以上休業したときは，遅滞なく（4日未満の休業の場合，四半期ごとにその最後の月の翌月末日までに）報告書を所轄労基署長に提出（則97条）（平25）。 29-8 B

☐ 派遣労働者については，**派遣先及び派遣元**の事業者が，それぞれの所轄労働基準監督署長に労働者死傷病報告を提出する必要がある（平16）。 30-8 E

**POINT**

化学物質又は化学物質を含有する製剤を製造又は取り扱う業務を行う事業場で，**1年以内**に**2人以上**の労働者が同種のがんに罹患したことを把握→事業者は遅滞なく**医師の意見聴取**→業務に起因するものと疑われると医師が判断したときは，遅滞なく所轄都道府県労働局長に報告する（則97条の2）。

第2章　労働安全衛生法

## POINT
次の内容も押さえておこう！

**①事業者の行うべき調査等**（法28条の2）（平19**選**）

事業者は，厚生労働省令で定めるところにより，建設物，設備，原材料，ガス，蒸気，粉じん等による，又は**作業行動その他業務に起因**する**危険性又は有害性等**\*を調査⇨その結果に基づいて，この法律又はこれに基づく命令の規定による措置を講ずるほか，労働者の危険又は健康障害を防止するため必要な措置を講ずるように**努めなければならない**。

ただし，

当該調査のうち，**化学物質，化学物質を含有する製剤その他の物**で労働者の危険又は健康障害を生ずるおそれのあるものに係るもの以外のものについては，**製造業**その他厚生労働省令で定める業種に属する事業者に限る。

\*　表示義務対象物及び通知対象物による危険性又は有害性等を除く。

**②両罰規定**（法122条）（平18）

法人の代表者又は法人若しくは人の代理人，使用人その他の従業者が，その法人又は人の業務に関して，本条所定の違反行為をしたときは，**行為者を罰するほか**，その法人又は人に対しても，各本条の罰金刑を科する。

**③労働時間の状況の把握**（法66条の8の3）

事業者は，面接指導を実施するため，厚生労働省令で定める方法により，労働者\*（高度プロフェッショナル制度により労働する者を除く）の**労働時間の状況を把握しなければならない**。

\*　労働基準法41条該当者も含まれる。

**④ストレスチェックの項目**（則52条の9）

　㋑　心理的な負担の原因

　㋺　心理的な負担による心身の自覚症状

　㋩　他の労働者による当該労働者への支援

第3章

# 労働者
# 災害補償保険法

第3章　労働者災害補償保険法

# 第1 目的，適用事業等

## 【法1条】目　的

①業務上の事由，複数事業労働者の2以上の事業の業務を要因とする事由又は通勤による労働者の負傷，疾病，障害，死亡等に対して迅速かつ公正な保護をするため，必要な保険給付を行う。②労働者の社会復帰の促進，労働者及びその遺族の援護，労働者の安全及び衛生の確保等を図り，労働者の福祉の増進に寄与する（平13，22選）。

元選

労災保険 ── 保険給付 ── ①業務災害に関する保険給付
　　　　　　　　　　　　　②複数業務要因災害に関する保険給付（➡P121）
　　　　　　　　　　　　　③通勤災害に関する保険給付
　　　　　　　　　　　　　④二次健康診断等給付（平19選）
　　　　　　└ 社会復帰促進等事業 ── 大別3種類（➡P136）

3選

**法**

□　労災保険は**政府が管掌**する（法2条）。

□　労災保険に関する**事務**について（則1条2項・3項）

| 厚生労働省労働基準局長 | 指揮監督→ | 所轄都道府県労働局長 | 指揮監督→ | 所轄労働基準監督署長 |
|---|---|---|---|---|
| | | 事務（全般） | | 事務（一定のもの） |

※　署長が行う事務…**保険給付（二次健康診断等給付を除く）並びに社会復帰促進等事業のうち特別支給金の支給など**

□　労災保険法，徴収法（労災保険事業に係るものに限る）に基づく政令及び厚生労働省令は，その草案について，**労働政策審議会**の意見を聞いて，これを制定する（平20）。

□　原則として**1人でも**労働者を使用する事業は，**適用事業**となる。ただし，次頁の例外（暫定任意適用事業）がある。

□　**暫定任意適用事業**は，事業主が申請し，**厚生労働大臣の**

94

目的，適用事業等

**認可**を受けることにより，労災保険が適用される。

> **【整備政令17条，昭50. 4. 1労働省告示35号】 暫定任意適用事業**
>
> 〈暫定任意適用事業〉 　　　　　　〈強制適用〉
>
> Ⓐ常時 5人未満 の労働者を使　　・特定の**危険又は有害な**
> 用する 個人経営 の**農業**　　→　**作業を主として行う場合**
> 　　　　　　　　　　　　　　　・**事業主が特別加入した場合**
>
> Ⓑ労働者を 常時使用せず ，か　　・**常時労働者を使用**する場合
> つ年間使用延労働者数が 300人 →　（たとえ1人でも強制適用）
> 未満 の 個人経営 の**林業**　　・年間使用延人数300人以上
>
> Ⓒ常時 5人未満 の労働者を使
> 用する 個人経営 の**水産業**（船
> 員を使用して行う船舶所有者の
> 事業を除く）で，
> ・総トン数 5トン未満 の漁船
> ・災害発生のおそれが少ない河
> 　川，湖沼，特定の水面におい
> 　て主として操業するもの
> 　　　　　　　　　　（平17選）

㊟　上記ⒶⒷⒸは個人経営に限るので，同様の業種規模でも，**都道府県**，**市町村**等の事業，**法人**の事業は強制適用事業となる。

> **【法3条2項】 適用除外**
>
> ⓐ　 国の直営事業 ……現在，具体的に該当する事業はない　29-4 D
> ⓑ　 非現業の 官公署の事業 　　　（平17選，平20）　29-4 C, E
> 　※　地方公務員のうち現業非常勤職員は適用を受ける。　29-4 A

☞　**行政執行法人の職員**についても，独立行政法人通則法　29-4 B
　　59条の規定により，**労災保険は適用されない。**

　　**適用除外**の事業・**行政執行法人**には**国家（地方）公務員災害補償法**等の適用がある。

□　適用労働者について，労働時間・勤務日数の要件はない。
　なお，**派遣労働者**は，**派遣元**で適用を受ける（平16）。

95

# 第2 業務災害

第3章 労働者災害補償保険法

**ポ**
- 業務災害は，**業務遂行性→業務起因性**で判断する。
- 業務遂行性とは，労働者が労働契約に基づいて**事業主の支配下**にある状態をいう。

元-4 A
- 派遣労働者に係る業務災害の認定は，派遣労働者が**派遣元事業主**との間の労働契約に基づき**派遣元事業主**の支配下にある場合及び派遣元事業と派遣先事業との間の労働者派遣契約に基づき**派遣先事業主**の支配下にある場合には，一般に業務遂行性があるものとして取り扱われる（平22選）。

26-7 E
- 業務起因性とは，**業務に起因して**災害が発生すること，いわば，業務と災害との間に**相当因果関係**があることをいう。

3-7A〜E
29-1A〜E
**行** ■ **業務上外の認定基準**（具体例）
- 満員のためやむを得ず電車の連結器に飛び乗ろうとした車掌の転落死は**業務上災害**（**作業中に発生した事故**は天災地変，恣意的行為等を除き**大半が業務災害**）。

27-3 C
- 作業中，その地に多く棲息する毒蛇に咬まれた配管工の負傷は**業務上災害**（業務災害が**発生しうる状況**にありそれが現実化したものと認められる）（平5）。

26-1 A
- 作業中に用便や食事に行く途中の事故は業務上災害（生理的必要行為は業務に付随する行為）。

- 風に飛ばされた帽子を咄嗟に拾おうとして自動車事故にあった場合も業務上（反射的行為も業務に付随する行為）。

- 労働者の行為が**担当業務とも，単なる私的行為ともいえない場合**では，当該行為が①合理性，必要性をもつものか，②業務関連のある突発事情によって臨機応変に行われたものか否か等で判断する。例トラックの車体検査受検に行き，その検査場でストーブの煙突の取り外しを手伝って事故を起こした場合，**業務外**（平7）。

業務災害

□　**作業の準備，後始末行為**は**業務の延長**とみる。事業場内 　4-4ア,イ,オ
での入浴を例にとると，それが**後始末行為**か又は単なる**福** 　28-2 C
**利施設利用行為**かを基準に業務上外を判断する。 　26-1 C

□　突発事故に臨んで同僚労働者の救護，事業場施設の防護
等**緊急業務**は，事業主の命か否かにかかわらず，労働者に
期待し得る限り**業務上**。

□　**他人の加害行為による災害**は，災害と業務との間に**相当**
**因果関係**があれば，**業務起因性**が認められる。
　　　　　　　　　　　　　　　　　　　　　　　　　　　4-4ウ,エ
□　**休憩時間中の災害**は，一般的には**業務外**（平19）。 　28-2 A
　　　　　　　　　　　　　　　　　　　　　　　　　　　28-2 B
□　出張過程の災害は**業務上**（平25）。 　　　　　　　　　4-6 A
　　　　　　　　　　　　　　　　　　　　　　　　　　　26-1 E
□　**運動競技会**での事故は，その出場が，**社会通念上必要，** 　27-3 B
かつ**事業主の特命**による場合に限り**業務遂行性**を認める。

□　**療養中**の災害は当初の業務災害と相当因果関係があること。 　3-1A〜E

**ポ**　■　**業務上の疾病**

　　□　職業性疾病については，一定の業務に従事してい 　28-5ア
た事実とその疾病の発生がある場合に業務起因性を推定で
きるように，疾病の種類が**労働基準法施行規則**別表１の２
に掲げられている（平18選，平19）。

**ポ**　□　**過労死等**〔脳・心臓疾患〕及び精神障害について 　4-1A〜E
は，**認定基準**が設けられている。 　　　　　　　　　　3-4A〜E
　　　　　　　　　　　　　　　　　　　　　　　　　　　元-3A〜E

**！POINT**

○過労死等（脳・心臓疾患）の認定➡長期間（発症前おおむ 　5-3A〜E
　ね**6箇月間**）の過重業務に就いた場合など（平28選）。

○精神障害の認定➡発病前おおむね**6箇月間**に，業務による 　5-1A〜E
　強い**心理的負荷**が認められ，一定の要件を満たす場合。 　30-1A〜E

○**業務により精神障害を発病**したと認められる者が**自殺**を
　図った場合，精神障害により**正常の認識，行為選択能力が**
　**著しく阻害され**あるいは**自殺**行為を思いとどまる精神的抑
　制力が**著しく阻害されている状態**に陥ったと推定し**業務起**
　**因性を認める**（平24）。

第3章 労働者災害補償保険法

# 第3 通勤災害

## 【法7条2項・3項】 通勤の定義

通勤とは，労働者が，就業 に関し，次に掲げる移動を，合理的な経路及び方法 により行うことをいい，業務の性質 を有するものを除くものとする（平16選，平18）。

① 住居と就業の場所 との間の往復

② 厚生労働省令で定める就業の場所から他の就業の場所への移動（平25）

③ 住居と就業の場所との間の往復に先行し，又は後続する住居間の移動（厚生労働省令で定める要件に該当するものに限る）（平25）

・労働者が，移動の経路を 逸脱 し，又は 中断 した場合

逸脱又は中断 の間　及び その後の移動

→ 通勤としない

〈例外〉日常生活上 必要な行為であって，厚生労働省令で定めるものを やむを得ない事由 により行うための 最小限度 である場合

逸脱又は中断 の間を除き，通勤とする（平23）。

☞ 通勤の途中で，就業又は通勤と関係のない目的で合理的経路をそれることを逸脱といい，通勤と関係のない行為を行うことを中断という。

**行** □ 住居と通勤経路との境界は，アパートでは部屋の外戸，一戸建住居は門である（昭49.7.15基収2110）。

□ 住居間の移動において，帰省先が住居と認められるためには，帰省先への移動に反復・継続性（おおむね毎月1回以上）が認められる必要がある（平25）。

□ 昼休みに自宅まで時間的に十分余裕をもって往復できる労働者が，午前中の業務を終了して帰り，午後の業務に就くために出勤する往復行為は，通勤に該当し得る（平24）。

□ **事業主の提供する専用交通機関を利用する通勤**，突発的事故のために**休日に緊急出勤する途中**の事故は**業務上**。

□ **派遣労働者**について，業務命令による**派遣元と派遣先との往復**は，一般に**業務遂行性がある**（通勤ではない）。一方，**住居と派遣元又は派遣先との往復**は，一般に**通勤**。

**ポ** □ 通勤途中で行う「ささいな行為」は，逸脱，中断と扱わない（通勤である）。

□ 「ささいな行為」とは，
①経路の近くにある公衆便所の使用，公園での短時間の休息，②経路上の店でのタバコ，雑誌等の購入等をいう

□ 「**日常生活上必要な行為で厚生労働省令で定めるもの**」とは，
①**日用品の購入** ②**職業訓練，学校教育法第１条**に規定する**学校**での教育等（自動車教習所は含まない） ③**選挙権の行使**等 ④**病院又は診療所**において**診察又は治療**を受けること等 ⑤**要介護状態**の配偶者，子，父母，**孫，祖父母，兄弟姉妹**，配偶者の父母の**介護**（継続的に又は反復して行われるものに限る）（平16選，21選，平25）

□ 通勤による疾病の範囲は，**労働者災害補償保険法施行規則**18条の４に規定され，その疾病は「**通勤による負傷に起因する疾病**その他**通勤に起因することの明らかな疾病**」とされている（平18選，平19）。

**! POINT**

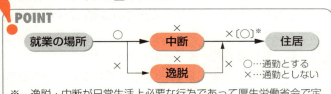

※ 逸脱・中断が日常生活上必要な行為であって厚生労働省令で定めるものである場合は，通常の通勤経路に復した後は○

第3章 労働者災害補償保険法

# 第4 給付基礎日額

## 【法8条】 給付基礎日額

給付基礎日額とは，**労働基準法第12条の平均賃金** に相当する額とする。

$$給付基礎日額_{(原則)} = \frac{算定事由発生日以前 \boxed{3箇月間} に支払われた \boxed{賃金の総額}}{算定事由発生日以前 \boxed{3箇月間} の \boxed{総日数}}$$

☞ 給付基礎日額は，休業補償給付，傷病補償年金等の保険給付の額を算定するときの基礎になるものである。

**ポ** ■ **給付基礎日額の特例** （則9条1項）

□ 算定期間中に，**私傷病による休業期間**がある場合

Ⓐ平均金額に相当する額 ＜ Ⓑ $\dfrac{3箇月間の賃金総額－当該休業期間の賃金額}{3箇月間の総日数－当該休業期間の日数}$

…………Ⓑを採用

□ **じん肺患者**の場合

Ⓐ ＜ Ⓒじん肺にかかったため**粉じん作業以外の作業**に常時従事することとなった日を算定事由発生日として算定した額

…………Ⓒを採用

□ その他，平均賃金に相当する額を給付基礎日額とすることが適当でないと認められる場合には，**厚生労働省労働基準局長**が定める基準に従って算定した額を給付基礎日額とする。⑳算定期間中に**親族の疾病等の看護のための休業**期間がある場合

**法** ■ **自動変更対象額** （＝最低保障額）

□ 平均賃金相当額が**4,020円**に満たない場合は4,020円を給付基礎日額とする〔スライドの適用がない場合〕。

100

給付基礎日額

□　平均賃金相当額が4,020円未満でも**スライド率を乗じて得た額が4,020円以上となるときは，その平均賃金相当額**を給付基礎日額（スライド前の給付基礎日額）とする。

□　スライド率を乗じて得た額が4,020円に満たない場合は**4,020円をスライド率で除して得た額（1円未満切捨て）を**給付基礎日額（スライド前の給付基礎日額）とする。

※　スライドの適用がある場合，**スライド前**の給付基礎日額は自動変更対象額を**下回ることがある。**

---

**【則9条2項・3項・4項】　自動変更対象額**

　　厚生労働大臣　は，年度の　平均給与額　が（直近の当該変更された年度の）前年度の平均給与額を超え，又は下るに至った場合は，その　上昇し，又は低下した比率　に応じて，その　翌年度の8月1日　以後の　自動変更対象額　を変更しなければならない（平11）。

　　5円未満　の端数は切り捨て，　5円以上10円未満　は10円に切り上げる。変更された自動変更対象額は，変更　年度の7月31日　までに　厚生労働大臣　が告示。

---

**ポ**　□　**給付基礎日額**の端数処理（法8条の5）

27-7イ

**1円未満の端数 ⟶ 1円に切上げ**（平21）

［参考］**年金たる保険給付の額**及び**一時金たる保険給付の額**は，1円単位まで計算される（1円未満の端数は切捨て）。

---

**【法8条の2】　休業給付基礎日額**

　　四半期　（1～3月，4～6月，7～9月，10～12月）ごとの　平均給与額　（厚生労働省において作成する　毎月勤労統計　を基に算定した労働者1人当たりの給与の1箇月平均額）が算定事由発生日の属する四半期の平均給与額の　100分の110　を超え，又は　100分の90を下る　に至った場合は，その比率を基準として厚生労働大臣が定める率を給付基礎日額として算定した額に乗じて得た額を休業給付基礎

101

第3章　労働者災害補償保険法

日額とし，平均給与額が10%を超えて変動した四半期の 翌々四半期 の最初の日から適用する（平19）。

☞　休業（補償）給付の額の算定の基礎となる。「翌四半期」ではないことに注意。

ポ　□　療養開始日から起算して1年6箇月を経過した時点で，休業給付基礎日額に**年齢階層別の最低・最高限度額が適用**される（最初からではない）（平19）。

□　**四半期の初日**における**年齢**をもって被災労働者の年齢とする。

□　年齢階層別の最低・最高限度額は「**賃金構造基本統計**」調査の結果に基づく〔自動変更対象額は「**毎月勤労統計**」調査による（平11）〕。最低・最高限度額は**7月31日までに**告示され，**8月から翌年の7月まで適用**される。

【法8条の3】　年金給付基礎日額

　算定事由発生日の属する年度の 翌々年度の8月 以後の分として支給する年金たる保険給付については，スライド前給付基礎日額に当該保険給付を 支給すべき月の属する年度の前年度 （4～7月までの月分は 前々年度 ）の平均給与額を 算定事由発生日の属する年度 の平均給与額で除して得た率を基準として厚生労働大臣が定める率を乗じることでスライドを適用させる（平19）。

☞　**翌々年度の7月以前**の分は，法8条のスライド前給付基礎日額を用いる（つまりスライドは適用されない）。

ポ　□　年金給付基礎日額の**年齢階層別の最低・最高限度額**は，年金が支給される**最初の月**から**適用**される。

□　10%超えの変動は要件となっていない（完全自動賃金スライド制）。

□　被災労働者の**8月1日**における**年齢**〔遺族（補償）年金

給付基礎日額

の場合，死亡した被災労働者が**生存していると仮定した**場合の**8月1日**における**被災労働者の年齢**〕をもって同日から1年間の被災労働者の年齢とする。

**法** □ **一時金の給付基礎日額**〔障害（補償）一時金，前払一時金，葬祭料等〕に**スライドの適用あり**（法8条の4）（平8）。適用方法は，年金給付基礎日額に準ずる（平15，16，19）。

□ **一時金の給付基礎日額**に**年齢階層別の最低・最高限度額の適用はない**（平10，21）。

**ポ** □ スライド制を適用すべき場合，年金給付基礎日額の算定は，法8条の給付基礎日額に年金スライド率を乗じて得た額と年齢階層別の最低・最高限度額を大小比較して行う。

| スライド制適用の場合 | → | スライド後の給付基礎日額（スライド前ではない） | 比較 | 年齢階層別の最低・最高限度額 |
|---|---|---|---|---|

**!POINT**

**休業給付基礎日額のスライド**

|  | 1〜3月 | 4〜6月 | 7〜9月 | 10〜12月 | 1〜3月 | 4〜6月 |
|---|---|---|---|---|---|---|
|  | 算定事由発生日 |  | 10%を超えた | 翌 | 翌々四半期 |  |

スライド適用

**年金給付基礎日額のスライド**（分母は常にA保険年度）

| 4月 | 4月 | 4月 | 8月 | 8月 |
|---|---|---|---|---|
| A保険年度 | B保険年度 | C保険年度 | D保険年度 | |

算定事由発生日

B/A（1回目のスライド）

C/A（2回目のスライド）

（1回目のスライド適用）

（2回目のスライド適用）

103

第3章　労働者災害補償保険法

# 第5 療養補償給付

## 【法13条】　療養補償給付

〈原則〉　療養の給付

28選　〈例外〉　療養の費用　の支給………療養の給付をすることが困難な場合のほか，労働者に相当の理由がある場合に療養の給付に代えて支給（平19，20，21）。

28-4A〜E　**療養の給付の範囲**（平21）

① 診察

② 薬剤　又は　治療材料　の支給

③ 処置，手術　その他の治療

30-2D　④ 居宅における療養上の管理　及びその　療養に伴う世話その他の看護

⑤ 病院又は診療所への入院　及びその　療養に伴う世話その他の看護

⑥ 移送

①〜⑥のうち　政府が必要　と認めるものに限る（平19）。

---

元-5A
27-2A

**過**　□　療養の給付は，**①社会復帰促進等事業**として設置された**病院，診療所**，**②都道府県労働局長の指定**する**病院，診療所，薬局，訪問看護事業者**（これらを**指定病院等**という）において行う（平17，19，21）。

27-2C　□　**療養の給付を受けようとする者**は，所定の**請求書**を，**指定病院等（経由）**──▶**所轄労働基準監督署長へ提出**（平20）。

元-5B　□　**指定病院等の変更**の届書は変更後の指定病院等を経由。

元-5C　□　病院等の付属施設で医師が直接指導のもとに行う**温泉療養**は，**療養補償給付の対象**となることがある。

元-5D　□　災害現場から医師の治療を受けるために医療機関に搬送される途中で死亡──▶**搬送費用を支給**。

104

業務災害に関する保険給付

- □ **症状が残っていても**それが**安定して治療の効果が期待できず療養の余地がなくなった場合**は、療養の必要がなくなったものとして取り扱われる（療養補償給付は打切り）。 27-2 B
- □ 再発した場合も保険給付を受けられる。 4-7ア〜エ
- ポ □ **療養の費用の支給**を受けようとする者は、**請求書を直接所轄労働基準監督署長へ提出**（平15, 19, 20）。

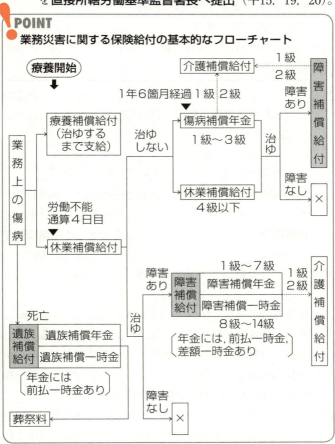

!POINT
業務災害に関する保険給付の基本的なフローチャート

- □ 療養補償給付は、休業補償給付又は傷病補償年金とは併給されるが、**障害補償給付とは併給されない**（平24）。

第3章 労働者災害補償保険法

# 第6 休業補償給付，傷病補償年金

## 【法14条】 休業補償給付

5選

① 業務上の負傷 又は 疾病 による 療養 のため

② 労働する ことができないために

③ 賃金を受けない 場合に，

賃金を受けない日の 第4日目 から1日につき 給付基礎日額の100分の60 に相当する額を支給する。 （平17）

**ポ**
2-6A
30-5E

□ 所定労働時間の**一部のみ労働**した場合又は**賃金が支払われる休暇**（以下「部分算定日」という）については，（平18，21）

$$\left[\begin{array}{l}給付\\基礎日額\end{array} - \begin{array}{l}部分算定日に対して\\支払われる賃金の額\end{array}\right] \times \frac{60}{100} を支給$$

□ **待期期間は3日**で，**継続・断続を問わない**。平均賃金の60%以上の金額が支払われた日も待期に算入する（平21）。

30-5A
□ **待期期間**については，**事業主**は労基法76条の**休業補償**を行わなければならない（休業給付は，不要➡P122参照）。

**過**
□ **日々雇い入れられる**労働者にも**支給される**（平6）。

30-5D
□ 休業補償給付は，**休日又は出勤停止の懲戒処分のため雇用契約上賃金請求権が発生しない日**にも**支給される**。

30-5B
□ 業務上の負傷により**全部休業**している労働者に，事業主から**100分の60未満の金額**が支払われても，**給付基礎日額の100分の60**の休業補償給付が支給される（平16）。

**法**
□ 労働者が，①刑事施設，労役場その他これらに準ずる施設に拘禁されている場合，②少年院その他これに準ずる施設に収容されている場合には，**休業補償給付は支給されない**（法14条の2）（平24）。

業務災害に関する保険給付

### 【法12条の8第3項，18条】 傷病補償年金

業務上負傷し，又は疾病にかかり 療養の開始後１年６ 箇月経過 した日又は同日後に

① 傷病が 治っていない　かつ ⎤
② 障害の程度が 傷病等級 に該当 ⎦ 傷病補償年金を支給（平19，21）。

30-2 A

〈年金額〉

第１級　給付基礎日額の 313日 分
第２級　　　〃　　　　 277日 分
第３級　　　〃　　　　 245日 分

※　傷病補償年金を受ける者には， 休業補償給付 は行わない（平11）。

30-5 C
27-7ウ

**ポ** □　傷病補償年金は，労働者の請求に基づく支給ではない。**労基署長が職権による支給決定を行う**（平21）。

□　所轄労働基準監督署長は，療養開始後１年６箇月を経過した日に治っていない場合は，**同日以後１箇月以内**に「傷病の状態等に関する届書」を提出させる（則18条の２）。

29-2 A

**過** □　労働者が，**療養開始後３年を経過した日に**傷病補償年金を受けている場合又は同日後に傷病補償年金を受けることとなった場合は，使用者は，それぞれ，当該**３年を経過した日又は**傷病補償年金を受けることとなった日において，打切補償を支払ったものとみなす（平24選）。

2-6 B
29-2 E

**！POINT**

**傷病等級の変更**（法18条の２）（平21）

| 傷病補償年金の受給権者の障害の程度の変更 | 他の傷病等級に該当するに至った場合 → | 職権で変更後の傷病等級に応ずる傷病補償年金を支給 |
|---|---|---|
| | 傷病等級に該当しなくなった場合 → | 労働者の請求により，休業補償給付を支給 |

29-2 D

29-2 C

107

第3章　労働者災害補償保険法

# 第7 障害補償年金，障害補償一時金

30-6 D

**法** □ 業務災害による傷病が**治ったとき**に

障害等級第1級〜7級　　　障害等級第8級〜14級

↓　　　　　　　　　　↓

**障害補償年金**　　　　　**障害補償一時金**

| 障害等級 | 年 金 額 | 障害等級 | 一時金の額 |
|---|---|---|---|
| | 給付基礎日額の | | 給付基礎日額の |
| 第1級 | 313日分 | 第8級 | 503日分 |
| 第2級 | 277日分 | 第9級 | 391日分 |
| 第3級 | 245日分 | 第10級 | 302日分 |
| 第4級 | 213日分 | 第11級 | 223日分 |
| 第5級 | 184日分 | 第12級 | 156日分 |
| 第6級 | 156日分 | 第13級 | 101日分 |
| 第7級 | 131日分 | 第14級 | 56日分 |

**法** ■ **障害等級の決定**（法15条，15条の2）

〈原則〉障害の程度は**障害等級表**によって決められる。

〈例外〉次のような決め方もある。

30-6 A

□ **準 用**
（則14条④）

障害等級表にない障害については，**障害等級表にある障害に準じて**障害等級を決定する（平21）。

5-2A〜E
2-6 D

□ **併 合**
（則14条②）

**同一の業務災害**による**障害が2つ以上**あるときは，重い方の障害等級とする。例 第9級と第14級→第9級とする。

□ **併 合
繰上げ**
（則14条③）

同一の業務災害により，**第13級以上**の障害が2つ以上あるときは，**重い方**の障害等級を**1級〜3級繰り上げた**障害等級とする（平20，21）。

4選
30-6 E

第13級以上が2つ以上 ➡ 1級繰上げ

第8級以上　　〃　　 ➡ 2級　〃

第5級以上　　〃　　 ➡ 3級　〃

〈例外〉**第9級＋第13級の場合**……併合繰上げによる障害等級に応ずる額ではなく，それぞれの合算額（492日分）が支給される。

108

業務災害に関する保険給付

□ **加　重**
（則14条⑤）

**既に障害**があった者が，更に**同一の部位**について障害の程度を**加重**→現在の障害等級とする。  30-6 C

㊟ 「既にあった（加重前）障害」→業務上外問わず。
　「現在の（加重後）障害」→業務上災害に限る。

**ポ**　自然的経過によって障害の程度を重くしても「加重」に該当しない。

〈支給額〉　①　加重前，加重後の障害が**ともに年金**，又は，**ともに一時金**の場合（ともに年金の場合，加重前の障害補償年金も支給）。  4選 2-5A〜E

加重後の $\binom{年金}{一時金}$ の額 − 加重前の $\binom{年金}{一時金}$ の額

②　**加重前障害が一時金**で**加重後障害が年金**の場合（平13, 21）  3-5A〜E

加重後の年金の額 − 加重前の一時金の額 × $\dfrac{1}{25}$

□ **変　更**
（法15条の2）
（平19, 21）

**障害補償年金**の障害の程度が，**自然的経過**により**変更**し新たな障害等級に該当──新たな障害等級に応ずる**障害補償年金，障害補償一時金**を支給する（従前の障害補償年金は支給しない）。

**行**　□　「同一部位」とは，必ずしも場所的に完全に一致する必要はない（平 3.12.25基発720）。

**過**　□　**障害補償一時金**を受けた場合には，障害の程度が自然的にどんなに変更（増進又は軽減）しても，**新たな障害補償給付は行われない**（平8）。  30-6 B

□　再発した傷病が治り，同一部位の障害の程度が重くなった場合，**加重**の取扱いをする。

**! POINT**

〈併合，併合繰上げ〉　　〈加　重〉

同一の業務災害　…同時に障害　　前　後　再び障害　　同一部位

109

第3章 労働者災害補償保険法

# 第8 障害補償年金前払一時金，差額一時金

【法附則59条】 障害補償年金前払一時金

政府は，労働者が業務上負傷し，又は疾病にかかり，治ったとき身体に障害が残った場合は，障害補償年金 を受ける権利を有する者に対し，その 請求 に基づき，障害補償年金前払一時金 を支給する。

☞ 治ゆし障害が残った時に一時的な出費が必要となることが多いため，年金をまとめて前払する制度を設けた。

**法** □ **障害補償年金前払一時金の額**

障害等級に応じて，次の表に掲げる額のうち，障害補償年金の受給権者が**選択する額**。

| 障害等級 | 額 |
|---|---|
| 第1級 | 給付基礎日額の200，400，600…1,200又は**1,340日分** |
| 第2級 | 〃 200，400，600…1,000又は**1,190日分** |
| 第3級 | 〃 200，400，600…1,000又は**1,050日分** |
| 第4級 | 〃 200，400，600…800又は**920日分** |
| 第5級 | 〃 200，400，600又は**790日分** |
| 第6級 | 〃 200，400，600又は**670日分** |
| 第7級 | 〃 200，400又は**560日分** |

□ 障害補償年金前払一時金の請求は，障害補償年金の請求と同時に行わなければならない（ただし，支給決定通知があった日の翌日から起算して**1年を経過するまで**は，障害補償年金の請求後でも可能）。

□ **同一の事由**に関し**1回限り**請求できる（平10，20）。

□ 前払一時金が支給されると，**障害補償年金の支給は停止**される。

※ この場合の支給停止期間……障害補償年金が支給されると

110

業務災害に関する保険給付

想定した場合の各月の年金額を合計（1年経過後の分は算定事由発生日における法定利率で割り引いて計算）した額が**前払一時金の額に達するまでの間**。

□ 前払一時金が支給されたため障害補償年金の支給が停止されている間であっても，
　①国年法による20歳前傷病の障害基礎年金
　　（旧国年法による福祉年金を含む）
　②児童扶養手当法による児童扶養手当　　等
　　}の支給停止は解除されない。

【法附則58条】 障害補償年金差額一時金

政府は，障害補償年金を受ける権利を有する者が死亡した場合に，既に支給された障害補償年金の額及び障害補償年金前払一時金の額の合計額が障害等級に応じて定められている一定額（障害補償年金前払一時金の最高限度額*）に満たないときは，その者の遺族に対し，その請求に基づき，その差額に相当する額の障害補償年金差額一時金を支給する。

26選

＊ 給付基礎日額の**1,340日分**（1級）〜給付基礎日額の**560日分**（7級）

□ **障害補償年金差額一時金の額**

| 障害等級に応じて定められている一定額 | − | 支給済の障害補償年金と障害補償年金前払一時金との合計額 |

□ 受給対象者（受給資格者）

| ① | 労働者の死亡当時その者と生計を同じくしていた**配偶者，子，父母，孫，祖父母，兄弟姉妹** |
| ② | ①に該当しない**配偶者，子，父母，孫，祖父母，兄弟姉妹** |

受給順位は表の記述の順序による。**最先順位者（受給権者）**に支給。最先順位者が2人以上の場合，そのすべてが受給権者（各人に支給される額は，その人数で等分した額）。

# 第3章 労働者災害補償保険法
# 介護補償給付

【法12条の8第4項】 介護補償給付

介護補償給付は、障害補償年金 又は 傷病補償年金 を受ける権利を有する労働者が、これらの年金の支給事由となる障害であって厚生労働省令で定める程度のものにより、常時又は随時介護 を要する状態にあり、かつ 常時又は随時介護 を受けているときに、その間当該労働者に対し、その 請求 に基づいて行う（平19選、平18, 25）。

ただし、次の期間は支給されない。
① 障害者総合支援法に規定する 障害者支援施設 に入所している間（生活介護を受けている場合に限る）（平24）
② ①の施設に準ずる施設として厚生労働大臣が定めるもの〔特別養護老人ホームなど〕に入所している間
③ 病院又は診療所 に入院している間

☞ 障害等級又は傷病等級の**第1級・第2級**のうち一定の障害により、**常時又は随時介護**を要する状態にあり、かつ、当該介護を受けていることが前提要件（平21）。

**法** □ **介護補償給付の額**（月を単位として支給）（平23）

|  |  | 常時介護 | 随時介護 |
|---|---|---|---|
| ⑦ その月に**介護費用を支出して介護を受けた日がある場合**（◎の場合には最低保障額を支給） | 原則 | その月において**介護費用として支出された額（実費）** ||
| | 上限額 | 172,550円 | 86,280円 |
| ◎ ⑦の場合であって、介護費用として支出された額が右の最低保障額未満であり、かつ親族等による介護を受けた日がある場合（注1） | 最低保障額 | 77,890円 | 38,900円 |

業務災害に関する保険給付

| ⑪ その月に**介護費用を支出して介護を受けた日がない場合**であって，**親族等による介護を受けた日がある場合**（注２） | 最 低保障額と同額を支給 | 77,890円 | 38,900円 |
|---|---|---|---|

2-6 E

**注１** 介護費用を支出して介護を受け始めた月については，実費が最低保障額に満たなくても**実費のみ支給**（平25）。

**注２** 介護費用を支出しないで親族等による介護を受け始めた月については**給付を行わず，その翌月から給付を行う**。

□ 支給額は，常時介護が随時介護の倍になっている。給付基礎日額は用いない。

過 □ いわゆる最低保障額は，親族又はこれに準ずる者（親族等）による介護を受けた日がない月には，適用されない（平10）。

□ 〔**障害補償年金**を受ける権利がある場合〕**介護補償給付の請求**は，障害補償年金の請求と同時に，又は請求後に行わなければならない（平10）。

□ 〔**傷病補償年金**を受ける権利がある場合〕**介護補償給付の請求**は，傷病補償年金の職権による支給決定後に行わなければならない（平10，21）。

ポ □ **請求書**に医師又は歯科医師の**診断書等一定の書類を添えて所轄労働基準監督署長に提出**する。

□ 障害等級第１級又は傷病等級第１級に該当する者は，**常時介護**を要する場合と，**随時介護**を要する場合とがある。

□ 介護補償給付に関しても，同給付に係る障害補償年金又は傷病補償年金の支給事由となる障害の原因となる傷病が平成８年４月１日（この制度の施行日）以後に発生したものについては，**第三者行為災害の場合の調整や事業主に民事損害賠償責任がある場合の調整**の対象となる（平8.3.1基発95）（平10）。

113

第3章　労働者災害補償保険法

# 第10 遺族補償年金

**ポ** □ 「遺族補償年金」は，遺族補償給付の一種。

遺族補償給付 ── **遺族補償年金** ┈┈┈ 遺族補償
　　　　　　　　　　　　　　　　　　年金前払
　　　　　　　　└─ **遺族補償一時金**　　一時金

**法** ■ **遺族補償年金**

□ 遺族補償年金は労働者が業務災害により死亡した場合に，一定の遺族に支給されるものである。

【法16条の２】　**遺族補償年金の受給者の範囲**

労働者の死亡当時その収入によって 生計を維持 していた 配偶者 ， 子 ， 父母 ， 孫 ， 祖父母 及び 兄弟姉妹 に支給する（平18）。

3選　　ただし，妻（内縁含む）以外の者にあっては，死亡当時次の要件を満たしていること（平19）。

| 順位 | | 受給資格者 | |
|---|---|---|---|
| 1 | 妻 | ────── | |
| | 夫 | **60歳以上又は障害５級以上等** | |
| 2 | 子 | **18歳年度末までの間又は障害５級以上等** | |
| 3 | 父母 | 60歳以上又は障害５級以上等 | |
| 4 | 孫 | 18歳年度末までの間又は障害５級以上等 | |
| 5 | 祖父母 | 60歳以上又は障害５級以上等 | |
| 6 | 兄弟姉妹 | 18歳年度末までの間／60歳以上又は障害５級以上等 | |
| 7 | 夫 | **55歳以上60歳未満** | 若年停止対象者 |
| 8 | 父母 | | |
| 9 | 祖父母 | | |
| 10 | 兄弟姉妹 | | |

5-5A
5-5B
2-6C

☞ 遺族補償年金は，受給資格者のうち **最先順位者（受給権者）** に支給する。上の順位は，受給権者となる順位。

114

業務災害に関する保険給付

最先順位者が２人以上の場合は，その全員が受給権者。

**法** □ 労働者の**死亡当時**，胎児であった子が**出生**したと 5-5C
きは，**将来に向かって**，その子は，労働者の死亡当時
その収入によって**生計を維持していた子**とみなす（平19）。

**ポ** □ 受給資格者となるためには，**労働者の死亡当時**に
一定の要件を満たすことが必要。

□ **「生計維持」要件はすべての遺族に必要**だが，「生計維持」 5-5D
とは，**労働者の収入によって生計の一部を維持していれば** 28-6イ
**よい**。共働きも含まれる（昭41. 1. 31基発73）。

□ **55歳以上60歳未満**の**夫，父母，祖父母，兄弟姉妹**（若年
停止対象者）は**60歳**に達するまでは遺族補償年金が**支給停
止**される。**受給順位**は，60歳に達しても**そのまま**。

□ 遺族補償年金には，最先順位者が失権すれば，次順位者
が受給権者となる「**転給**」制度がある。

**法** □ **遺族補償年金の額**
**受給権者**及び**受給権者と生計を同じくしている受給
資格者**の人数の合計数に応じて次のとおりとする（**若年停
止対象者は，この人数に含めない**）。

| 遺族の数 | 年金額 |
|---|---|
| １人 | 給付基礎日額の**153日分**<br>ただし，その遺族が**55歳以上の妻**又は**障害５級以上の妻**の場合は，給付基礎日額の**175日分** |
| ２人 | 給付基礎日額の**201日分** |
| ３人 | 給付基礎日額の**223日分** |
| ４人以上 | 給付基礎日額の**245日分** |

☞ 受給権者が２人以上の場合は，その人数で等分した
額をそれぞれの受給権者に支給する（平15，22）。

**法** □ 遺族補償年金の額は，遺族の数に増減を生じたと
きは，**増減を生じた月の翌月から**改定する。

□ 遺族の数が**妻１人**の場合，その妻が**55歳に達したとき**又
は**55歳未満で障害等級５級以上等**に該当し又は該当しなく

115

第3章　労働者災害補償保険法

なったときは**その翌月**から改定（153日⇄175日）（平25）。

□　**遺族補償年金の支給停止**（平18）

① 　夫，父母，祖父母，兄弟姉 　　➡　**60歳**に達する月までの
妹の若年停止対象者 　　　　　　　　間支給停止

27-7エ　② 　遺族補償年金の受給権者の 　➡　＊**所在不明の間**支給停止
所在が**1年以上不明**

＊　**同順位者又は次順位者の申請**によって支給停止となる
（平11）。ただし，所在不明のため支給停止を受けた受給権
者は，**いつでも支給停止の解除を申請**できる。

③ 　遺族補償年金前払一時金を 　➡　**前払一時金の額に達す**
受けた場合 　　　　　　　　　　　**る**まで支給停止

〔参考〕　**第三者行為災害**の場合に， 　➡　災害発生後最長**7年**
第三者から損害賠償を受けた場合 　　　**間**支給停止

5-5E　□　**遺族補償年金の受給権の消滅〔失権〕**
なお，同時に受給資格も失う〔失格〕

① 　**死亡**したとき

② 　**婚姻**（内縁を含む）をしたとき（平23）

28-6ウ　③ 　**直系血族又は直系姻族以外の者の養子**（事実上の養子
縁組を含む）となったとき（平19，平23）

④ 　**離縁**により死亡労働者との**親族関係が終了**したとき

⑤ 　子，孫，兄弟姉妹が，**18歳に達した日以後の最初の3
月31日が終了**したとき（労働者の死亡当時から一定の障
害の状態にある者は失権しない）（平23）

⑥ 　一定の障害の状態にあることによって受給権者となっ
ていた妻以外の者が，**その障害の状態がなくなったとき**
（年齢要件を満たしている者は失権しない）（平23）

ポ　□　労働者が**死亡した当時胎児であった子**は，労働者
の死亡当時，労働者の収入によって生計維持されな
かった母から出生した場合でも，**受給資格者**となる。

□　胎児が**障害状態で出生**しても，労働者の死亡当時に**障害**

116

業務災害に関する保険給付

**の状態にあった子とみなされない**（平19）。

□　遺族補償年金の受給権（受給資格）をいったん**失権（失格）**した場合，再び受給権者（受給資格者）とならない。

過　□　遺族補償給付の受給権者となる配偶者は，原則として届出による婚姻関係にあった者とするが，婚姻関係が実体を失って形骸化し，かつ，その状態が固定化して近い将来解消される見込がない場合に限り，事実上の婚姻関係にあった者とする（平15，17，18）。

□　遺族補償年金の受給権者である子が，一定の障害の状態にあっても，**婚姻**した場合は失権する（平8）。

□　遺族補償年金の**受給資格者の数**，そのうち**受給権者**（最先順位者）となる者，**遺族補償年金の額**を具体例を挙げて問う問題の出題あり（平5，7）。〔受給権者となる順位や，年金額を計算する場合に若年停止対象者は人数に入れないこと等，再度確認されたい。〕

---

**❗POINT**

**受給資格の欠格**

| ★ | 労働者を故意に死亡させた者 | → | 遺族補償給付の受給資格者としない。 |
|---|---|---|---|
| ★ | 労働者の死亡前に，当該労働者の死亡によって先順位又は同順位の遺族補償年金の受給資格者となるべき者を故意に死亡させた者 | → | 遺族補償年金の受給資格者としない（平23，25）。 |
| ★ | 遺族補償年金の受給資格者を故意に死亡させた者 | → | 遺族補償一時金の受給資格者としない。 |
| ★ | 遺族補償年金の受給資格者が，先順位又は同順位の他の遺族補償年金の受給資格者を故意に死亡させたとき | → | その者は，受給資格者でなくなる。受給権者であるときは，その**権利は消滅**する。 |

27-7オ

いずれも「故意」に限定されていることに注意（過失の場合は含まれない）。

117

第3章　労働者災害補償保険法

# 第11 遺族補償年金前払一時金，遺族補償一時金，葬祭料等

**法** ■ **遺族補償年金前払一時金**（法附則60条）

□ 遺族補償年金前払一時金は，**遺族補償年金**の受給権者の**請求**に基づき，支給される（平18）。

26選 □ 額は，給付基礎日額の200，400，600，800，**1,000日分**の額のうち，遺族補償年金の受給権者が**選択する額**。

□ 前払一時金の請求は，**遺族補償年金の請求と同時**に行わなければならない（ただし，支給決定通知があった日の翌日から起算して**1年を経過するまで**は請求後でも可）。

□ **同一の事由**に関し**1回限り**請求できる。

□ 前払一時金は，遺族補償年金の受給権者のうちの**若年停止対象者についても支給**される。

□ 前払一時金が支給されると，**遺族補償年金の支給は停止**。この場合の支給停止期間は，障害補償年金前払一時金（●P110参照）に準ずる。

□ 前払一時金が支給されたため遺族補償年金の支給が停止されている間，20歳前傷病の障害基礎年金等の支給停止は解除されない（●P111参照）。

**ポ** □ **転給**により，遺族補償年金の受給権者となった者は，**先順位者が前払一時金の請求を行っていない場合に限り**，前払一時金の請求を行うことができる（平4）。

□ **前払一時金が支給**された受給権者が失権し**次順位者が受給権者となった場合**に，未だ支給停止期間が満了していないときは，その**次順位者についても**その遺族補償年金の**支給が停止**される。

**法** ■ **遺族補償一時金**（法16条の6～16条の8）

□ 遺族補償一時金は，次の場合にそれぞれの額が支給される。

業務災害に関する保険給付

① 労働者の死亡当時，**遺族補償年金の受給資格者がいない**場合……給付基礎日額の1,000日分

　㊙　一定の障害の状態に該当しない50歳の母のみが遺族の場合は，これに該当する。

② 遺族補償年金の**受給権者がすべて失権**した場合に，他に**受給資格者がなく**，かつ

　既に支払われた**遺族補償年金**及び**遺族補償年金前払一時金**の合計額が**給付基礎日額の1,000日分に満たないとき**……その差額

□　**受給資格者の範囲**（平2，13，17，18，19，25）　　28-6エ，オ

（次に挙げる者であって，遺族補償年金の受給資格者以外の者又は失権，失格した者）

| ① | 配偶者 |
|---|---|
| ② | 労働者の死亡当時その収入によって生計を維持していた子，父母，孫，祖父母 |
| ③ | ②に該当しない子，父母，孫，祖父母 |
| ④ | 兄弟姉妹 |

受給権者となる順位は，①→④の記述の順序による。そのうち最先順位者（受給権者）に支給される。　　3-6A～E

**ポ**　□　受給権者が2人以上の場合は，その人数で等分した額をそれぞれの受給権者に支給する。

□　上記①～④の身分関係は，**労働者の死亡当時**における労働者との身分関係によるもの。年齢要件・障害要件はない。

**過**　□　生計維持関係の有無にかかわらず**兄弟姉妹が最後順位**（平6）。

□　遺族補償年金の受給権を，**婚姻**により**失権**した配偶者であっても遺族補償一時金の受給資格者となる（平10）。

**法**　■　**葬祭料**（法12条の8第2項，17条）

　□　**葬祭料**は，労働者が業務災害により死亡した場合

119

に，死亡した労働者の葬祭を行う者（通常は遺族）に対し，その請求に基づいて支給される（平19選）。

□ 現実に葬祭を行ったことは支給事由ではない。

**行** □ **葬祭を行う遺族がいないために，当該死亡労働者の会社が社葬として葬祭を行ったときは**，葬祭料は**会社に支給**（昭23.11.29基災収2965）（平7）。

□ 社葬を行うことが，会社の**恩恵的，厚意的性質**に基づくときは，葬祭料は**遺族**に支給すべきもの（平7）。

**法** □ 葬祭料の額は，次のいずれか**高い方の額**（平18）。
① 315,000円＋給付基礎日額の30日分（原則）
② 給付基礎日額の60日分（最低保障）

**過** □ 葬祭料の請求は，**遺族補償給付の請求と同時になされることを要しない**（平7）。

**法** ■ 保険給付に関する報告書の提出・届出等

□ **傷病の状態等に関する報告**⇒毎年1月1日から同月末日までの分について**休業（補償）給付**を請求しようとする場合で，同月1日において**療養開始後1年6箇月**を経過しているとき。

☞ 所轄労働基準監督署長が，必要に応じて傷病（補償）年金に切り替えるため，このような規定がある。

□ **定期報告**⇒**年金たる保険給付の受給権者**は，**毎年**，厚生労働大臣が指定する日＊までに，所定の**報告書**を所轄労働基準監督署長に提出しなければならない（則21条）。
＊ 指定する日　・1月～6月生まれの者は6月30日
　　　　　　　・7月～12月生まれの者は10月31日

元-2イ □ **第三者行為災害の届出**⇒第三者の行為により**保険給付を受けるべき者**は，その事実，第三者の氏名及び住所（わからないときはその旨），被害の状況を，**遅滞なく**，所轄労働基準監督署長に届け出なければならない（則22条）。

□ 政府は，保険給付を受ける権利がある者が，正当な理由

がなく所定の届出をせず又は受診命令等に従わないとき
は，保険給付の支払を一時差し止めることができる（平25）。

□　行政庁は，保険給付を受け，又は受けようとする者の診
療を担当した医師等に対し，診療に関する事項について報
告若しくは診療録，帳簿書類等の提示を命じ，又は当該職
員にこれらの物件を検査させることができる（平23）。

□　国庫は，予算の範囲内において，労働者災害補償保険事
業に要する費用の一部を補助することができる。

## POINT

### 業務災害，通勤災害に関する保険給付（平22）

|  | 業　務　上 | 通　勤* |
|---|---|---|
| ①負傷・疾病 | 療養補償給付<br>休業補償給付<br>傷病補償年金 | 療養給付<br>休業給付<br>傷病年金 |
| ②障　害 | 障害補償給付<br>（年金・一時金） | 障害給付<br>（年金・一時金） |
| ①又は② | 介護補償給付 | 介護給付 |
| ③死　亡 | 遺族補償給付<br>（年金・一時金）<br>葬祭料 | 遺族給付<br>（年金・一時金）<br>葬祭給付 |

業務災害は労基法の規定により使用者に災害補償義務がある
ため，葬祭料を除いて「補償」の文字がある。労基法の災害補
償に相当する給付（労災保険の保険給付等）が行われるべき場
合には，使用者は補償の責めを免れる（労基法84条）。

* 「通勤」の保険給付の名称の前に「複数事業労働者」と付け
ると，複数業務要因災害に関する保険給付の名称となる。給
付基礎日額は，事業ごとに算定して合算した額を基礎として
算定。労働時間やストレス等は総合的に評価される。事業主
からの費用徴収の規定は，業務災害とみなして適用。他の社
会保険との調整，事業主に民事損害賠償責任がある場合の調
整，未支給の保険給付，内払調整等は業務災害・通勤災害の
場合と同様。徴収法のメリット制には影響しない。

第3章　労働者災害補償保険法

# 第12 通勤災害に関する保険給付

**ポ** ■ 通勤災害に関する保険給付と業務災害に関する保険給付との違い

□ 休業給付について，待期3日間に係る事業主の補償義務（労基法76条の休業補償）はない（平15，24）。

□ 通勤災害による休業には，労基法19条の解雇制限はない。従って傷病年金を打切補償とみなすことはありえない。

29-5 B □ 療養給付については原則として一部負担金が徴収される（平12）。

| 一部負担金の額（則44条の2） | 200円（健康保険法に規定する日雇特例被保険者である労働者については100円）（平14，24）<br>ただし，現に療養に要した費用の総額がこの額に満たない場合には，現に療養に要した費用の総額 |
|---|---|
| 元-5 E<br>徴収方法 | 労働者に支払うべき休業給付の額から控除（平24） |
| 27-2 E<br>納付免除 | ① 第三者の行為によって生じた事故により 療養給付 を受ける者（平11，24）<br>② 療養開始後3日以内に死亡した者その他 休業給付 を受けない者（平25）<br>③ 同一の通勤災害に係る療養給付について既に 一部負担金 を納付した者（平25） |
| | 特別加入者については，徴収されない |

**参** □ 通勤災害に関しては，保険給付を受給する者にも費用の一部を負担させることが公平という考えから，療養給付に係る一部負担金が規定されている。業務災害の場合の療養補償給付には，一部負担金はない。

□ 療養給付の請求書には，通常の通勤の経路及び方法，就業開始予定（就業終了）年月日・時刻等を記載する。

第3章　労働者災害補償保険法

# 第13 二次健康診断等給付

## 【法26条】　二次健康診断等給付

　二次健康診断等給付は，安衛法第66条第1項の規定による健康診断等のうち，直近のもの（「一次健康診断」という）において，血圧検査，血液検査その他業務上の事由による脳血管疾患及び心臓疾患の発生にかかわる身体の状態に関する検査で厚生労働省令で定めるものが行われた場合において，当該検査を受けた労働者がそのいずれの項目にも異常の所見があると診断されたときに，その請求に基づいて行う（平14選，平23）。

☐　特別加入者に対しては行われない（特別加入者には，安衛法の適用はなく，一次健康診断自体が行われない）。

☐　一次健康診断とは，労働安全衛生法に規定する次の健康診断のうち，直近のものをいう。

・雇入れ時の健康診断　　　　　　　　｜　一般健康診断
・定期健康診断　　　　　　　　　　　｜　（給食従業員の検便
・特定業務従事者の健康診断　　　　　｜　は，ここでは含ま
・海外派遣労働者の健康診断　　　　　｜　ない）
・一般健康診断に係る事業者の指定した医師等以外の医師
　等が行う健康診断

☐　二次健康診断等給付は，一次健康診断の結果等により，<sub>30-7 A</sub>
　既に脳血管疾患又は心臓疾患の症状を有すると認められる
　労働者に対しては行われない。

☐　二次健康診断等給付の範囲（いずれも現物給付）

　①　二次健康診断……脳血管及び心臓の状態を把握するために必要な検査であって厚生労働省令で定めるものを行う医師による健康診断（1年度に1回に限る）。

123

第3章　労働者災害補償保険法

30-7 B

② **特定保健指導**……**二次健康診断の結果**に基づき，脳血管疾患及び心臓疾患の発生の予防を図るため，**面接**により行われる**医師**又は**保健師**による**保健指導**（二次健康診断ごとに**1回**に限る）（平25）。

※　特定保健指導の内容……栄養指導（適切なカロリー等），運動指導，生活指導（飲酒・喫煙・睡眠等の生活習慣）

30-7 C

□　①の結果等により既に脳血管疾患又は心臓疾患の症状を有すると認められる労働者に対しては，②は行わない（平25）。

30-7 E

□　**二次健康診断等給付を受けようとする者**は，一次健康診断を受けた日から**3箇月以内**（原則）に，請求書を**健診給付病院等**を経由して**所轄都道府県労働局長**へ提出する（平19，21）。

□　二次健康診断等給付は，**社会復帰促進等事業**として設置された病院，診療所，**都道府県労働局長の指定**する病院，診療所（**健診給付病院等**）において行われる（平17）。

30-7 D

□　**事業主**は，二次健康診断の結果（有所見者に係るものに限る）に基づき，その結果を証明する書面が提出された日から**2箇月以内に医師**の意見を聴かなければならない。

**ポ**　□　**二次健康診断等給付**については，法12条の3の**不正受給者からの費用徴収**の対象となるが，法31条1項の事業主からの費用徴収の対象とはならない。**第三者行為災害の場合の調整**の問題は生じることはない。

> **！POINT**
> **複数業務要因災害による疾病とは**
> 3選　「労働基準法施行規則別表第1の2第8号\*及び第9号\*\*に掲げる疾病その他**2以上の事業の業務を要因とすることの明らかな疾病**」である。
> \*　長期間の長時間労働等による脳・心臓疾患
> \*\*　心理的な負担の大きい一定の業務による精神障害等

第3章　労働者災害補償保険法

# 第14 内払，過誤払，未支給の保険給付等

27-7 ア

**法** □ **年金の支給期間**（法9条1項）

　　　支給すべき事由が**生じた月の翌月**から，支給を受ける権利が**消滅した月**まで支給する（平19）。

| 6月(事由発生) | 7月 | … | 翌年 2月 | 3月(権利消滅) |
|---|---|---|---|---|

← 支 給 期 間 →

□ **年金の支給停止期間**（法9条2項）

　　　支給停止事由が**生じた月の翌月**からその事由が**消滅した月**までの間支給しない（平19，24）。

3選
元-1 A

□ **年金の支払期月**（法9条3項）

　　　原則，**2，4，6，8，10，12月の6期**に，それぞれの**前月分**までを支払う。

　　　ただし，支給を受ける**権利が消滅**した場合のその期の年金は支払期月でない月でも支払う（平19）。

---

### 【法12条】 年金の内払

① 年金たる保険給付の 支給を停止 すべき事由が生じたにもかかわらず，その保険給付が支払われたとき

② 年金たる保険給付を 減額して改定 すべき事由が生じたにもかかわらず，減額せずにその保険給付が支払われたとき

⬇

その余分に支払われた分は，その後に支払うべき年金たる保険給付の 内払 とみなすことができる（平24）。

---

③ **同一の傷病**に関して，次の表の左欄の給付を受ける権利を失い，同時に右欄の給付を新たに受けることになった場合に，左欄の給付が引き続き支給されたときは，その給付は，新たに支給されることになった右欄の給付の**内払**とみなす（法12条2項・3項）（平19，25）。

125

第3章　労働者災害補償保険法

| 休業（補償）給付 | 傷病（補償）年金，障害（補償）給付 |
| 傷病（補償）年金 | 障害（補償）給付，休業（補償）給付 |
| 障害（補償）年金 | 傷病（補償）年金，障害（補償）一時金，休業（補償）給付 |

☞　③について，**遺族（補償）給付**との調整はありえない。

---

### 【法12条の２】　過誤払による返還金債権への充当

①　年金たる保険給付の 受給権者が死亡 したためその支給を受ける権利が消滅したにもかかわらず，その後，当該年金たる保険給付の 過誤払 が行われた場合において，当該 過誤払 による 返還金債権 に係る 債務の弁済 をすべき者に支払うべき保険給付があるときは，当該保険給付の支払金の金額を当該 過誤払 による 返還金債権 の金額に 充当 することができる（平25）。

---

| 過誤払された年金たる保険給付 | 当該死亡に関して新たに保険給付の受給権者となった者に支給すべき保険給付　※ |
| --- | --- |
| 障害補償年金 障　害　年　金 | 遺族補償年金，遺族年金，遺族補償一時金，遺族一時金，葬祭料，葬祭給付，障害補償年金差額一時金，障害年金差額一時金 |
| 遺族補償年金 遺　族　年　金 | 遺族補償年金，遺族年金，遺族補償一時金，遺族一時金，葬祭料，葬祭給付 |
| 傷病補償年金 傷　病　年　金 | 遺族補償年金，遺族年金，遺族補償一時金，遺族一時金，葬祭料，葬祭給付 |

※　右欄の保険給付（返還金債権の金額に充当する側の保険給付）は，**過誤払された年金たる保険給付の受給権者の死亡**に係るものに限る。なお当該死亡に係る保険給付が２種類あるときは，**葬祭料，葬祭給付以外の保険給付を優先**して充当する。

②　年金たる保険給付の受給権者が死亡し，当該年金たる保険給付について**他の同順位の受給権者がいる場合**に，同順位の受給権者が，当該死亡後に過誤払されたことにより生じた返還金債権についての債務を弁済すべき者であるときも，同様である。

保険給付の通則

| 過誤払された年金たる保険給付 | 当該死亡受給権者の受給した年金たる保険給付と同一の事由により同順位の受給権者に支給される年金たる保険給付 |
|---|---|
| 遺族補償年金 | 遺族補償年金 |
| 遺 族 年 金 | 遺 族 年 金 |

**行** □ **充当権は政府のみが有し**，受給権者側には認められない点及び**履行期の到来していない債権**に対しても**充当できる**点が相殺と異なるが，**充当の効果は相殺と同じ**ものである（昭55.12.5基発673）。

**ポ** □ 「**内払**」は同一人物間での調整，「**過誤払**」は異なる人物との調整。

**法** □ **死亡の推定**（法10条）

2-2A, B
27-5 D
27-5 E

　　船舶（航空機）に事故が起こった際現に船舶（航空機）に乗っていた労働者若しくは船舶（航空機）の航行中行方不明となった労働者の①**生死が3箇月間わからない場合**，②**死亡が3箇月以内に明らか**となり，かつ，その**死亡の時期がわからない**場合には，事故が起こった日又は労働者が行方不明となった日に，**死亡したものと推定**する（**推定であってみなされるわけではない**）（平23）。

□ 後日，労働者の生存が明らかになった場合に，既に保険給付がなされていれば，**返還が必要**。

☞ 「**推定**」は，反証があれば覆る。「**みなす**」は，法律関係が確定するため，反証は認められない。

**ポ** □ 船舶又は航空機に限定。

□ 3箇月経った時点ではなく**事故等の日**に，死亡したものと推定する。

□ 「**死亡の推定**」は，**遺族（補償）給付，葬祭料（葬祭給付），障害（補償）年金差額一時金**の支給に関して適用される。未支給の保険給付には適用されない。

127

第3章　労働者災害補償保険法

---

**【法11条】　未支給の保険給付**

2-2E
　　労災保険法に基づく保険給付を受ける権利を有する者が 死亡 した場合に，その 死亡 した者に支給すべき保険給付でまだその者に支給しなかったものがあるときは，その者の 配偶者 （内縁含む）， 子 ， 父母 ， 孫 ， 祖父母 又は 兄弟姉妹 であって，その者の死亡当時その者と 生計を同じく していたもの（ 遺族（補償）年金 については当該 遺族（補償）年金 を受けることができる他の遺族*）は， 自己の名 で，その未支給の保険給付の支給を請求することができる（平22）。　*　複数事業労働者遺族年金も同様。

30-4ア

☞　「生計を維持」ではなく「生計を同じく」。

30-7ウ
**法**　□　同順位者が2人以上のときは，1人がした請求は全員のためその全額につきしたものと，1人に対してした支給は全員に対してしたものとみなす（平15，19）。

30-4イ
**行**　□　未支給の保険給付とは，①支給事由が生じた保険給付であってまだ請求されていないもの，②請求したがまだ支給決定のないもの，③支給決定はあったがまだ支払われていないものをいう（昭41.1.31基発73）。

**！POINT**

**未支給の保険給付の請求権者**

|  | 遺族（補償）年金 | その他の保険給付 |
|---|---|---|
| ① | ⓐ　死亡した受給権者と同順位者がいる場合 ➡ 同順位者<br>ⓑ　同順位者がいないが，後順位者がいる場合 ➡ 転給により，受給権者となった次順位者 | 死亡した受給権者と**生計を同じく**していた配偶者（内縁を含む）・子・父母・孫・祖父母・兄弟姉妹のうち最先順位者 |
| ② | ①に該当する者がいない場合 ➡ 死亡した受給権者の相続人 | |
| ③ | ①②に該当する請求権者が，その給付を受けないうちに死亡した場合 ➡ その請求権者の相続人（平15） | |

第3章　労働者災害補償保険法

# 第15 支給制限，費用徴収

**法** ■ **支給制限**（法12条の2の2，昭52.3.30基発192）
（平15**選**，平17）

| 支給制限の事由 | 支給制限の内容 | |
|---|---|---|
| ①労働者が**故意**に負傷，疾病，障害もしくは死亡又はその**直接の原因**となった事故を発生させた場合 | 政府は，**保険給付を(全く)行わない**（平13） | 29-7 E<br>26-3 A<br>26-3 E |
| ②労働者が**故意の犯罪行為もしくは重大な過失**により，負傷，疾病，障害もしくは死亡もしくはその原因となった事故を発生させた場合（平20） | **保険給付の全部又は一部を行わないことができる**…具体的内容；**休業(補償)給付・傷病(補償)年金・障害(補償)給付**につき，支給のつど**30%減額**（年金については**療養開始後3年以内**の支払分に限る） | 2-1A～C<br>26-3 D |
| ③労働者が正当な理由がなくて⟨療養に関する指示⟩に従わないことにより，負傷，疾病，障害の程度を増進させ，もしくはその回復を妨げた場合 | **保険給付の全部又は一部を行わないことができる**…具体的内容；事案1件につき**休業(補償)給付の10日分**又は**傷病(補償)年金の10/365**相当額を減額 | 2-1D, E<br>28**選**<br>26-3 C |

※ ①の**故意**…**結果の発生を意図した故意**をいう（平15**選**）。

■ **不正受給者からの費用徴収**（法12条の3）

□ **偽りその他不正の手段**により保険給付を受けた者があるときは，政府は，その**保険給付に要した費用に相当する金額の全部又は一部**をその者から徴収することができる（徴収する金額は，不正利得分に相当する価額に限る）（平19）。　2-2C

□ **事業主が虚偽の報告又は証明**をしたためその保険給付が行われたものであるときは，政府は，その**事業主に対し**，保険給付を受けた者と**連帯して**徴収金を納付すべきことを命ずることができる（平16，19，22）。　2-2D

129

第3章　労働者災害補償保険法

## ■ 事業主からの費用徴収（法31条1項）（平19）

※　左欄の場合，政府は，その保険給付に要した費用の**全部又は一部を事業主から徴収することができる**（右欄は具体的内容）。

| 費用徴収の事由 | 費用徴収の内容 |
|---|---|
| **元選**<br>26選<br>26-6 A<br>①事業主が故意又は重大な過失により保険関係成立届を提出していない期間中に発生した事故について保険給付を行った場合（平20） | 療養（補償）給付，介護（補償）給付及び二次健康診断等給付を除く保険給付につき，支給のつど，保険給付の額の**100%（故意**と認定された場合）or **40%**（**重大な過失**と認定された場合）を徴収 |
| 26-6 A<br>②事業主が概算保険料のうちの一般保険料を納付しない期間（督促状の指定期限後の期間に限る）中に発生した事故について保険給付を行った場合 | 療養（補償）給付，介護（補償）給付及び二次健康診断等給付を除く保険給付のうち，事故発生の日から当該概算保険料を完納した日の前日までに支給事由が生じたものにつき，支給のつど，保険給付の額に**滞納率（最高40%まで）**を乗じて得た額を徴収 |
| 26-6 C<br>③事業主の故意又は重大な過失によって発生した業務災害について保険給付を行った場合（平19） | 療養補償給付，介護補償給付及び二次健康診断等給付を除く保険給付につき，支給のつど，保険給付の額の**30%**を徴収 |
| ①～③のいずれの場合も，療養を開始した日（即死の場合は事故発生の日）の翌日から起算して**3年以内**の支給分に限る。 ||

26-5 D

**ポ**　□　**派遣先**は，不正受給者からの費用徴収の連帯責任，事業主からの費用徴収の規定の**対象外**。

## ■ 受給権の保護等（法12条の5，12条の6）

29-7 D<br>27-6イ
□　保険給付を受ける権利は，労働者の退職によって変更されることはない（平16，21）。

□　保険給付を受ける権利は，譲り渡し，担保に供し，又は差し押さえることができない（平16，20，24）。

27-6ア
□　租税その他の公課は，保険給付として支給を受けた金品を標準として課することはできない（平16，20，24）。

130

# 第16 不服申立て，雑則

第3章 労働者災害補償保険法

## ■ 不服申立て及び訴訟（法38条～40条）

□ **保険給付に関する決定**に係る不服申立て（平21選）

| | 請求先 | 請求期間 | 方法 |
|---|---|---|---|
| 審査請求（代理人可） | 労働者災害補償保険審査官（**都道府県労働局**に設置） | 原処分があったことを知った日の翌日から起算して**3月以内**（3月を経過したときはすることができない） | 口頭又は文書 |
| 再審査請求（代理人可） | 労働保険審査会（**厚生労働省**に設置） | 決定書の謄本が送付された日の翌日から起算して**2月以内**（2月を経過したときはすることができない） | 文書 |

〔不服申立て前置主義〕
裁判所…処分の取消しの訴えを提起（提訴）
(注) 労働者災害補償保険審査官の決定後は，提訴することも可能（再審査請求をするか選択）

□ 審査請求をした日から**3箇月**を経過しても決定がないときは，労働者災害補償保険審査官が審査請求を**棄却したものとみなすことができる**（決定を経たことになるので，再審査請求が可能。また，提訴することも可能）（平22）。

□ **処分の取消しの訴え**は，審査請求に対する**労働者災害補償保険審査官の決定を経た後**でなければ提起することはできない（不服申立ての前置）（平22）。

□ 審査請求，再審査請求は，**時効の完成猶予及び更新**に関しては，**裁判上の請求**とみなす（平13，22）。

## ■□ その他の処分に係る不服申立て（平22）

## ■ 保険給付を受ける権利の消滅時効 (平18, 20, 23)

| 保険給付 | 期間 | 起算日 |
|---|---|---|
| 療養（補償）給付（療養の費用の支給に係るもの） | 2年 | 療養の費用を支払った日ごとにその翌日 |
| 休業（補償）給付 | 2年 | 休業の日ごとにその翌日 |
| 障害（補償）給付 | 5年 | 傷病が治ゆした日の翌日 |
| 障害（補償）年金前払一時金 | 2年 | |
| 障害（補償）年金差額一時金 | 5年 | 労働者が死亡した日の翌日 |
| 介護（補償）給付 | 2年 | **介護を受けた月の翌月の初日** |
| 遺族（補償）給付 | 5年 | 労働者が死亡した日の翌日 |
| 遺族（補償）年金前払一時金 | 2年 | |
| 葬祭料（葬祭給付） | 2年 | |
| 二次健康診断等給付 | 2年 | 一次健康診断の結果を了知し得る日の翌日 |

- ☐ 複数業務要因災害に関する保険給付の時効も同様。
- ☐ 上表は、**基本権**についての消滅時効を示す。**支分権**（年金の場合、各支払期月ごとの支払請求権）については、会計法の規定により、**5年**で消滅時効にかかる（平11）。
- ☐ 傷病（補償）年金に係る基本権は、時効の問題は生じない（ただし、支分権は5年で時効消滅）（平15, 16）。

> **POINT**
> **消滅時効の横断整理**
> ・労働基準法➡賃金は5年（退職手当以外は当分の間3年）、それ以外は2年
> ・雇用保険法、徴収法、健康保険法➡2年
> ・国民年金法の年金給付、厚生年金保険法の保険給付➡5年

## 第17 保険給付と他の諸制度との関係

### 第3章 労働者災害補償保険法

**法** ■ 第三者行為災害の場合の調整（法12条の4）

□ 政府は，保険給付の原因である事故が第三者の行為によって生じた場合，次のように調整を行う（平18）。

① **保険給付**が先に行われた場合……政府は，その給付の価額の限度で，受給権者が第三者に対して有する損害賠償の請求権を取得する（政府が受給権者に代わって，第三者に対して損害賠償の請求を行う）。〔**求償**〕（平24選，平20）

※ 求償は，その請求し得る損害賠償の額の範囲内において，災害発生後**5年**を限度として行われる。

② **損害賠償**が先に行われた場合……政府は，その価額の限度で保険給付をしないことができる。〔**控除**〕（平20）

※ 控除は，その損害賠償の額に達するまでの間，災害発生後**7年**を限度として行われる。

□ 法12条の4は，第三者の損害賠償義務と政府の保険給付義務とが**相互補完**の関係にあり，同一の事由による損害の**二重填補**を認めるものではない趣旨を示している（判例）。 27選

**行** ■ 示 談

□ 示談が真正に成立し，かつ，その内容が，受給権者の第三者に対して有する損害賠償請求権（保険給付と同一の事由に基づくものに限る）の**全部のてん補**を目的としているときは，保険給付は行わない（平24選）。

□ 示談が，**錯誤・心理留保**に基づく場合や**詐欺・強迫**に基づく場合は，真正に成立しているとはいえない（平24選）。

□ 第三者行為災害の場合の調整の対象となるのは，保険給付と同一の事由に基づく損害賠償に限られ，**慰謝料等の精神的苦痛に対する損害賠償**は含まれない。

第3章　労働者災害補償保険法

**法** ■ **労災保険給付と民事損害賠償との調整**（事業主に民事損害賠償責任がある場合の調整）（法附則64条，平5.3.26発基29他）（平5，9，14，18，20）。

| 民事損害賠償側における調整 | 労災保険給付側における調整 |
|---|---|
| ① 年金給付の受給権の発生時に**障害（補償）年金前払一時金**，**遺族（補償）年金前払一時金**を請求することができるときは，**事業主**は，その**前払一時金給付の最高限度額相当額の法定利率による現価の限度**で民事損害賠償の**履行を猶予**される。<br>② ①により民事損害賠償の履行が猶予されている期間中に**年金給付**又は**前払一時金給付**が支給されたときは，履行猶予されている民事損害賠償について，**その額の法定利率による現価の限度で免責**される。 | ①′ 保険給付の受給権者が同一事由について，事業主から保険給付に相当する民事損害賠償を受けたときは，**政府は，労働政策審議会の議**を経て厚生労働大臣が定める基準により，**その価額の限度で保険給付**を行わないことができる。<br>★労災保険給付の**支給調整**の事由となる民事損害賠償の損害項目は，**逸失利益**，**療養費**，**葬祭費用**，**介護損害**である。<br>★保険給付に**上積み**して支払われる**示談金**，**和解金**又は単なる**見舞金**等は，調整の対象外。 |

29-6 A

☞ 事業主は労災保険の保険料を全額負担しており，**保険利益を受ける立場**にある。この点に配慮し，損害賠償の履行猶予と免責を規定している。

□ 事業主の責任をあらかじめ免責するのではなく，実際に労災保険の給付が行われたときに，その分を免責する（①②）。

□ **障害（補償）年金前払一時金・遺族（補償）年金前払一時金**は，「確実に給付が行われることが法的に保障されている部分」といえる。このため，②の調整の対象に含まれる。

□ 上記①′による保険給付の支給調整は，**次のいずれか短**

い期間（調整対象給付期間という）の範囲で行われる。

- イ **9年間**（保険給付ごとに起算日が定められている）
- ロ **就労可能年齢を超えるに至ったときまでの期間**（就労可能年齢は，67歳を基準として各年齢ごとに定められている）（平5.3.26発基29）（平5）

□ 企業内労災補償は，労災保険給付相当分を含む場合を除き，労災保険給付との調整は行わない（平18, 20）。

□ **逸失利益**について損害賠償を受けた場合の支給調整

〈例①〉 障害（補償）年金又は遺族（補償）年金の場合

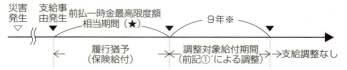

★……各月に支給されるべき年金の額が前払一時金最高限度額に達するまでの期間

〈例②〉 傷病（補償）年金の場合

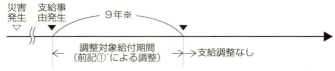

※ 就労可能年齢を超えることはない。

**法** ■ **労災保険と国民年金，厚生年金保険との調整**

□ **同一事由**に関して，**労災保険**の年金（又は休業（補償）給付）を**減額**し，社会保険の年金を全額支給する（平18, 20）。　5-4ア,イ,エ

□ Ⓐ**障害（補償）一時金**とⒷ**障害手当金**との調整
　Ⓐを全額支給，Ⓑは全額**支給されない**（同一事由に限る）（平14）。

□ 複数業務要因災害に関する保険給付も同様に調整される。

**過** □ 他の社会保険との調整は，**同一の事由**に限り行われるので，**老齢厚生年金**は調整の**対象外**（平12）。　5-4ウ,オ

第3章 労働者災害補償保険法

# 第18 社会復帰促進等事業

**ポ** □ **社会復帰促進等事業の種類**（法29条）

元-7A～E
26-4A～E

29-3イ～オ

● 社会復帰促進事業
{
①療養施設の設置・運営＊，リハビリテーション施設の設置・運営
②外科後処置・義肢等支給・アフターケア　等
}

4-2A～E

● 被災労働者等援護事業
{
③特別支給金
④労災就学援護費（平10，11）
⑤労災就労保育援護費（平11）
⑥休業補償特別援護金（平7）
〔休業補償給付3日（待期）分を支給〕
}

● 安全衛生確保等事業

5選
5選
{
業務災害の防止に関する活動援助，健康診断に関する施設の設置及び運営その他労働者の安全及び衛生の確保，保険給付の適切な実施の確保並びに賃金の支払の確保＊を図るために必要な事業
}

＊ 療養施設の設置・運営と未払賃金の立替払事業については，独立行政法人労働者健康安全機構に行わせる。

**法** □ **特別支給金**（複数業務要因災害についても同様）

＊算は算定基礎日額（算定基礎年額÷365）のこと

| 保険給付 | 特別支給金 | |
|---|---|---|
| | 一般の特別支給金 | ボーナス特別支給金 |
| 休業（補償）給付（平24） | ① 休業特別支給金（1日）休業給付基礎日額の100分の20相当額 | 無 |
| 傷病（補償）年金 | ② 傷病特別支給金　第1級　114万円　第2級　107万円　第3級　100万円 | ⑤ 傷病特別年金　第1級　算の313日分　第2級　算の277日分　第3級　算の245日分 |

29-3ア
28-7B

元-6イ

社会復帰促進等事業

| | ③ 障害特別支給金 | ⑥ 障害特別年金 | |
|---|---|---|---|
| 障害(補償)年金 | 第1級　342万円<br>〜<br>第7級　159万円 | 第1級　算の313日分<br>〜<br>第7級　算の131日分 | |
| 障害(補償)一時金 | 第8級　65万円<br>〜<br>第14級　8万円<br>("加重"は差額支給) | ⑦ 障害特別一時金<br>第8級　算の503日分<br>〜<br>第14級　算の56日分 | 元-6ア |
| 遺族(補償)年金 | ④ 遺族特別支給金<br>300万円（一律）<br>（平24） | ⑧ 遺族特別年金<br>遺族1人　算の153日分<br>〜　　　　　（原則）<br>4人以上　算の245日分 | |
| 遺族(補償)一時金 | | ⑨ 遺族特別一時金<br>算の1,000日分が限度 | |
| 障害(補償)年金<br>差額一時金 | ㊿ | ⑩ 障害特別年金<br>　　　　　差額一時金<br>第1級　算の1,340日分が限度<br>〜<br>第7級　算の560日分が限度 | |

□　休業特別支給金は，**休業第4日目から**（待期3日）支給。部分算定日については，（休業給付基礎日額－**支払われた賃金の額**）×100分の20　<sub>2-6A</sub>

□　労働者が，**労役場に留置**されているときは，**休業特別支給金は支給されない**（平4）。

□　特別支給金（傷病特別支給金及び傷病特別年金を除く）の**支給申請**をするときは，関連する保険給付の請求と**同時**に**別途**行わなければならない（平22，24）。

□　**傷病特別支給金**及び**傷病特別年金**は，傷病（補償）年金と異なり，**支給申請**が必要（ただし，当分の間，傷病（補償）年金の支給決定があった場合には，その支給申請があったものとして差し支えないとされている）。　<sub>2-7B</sub> <sub>28-7C</sub>

□　**支給申請の期限** ｛ 休業特別支給金　　**2年**<br>その他の特別支給金　**5年**（平24）　<sub>2-7D</sub> <sub>27-6エ</sub>

137

第3章　労働者災害補償保険法

元-6エ
28-7D
**過**　□　**ボーナス特別支給金**は，**特別加入者**には支給されない。

2-7A
元-6ウ
**ポ**　□　**算定基礎年額**

Ⓐ　被災日以前**1年間**に支払われた**特別給与**（**3箇月を超える期間**ごとに支払われる賃金）の総額〈原則〉

Ⓑ　給付基礎日額×365×**20%**　⎫　Ⓐの額がⒷⒸの**いずれか**
Ⓒ　**150万円**　　　　　　　⎬　**低い方**の額を超えるとき
　　　　　　　　　　　　　　　⎭　は，ⒷⒸのいずれか**低い**
　　　　　　　　　　　　　　　　　**方**の額

□　傷病特別支給金の支給を受けた労働者の傷病が治ゆし障害が残った場合において，当該障害の等級に応ずる**障害特別支給金の額が既に受けた傷病特別支給金の額に満たないときは**，障害特別支給金は支給されない（平8）。

> **！POINT**
>
> ### 特別支給金と保険給付との相違点
>
> | 特別支給金 | 保険給付 |
> |---|---|
> | 不正受給者に対しては，不当利得として**民事上の手続**により返還を求める。　↔ | 法12条の3の不正受給者からの費用徴収の対象となる。 |
> | 第三者行為災害の場合，**調整を行わない**（平11）。 | 調整を行う。 |
> | 特別支給金を受ける権利は，**譲渡，担保，差押えの対象となり得る**（平9）。　↔ | 譲渡，担保，差押えは禁止。 |
> | 事業主からの**費用徴収の対象とならない**（平9）。　→ | 法31条1項の事業主からの費用徴収の対象となる。 |
> | 他の社会保険からの給付及び民事損害賠償との**調整の問題は生じない**（平14）。　↔ | 調整を行う。 |
>
> ㊟　特別支給金は，条文上は公課が禁止されていないが，国税庁の見解により，保険給付と同様に**非課税**所得である。

2-7C
29-6D

元-6オ

2-7E

# 第19 特別加入制度

**第3章 労働者災害補償保険法**

**ポ** □ **特別加入することができる者**（種別）（法33条）
・**第1種**……**中小事業主**及び**家族従事者等**
・**第2種**……**一人親方**その他の**自営業者**及び
　　　　　家族従事者，**特定作業従事者**
・**第3種**……**海外派遣者**

┌─────────────────────────────────────┐
│ 【則46条の16】 **中小事業主の具体的範囲** │
│ ㋑金融業，保険業， ……│常時50人以下│の労働者を使用 │
│ 　不動産業，小売業 │
│ ㋺卸売業， …………… │常時100人以下│ 〃 │
│ 　サービス業 │
│ ㋩その他の事業 ………… │常時300人以下│ 〃 │
│ ※ ㋑～㋩の規模，業種の事業を │特定事業│ という。（平22）│
└─────────────────────────────────────┘

4-3A～
C, E

4-3D
30選

**☞** ㋑～㋩の規模は，労働保険事務組合に委託できる中小
事業主の規模と同じ。

□ **一人親方**その他の**自営業者**の範囲
（次の事業を常態として労働者を使用しないで行う者）
① 自動車を使用して行う旅客，貨物の運送の事業，自転
車配達員
② 土木，建築等の工作物の建設，改造，保存，原状回
復，修理，変更，破壊，解体等の事業
③ 漁船による水産動植物の採捕の事業（⑦を除く）
④ 林業の事業　　⑤ 医薬品の配置販売の事業
⑥ 再生利用の目的となる廃棄物等の収集，運搬，解体等
の事業　　⑦ 船員が行う事業
⑧ 柔道整復師が行う事業　　⑨創業支援等措置（➡
P460）に基づき行う事業

30選

⑩　あん摩マッサージ指圧師，はり師又はきゅう師が行う事業

⑪　歯科技工士が行う事業

#### □　特定作業従事者

2-3C　①　特定農作業従事者　　②　指定農業機械作業従事者

2-3A　③　職場適応訓練及び事業主団体等委託訓練生

2-3E　④　労働組合等常勤役員

2-3B, D
27選　⑤　危険有害作業の家内労働者等（家内労働者とその補助者）　　⑥　家事支援従事者

3-3E

27選　⑦　介護関係業務に係る一定の作業従事者

（介護労働者の雇用管理の改善等に関する法律に規定する介護関係業務に係る作業であって入浴，排せつ，食事等の介護，世話，機能訓練又は看護に係る作業に従事する者）

⑧　芸能関係作業従事者　　⑨　アニメーション制作作業従事者　　⑩　ITエンジニア

#### □　海外派遣者

①　国際協力機構等から開発途上地域で行われている事業に従事するため派遣される者

②　日本国内の継続事業から海外の事業に従事するため派遣される者〔海外の事業が**特定事業**（「中小事業主の具体的範囲」を参照）に該当するときは，**事業主**又は**労働者以外の者**として派遣される者も含む〕（平20，24）

3-3D　過　□　急な赴任のため特別加入の手続きがなされていなくても，海外派遣されてから特別加入することができる。

### ■　特別加入の要件

#### □　中小事業主等の場合

①　その事業について労災保険に係る**保険関係が成立**

30選　②　労働保険事務処理を**労働保険事務組合に委託**

③　**全体を包括**して特別加入<sup>注</sup>

特別加入制度

㊟ ただし，病気療養中・高齢等の事情で実際に就業しない　3-3 A
　事業主や事業主本来の業務のみに従事する事業主は，包括
　加入の対象から除外できる（平15.5.20基発0520002）。

☐ **一人親方等の場合**（特定作業従事者も基本的に同様）

① 一人親方等が組織した**団体を通じて特別加入**

② **全体を包括**して特別加入

☐ **海外派遣者の場合**

① **国内の派遣元の団体**又は**事業主の事業**について労災保
　険に係る**保険関係が成立**

② **国内の派遣元の団体**又は**事業主の事業**が**継続事業**であ　徴収
　ること（海外の派遣先の事業は有期事業でもよい）。　29-8 工雇

☐ **政府の承認があること**（すべての特別加入に必要）。

|過| ☐ 数次の請負による建設の事業において，徴収法の
　　　規定により保険関係が一括されて元請負人のみが事業
主となる場合でも，**下請負人は**中小事業主等の**特別加入を
行うことができる**（平9）。

■ **特別加入の効果**

☐ 原則，**労働者**と同様に保険給付，社会復帰促進等事業を　4選
受けられる。ただし，**二次健康診断等給付，ボーナス特別
支給金は，支給されない**（平20，21）。

☐ 通勤災害による療養給付を受けても，**一部負担金不要**。

☐ **一人親方等，特定作業従事者**のうち次の者は，**通勤災害**　26-7 A
**に関する保険給付を行わない**（平11，20，22）。　　　　　26-7 B

| **個人タクシー業者**，個人貨物運送業者，自転車配達員 | | 3-3 B 30選 |
|---|---|---|
| 個人水産業者（船員が行う事業に係る者を除く） | | |
| 特定農作業従事者 | 指定農業機械作業従事者 | |
| 危険有害作業の家内労働者等 | | |

☐ 休業（補償）給付の支給事由については，**賃金喪失の要
件（賃金を受けないこと）が設けられていない**（平20）。

141

第3章　労働者災害補償保険法

□　**複数業務要因災害**に関する保険給付も対象となる。

□　給付基礎日額は厚生労働大臣が定める。具体的には一定の額（**3,500〜25,000円の16階級**，家内労働者は，**2,000〜25,000円の19階級**）の中から，特別加入者の希望する額に基づいて，**都道府県労働局長**が決定する（平11，21）。

30選

□　**特別加入者の給付基礎日額**には，**年齢階層別の最低・最高限度額**の規定は**適用されない**（平10）。

□　業務災害，複数業務要因災害及び通勤災害の認定は，**厚生労働省労働基準局長**が定める**基準**による（平17，20）。

□　**特別加入者**については，法31条1項による**事業主からの費用徴収**は行わない。

3-3C
26-6D
26-6E

□　①中小事業主の**故意又は重大な過失**によって生じた事故，②**特別加入保険料が滞納**されている期間中に生じた事故の場合は，政府は，当該事故に係る保険給付の**全部又は一部を行わない**ことができる（平14，20）。また，特別支給金の全部又は一部を支給しないことができる（平9）。

■　**特別加入者たる地位の消滅**

□　**政府の承認**により，**いつでも特別加入から脱退**できる。

□　④特別加入者が法に規定する要件に該当する者でなくなったとき，⑪中小事業主等の場合，その事業の**保険関係が消滅**したとき，⑧一人親方等の場合，団体の構成員でなくなったとき又は**団体が解散**したとき，⑤海外派遣者の場合，**派遣元**の保険関係が消滅したときには，特別加入者たる地位は自動的に消滅する（平10）。

□　政府は，特別加入の承認を受けた事業主又は団体が，労災保険法，徴収法又はその厚生労働省令に違反したときは，その特別加入の承認を取り消すことができる。

□　特別加入者たる地位が消滅しても，特別加入期間中に生じた災害に係る保険給付を受ける権利は変更されない。

第 4 章

# 雇用保険法

## 主な改正点

| 改正内容 | 重要度 | 本書頁 |
|---|---|---|
| 令和5年10月1日より，次の届出についても事業主印が不要となった。<br>適用事業所設置届，事業主事業所各種変更届，高年齢雇用継続給付受給資格確認票・（初回）高年齢雇用継続給付支給申請書，60歳到達時賃金証明書，再就職手当申請書，就業促進定着手当申請書，常用就職支度手当申請書　等<br>（日雇労働被保険者関係は引き続き押印が必要である） | B | P155<br>関連 |
| 令和5年10月1日より，代理人選任・解任届に代理人の押印が不要となった。 | B | P155<br>関連 |

第4章　雇用保険法

第**1**　雇用保険法とは

### 【法1条】　目　的

28選

① 労働者が**失業**した，**雇用の継続が困難**となる事由が生じた，自ら職業に関する**教育訓練を受けた**，**子を養育するための休業をした**　➡　必要な給付を行うことにより，労働者の生活及び雇用の安定 を図るとともに， 求職活動 を容易にする等その 就職 を促進する。

② 職業の安定に資するため　➡　失業の予防， 雇用状態の是正 及び 雇用機会の増大 ，労働者の 能力の開発及び向上 その他労働者の 福祉の増進 を図る（平22選）。

☞　雇用保険は，①の目的を達成するために**失業等給付**（求職者給付，就職促進給付，教育訓練給付，雇用継続給付）及び**育児休業給付**を行い，②の目的を達成するために**雇用安定事業**及び**能力開発事業**を行う。

**法**

元-4 A

□　雇用保険は， 政府が管掌 する（法2条）。

□　事務の一部＊は都道府県知事が行うこととすることができる。　＊　具体的には能力開発事業の一部（平25）。

### ！POINT

#### 失業等給付と保険事故

| | 求職者給付 | 就職促進給付 | 教育訓練給付 | 雇用継続給付 |
|---|---|---|---|---|
| 保険事故 | 失業 | 失業 | 自ら職業に関する教育訓練を受けた場合 | 雇用の継続が困難となる事由が生じた場合 |
| 趣旨 | 生活の安定を図る | 就職の促進を図る | 雇用の安定・就職の促進を図る | 雇用の安定を図る |

総　則

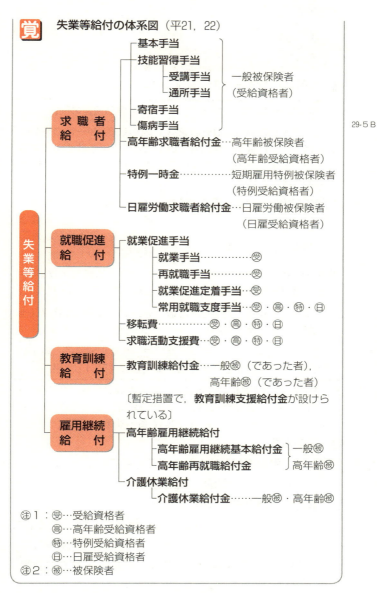

※育児休業給付は令和2年度より失業等給付から独立した。

# 第2 費用の負担，適用事業等，被保険者，適用除外等

第4章　雇用保険法

## ■ 給付費に対する負担 （法66条1項，67条）（平15選）

| 国庫負担の対象となる給付 | 国庫負担の割合 |
|---|---|
| 日雇労働求職者給付金以外の求職者給付（広域延長給付受給者に係るもの，高年齢求職者給付金に係るものを除く）（平20） | 財政状況等が一定の基準に該当する場合はその要する費用× 1/4 〔それ以外の場合は 1/40〕 |
| 28選　広域延長給付受給者に係る求職者給付 | 財政状況等が一定の基準に該当する場合はその要する費用× 1/3 〔それ以外の場合は 1/30〕 |
| 日雇労働求職者給付金 | |
| 28-7エ　雇用継続給付（介護休業給付金に限る）及び育児休業給付（平19） | その要する費用×1/8〔令和6年度まで1/8×10/100〕 |
| 就職支援法事業として支給する職業訓練受講給付金（平24） | その要する費用の1/2〔当分の間，1/2×55/100〕 |
| 29-5 E　高年齢求職者給付金，就職促進給付，教育訓練給付，高年齢雇用継続給付に要する費用➡国庫負担なし（平24選，平22）。 | |

元-7 E　※　就職支援法事業に要する費用（職業訓練受講給付金に要する費用を除く）・雇用保険事業の事務の執行に要する経費……国庫が毎年度，予算の範囲内において負担する（平23）。

## ■ 適用事業

4-2 A,
C～E
30-7イ.ウ

**法**　□　**労働者が雇用される事業を適用事業とする**（法5条）（平23）。〔原則，強制適用〕

□　**暫定任意適用事業**（平22，25）

次の事業は，事業主が労働者の2分の1以上の同意を得て申請し，厚生労働大臣の認可があった場合に適用を受ける。

| 個人経営 ── | 労働者数，常時5人未満 ── | 農林水産業* |
|---|---|---|

＊　船員が雇用される事業を除く（平22）。

146

適用範囲

## □ 被保険者の種類（平22）

| ①一般被保険者 | ②，③，④以外の通常の被保険者 |
|---|---|
| ②高年齢被保険者 | 65歳以上の被保険者（③，④を除く）※二以上の事業主の適用事業に雇用され，一の事業主の適用事業で週5時間以上であり合計で週20時間以上となる65歳以上の者は，申出により被保険者になれる。 |
| ③短期雇用特例被保険者 | 季節的に雇用される者であって，①4箇月以内の期間を定めて雇用される者，◎1週間の所定労働時間が20時間以上30時間未満である者のいずれにも該当しないもの（平23選）<br><br>〔1年以上雇用された場合（切替）<br>一般被保険者，高年齢被保険者（切替日を挟んで65歳になったケース等）となる（平20，21）〕 |
| ④日雇労働被保険者 | ・日雇労働者（ⓐ日々雇用される者，ⓑ30日以内の期間を定めて雇用される者）であって，次のいずれかに該当する者（平25選，平12，18，21）。<br>① 適用区域内に居住し，適用事業に雇用される者<br>◎ 適用区域外に居住し，適用区域内の適用事業に雇用される者<br>◎ 適用区域外に居住し，適用区域外の厚生労働大臣指定の適用事業に雇用される者<br>◎ ①〜◎に該当しない日雇労働者で，居住地を管轄する公共職業安定所長の認可を受けた者 |

4-1C, E

**法** □ 次の者は，雇用保険が適用される事業に雇用される労働者であっても，被保険者とならない（法6条）。

| 適用除外 | 〈ただし〉被保険者となる者 |
|---|---|
| ① 週所定労働時間が20時間未満である者 | 特例高年齢被保険者となる者，日雇労働被保険者に該当する者（平22） |
| ② 同一事業主の適用事業に継続して31日以上雇用されることが見込まれない者 | ⓐ 前2月の各月において18日以上同一の事業主の適用事業に雇用された者（平23）<br>ⓑ 日雇労働被保険者に該当する者 |

3-1A〜E

第4章 雇用保険法

| | | |
|---|---|---|
| **2選**<br>26-5 A | ③ **季節的に雇用される者**であって，㋑**4箇月以内**の期間を定めて雇用される者，㋺1週間の所定労働時間が**20時間以上30時間未満**である者のいずれかに該当するもの | 一（法令上，例外はない）<br><br>**行** 季節的に4箇月以内の期間を定めて雇用される者が，その定められた期間を超えて引き続き同一の事業主に雇用されるに至ったときは，その**超えた日**から被保険者となる。ただし，当初の期間と新たに予定された期間とを**通算した期間が4箇月を超えない**場合は，被保険者とならない。 |
| 27-1 C | ④ 学生又は生徒（平22, 25） | ⓐ 卒業を予定している者であって，適用事業に雇用され，卒業した後も引き続き当該事業に雇用されることとなっているもの<br>ⓑ 休学中の者<br>ⓒ 定時制の課程に在学する者<br>ⓓ ⓐ～ⓒに準ずる者として職業安定局長が定めるもの |
| | ⑤ **船員**であって，**政令で定める漁船**に乗り組むために雇用される者 | 左記の者でも，1年を通じて船員として適用事業に雇用される場合は**被保険者となる**（平23, 25）。 |
| 27-1 D | ⑥ **国，都道府県，市町村**その他これらに準ずるものの事業に雇用される者のうち，離職した場合に，他の法令，条例，規則等に基づいて支給を受けるべき諸給与の内容が，雇用保険の**求職者給付及び就職促進給付**の内容を超えると認められる者であって，厚生労働省令で定める者 | 非常勤の国家公務員であって，国家公務員退職手当法上職員とみなされない者又は地方公共団体の条例もしくは規則の適用を受けない者については，当該退職手当に関する法令，条例，規則等の適用を受けるに至るまでの間は，被保険者となる。 |

適用範囲

**ポ** □　前表の②の「**31日以上の雇用の見込み**」とは

　　・31日以上雇用されることが見込まれない場合は，原則として適用除外となる。

　・しかし，31日未満であっても，**31日以上雇用が継続しないことが明確**である場合を除き，**31日以上雇用の見込みがある**こととされ，被保険者となる。　　27-1 B

□　国等の事業の適用除外➡雇用する者の適用除外につき，**都道府県**等の事業は厚生労働大臣に申請しその**承認**を受け，**市町村**等の事業は都道府県労働局長に申請しその**承認**を受けることが**必要**（**国**等の事業は**承認不要**）（平24）。

　➡承認の申請がなされた日から，雇用保険法を適用しない。承認をしない旨の決定があったときは，承認の申請の日にさかのぼって雇用保険法を適用する。　　2-1 C

**行** ■　**被保険者の具体的な判断**

　　□　所定労働時間の短い者，派遣労働者，有期契約労働者などの**非正規労働者**は，①**31日以上**の雇用の見込みがあること，②1週間の所定労働時間が**20時間以上**であることのいずれにも該当する場合に，被保険者となる（平21）。　　2選

□　**その他被保険者の範囲に関する具体例（行政手引）**　　30-2 A, B, E

| 具体例 | 被保険者となるか否か | |
|---|---|---|
| ①　**個人事業主** | 被保険者とならない。※特別加入制度なし | |
| ②　**法人の代表者**（**代表取締役・代表社員等**） | 被保険者とならない。　　（平15，24）　　　　　※特別加入制度なし | |
| ③　監査役 | 原則被保険者とならないが，名目的に監査役に就任しているに過ぎず，常態的に従業員として事業主との間に明確な雇用関係があると認められる場合は被保険者となる。 | 5-1 A |
| ④　**株式会社の取締役** | 原則被保険者とならないが，同時に会社の部長，支店長，工場長等会社の従業員とし | 30-2 C |

149

第4章　雇用保険法

| | 具体例 | 被保険者となるか否か |
|---|---|---|
| | | ての身分を有している者で**労働者的性格が強い者**は，**被保険者**となる（平17）。 |
| 27-1 E | ⑤　生命保険会社の外務員等 | 雇用関係が明確である場合は，被保険者となる。 |
| 5-1 B | ⑥　家事使用人 | 原則被保険者とならないが，適用事業の事業主に雇用され，主として家事以外の労働に従事することを本務とする者は，被保険者となる（平17）。 |
| | ⑦　在宅勤務者 | 事業所勤務者との同一性が確認できれば被保険者となり得る（所属事業所勤務の他の労働者と同一の就業規則等が適用されること，指揮監督系統・拘束時間等・勤務管理・報酬の労働対償性が明確であること，請負・委任的色彩がないこと）。 |
| 5-1 C | ⑧　**同居の親族** | **原則被保険者とならないが**，ⓐ業務を行うにつき，**事業主の指揮命令**に従っていることが明確であること，ⓑ就業の実態がその**事業所の他の労働者と同様**であり，賃金もこれに応じて支払われていること，ⓒ事業主と利益を一にする地位（取締役等）にはないこと，これらのすべての要件を満たす者は，被保険者となる（平13）。 |
| 30-2 B | ⑨　長期欠勤者（平19，24） | **雇用関係が存続する限り**，賃金の支払いを受けていると否とを問わず，**被保険者**となる。 |
| | ⑩　退職金制度のある適用事業に雇用される者 | 求職者給付及び就職促進給付を上回る内容の退職金制度のある適用事業に雇用される者であっても，被保険者となる（平19）。 |
| | ⑪　国外で就労する者（平19，24） | 適用事業の事業主に雇用される労働者が，日本国の領域外において就労する場合には，ⓐその労働者が出張して就労する場合，ⓑ適用事業主の支店，出張所等に転勤した場合，ⓒ他の事業主の事業に出向し， |

150

適用範囲

| 具体例 | 被保険者となるか否か |
|---|---|
|  | 雇用された場合（国内の出向元事業主との雇用関係が継続している場合に限る），被保険者となる。現地で採用される者は，被保険者とならない。 |
| ⑫ 在日外国人 | 外国公務員及び外国の失業補償制度の適用を受けていることが立証された者を除き，国籍（無国籍を含む）を問わず**被保険者**となる（平21, 25）。 |
| ⑬ **2以上の事業主の適用事業に雇用される者** | 原則として，その者が**生計を維持するに必要な**主たる賃金を受ける一の雇用関係についてのみ，**被保険者**となる（平19, 25）。 |

5-1E

過 □ 適用事業で雇用される被保険者が，事業主の命を受けて取引先である企業の海外支店に出向する場合，当該**出向元事業主との**雇用関係が継続**している限り，出向期間にかかわらず，被保険者たる資格を失わない**（平24）。

行 ■ **被保険者資格の取得又は喪失の時期**（原則）
・資格取得日➡適用事業に雇用されるに至った日
・資格喪失日➡離職した日の翌日又は死亡した日の翌日

2-1E

□ 雇用契約の成立の日からではなく，雇用関係に入った最初の日から被保険者となる（平24）。

2-1D

!POINT
適用除外と短期雇用特例被保険者の整理（季節的に雇用される者について）

| 適用除外 | 短期雇用特例被保険者 |
|---|---|
| 季節的に雇用される者であって，次の①②のいずれかに該当する者 | 被保険者であって，季節的に雇用される者のうち次の①②のいずれにも該当しない者 |
| ① 4箇月以内の期間を定めて雇用される者 ||
| ② 1週間の所定労働時間が20時間以上30時間未満である者 ||

第4章　雇用保険法

# 第3 被保険者に関する事務手続

**30-7ア** **法** **事業主の届出**（法7条，則6条，7条）（平21，24）

| | | | | |
|---|---|---|---|---|
| **4-3B 2選** □ | 被保険者となったことについて | 「雇用保険被保険者**資格取得届**」を | 事実のあった日の属する月の**翌月10日**までに | **所轄**公共職業安定所長に提出しなければならない（年金事務所経由可）。 |
| **4-3C** □ | 被保険者でなくなったことについて | 「雇用保険被保険者**資格喪失届**」を | 事実のあった日の翌日から起算して**10日以内**に | |

**26-4A** □ 資格喪失の原因が**離職**であるときは，**雇用保険被保険者離職証明書**の添付が必要（ただし，離職者が**離職票**の交付を希望しないときは，離職証明書を添付しないことができる（**離職の日に59歳以上**の者を除く））（平21）

| | | | |
|---|---|---|---|
| **離職** | **59歳未満** | 離職票の交付を**希望しない** | 離職証明書の添付は**不要** |
| | | 離職票の交付を**希望する** | 離職証明書の添付は**必要*** |
| **4-3E** | **59歳以上** | | |

\*　単独では受給資格を満たさない場合も必要。

**元-4D** **法** ■ **厚生労働大臣の確認**（法8条，9条，則8条）

□ 被保険者資格の取得，喪失は，**厚生労働大臣の確認**（**公共職業安定所長**に権限委任）を経て効力が生じる。

**2-1B 29-3E** □ 公共職業安定所長は，確認をしたときは，**確認通知書**により，確認に係る者及び事業主に通知する。

**29-3A** □ 確認の方法（平20）
- ①事業主からの**資格取得届，資格喪失届**
- ②**被保険者**（であった者）の**請求**
- ③公共職業安定所長の**職権**

**26-4B** □ **被保険者**（であった者）は，**いつでも**，被保険者資格の取得又は喪失の**確認**を請求することができる（平12，23）。
➡この規定には消滅時効（2年間）の適用はない。

152

事務手続

□　**文書又は口頭**で，所轄公共職業安定所長に対して行う。　29-3 B
　　　　　　　　　　　　　　　　　　　　　　　　　　　　　26-4 C
□　**日雇労働被保険者**については，確認の制度はない。　29-3 C

**法** ■　**雇用保険被保険者証**の交付（則10条）

　　　□　**公共職業安定所長**は，被保険者資格の取得の確認　29-3 D
をしたときは，被保険者証を交付しなければならない（**事
業主を通じて**交付することも可能）（平13，21）。

**過** □　被保険者証を滅失したときは，**その者の選択する
公共職業安定所長に**「被保険者証再交付申請書」を提
出し，**再交付**を受けなければならない（平9）。

■　雇用保険被保険者離職票の交付（則17条）

□　通常，**公共職業安定所長**は，事業主から資格喪失届に添
付される離職証明書に基づいて，**離職票を交付**する。

□　この場合，**事業主を通じて**交付することができる。

□　離職者が，離職票の交付を希望しなかったため離職証明
書を作成しなかった場合に，**後日，その者が離職票の交付
を請求するため離職証明書の交付を求めたときは，事業主
は離職証明書をその者に交付**しなければならない。

**！POINT**

被保険者資格の取得・喪失の事務手続の概略

〔被保険者資格の取得〕

```
　　　　　　　　　　　資格取得届
┌─────────┐ ──────────→ ┌─────────┐
│　事　業　主　│　　　　　　　　　　│所轄公共職業│
│　　　　　　　│ ←────────── │安 定 所 長│
└─────────┘　　　確　　認　　　　└─────────┘
```

被保険者証の交付（事業主を
通じて行うことができる）

〔被保険者資格の喪失（離職の場合）〕

```
　　　　　　　　　　　資格喪失届
　　　　　　　　　　　離職証明書添付
┌─────────┐ ──────────→ ┌─────────┐
│　事　業　主　│　　　　　　　　　　│所轄公共職業│
│　　　　　　　│ ←────────── │安 定 所 長│
└─────────┘　　　確　　認　　　　└─────────┘
```

離職票の交付（同上）

153

第4章　雇用保険法

## 法 □ 事業主が行うその他の届出

| 届出に係る事実 | 届　　出 | 提　出　期　限 |
|---|---|---|
| **被保険者が転勤し**たとき（平20, 24）※　年金事務所経由可 | **雇用保険被保険者転勤届** | 事実のあった日の翌日から起算して**10日以内**（転勤後の所轄公共職業安定所長へ提出） |
| 被保険者の個人番号が変わったとき | 個人番号変更届 | 速やかに |
| 被保険者が雇用継続交流採用職員でなくなったとき | 雇用継続交流採用終了届 | 事実のあった日の翌日から起算して**10日以内** |
| **被保険者\*が介護休業又は育児休業を開始**したとき\*　一般被保険者又は高年齢被保険者に限る（平20） | **雇用保険被保険者休業開始時賃金証明書** | 被保険者が**介護休業給付金支給申請書**又は**育児休業給付受給資格確認票・（初回）育児休業給付金支給申請書**の提出をする日まで |
| | 公共職業安定所長は**休業開始時賃金証明票**を被保険者に交付 | |
| **介護・育児のための休業，短時間勤務中**に離職し，**特定理由離職者又は特定受給資格者**として受給資格の決定を受けるとき\*（平21） | 雇用保険被保険者**休業・所定労働時間短縮開始時賃金証明書** | 被保険者でなくなった日の翌日から起算して**10日以内** |
| | \*　対象家族を介護するための休業・短時間勤務，小学校就学の始期に達するまでの子を養育する休業・短時間勤務が対象 | |
| | 公共職業安定所長は**休業・所定労働時間短縮開始時賃金証明票**を被保険者に交付 | |

4-3 A
28-1 A

28-1 C

28-1 D

26-4 E

4-1 C　㊟　特例高年齢被保険者の資格取得の申出，資格要件を満たさなくなったことの申出，個人番号変更届，転勤届，休業開始時賃金証明書は本人が手続する。提出先は管轄公共職業安定所長である。

　　□　**出生時育児休業**に係る休業開始時賃金証明書の提出は，

154

事　務　手　続

**育児休業給付受給資格確認票・出生時育児休業給付金支給申請書**の提出をする日まで。

| 届出に係る事実 | 届　　出 | 提　出　期　限 | |
|---|---|---|---|
| **事業所を設置**（又は**廃止**）したとき（平21） | **雇用保険適用事業所設置届**（又は**廃止届**）** | 設置（又は廃止）の日の翌日から起算して**10日以内** | 28-1 B |
| 事業主の氏名・住所，事業所の名称・所在地もしくは事業の種類に変更があったとき | **雇用保険事業主事業所各種変更届**** | 変更があった日の翌日から起算して**10日以内** | 26-4 D |
| **代理人を選任**又は**解任**したとき** | **雇用保険被保険者関係届出事務等代理人選任・解任届** | ——— | |

㊟　上表の事業主が行う届出の提出先は所轄公共職業安定所長である（＊＊　年金事務所経由可）。ただし，①転勤届は，転勤後の所轄公共職業安定所長，②代理人選任・解任届は，代理人の選任・解任に係る公共職業安定所長へ提出する。

□　ワンストップ化により，適用事業所設置届，資格取得届を所轄労働基準監督署長経由で提出できる場合もある。

□　**資格を取得**した者（既に被保険者証の交付を受けている場合に限る），**転勤**をした被保険者は，速やかに，**被保険者証を事業主に提示**しなければならない（平20）。

**行**　□　徴収法の規定による継続事業の一括の認可を受けた場合でも，**被保険者に関する届出の事務**は，**個々の事業所ごと**に処理しなければならない（行政手引22003）。

**ポ**　□　資格取得届，資格喪失届及び転勤届は，①光ディスク等による手続が認められている（則146条）。②**特定法人**は原則，電子申請。　4-3 D

155

# 第4章 雇用保険法

# 第4 失業等給付の基本事項

## 【法10条の2】 就職への努力

29-1 A
　　 求職者給付 の支給を受ける者は，必要に応じ**職業能力の開発及び向上**を図りつつ， 誠実 かつ 熱心 に 求職活動 を行うことにより， 職業に就く ように**努めなければならない**（平16選，平19）。

☞　法10条の2は，雇用保険法上求職者給付受給者に当然に求められる責務を確認的に規定したものである。

## 【法4条3項】 失業の定義

　　 失業とは，被保険者が 離職 し， 労働の意思及び能力 を有するにもかかわらず， 職業に就く ことができない状態にあることをいう（平19選）。

☞　離職とは，**事業主との雇用関係が終了**すること。

30-3 B
**法**　□　「賃金」とは，賃金，給料，手当，賞与その他名称のいかんを問わず，**労働の対償として事業主が労働者に支払うもの**（通貨以外のもので支払われるものであって，厚生労働省令で定める範囲外のものを除く）（平21）。

26-3 オ
□　通貨以外のもので支払われる賃金の範囲は，食事，被服及び住居の利益のほか，公共職業安定所長が定めるところによる（**評価額も，公共職業安定所長**が定める）。

**ポ**　□　退職金，結婚祝金等の**任意恩恵的給付**は，就業規則等により支給条件が明確であっても，雇用保険法上は**賃金とみなされない**（労基法の場合と異なる）。

元-1 D
□　労働基準法26条の休業手当は賃金である。

26-3 ア
□　定額残業手当が，実際に行われた時間外労働に基づき計算した額を上回る場合，その差額も含めて賃金である。

失業等給付の基本事項

### 【法10条の３】　未支給の失業等給付

失業等給付 の支給を受けることができる者が死亡した場合において，その者に支給されるべき失業等給付でまだ支給されていないものがあるときは，その者の 配偶者（内縁含む）, 子 , 父母 , 孫 , 祖父母 又は 兄弟姉妹 であって，その者の死亡の当時その者と 生計を同じく していたものは， 自己の名 で，その未支給の 失業等給付 の支給を請求することができる（平23）。

3-2A～D
30選
29-1D
27選

☞　雇用法の未支給の規定においては，請求期限が明確に定められている（他の法律にない特徴）。

□　未支給の失業等給付の請求は，当該受給資格者等が**死亡した日**の翌日から起算して**６箇月以内**にしなければならない（死亡者に係る管轄職安に対し行う）。

3-2E

元-4E

法　■　**譲渡等の禁止と公課の禁止**（法11条，12条）

□　失業等給付を受ける権利は，譲り渡し，担保に供し，又は差し押さえることができない（平19，23）。

29-1B

□　租税その他の公課は，**失業等給付**として受けた金銭を標準として課することができない（平22）。

29-1E
28-7A

■　**返還命令等**（法10条の４）

□　偽りその他**不正の行為**による失業等給付の不正受給
➡政府は，不正受給者に対して，①支給した失業等給付の**全部又は一部の返還**を，また，②不正受給した失業等給付額の**２倍に相当する額以下**の金額の納付を命ずることができる（平19，21）。

29-1C

26選

□　事業主，職業紹介事業者等，募集情報等提供事業を行う者又は指定教育訓練実施者の偽りの届出，報告，証明による不正受給 ➡ 政府は，これらの者に対して，不正受給者と連帯して，上記①②の返還・納付を命ずることができる（平20）。※このページの規定は育児休業給付に準用される。

27-4ウ

157

# 第5 基本手当の受給要件

第4章 雇用保険法

### 【法13条】 基本手当の受給資格

被保険者が失業した場合において，離職の日以前 2年間 （算定対象期間）に，被保険者期間が 通算して12箇月以上 であったときに 基本手当 を支給する（平23）。

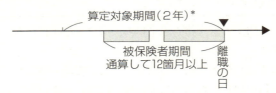

\* 2年間は，最長4年間に延長される場合がある

☞ ただし，**特定理由離職者**及び**特定受給資格者**（➡P164，166参照）は，「離職の日以前1年間に被保険者期間が通算6箇月以上」でも要件を満たす（平20選）。

□ 基本手当を受けるには，一般被保険者が①離職による被保険者**資格喪失の確認**を受け，②**労働の意思及び能力を有する**にもかかわらず，**職業に就くことができない状態**にあることが前提である。

### 法 □ 算定対象期間の延長措置（平12，22）

算定対象期間 ……（原則）離職の日以前2年間

例外

離職の日以前2年間（特定理由離職者及び特定受給資格者は，離職の日以前1年間でも可）に， 疾病 ， 負傷 ，事業所の休業，出産，事業主の命による**外国における勤務**等のため，引き続き 30日 以上賃金の支払を受けることができなかった場合

➡2年間（1年間）にこれらの理由により賃金の支払を受けることができなかった日数を加算した期間〈**最長**

一般被保険者の求職者給付①

**4年間** 〉（平12，23）

### 【法14条】 被保険者期間

　被保険者期間は，被保険者であった期間のうち，当該被保険者でなくなった日又は各月においてその日に応当する **喪失応当日の各前日** から各前月の **喪失応当日** までさかのぼった各期間（賃金支払基礎日数が **11日以上** *であるものに限る）を **1箇月** として計算する。また，当該被保険者となった日からその日後における最初の喪失応当日の前日までの期間の日数が **15日以上** であり，かつ，当該期間内における賃金支払基礎日数が **11日以上** *であるときは，当該期間を **2分の1箇月** の被保険者期間として計算する（平20選，平23）。

＊　被保険者期間が12箇月（6箇月）未満の場合は，**賃金支払基礎時間数が80時間以上**でもよい。

元-1B，C
29-2E

元-1B

26-1E
30選

**法** □　次の期間は**被保険者であった期間に含めない**。

①　最後に被保険者となった日前に，当該被保険者が**受給資格，高年齢受給資格又は特例受給資格を取得**したことがある場合（基本手当等を受給したか否かは問わない）

元-1A
26-1B

　➡　当該受給資格，高年齢受給資格，特例受給資格に係る離職の日以前の被保険者であった期間

②　被保険者となったことの**確認があった日の2年前の日より前**の期間（平6）。

　ただし，**特例対象者**（④資格取得の届出がされておらず（その事実を知っていた者を除く），◻2年前の日より前に事業主から雇用保険に係る保険料の被保険者負担分が**賃金から控除**されていた者）については，その**賃金控除されていた日のうち最も古い日より前の期間***

＊　2年を超えて，雇用保険が遡及適用される（**遡及適用の特例**）。

元-1E
27-2D

第4章　雇用保険法

# 第6 受給手続・賃金日額・基本手当の日額

5-2A,B,D
3選
2-2A,E

**法** □ **受給資格の決定，失業の認定**（法15条2項）

通　算
7日間

離職　　出頭　待期　　（給付制限）　　失業認定日　　失業認定日

元-3A

| 基本手当を受給しようとする者は，管轄公共職業安定所に出頭し，求職の申込み，離職票の提出*をする。管轄公共職業安定所長は，基本手当の受給資格を認めたときは，失業の認定日を定め，雇用保険受給資格者証を交付する（原則）。 | 受給資格者は，失業の認定日に管轄公共職業安定所に出頭し，失業認定申告書に受給資格者証を添えて提出，職業の紹介を求める（平25）。 |

27-7B

＊離職票を2枚以上保管するときは，すべて提出。

27-7A □ **失業の認定**は，原則として，受給資格者が，離職後（公共職業安定所に）**最初に出頭した日**から起算して**4週間に1回ずつ直前の28日の各日**について行われる（平17選）。

元-3B
28-3エ
□ **公共職業安定所長の指示した公共職業訓練等を受ける受給資格者の失業の認定**は，**1月に1回，直前の月に属する各日**について行われる（平12，19，21）。

5-2C,E
28-3オ
□ **就職した日**については，失業の認定は行わない。

□ **基本手当の支給手続**は，受給資格者の預金・貯金への**振込み**が原則であるが，やむを得ない理由があれば，申出により管轄公共職業安定所において支給できる。

2-2B

**行** □ **代理人**による**失業の認定**は**認められない**（平13）。
**代理人**による基本手当の**受給**は**認められる**（平25）。
※ **未支給の失業等給付**は代理人による失業の認定可。

元-3C
28-3ウ
□ ①**就職**する場合（安定所の紹介に限らない），②**証明書**による失業の認定の理由に該当する場合，③安定所の紹介によらないで**求人者に面接**する場合（平25），④国家試験等

160

一般被保険者の求職者給付①

の**資格試験を受験**する場合，⑤**配偶者の死亡**の場合等には， 27-7 E
**認定日の変更**を申し出ることができる。

**法** □ **証明書による失業の認定**（法15条4項）
　次の理由により認定日に出頭できなかったときは，その理由がやんだ後の**最初の認定日に出頭**し，**証明書を提出**すれば，失業の認定を受けることができる。

① **疾病又は負傷**のため出頭することができなかった場合で 4-7 A
あって，その期間が**継続して15日末満**のとき（平21）

② **公共職業安定所の紹介**により**求人者に面接**するとき

③ **公共職業安定所長の指示した公共職業訓練等**を受けるとき

④ **天災その他やむを得ない理由**があったとき 元-3 D

**【法17条】 賃金日額**

$$
\begin{array}{c}
\text{賃金日額} \\
\text{〈原則〉}
\end{array}
=
\frac{\boxed{\text{被保険者期間として計算された}}\ \boxed{\text{最後の6箇月間}}\ \text{に支払われた}\ \boxed{\text{賃金の総額}}^{*}}{\boxed{180}}
$$

\* $\boxed{\text{臨時に支払われる賃金}}$，$\boxed{\text{3箇月を超える期間ごとに支払}}$
$\boxed{\text{われる賃金}}$ を除く （平18選，平19，21，22）

5-3 A, B
4選
元-2 イ
30-3 C
26-3 ウ

□ **未払賃金**がある月については，**未払賃金を含めて算定**する（行政手引50609）。

30-3 E
26-3 エ

■ **賃金日額の最低保障**（法17条2項）（平9記，平18選）

□ 賃金が**日給，時間給，出来高払制等の請負制**によって定められている場合において，賃金日額〈原則〉が

30-3 D

$$
\frac{\text{被保険者期間として計算された最後の6箇月の賃金総額}}{\text{6箇月間に労働した日数}} \times \frac{70}{100}
$$
に満たない場合
こちらを採用（特例①）

□ 賃金の**一部が月給，週給**その他一定の期間によって定められている場合において，賃金日額〈原則〉が

$$
\frac{\text{その部分の総額}}{\text{その期間の総日数}} + \frac{\text{特例}}{①}
$$
の額に満たない場合，
こちらを採用（特例②）

第4章　雇用保険法

□　短時間労働者には，この最低保障は適用しない。

□　賃金日額〈原則〉，特例①，②を算定することが困難であるとき，又は適当でないときは，**厚生労働大臣**が定めるところにより算定した額を賃金日額とする。

■　**賃金日額の下限額，上限額**（法17条4項）

26-3イ　①　賃金日額の下限額（年齢に関わりなく一律）

| 賃金日額の下限額（基本手当の日額の下限額） |
|---|
| **4選**　2,746円（2,196円） |

②　賃金日額の上限額（平22）

| 受給資格に係る離職日における年齢 | 賃金日額の上限額<br>（基本手当の日額の上限額） |
|---|---|
| 30歳未満 | 13,890円（6,945円） |
| 30歳以上45歳未満 | 15,430円（7,715円） |
| 45歳以上60歳未満 | 16,980円（8,490円） |
| 60歳以上65歳未満 | 16,210円（7,294円） |

26-2ア　**法**　■　**基本手当の日額**（法16条，平18選，平21，22）

□　**基本手当の日額＝賃金日額×（50％〜80％）*** 

元-2ウ　　＊　60歳以上65歳未満の者の場合，**（45％〜80％）**

5-3D　□　**基本手当の日額の算定に用いる賃金日額の範囲等の自動的変更**（法18条）

元-2エ　厚生労働大臣は，**年度の平均給与額**が**前年度の平均給与額**を超え，又は下るに至った場合には，その上昇し，又は低下した比率に応じて，その**翌年度の8月1日以後**の**自動変更対象額を変更**しなければならない。

□　**自動変更対象額**の端数処理は，5円未満の端数は切り捨て，5円以上10円未満の端数は10円に切り上げる。

□　賃金日額，基本手当の日額については，1円単位で額を算定（1円未満の端数は切捨て）（平14）。

一般被保険者の求職者給付①

■ **基本手当の減額**（失業認定に係る期間中，**自己の労働に** 5-3C
よって**収入を得た場合**）（法19条）（平21，22）

$$\boxed{収入の1日分相当額 - 1,331円 + 基本手当日額} = a，$$
収入の基礎となった日数 = 基礎日数とする

① **a ≦ 賃金日額 × 80/100のとき → （基本手当）全額支給** 26-2ウ

② a ＞ 賃金日額 × 80/100のとき → 基礎日数分　**減額支給**

（基本手当日額 - ②の式での超過額）× 基礎日数を支給

③ ②の式での超過額 ≧ 基本手当日額のとき

→ 基礎日数分　**全額不支給**

過 ■ **介護・育児のための休業又は短時間勤務に係る賃金日額の算定の特例**

□ **介護休業，小学校就学前の子の養育のための休業**，又は 5-3E
それらの**勤務時間短縮措置**によって賃金の不支給，低下中 元-2ア
に**倒産・解雇等**により離職して**特定理由離職者**又は**特定受給資格者**の決定を受けたときは，休業又は勤務時間短縮措置が行われる**前に支払われていた賃金**に基づく賃金日額と離職時の賃金日額とを比較して高い方の額に基づいて，基本手当の日額が算定される（平20）。

ポ ■ **生産量の減少等に伴う時短に係る賃金日額の算定の特例**

□ 厚生労働省職業安定局長の定めによって，**生産量の減少等に伴い過半数労働組合（過半数代表者）との書面による合意**に基づき，時短，それに伴う賃金の減少，労働者の雇入れ計画の実施期間中＊に**倒産・解雇等**により離職して**特定理由離職者**又は**特定受給資格者**の決定を受けたときは，時短が行われる**前の賃金**に基づく賃金日額と離職時の賃金日額とを比較して高い方の額に基づいて，基本手当の日額が算定される。

＊ 当該計画の期間は，所定労働時間，所定外労働時間の短縮の実施及び賃金の減少が6箇月以上行われた後の期間に限る。

163

# 第7 所定給付日数, 算定基礎期間, 待期

第4章 雇用保険法

**法** ■ **所定給付日数**（法22条, 23条）（平18）

□ 所定給付日数一覧表（平8 記, 平19 選, 平21）

① 受給資格者（特定受給資格者*以外）の所定給付日数（平23）

| 年齢等 \ 算定基礎期間 | 1年未満 | 1年以上5年未満 | 5年以上10年未満 | 10年以上20年未満 | 20年以上 |
|---|---|---|---|---|---|
| 一般の受給資格者（全年齢） | | 90日 | | 120日 | 150日 |
| 就職困難者 45歳未満 | 150日 | 300日 | | | |
| 就職困難者 45歳以上65歳未満 | 150日 | 360日 | | | |

② 特定受給資格者*の所定給付日数（平18, 20, 23）

| 年齢 \ 算定基礎期間 | 1年未満 | 1年以上5年未満 | 5年以上10年未満 | 10年以上20年未満 | 20年以上 |
|---|---|---|---|---|---|
| 30歳未満 | | 90日 | 120日 | 180日 | ― |
| 30歳以上35歳未満 | | 120日 | 180日 | 210日 | 240日 |
| 35歳以上45歳未満 | 90日 | 150日 | 180日 | 240日 | 270日 |
| 45歳以上60歳未満 | | 180日 | 240日 | 270日 | 330日 |
| 60歳以上65歳未満 | | 150日 | 180日 | 210日 | 240日 |

* 離職の日が平成21年3月31日から令和7年3月31日までの間にある**特定理由離職者Ⅰ**（後述）は, 所定給付日数が特定受給資格者と同様とされる（平22）。

□ **就職困難者**とは, 身体障害者・知的障害者, 精神障害者, 保護観察に付された者等をいう。

**ポ** □ **特定受給資格者**とは, 次のⅠ又はⅡに該当する受給資格者（就職困難者を除く）をいう。

Ⅰ **倒産等により離職した者**（破産, 民事再生等に伴う離職者, 大量雇用変動（1箇月30人以上の離職を予定）の届出に伴う離職者, 3分の1を超える被保険者が離職したことによる離職者, 事業所の廃止に伴う離職者, 移転により通勤が困難となった離職者等）（平20）

一般被保険者の求職者給付①

## II 解雇等により離職した者（次の理由による離職者）

| | | |
|---|---|---|
| 1 | **解雇（自己の責めに帰すべき重大な理由**によるものを**除く**）（平13） | **3-4 D** |
| 2 | 労働契約の締結に際し明示された労働条件が**事実と著しく相違**したこと（平15選，平22） | 27-2 B |
| 3 | 賃金（退職手当を除く）の額を**3**で除して得た額を上回る額が支払期日までに支払われなかったこと（平14） | 29-4 C |
| 4 | 次のいずれかに**予期し得ず**該当することとなったこと<br>㋑　離職の日の属する月以後６月のうちいずれかの月に支払われる賃金の額が当該月の前６月のうちいずれかの月の賃金の額に**100分の85**を乗じて得た額を下回ると見込まれることとなったこと<br>㋺　離職の日の属する月の６月前から離職した日の属する月までのいずれかの月の賃金の額が当該月の前６月のうちいずれかの月の賃金の額に**100分の85**を乗じて得た額を下回ったこと | |
| 5 | 次のいずれかに該当することとなったこと<br>㋑　**離職の日の属する月の前６月のうちいずれか連続した３箇月以上の期間**において労働基準法の規定に基づく限度時間を超える時間外・休日労働が行われたこと（平17）<br>㋺　**離職の日の属する月の前６月のうちいずれかの月**において１月当たり**100時間**以上，時間外・休日労働が行われたこと<br>㋩　**離職の日の属する月の前６月のうちいずれか連続した２箇月以上の期間の時間外・休日労働時間を平均し１月当たり80時間**を超える時間外・休日労働が行われたこと<br>㋥　事業主が危険又は健康障害の生ずるおそれがある旨を行政機関から指摘されたにもかかわらず，事業所において**当該危険又は健康障害を防止するために必要な措置**を講じなかったこと | 30-5 C |
| 6 | 事業主が法令に違反し，妊娠中若しくは出産後の労働者・**子の養育**若しくは家族の**介護**を行う労働者を就業させたこと，妊娠・出産を理由に不利益取扱いをしたこと等 | 30-5 A |
| 7 | 事業主が労働者の職種転換等に際して，当該労働者の**職業生活の継続のために必要な配慮**を行っていないこと（平13） | **3-4 C**<br>30-5 B |
| 8 | **期間の定めのある労働契約の更新**により**3年以上**引き続き雇用されるに至った場合に，当該労働契約が**更新されない**こととなったこと（平13，17） | 30-5 E |
| 9 | **期間の定めのある労働契約**の締結に際し当該労働契約が**更新される**ことが明示された場合に，当該労働契約が**更新されない**こととなったこと | |

165

第4章　雇用保険法

| 10 | 事業主又は当該事業主に雇用される労働者から**就業環境が著しく害されるような言動**を受けたこと（平14） |
|---|---|
| 11 | 事業主から**退職するよう勧奨**を受けたこと（平20選，平13） |
| 12 | 事業所において**使用者の責めに帰すべき事由**により行われた休業が引き続き**3箇月以上**となったこと（平15選） |
| 13 | 事業所の業務が**法令に違反**したこと（平17） |

3-4B　□　**特定理由離職者**とは，次のⅠ，Ⅱをいう。

Ⅰ　期間の定めのある労働契約の期間が満了し，かつ当該労働契約の**更新がない**ことにより離職した者（その者が当該**更新**を希望したにもかかわらず，当該**更新**についての**合意が成立するに至らなかった**場合に限る）（特定受給資格者の範囲の表中8，9に該当する場合を除く）（平22）

27-2E　Ⅱ　以下の**正当な理由**のある自己都合により離職した者

| 1 | **体力の不足，心身の障害，疾病，負傷**，視力の減退，聴力の減退，触覚の減退等により離職した者（平20） |
|---|---|
| 2 | **妊娠，出産，育児等**により離職し，法20条1項の**受給期間延長措置**を受けた者 |
| 3 | 父若しくは母の死亡，疾病，負傷等のため，父若しくは母を扶養するために離職を余儀なくされた場合又は常時本人の介護を必要とする親族の疾病，負傷等のために離職を余儀なくされた場合のように，家庭の事情が急変したことにより離職した場合 |
| 4 | 配偶者又は扶養すべき親族と別居生活を続けることが困難となったことにより離職した場合 |
| 5 | 次の理由により，通勤不可能又は困難となったことにより離職した者<br>・　結婚に伴う住所の変更（平22）<br>・　育児に伴う保育所その他これに準ずる施設の利用又は親族等への保育の依頼<br>・　事業所の通勤困難な地への移転<br>・　自己の意思に反しての住所又は居所の移転を余儀なくされたこと<br>・　鉄道，軌道，バスその他運輸機関の廃止又は運行時間の変更等<br>・　事業主の命による転勤又は出向に伴う別居の回避<br>・　配偶者の事業主の命による転勤若しくは出向又は配偶者の |

3-4E（行3）
29-4D（行4）

166

| | 再就職に伴う別居の回避 |
|---|---|
| 6 | その他，前頁の特定受給資格者の範囲の表中11に該当しない企業整備による人員整理等で希望退職者の募集に応じて離職した者等 |

**法** ■ **算定基礎期間**（法22条3項・4項）

□ 〈原則〉 離職の日まで引き続いて**同一の事業主の適用事業**に被保険者として**雇用**された期間　4-4①　3-3C

□ 〈特例〉 前の適用事業を離職し，**1年以内**に後の適用事業に就職した場合➡**前後**の適用事業の被保険者であった期間を**通算**する　3-3D　27-2C

□ **基本手当**又は**特例一時金**の**支給を受けた場合**は，これらの給付の受給資格又は特例受給資格に係る離職の日以前の被保険者であった期間は**通算しない**（**支給を受けていない**場合は通算する）（平21）。　3-3E

□ （出生時）**育児休業給付金**の支給に係る休業の期間も**除外**。　4-4②③　3-3A

□ 被保険者となった日が被保険者となったことの**確認のあった日の2年前の日より前**であるとき➡確認のあった日の**2年前の日**に被保険者となったものとみなして算定基礎期間を算定する（被保険者期間の計算の場合と同様に，2年を超えて遡及適用する特例の適用もある。➡P159参照）。　29-2B　3-3B

【法21条】 **待 期**

基本手当は，受給資格者が離職後最初に公共職業安定所に 求職の申込み をした日以後において， 失業している日 （ 疾病又は負傷 のために職業に就くことができない日を含む）が 通算して7日 に満たない間は，支給しない。　元選　29-2A　26-2オ

□ 待期は，一受給期間に一度完成すればよい。

**過** □ 待期4日間を認定された後に再就職し，新たな受給資格を取得せず再び失業した者は，求職の申込み以後3日間の失業の認定で待期期間が満了する（平9）。

167

# 第8 受給期間

第4章　雇用保険法

## 【法20条】　受給期間

　基本手当は，次の受給資格者の区分に応じて定める期間（この間に 妊娠 ， 出産 ， 育児 ， 疾病又は負傷 等により 引き続き30日以上 職業に就くことができない者が，管轄公共職業安定所長にその旨を申し出た場合には，その職業に就くことができない日数を加算するものとし，その加算された期間が 4年 を超えるときは， 4年 とする）内の 失業している日 について， 所定給付日数 分を限度として支給する（平22 選 ，平23，24）。

| | 受給資格者 | 原則的な受給期間 |
|---|---|---|
| ① | ②，③以外の受給資格者 | 基準日の翌日から起算して1年 |
| ② | 受給資格者であって，基準日において45歳以上65歳未満で算定基礎期間が1年以上の就職困難者…所定給付日数が360日とされる者 | 基準日の翌日から起算して1年+60日（平24） |
| ③ | 特定受給資格者*であって，基準日において45歳以上60歳未満で算定基礎期間が20年以上の者…所定給付日数が330日とされる者 | 基準日の翌日から起算して1年+30日（平19） |

注　基準日＝基本手当の受給資格に係る離職の日
＊　所定給付日数が特定受給資格者と同様とされる特定理由離職者を含む。

□　上記の受給期間延長の申出は，原則として**引き続き30日以上**職業に就くことができなくなった日の翌日から，離職日の翌日から起算して4年を経過する日までの間（加算された期間が4年に満たない間は当該期間の最後の日までの

間）に行う（平10）。

**法** □ 受給資格に係る離職理由が，
㋑ **60歳以上**の**定年に達したこと**
㋺ **60歳以上**の**定年に達した後**の**勤務延長，再雇用の期間が終了**したこと
} のいずれかであって，

28-4 E

離職後**一定期間求職の申込みをしないことを希望**する場合には，その**求職の申込みをしない期間**（**1年**を限度とする）が**原則的な受給期間に加算**される（平15, 24）。

□ 60歳以上の定年に係る受給期間延長の申出は，原則，離職の日の翌日から起算して**2箇月以内**（平10, 24）。

□ 上記の者が，**妊娠，出産，育児**（3歳未満），**疾病又は負傷**等により**引き続き30日以上**職業に就くことができない場合には，さらに受給期間の延長あり（**最長4年間**）（平16）。

5選
29-2 D
28-4 B
28-4 D

**過** □ 受給資格者が，その受給資格に係る**受給期間内**に，**新たな受給資格，高年齢受給資格又は特例受給資格を取得**➡**前**の受給資格に基づく基本手当は支給されず，**新たな受給資格等に基づく基本手当等が支給**される（平10, 21, 24）。〔受給期間内に再就職し，再離職したケース〕

28-4 A

### POINT

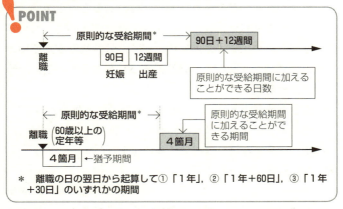

* 離職の日の翌日から起算して①「1年」，②「1年＋60日」，③「1年＋30日」のいずれかの期間

□事業を開始➡その実施期間は最大3年，**受給期間に算入しない**。申請手続は，事業開始日の翌日から**2箇月以内**。

# 第9 延長給付

第4章 雇用保険法

**【法24条〜27条】 延長給付**

2-3 A

受給資格者の個別の事情や，その時の雇用失業情勢等により，所定給付日数を超えて基本手当を支給する場合がある。

〔延長給付の種類〕

個別延長給付， 訓練延長給付， 広域延長給付， 全国延長給付 （平19）

2-3 E 🖙 この他，地域延長給付が暫定的にある。

5-4 D, E ■ **訓練延長給付** （法24条）

□ **公共職業安定所長の指示した公共職業訓練等（2年以内**のものに限る）**を受ける受給資格者**が対象 （平14）。

□ 延長される日数（その分**受給期間も延長**）（平22，25）

5-4 B ①公共職業訓練等を受講するための**待期期間**〔**90日を限度**〕

5-4 A, C
27-3 E ②受講中〔**2年を限度**〕 ③受講終了後〔**30日を限度**〕

■ **広域延長給付** （法25条，令6条）

2-3 C □ その地域内で職業紹介活動が困難であると厚生労働大臣が判断した地域において，一定の基準により必要と認めるときに，その指定する期間内に限り，**公共職業安定所長が広域職業紹介活動により職業のあっせんを受けることが適当と認定した受給資格者**を対象として行われる。

□ **90日を限度**として延長（その分受給期間も延長）（平22）。

□ 延長措置の決定日以後に他地域から移転してきた者には，特別の理由がなければ広域延長給付を行わない（平17）。

■ **全国延長給付** （法27条，令7条）

2-3 D □ 失業の状況が全国的に著しく悪化し，一定の基準に該当した場合において，**厚生労働大臣**が必要であると認めるときに，その指定する期間内に限り，**すべての受給資格者**を

一般被保険者の求職者給付①

対象として行われる。

……具体的には，**連続する４月間の失業の状況**が，いわゆる基本手当受給率が**４％を超え**，いわゆる初回受給率が低下する傾向になく，かつ，その状態が継続すると認められる場合に行われる（平25）。

□ **90日を限度**として延長（その分受給期間も延長）（平22）。　27-3 A

■ **個別延長給付**（法24条の２）

□ **特定理由離職者Ⅰ**又は**特定受給資格者**のうち，　2-3 B
　①**心身の状況**が一定の基準に該当する者，②雇用されていた適用事業が**激甚災害**の被害を受け離職を余儀なくされた者等で職業に就くことが特に困難な地域に居住するもの，③雇用されていた適用事業が**激甚災害その他の災害**の被害を受け離職を余儀なくされた者等であって，かつ，**指導基準**に照らして再就職促進のための**職業指導**を行うことが適当であるものが対象となる。

□ 延長日数は，上記①③は原則**60日**，②は原則**120日**。

□ ②に該当する**就職困難者**も対象となる（原則60日）。

■ **延長給付に関する調整**（法28条）

□ **延長給付の優先順位**は，次のとおりである（平22，25）。
①**個別延長給付** → ②**地域延長給付** → ③**広域延長給付** →
④**全国延長給付**→ ⑤**訓練延長給付**

過　□ **優先度の低い延長給付**が行われている途中で，**優**　27-3 D
**先度の高い延長給付**が行われるときは，一度**低い延長給付**は中断し，**高い延長給付**が終わった後に再び**低い延長給付**が行われる（平元）。

□ **受講終了後**の訓練延長給付の対象となる受給資格者は，基本手当の**支給残日数が30日未満**であり，かつ，その後もなお**就職が困難**な者に限る（平６，10）。

□ ２種類以上の延長給付を受給する受給資格者の延長給付の日数は，**合計で90日を超えることも可能**（平６）。

171

第4章　雇用保険法

# 第10 給付制限

## □　職業紹介拒否等による給付制限（法29条，32条）（平23）

| | | 職業紹介拒否 職業訓練拒否 | 職業指導拒否 |
|---|---|---|---|
| 延長給付あり | 個・地・広・全・訓（終了後） | 拒んだ日以後　➡　不支給 | |
| | 訓（待・受講中） | 拒んだ日以後1箇月間 ➡ 不支給 | 拒んだ日以後1箇月を超えない範囲内で公共職業安定所長が定める期間 ➡ 不支給 |
| 延長給付なし（平25） | | | |

28-5 B
28-5 D
26-7 D

特定受給資格者が職業紹介拒否をした場合の取扱いも同様（平14）。

## □　離職理由・不正受給による給付制限（法33条，34条）

| 給付制限事由 | 給付制限内容 |
|---|---|
| ・自己の責めに帰すべき重大な理由による解雇<br>・正当な理由がない自己都合退職 | 待期期間満了後1箇月以上3箇月以内の間で公共職業安定所長の定める期間不支給（公共職業訓練等受講開始日以後は給付制限を解除）（平23） |

29-4 B, E
28-5 A
26-7 C

離職理由による給付制限期間に21日及び所定給付日数を加えた期間が1年\*を超えるときは，その超える期間を，当初の受給期間に加えた期間が，その者の受給期間となる（平23）。

> 例　所定給付日数300日・給付制限3箇月（91日）
> （91日＋21日＋300日－365日）＝47日を当初の支給期間1年に加えた期間が，その者の受給期間となる。

\*　基準日に，45歳以上65歳未満，算定基礎期間1年以上の就職困難者（所定給付日数360日の者）については1年＋60日。

| 偽りその他不正の行為による求職者給付又は就職促進給付の受給（平23，25） | 支給を受け，又は受けようとした日以後，基本手当を支給しない（やむを得ない理由がある場合には全部又は一部を支給できる）（平16選）。 |
|---|---|

2-5 B

新たに取得した受給資格に基づく基本手当については給付制限を受けることなく支給される。

第4章　雇用保険法

# 第11 傷病手当，技能習得手当，寄宿手当

### 【法37条】　傷病手当

傷病手当は，受給資格者が，離職後公共職業安定所に出頭し，求職の申込みをした後において，疾病又は負傷のために職業に就くことができない場合に，受給期間内の当該疾病又は負傷のために基本手当の支給を受けることができない日について，所定給付日数から既に基本手当を支給した日数を差し引いた日数を限度として支給する。

2-6 A

☞ 傷病手当は，**疾病又は負傷**のために職業に就くことができない場合に，**基本手当に代えて**支給される（平19）。

28-2ア

ポ　□ **日額**は，基本手当の日額と同じ（平22）。

28-2エ

□ 傷病手当の**支給日数**は，「（**所定給付日数**）−（**既に基本手当を支給した日数**）」を限度とする。

□ 疾病又は負傷のために公共職業安定所に出頭することができない期間が**継続して15日未満**のときは，**傷病手当は支給されない**（この場合，**証明書**により失業の認定を受けることができる）（平10，19）。

28-2イ

□ **求職の申込みをした後に**，疾病又は負傷により職業に就くことができない状態に陥ること（逆は不可）（平22）。

2-4 A〜C, E

□ **待期期間，給付制限期間**あり（基本手当と同じ）（平11）。

□ 雇用法の適用（一部を除く）上，**傷病手当を支給したとき**は，その日数分の**基本手当を支給した**ものとみなす。

法　□ 傷病手当の支給を受けるには，原則として，職業に就くことができない理由がやんだ後の**最初の支給日まで**に傷病手当を受けるための**認定**を受けなければならない（則63条）。

28-2オ

□ ①**傷病手当金**〔健康保険法〕，②**休業補償**〔労基法〕，③

173

第4章　雇用保険法

　**休業（補償）給付**〔労災保険法〕等を受けることができる
日について，**傷病手当は支給されない**。

□　自動車損害賠償保障法に基づく保険金を受けることがで
きる場合には，傷病手当を支給して差し支えない（平24）。

2-4D
28-2ウ **行**　□　**延長給付**に係る基本手当を受給中の受給資格者に
は，**傷病手当は支給されない**（平24）。

**法**　■　**技能習得手当・寄宿手当**（法36条）

□　受給資格者が**公共職業安定所長の指示した公共職
業訓練等**（以下，「訓練等」と略す。）を受講する場合に**基
本手当に加えて**支給する（平19）。

□　**技能習得手当**（法36条1項，則56条〜59条）（平19，24）
□　受給資格者が，訓練等を受ける場合に，**その訓練等を受
ける期間**について支給する。種類は次のとおり。

|  |  | 支給要件（原則） | 支給額 |
|---|---|---|---|
| 5選 | 受講手当 | 受給資格者が，訓練等を受けた日で**基本手当の支給の対象となる日**について，40日分を限度として支給 | **日額500円**（平15，22） |
| 5選 | 通所手当 | 自宅から訓練施設へ通うために**交通機関，自動車等**を利用した場合に支給 | **月額42,500円**が限度（平8） |

□　**寄宿手当**（法36条2項，則60条）（平15，19）
受給資格者が，訓練等を受けるため，その者により**生計
を維持**されている**同居の親族**（内縁の配偶者を含む）と**別
居して寄宿**する期間について，**月額10,700円**を支給する。

28-5C
26-7A □　給付制限の規定により基本手当を支給しないこととされ
る期間➡技能習得手当及び寄宿手当も支給しない。

**過**　□　**技能習得手当**及び**寄宿手当**は，受給資格者に対し，
**基本手当を支給すべき日**又は**傷病手当を支給すべき日**
に，その日の属する月の前月の末日までの分を支給する
（則61条1項）（平24）。

174

第4章 雇用保険法

# 第12 高年齢求職者給付金，特例一時金

**法**
- ☐ **高年齢求職者給付金**（法37条の3，37条の4）
- ☐ **特例一時金**（法39条，40条）

| 高年齢求職者給付金 | 特例一時金 | |
|---|---|---|
| ☐ **高年齢被保険者**が失業した場合に支給 | ☐ **短期雇用特例被保険者**が失業した場合に支給 | |
| ☐ **離職の日以前1年間**（**最長4年間**の延長措置あり）に，被保険者期間が**通算して6箇月以上**であること（平14） | | 27選<br>26-5 B |
| 一般被保険者と同様に計算 | **★** 被保険者期間は**暦月単位**で計算 | |

☐ 高年齢求職者給付金〔特例一時金〕の支給を受けようとする者は，離職の日の翌日から起算して**1年**〔**特例一時金**の場合は，**6箇月**〕を経過する日までに管轄公共職業安定所に出頭して**離職票**を提出し，**求職の申込み**をした上，**失業の認定**を受けなければならない（平21**選**，平14，20）。 — 3-5 A

☐ 管轄公共職業安定所長は，その者が高年齢受給資格者〔特例受給資格者〕であると認めたときは，**失業の認定日及び支給日**を定め，**高年齢受給資格者証**〔**特例受給資格者証**〕を交付する。

☐ **失業の認定は1回**に限り行われる➡認定日に失業の状態であれば**一時金で支給** — 29-5 D

| ☐ 受給期限は，離職の日の翌日から起算して**1年を経過する日**（**延長なし**） | ☐ 受給期限は，離職の日の翌日から起算して**6箇月を経過する日**（**延長なし**）（平24） | 3-5 B |
|---|---|---|
| ☐ 高年齢求職者給付金の額は，次のとおり。なお，特例高年齢被保険者については，賃金日額の下限の規定は適用しない。 | ☐ 特例一時金の額は，基本手当日額の**30日分**（当分の間，**40日分**）（失業認定日から受給期限日までの日数が上記の日数未満のときはその日数分） | 26-5 E<br>4-1 D |

175

第4章 雇用保険法

| 算定基礎期間 ||
|---|---|
| 1年未満 | 1年以上 |
| 基本手当日額の30日分 | 50日分 |

（平16選, 平19）
（ただし, 失業の認定日から受給期限日までの日数が上記の額（日数）に満たないときは, 当該受給期限日までの日数分とする。）（平20, 22, 24）

特例高年齢被保険者が一の適用事業を離職した場合は, その適用事業における賃金のみが算定基礎となる。

□ 公共職業訓練等を受ける場合（法41条）（平23選）

特例受給資格者が, **特例一時金を受ける前に公共職業安定所長の指示した公共職業訓練等**〔30日〔当分の間, 40日〕以上に限る）を受ける場合には, **特例一時金**を支給せず, 当該公共職業訓練等を受ける間, **一般の受給資格者の求職者給付**が支給される。

この場合, 延長給付も行われる。なお, 公共職業訓練等を受けても離職理由による給付制限は解除されずに行われる（平9）。

□ **待期, 給付制限**の規定あり（平19）

行 □ 高年齢求職者給付金〔特例一時金〕については, 失業の認定日は**1回に限り**定められる。そのため, **失業の認定日に失業の状態**であれば支給され, 翌日から就職しても返還の必要はない（行政手引54201, 55301）。

!POINT
**短期雇用特例被保険者の被保険者期間の計算方法**

原則, **一暦月中に賃金支払基礎日数**が**11日以上**ある月を**1箇月**とする（暦月単位）。 （法附則3条）

第4章　雇用保険法

# 第13 日雇労働求職者給付金

**法** ■ **日雇労働被保険者**（法43条）

　□　日雇労働被保険者は，日雇労働者（ⓐ**日々雇用される者**，ⓑ**30日以内の期間**を定めて雇用される者）であって一定の要件（➡P147参照）を満たす者である（平25**選**）。

□　**日雇労働被保険者**は，一定の要件に該当するに至った日から起算して**5日以内**に，**日雇労働被保険者資格取得届**を**管轄公共職業安定所長に提出**しなければならない（則71条）（平12，20，24）。

□　その場合に，管轄公共職業安定所長は，**日雇労働被保険者手帳を交付**する（平20）。

□　**前2月の各月**において**18日以上**同一事業主の適用事業に雇用された場合又は同一の事業主の適用事業に**継続して31日以上**雇用された場合（切替）（平25**選**）　　　　29選

　　その2月の翌月の初日又は31日以上継続するに至った日（切替日）から，①**一般被保険者**，②**短期雇用特例被保険者**（切替日を挟んで65歳になった場合や当初から65歳以上の場合は，②のほか，③**高年齢被保険者**），となる。

□　上記の場合（前2月の各月において18日以上同一事業主に雇用された場合等）でも，**公共職業安定所長の認可**を受けたときは，その者は引き続き，**日雇労働被保険者となる**ことができる（平20）。

□　その認可（日雇労働被保険者資格継続の認可）は**所轄又は管轄の公共職業安定所長**から受ける（則74条）。

**過** □　日雇労働被保険者の資格取得について，雇用保険被保険者証は交付されない（平20）。

177

第4章　雇用保険法

---

**【法45条】日雇労働求職者給付金〔普通給付〕の受給資格**

　日雇労働求職者給付金は，日雇労働被保険者が失業した場合において，その失業の日の属する月の前2月間に，印紙保険料が通算して26日分以上納付されているときに支給する（平17選）。

5選

---

☐　法45条の日雇労働求職者給付金の支給に関する事務（**失業の認定**等）は，**その者の選択する**公共職業安定所において行う（平18）。

☐　ただし，厚生労働省職業安定局長が定める者（日雇派遣労働者）にあっては，厚生労働省職業安定局長の定める公共職業安定所において行う（則1条5項4号）。

☐　日雇労働求職者給付金は，**失業の認定**（原則，**日々その日について行う**）**を受けた日**について支給される。

☐　失業の認定を受けようとする日が，行政機関の休日など一定の日である場合，その日の後**1箇月以内**に届け出て，失業の認定を受けることができる。

☐　**待　期**（法50条2項）

　　日雇労働求職者給付金は**各週**（日曜日〜土曜日）について日雇労働被保険者の**最初の不就労日**（必ずしも**失業していた日であることを要しない**）には，支給されない（平18）。

☐　**日雇労働求職者給付金の日額**（平24）

| 26日分以上納付されている<br>印紙保険料の内訳 | 給付金の日額 |
|---|---|
| ⓐ　**第1級（176円）が24日分以上** | 第1級　(7,500円) |
| ⓑ　**第1級および第2級（146円）が合計して24日分**以上，または，第1級，第2級，第3級（96円）の順に選んだ**24日分**の印紙保険料の平均額が第2級の印紙保険料の日額以上（ⓐの場合を除く） | 第2級　(6,200円) |
| ⓒ　上記ⓐ・ⓑ以外 | 第3級　(4,100円) |

178

日雇労働被保険者の求職者給付

**【法49条】 日雇労働求職者給付金の日額等の自動的変更**

厚生労働大臣は，毎月勤労統計における 平均定期給与額 が，直近の日雇労働求職者給付金の日額等の自動的変更の基礎となった 平均定期給与額 の 100分の120を超え，又は 100分の83を下る に至った場合において，その状態が継続すると認めるときは，その 平均定期給与額 の上昇し，又は低下した比率を基準として， 日雇労働求職者給付金 の日額等を変更しなければならない。

☞ 平均定期給与額であることに注意。

□ 日雇労働求職者給付金の支給日数は，日雇労働被保険者手帳にその月の**前2月間**に貼付された印紙の枚数による。

| 前2月の印紙保険料の納付日数 | 当月における支給日数（限度） |
|---|---|
| 26枚から31枚まで | 13日（平24） |
| 32枚から35枚まで | 14日 |
| 36枚から39枚まで | 15日 |
| 40枚から43枚まで | 16日 |
| 44枚以上 | 17日 |

27選

支給日数は，前2月間に納付した印紙保険料が通算**28日分以下**であるときは「**13日**」とされ，通算**28日分**を超える**4日分ごと**に**1日**を加算（上限「**17日**」）

□ **給付制限**（法52条）

| 給付制限事由 | 給付制限内容 |
|---|---|
| 公共職業安定所の**業務紹介拒否** | 拒んだ日から起算して**7日間**不支給（平25） |
| **偽りその他不正の行為**による求職者給付又は就職促進給付の受給 | 支給を受け，又は受けようとした月及びその月の翌月から**3箇月間**不支給（1月10日不正受給の場合は，4月30日まで不支給）（平20，25） |

2-5 A

過 □ 日雇労働被保険者が，前2月の各月において18日以上同一の事業主の適用事業に雇用され，**一般被保険者に切り替えられる**場合には，その**日雇労働被保険者で**

179

第4章　雇用保険法

あった2月を新たに取得した**一般被保険者**の**被保険者期間**
**の2箇月として計算**することができる（法56条1項）（平7）。

**対比➡** 切り替えられた**最初の月**に離職し，失業した場合，そ
の2月は**日雇労働被保険者**であった期間とみなす。

**法** ■ **日雇労働求職者給付金**〔特例給付〕（法53条）

□ 特例給付を受けるには，①日雇労働被保険者が失
業し，②**継続する6月間**に**印紙保険料**が**各月に11日分以上**，
かつ，**通算して78日分以上**納付されていること，及び次の
Ⓐ Ⓑの要件を満たすことが必要（平23**選**，平18，24）。

```
←──── 6月（基礎期間）────×←── 4月（受給期間）──→
┌─────┬────┬────┬────┬────┬────┐
11日分
以上
納付              //   //   //   //

                                            Ⓑこの間，
                                            日雇労働求
                                            職者給付金
                                            の普通給付
←─────通算78日分以上納付─────→        を受けてい
                                            ないこと
        Ⓐこの間に日雇労働求職者給
        付金の普通給付又は特例給付
←─── を受けていないこと ───→
```

□ 特例給付の申出は，**基礎期間に続く4月間**に，その者の
**居住地を管轄する公共職業安定所長**に対し**文書**で行う。

□ 失業の認定は，その**管轄公共職業安定所**で行う。

□ **4週間に1回**，失業の認定を行った日に，**24日分**（各週
の最初の日の計4日分が除かれる）が支給される（平24）。

**5選** □ 特例給付の支給日数は，**通算して60日**が限度。

□ 特例給付の日額は，普通給付の日額に準ずる（➡P178参
照）。ただし，「24日分」は，「**72日分**」とする。

**！POINT**

| | 普通給付と特例給付の失業の認定 |
|---|---|
| **普通** | その者の**選択**する公共職業安定所で，**日々その日について行われ**その日の分を支給（各週の最初の不就労日は不支給） |
| **特例** | **管轄**公共職業安定所で，申出日から起算して**4週間に1回**ずつ**24日分**を限度に支給 |

180

第4章　雇用保険法

# 第14 就職促進給付

## □　就職促進給付の体系

```
就職促進給付
├ 就業促進手当
│   ├ 就業手当（非常用就業型）─────────────┐
│   ├ 再就職手当（常用就業型・就職困難者以外）─┤ 受給資格者
│   ├ 就業促進定着手当（追加的な給付）────────┘
│   └ 常用就職支度手当（常用就業型・就職困難者）── 受給資格者等
│                                              （受給資格者,
│                                                高年齢受給資格者,
│                                                特例受給資格者,
│                                                日雇受給資格者）
├ 移転費
└ 求職活動支援費
```

### 【法56条の3第1項1号イ，則82条1項】　就業手当

就業手当は，受給資格者 が，職業に就いた者であって，**再就職手当の支給対象とならない場合**において，公共職業安定所長 が厚生労働省令で定める基準に従って必要があると認めたときに支給する。

〈支給要件〉

① 就職日の前日における基本手当の支給残日数が，所定給付日数の3分の1以上かつ45日以上 であること

② 離職前 の事業主に再び雇用されたものでないこと

③ 待期期間 が経過した後職業に就き，又は 事業を開始 したこと（平18）

④ 受給資格に係る離職について離職理由に基づく給付制限を受ける者については，待期期間満了後 1箇月 の期間内については，公共職業安定所 又は（職業安定法上の）職業紹介事業者 等の紹介により職業に就いたこと

⑤ 雇入れをすることを**求職の申込みをした日前に約した**事業主に雇用されたものでないこと

2-5C
元-5A

30-1ア
26-6A

第4章　雇用保険法

**ポ** □　再就職手当の支給対象となる形態以外の形態で就業した場合が，就業手当の支給対象となる。

元2-オ □　就業手当の支給対象となる就業は，原則として1日の労働時間が**4時間以上**のものである（4時間未満の場合は，原則として**基本手当の減額**の対象となる➡P163）。

5-5エ □　**就業手当**の支給額は，**現に職業に就いている日**について，**1日ごとに，基本手当日額に30%を乗じた額**（平23）。

| **就業手当の額**＝基本手当日額×**30%**（就業日ごとに支給） |

□　就業手当を支給したときは，原則として，当該就業手当を支給した日数に相当する日数分の基本手当を支給したものとみなす（平16）。

□　就業手当の支給を受けようとする者は，原則として，**就業手当支給申請書に受給資格者証**を添えて，管轄公共職業安定所長に提出しなければならない。

□　就業手当支給申請書の提出は，失業の認定の対象となる日（求職の申込みをした日以後最初の失業の認定においては，離職理由による給付制限期間内の日を含む）について，当該**失業の認定を受ける日**にしなければならない（平23）。　　イ

□　ただし，失業の認定日に**現に職業に就いている場合**の支給申請書の提出は，失業認定日における失業の認定の対象となる日について，**次の失業の認定日の前日までに**しなければならない。　　ロ

□　受給資格者が受給期間内に再就職し，**再離職した場合**の支給申請書の提出は，再離職後に**安定所に出頭した日以後**イロにより申請書の提出を行うことにより就業手当の支給を受けることができる日のうち，**出頭した日の前日まで**の日（既に就業手当の支給を受けた日を除く）について，出頭した日に行わなければならない。

□　安定所長は，支給決定したときは**7日以内**に支給。

182

就職促進給付

## 【法56条の３第１項１号ロ, 則82条１項】再就職手当

　　再就職手当は, 受給資格者 が安定した職業に就いた場合において, 公共職業安定所長 が厚生労働省令で定める基準に従って必要があると認めたときに支給する。

〈支給要件（平21, 23）〉

① 就職日の前日における基本手当の支給残日数が 所定給付日数の３分の１以上 であること　　　　　　　　元-5C

② 1年を超えて 引き続き雇用されることが確実であると認められる職業に就き, 又は 事業を開始* したこと　30-1エ

③ 離職前 の事業主に再び雇用されたものでないこと

④ 待期期間 の経過後に職業に就き, 又は 事業を開始* したこと

⑤ 受給資格に係る離職について離職理由に基づく給付制限を受ける者については, 待期期間満了後 1箇月 の期間　26-6B
　内については, 公共職業安定所 又は（職業安定法上の）
　職業紹介事業者 等の紹介により職業に就いたこと

⑥ 雇入れをすることを求職の申込みをした日前に約した事業主に雇用されたものでないこと

⑦ 就職日前 3年 以内の就職について, 再就職手当 又は　5-5イ
　常用就職支度手当 の支給を受けたことがないこと

☞　＊　事業は, 受給資格者が自立できると安定所長が認めたものに限る（平17）。

□　**再就職手当の額**は, 支給残日数に応じて次のとおり。　　26選

　支給残日数３分の１以上…基本手当日額×（支給残日数×60%）

　支給残日数３分の２以上…基本手当日額×（支給残日数×70%）　元-6D

　㊟　「**基本手当日額×（支給残日数×40%** 〔早期再就職者は30%〕）」を**限度**に, 再就職後の賃金の低下分を支給する「**就業促進定着手当**（後述）」がある。

□　再就職手当（後述の就業促進定着手当も同じ）を支給し

183

たときは，原則として，その額を基本手当日額で除して得た日数に相当する日数分の基本手当を支給したものとみなす。

□ 再就職手当の支給を受けようとする者は，就職した日の翌日から起算して1箇月以内に，「再就職手当支給申請書」に受給資格者証を添えて（又は個人番号カードを提示して），管轄公共職業安定所長に提出しなければならない。

□ 安定所長は，支給を決定したときは7日以内に支給。

 ■ 再就職手当受給後に倒産，解雇等により離職した者（特定就業促進手当受給者）の受給期間の延長

□ 再就職手当を受給した者で，手当受給後の最初の離職（再離職）が，倒産，事業の縮小・廃止，解雇等（特定受給資格者と同様の離職理由）を理由にする者\*であり，かつ，再離職の日が基本手当の受給期間内にある者を，特定就業促進手当受給者という。

\* 令和7年3月31日までは特定理由離職者Ⅰを含む。

□ 特定就業促進手当受給者に係る基本手当の受給期間は，次の①の期間が②の期間を超えるときは，当該超える期間を②の期間に加算した期間とする。

---

**加算される期間**

① 基本手当の受給資格に係る離職の日の翌日から再離職の日までの期間
 +14日
 + ｛再就職手当の支給に係る再就職日の前日における支給残日数－再就職手当の支給により基本手当を支給したものとみなされる日数｝

－ ② この特例措置を適用する前の受給期間

---

 ■ 就業促進定着手当（法56条の3第3項2号，則83条の2）

就職促進給付

□ 再就職手当の支給を受けた者が、次のいずれにも該当するときには、就業促進定着手当が支給される。
　① 再就職手当の支給に係る同一の事業主の適用事業にその職業に就いた日から引き続いて**6箇月**以上雇用されたこと
　② その職業に就いた日から**6箇月**間に支払われた賃金に基づき算定した賃金日額に相当する額（「みなし賃金日額」）が、当該再就職手当に係る**基本手当日額の算定の基礎となった賃金日額**（「算定基礎賃金日額」）を下回ったこと　30-1ウ

□ **支給額**（法56条の3第3項2号、則83条の3）

（**算定基礎賃金日額 － みなし賃金日額**）
× 引き続き雇用された**6箇月**間のうちの賃金支払基礎日数
……ただし、**基本手当日額×（支給残日数×40%**〔早期再就職者は**30%**〕）が限度

□ 就業促進定着手当を支給➡原則、「その額÷基本手当日額」に相当する日数分の基本手当を支給したものとみなす。

□ 就業促進定着手当の支給を受けようとする者は、同一事業主の適用事業に雇用され、**その職業に就いた日から起算して6箇月目に当たる日の翌日から起算して2箇月**以内に、申請書に所定の書類及び受給資格者証を添えて（原則）、**管轄公共職業安定所長**に提出しなければならない。

### 就業促進定着手当のイメージ

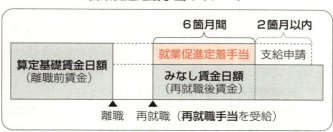

185

第4章　雇用保険法

□　安定所長は，支給を決定したときは**7日以内**に支給。

---

【法56条の3第1項2号】　常用就職支度手当

　常用就職支度手当は，厚生労働省令で定める**安定した職業に就いた** 受給資格者 （就職日の前日における基本手当の支給残日数が，所定給付日数の 3分の1未満 である者に限る），**高年齢受給資格者** （ 高年齢求職者給付金 の支給を受けた者であって，離職の日の翌日から起算して 1年 を経過していないものを含む），**特例受給資格者** （ 特例一時金 の支給を受けた者であって，離職の日の翌日から起算して 6箇月 を経過していないものを含む）又は 日雇受給資格者 であって，**身体障害者**その他の 就職が困難な者 ＊として厚生労働省令で定める者に対して， 公共職業安定所長 が基準に従って必要があると認めたときに支給する。

(平20選，平23)

---

＊　身体障害者その他就職が困難な者（則82条の3第2項）
　　**45歳以上**の受給資格者で，労働施策総合推進法上の認定を受けた再就職援助計画に係る援助対象労働者，季節的に雇用されていた特例受給資格者で，一定の地域内に所在する事業所に通年雇用される者，日雇受給資格者で就職日に**45歳以上**の者（平8），身体障害者，知的障害者，精神障害者等

□　**支給要件**（則82条2項他）

　　①　受給資格者については，就職日の前日における基本手当の支給残日数が，所定給付日数の3分の1未満であること（再就職手当の対象者でないこと）。

5-5ア
　　②　**公共職業安定所又は職業紹介事業者等の紹介**により，**1年以上**引き続き雇用されることが確実であると認められる職業に就いたこと

　　③　**待期期間**の経過後に職業に就いたこと

　　④　**給付制限期間**の経過後に職業に就いたこと（**公共職業訓練等の受講**により，離職理由に基づく給付制限が解除

される場合は，支給される）

⑤　再就職手当の支給要件③⑦については準用する。

**常用就職支度手当の額**

| | 所定給付日数 | 支給残日数 | 常用就職支度手当の額 |
|---|---|---|---|
| 原則 | 下記以外の場合 | | 基本手当日額×（90×40％） |
| 例外 | 270日未満 | 45日以上90日未満 | 基本手当日額×（支給残日数×40％） |
| | | 45日未満 | 基本手当日額×（45×40％） |

※　例外が適用されることがあるのは，受給資格者のみ。

□　常用就職支度手当の支給を受けようとする者は，就職した日の翌日から起算して1箇月以内に，「常用就職支度手当支給申請書」に受給資格者証等を添えて（原則），**管轄公共職業安定所長**に提出しなければならない。

□　安定所長は，支給を決定したときは7日以内に支給。

**法**　■　**移転費**（法58条）

　　□　①**鉄道賃**，②**船賃**，③**航空賃**，④**車賃**，⑤**移転料**，⑥**着後手当**があり，受給資格者等に支給される。

□　**待期又は給付制限の期間の経過後に**

①　**公共職業安定所，特定地方公共団体若しくは職業紹介事業者の紹介した**職業に就くため，又は，　　　　元-5B

②　**公共職業安定所長の指示した**公共職業訓練等を受けるため，その**住所又は居所を変更**する場合に支給される。　　26-6C

□　移転費の額は，受給資格者等及びその者により**生計を維持されている同居の親族**の移転に通常要する費用を考慮して定める。　　28選

□　就職先の事業主等から就職又は公共職業訓練等の受講について費用を受けていないこと，又は，支給額が移転費の額に満たないこと。雇用期間1年未満でないこと。　　30-1イ　5-5ウ

□　支給を受けようとする者は，移転日の翌日から起算して1箇月以内に，申請書に受給資格者証等を添えて（原則），

第4章　雇用保険法

管轄公共職業安定所長に提出しなければならない。

**法** ■　**求職活動支援費**（法59条）

　　□　**広域求職活動費**

広域求職活動をする場合に支給。

・鉄道賃，船賃，航空賃，車賃及び宿泊料がある。

・支給申請は，広域求職活動終了日の翌日から10日以内。

・訪問事業所の事業主から求職活動費が支給されるときは差額分のみ支給。

　　□　**短期訓練受講費**

公共職業安定所の職業指導に従って行う職業に関する教育訓練の受講その他の活動をする場合に支給。

・当該教育訓練の受講費用（入学料及び受講料に限る）について教育訓練給付金を受けていないことが要件。

5-5オ
元-5E

・支給額は受講費用の20%（上限10万円）。

・支給申請は，教育訓練修了日の翌日から1箇月以内。

　　□　**求職活動関係役務利用費**

求職活動を容易にするための役務の利用について支給。

・求人者に面接等をするため　　　　　　　　保育等サービス

30-1オ

・一定の教育訓練・職業訓練受講のため　　を利用した場合

・面接等は15日，訓練は60日が限度。

・支給申請はサービス利用翌日から起算して4箇月以内等。

> **！POINT**
>
> 給付制限（法60条）
>
> | 給付制限事由 | 給付制限内容 |
> |---|---|
> | 偽りその他不正の行為による求職者給付又は就職促進給付の受給 | 支給を受け，又は受けようとした日以後，就職促進給付不支給（やむを得ない理由がある場合には全部又は一部を支給できる） |
>
> 26-6E
>
> 新たに取得した受給資格等に基づく就職促進給付については，給付制限を受けることなく支給される。

188

第4章　雇用保険法

# 第15　教育訓練給付

## 【法60条の2】　教育訓練給付金

　教育訓練給付金は，次の①②のいずれかに該当する者（「**教育訓練給付対象者**」という）が，**雇用の安定及び就職の促進**を図るために必要な職業に関する教育訓練として 厚生労働大臣が指定 する教育訓練を受け，当該教育訓練を**修了**した場合〔下記④参照〕において，支給要件期間 が**3年以上**であるときに，支給する。 　　　　　　　　　　　　　　　　　　　　　　　　　　　（平19）

① 　当該教育訓練を開始した日（「**基準日**」という）に 一般被保険者又は高年齢被保険者 である者

② 　①以外の者であって，基準日が当該基準日の直前の 一般被保険者又は高年齢被保険者 でなくなった日から**適用対象期間**（原則 1年 の期間）内〔下記ロ参照〕にあるもの 　　　　　　　　　　　　　　　　　　　　　　（平21）

　④ 　**修了**した場合には，**専門実践教育訓練**（後述）を受けている場合であって，**当該専門実践教育訓練の受講状況が適切であると認められるとき**を含む。

　　　また，**修了**した場合に該当することについては，**指定教育訓練実施者**による**証明**が必要（平25）。

　ロ 　適用対象期間は，原則 **1年** であるが，その期間内に妊娠，疾病，負傷等で**引き続き30日以上教育訓練を開始することができない者**については，申出による延長措置がある。ただし，延長後の期間は**20年**が限度。

5-7A
29-5C

3-6E

**法**　□ 　「**支給要件期間**」とは，教育訓練を**開始**した日までの間に同一の事業主の適用事業に引き続いて被保険者として雇用された期間をいう。

□ 　転職等によって複数の適用事業に被保険者として雇用さ

れていた場合，過去の被保険者であった期間は支給要件期間に**通算される**。

その場合でも，被保険者となった日の直前の被保険者でなくなった日が当該被保険者となった日前**1年の期間内**にないときは，通算されない。

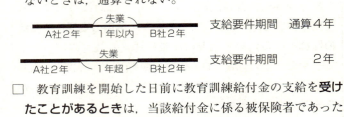

□ 教育訓練を開始した日前に教育訓練給付金の支給を**受けたことがあるとき**は，当該給付金に係る被保険者であった期間は支給要件期間には**通算されない**。

□ 支給要件期間の計算に当たっては，**遡及適用の特例**（→P159参照）も**適用される**。

□ 教育訓練給付金の支給対象となる教育訓練は，大きく次の3つに分けられる（いずれも雇用の安定及び就職の促進を図るためのものであり，厚生労働大臣が指定する）。

① **一般教育訓練**（②③に規定する教育訓練を除く）

② 特定一般教育訓練……**速やかな再就職**及び**早期のキャリア形成**に資する一定の教育訓練（③に規定するものを除く）

③ **専門実践教育訓練**……**中長期的なキャリア形成**に資する**専門的**かつ**実践的**な教育訓練

□ **教育訓練給付金の額**

教育訓練の受講のために支払った費用の額＊×支給率

＊ⓐ入学料及び受講料（平25）。
　ⓑ一般教育訓練の受講開始日前**1年以内**にキャリアコンサルタントが行う**キャリアコンサルティング**を受けた場合は，その費用（**2万円**が限度）

□ **支給率**は，次のとおり（平19，21）。

教育訓練給付

| 区　分 | | | 率 | |
|---|---|---|---|---|
| 一般教育訓練に係る教育訓練給付金（一般） | | 支給要件期間が**3年**〔基準日前に教育訓練給付金の支給を受けたことがない者は**1年**〕以上で，一般教育訓練を受け，**修了**した者 | **20%** | 4選 |
| 特定一般教育訓練に係る教育訓練給付金（特定一般） | | 支給要件期間が**3年**〔基準日前に教育訓練給付金の支給を受けたことがない者は**1年**〕以上で，特定一般教育訓練を受け，**修了**した者 | **40%** | |
| 専門実践教育訓練に係る教育訓練給付金（専門実践） | **Ⅰ** | 支給要件期間が**3年**〔基準日前に教育訓練給付金の支給を受けたことがない者は**2年**〕以上で，専門実践教育訓練を受け，**修了**した者（**当該専門実践教育訓練を受けている者を含む**）〔**Ⅱ**の者を除く〕 | **50%** | 28-6 B |
| | **Ⅱ** | 支給要件期間が**3年**〔基準日前に教育訓練給付金の支給を受けたことがない者は**2年**〕以上で，専門実践教育訓練を受け，**修了**し，当該専門実践教育訓練に係る**資格の取得等**をし，かつ，**一般被保険者又は高年齢被保険者として雇用された者又は雇用されている者**㊟ | **70%** | 28-6 D |

㊟　修了日の翌日から起算して**1年以内**に雇用された者（修了日に雇用されている者については，修了日の翌日から起算して**1年以内**に資格の取得等をした者）に限る。なお，Ⅱの「高年齢被保険者」は，特例高年齢被保険者を除く。

□　支給額には，次の**上限**が設けられている（平19）。

| 一　　般 | 10万円 |
|---|---|
| 特定一般 | 20万円 |
| 専門実践**Ⅰ** | 120万円（連続した2つの**支給単位期間**ごとに支給する額は，40万円を限度とする） |
| 専門実践**Ⅱ** | 168万円（連続した2つの**支給単位期間**ごとに支給する額は，56万円を限度とする） |

※　教育訓練給付金でいう「**支給単位期間**」➡専門実践教育訓練を受けている期間を，所定の方法で，専門実践教育訓練を開始した日から**6箇月**ごとに区分した一の期間。

□　長期専門実践教育訓練（4年）の場合は，支給額の上限

191

第4章　雇用保険法

が最大224万円となる。

□　**不支給となる場合**（平25）

4選　① 　支給額として計算した額が**4,000円**を**超えないとき**。

4選　② 　基準日前の**3年**の期間内に教育訓練給付金の支給を受

けたことがあるとき。

□　**支給申請手続**（平19）

| | | |
|---|---|---|
| 5-7B, D<br>元-4C<br>27-4ア | 一般 | 教育訓練給付対象者が，**一般教育訓練を修了**した日の翌日から起算して**1箇月以内**に，支給申請書に所定の書類を添えて**管轄**公共職業安定所長に提出（平25） |
| 5-7C<br>3-6A | 特定一般 | 専門実践と同様に**事前の手続**を行う。その後，**特定一般教育訓練を修了**した日の翌日から起算して**1箇月以内**に，支給申請書に所定の書類を添えて**管轄**公共職業安定所長に提出。 |
| 5-7E<br>28-6A | 専門実践 | 【事前の手続】<br>　専門実践教育訓練受講予定者が，**専門実践教育訓練を開始する**日の**1箇月前**までに，受給資格確認票に所定の書類（担当**キャリアコンサルタント**が**キャリアコンサルティングを踏まえて記載した書面**など）を添えて**管轄**公共職業安定所長に提出<br>→管轄公共職業安定所長は，受給の資格を有すると認めたときは，**教育訓練給付金及び教育訓練支援給付金受給資格者証**（又は受給資格通知）に必要な事項を記載した上でそれを交付するとともに，支給申請を行うべき期間などを通知する<br>【受講中・修了後の手続】<br>　上記の通知を受けた教育訓練給付対象者が，支給申請を行うべき期間内に，支給申請書に**教育訓練給付金及び教育訓練支援給付金受給資格者証**その他の必要な種類を添えて（一定の場合は個人番号カードを提示して）**管轄**公共職業安定所長に提出<br><br>専門実践については，受講中及び修了後に支給単位期間ごとに支給申請（期限は，**当該支給単位期間の末日の翌日から起算して1箇月以内**）をさせ，専門実践Ⅰによって支給する。その後，専門実践Ⅱに該当することとなった者には別途支給申請（期限は，資格取得等＋就職の要件に該当した日の翌日から起算して**1箇月以内**）をさせ，専門実践Ⅱにより計算し，既に専門実践Ⅰで計算し支給した額との差額を支給する。 |

3-6B　□　管轄公共職業安定所長は，支給を決定したときは，その

日の翌日から起算して**7日以内**に支給する（専門実践につ

いては，次の区分による）（平25）。

教育訓練給付

| 専門実践Ⅰ | 支給申請に係る支給単位期間について支給 |
|---|---|
| 専門実践Ⅱ | 全支給単位期間分の教育訓練給付金の額から既に支給を受けた当該専門実践教育訓練に係る教育訓練給付金の額を減じて得た額を基礎として，厚生労働大臣の定める方法により算定して得た額を支給 |

□ **偽りその他不正の行為**により教育訓練給付金の支給を受け，又は受けようとした者には，その日以後，**教育訓練給付金は支給しない**。ただし，やむを得ない理由がある場合には，教育訓練給付金の**全部又は一部を支給**することができる。

□ 新たに受けることとなった教育訓練給付金については，給付制限を受けることなく支給される。　3-6C

**法** ■ **教育訓練支援給付金**（法附則11条の2）

□ **教育訓練支援給付金**は，一定の教育訓練給付対象 28-6E
者（以下の要件に該当する者）が，**専門実践教育訓練を受 27-4イ
けている日のうち失業している日**について支給される。

○**令和7年3月31日以前に専門実践教育訓練を開始**
○開始した日における年齢が**45歳未満**　3-6D
○開始した日（基準日）前に教育訓練給付金・教育訓練
支援給付金の支給を受けたことがない　等

□ 教育訓練支援給付金は，**支給単位期間**（専門実践教育訓練を受けている期間を，所定の方法で，専門実践教育訓練を開始した日又は受給資格の決定を受けた日から**2箇月**ごとに区分した一の期間）ごとに支給する。

□ 支給単位期間ごとに支給される額は，「**基本手当の日額** 27選
に相当する額の**80%**」に**支給単位期間において失業の認定を受けた日数**を乗じて得た額とする。

□ 基本手当が支給される期間，待期・給付制限の規定によ 28-6E
り基本手当が支給されない期間については支給しない。

**ポ** □ **支給単位期間**⇨教育訓練支援給付金は2箇月，**教育訓練給付金（専門実践）は6箇月**ごとに区分。

193

第4章 雇用保険法

# 第16 高年齢雇用継続基本給付金

## 【法61条】 高年齢雇用継続基本給付金

高年齢雇用継続基本給付金は，被保険者（ 短期雇用特例被保険者 及び 日雇労働被保険者 を除く）に対して 支給対象月 に支払われた賃金の額が みなし賃金日額 に30を乗じて得た額の 100分の75 に相当する額を下回ったときに，当該 支給対象月 について支給する（平17，25）。

ただし，①被保険者が 60歳 に達した日又はその日に応当する日（基準日）に算定基礎期間に相当する期間が 5年 に満たないとき，②支給対象月に支払われた賃金の額が 支給限度額（370,452円）以上 であるときは支給されない。

□　支給対象月・みなし賃金日額

・「支給対象月」➡①被保険者が60歳に達した日（60歳に達した日後の日に算定基礎期間に相当する期間が5年となった場合にはその日）の属する月から65歳に達する日の属する月までの間で，②その月の初日から末日まで引き続いて被保険者であり，かつ，介護休業給付金・（出生時）育児休業給付金の対象となる休業をしなかった月（平17）。

27-5C

・「みなし賃金日額」➡被保険者が60歳に達した日（又は算定基礎期間に相当する期間が5年となった日）を離職の日とみなして算定した賃金日額（平19）。

□　支給額（平22）

支給対象月に支払われた賃金の額（W）が

元-6B
27-5E

①　みなし賃金日額×30の61%未満のとき……0.15W

②　みなし賃金日額×30の61%以上75%未満のとき

……0.15Wから一定の割合で逓減

（ただし，高年齢雇用継続基本給付金の額が受給資格者に

194

雇用継続給付及び育児休業給付

係る賃金日額の下限額（2,746円）の80%（=2,196円）を超えないときは、支給されない（平19）。）

□ **支給期間**

60歳に達した日の属する月から*、**65歳に達する日の属する月まで**（* 60歳に達した日において算定基礎期間に相当する期間が5年未満のときは、**5年になった日の属する月から**）（平22）

□ 算定基礎期間に相当する期間は、前の事業所の期間も通算される場合がある。次の図はその一例。

□ **非行、疾病又は負傷、事業所の休業**等により**賃金が低下**した場合は、低下せずに**支払われたものとみなして**、支給対象月の賃金を**算定**する（平13, 19）。

□ 例えば、60歳到達時の賃金月額が30万円の場合に、疾病により10万円の欠勤控除が行われ賃金が20万円となった月は、30万円の75%（225,000円）未満に低下しているが不支給となる。

□ 公共職業安定所は、支給決定したときは、その日の翌日から起算して**7日以内**に当該給付金を**支給**する。介護休業給付、育児休業給付も同様。

□ 支給申請手続の流れにも注意（⇒P202参照）。

> **POINT**
> **支給額⑪のケース**
>
> $$支給額 = -\frac{183}{280} \times W + \frac{137.25}{280} \times W_0$$
>
> W…支給対象月の賃金　　$W_0$…60歳時点の賃金

# 第17 高年齢再就職給付金

第4章 雇用保険法

### 【法61条の2】 高年齢再就職給付金

高年齢再就職給付金は，受給資格者（算定基礎期間が5年以上あり，かつ，基本手当の支給を受けたことがある者に限る）が60歳に達した日以後安定した職業に就くことにより被保険者となった場合において，当該被保険者に対し再就職後の支給対象月に支払われた賃金の額が，当該基本手当の日額の算定の基礎となった賃金日額に30を乗じて得た額の100分の75相当額を下回ったときに，当該再就職後の支給対象月について支給する。

ただし，①就職日の前日における支給残日数が100日未満のとき，②支給対象月に支払われた賃金の額が，支給限度額（370,452円）以上のときは支給されない。

□ **再就職後の支給対象月**

「**再就職後の支給対象月**」とは，就職日の属する月から，就職日の翌日から起算して2年（又は1年）を経過する日の属する月までの間（ただし，65歳になった月後は支給されない）で，下記のⒶⒷの要件を満たした月である。

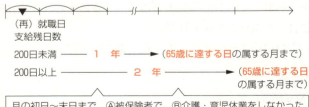

□ 基本手当を受けず**傷病手当**を受けて再就職した場合は，基本手当を受けたものとみなされ，高年齢再就職給付金の

対象となる。

□　**支給額**

　　高年齢雇用継続基本給付金に準ずる（◉P194参照）。

　　（ただし，「みなし賃金日額」を「基本手当の日額の算定の基礎となった賃金日額」と読み替える。）

□　**支給期間**（平10，22）

　　**就職日の属する月から**，就職日の翌日から起算して

　　①　**1年を経過する日の属する月まで**（支給残日数200日未満）

　　②　**2年を経過する日の属する月まで**（支給残日数200日以上）

　　ただし，**65歳に達する日の属する月まで**が限度（平12）

□　支給申請手続にも注意（◉P202参照）

□　**同一の就職につき高年齢再就職給付金**と**再就職手当**の支給を受けることができる場合，いずれか**一方の支給を受けたときは，他方は支給しない**（平17）。

　　　　　　　　　　　　　　　　　　　4-5 C
　　　　　　　　　　　　　　　　　　　元-6 D

□　高年齢雇用継続給付・育児休業給付の支給申請を事業主経由で行う場合，**特定法人**は電子申請が原則。

---

**！POINT**

**高年齢雇用継続給付に係る給付制限**（法61条の3）

| 給付制限事由 | ⓐ　**高年齢雇用継続基本給付金の不正受給** | ⓑ　**高年齢再就職給付金又は当該給付金に係る受給資格に基づく求職者給付もしくは就職促進給付の不正受給** |
|---|---|---|
| **偽りその他不正の行為**により，ⓐ又はⓑの支給を受け又は受けようとしたとき | 支給を受け，又は受けようとした日以後，高年齢雇用継続基本給付金を支給しない。 | 支給を受け，又は受けようとした日以後，高年齢再就職給付金を支給しない（平22）。 |
| | ただし，やむを得ない理由がある場合には，全部又は一部を支給することができる。 | |

2-5 E

第4章　雇用保険法

# 第18 介護休業給付

### 【法61条の4】　介護休業給付金

27-6ア
27-6オ

介護休業給付金は，被保険者（短期雇用特例被保険者，日雇労働被保険者を除く）が対象家族*を介護するための休業をした場合に，当該介護休業を開始した日前 2年間 （疾病，負傷等により引き続き30日以上の賃金の支払を受けることができなかった場合の延長措置あり，ただし最長4年間）にみなし被保険者期間(注1)が 通算して12箇月以上 であったときに，支給単位期間(注2)について支給する（平20）。

30-6B

＊　**対象家族**……ⓐ被保険者の**配偶者**（内縁含む），**父母**及び**子**，**祖父母**，**兄弟姉妹**，**孫**，**配偶者の父母**（平25）

(注1)　**みなし被保険者期間**➡休業（同一の対象家族について2回以上の休業をした場合は初回の休業）開始日を被保険者でなくなった日とみなして，休業開始日の前日からさかのぼって被保険者であった期間を1箇月ごとに区分する。賃金支払基礎日数が**11日以上**（**賃金支払基礎時間数が80時間以上**）ある場合に1箇月として計算。

(注2)　**支給単位期間**➡休業期間（休業開始日から起算して3月を経過する日までの間に限る）を休業開始日から将来に向かって1箇月ごとに区切っていくその1区分の期間。

□　支給額（一支給単位期間につき，次の額）

①　支給単位期間に賃金が支払われなかった場合

**休業開始時賃金日額**(注1)×**支給日数**(注2)×**40%**（当分の間，**67%**）

(注1)　**休業開始時賃金日額**➡介護休業を開始した日の前日を離職日とみなして算定した賃金日額。上限16,980円。

(注2)　**支給日数**➡原則「**30日**」。ただし，休業終了日の属する支給単位期間については「**支給単位期間の日数**」。

雇用継続給付及び育児休業給付

② 支給単位期間に賃金が支払われた場合の調整

「**賃金額＋介護休業給付金の額**」が，「**休業開始時賃金日額 ×支給日数×80%**」以上となるとき 27-6ウ

➡「**休業開始時賃金日額×支給日数×80%－賃金額**」を支給

「**賃金額**」が，「**休業開始時賃金日額×支給日数×80%**」以上となるとき➡**不支給**

□ 介護休業給付金の支給対象となる休業の要件は，
　・支給単位期間に就業する日数が**10日以下**であること
　・休業終了予定日までに，産前産後休業，育児休業又は新たな介護休業が始まった日後の休業でないこと　等

□ **期間雇用者**も，休業開始予定日から起算して**93日**を経過する日から**6箇月**を経過する日までに期間満了することが明らかでない場合は支給対象。 30-6 D

□ 同一の対象家族について分割して休業し受給できる（**93日**が限度）が，**4回目**以後の休業については支給しない。 30-6 A,C,E

□ 休業1回当たりの上限は**3月**。

□ 休業開始時賃金日額の上限額（16,980円）は，基本手当に係る賃金日額の，**45歳以上60歳未満**の者の上限額と同じ（育児休業給付の場合は，**30歳以上45歳未満**の者の上限額15,430円と同じ）。

> **POINT**
>
> **介護休業給付に係る給付制限**（法61条の5）
>
> | 給付制限事由 | 給付制限期間 |
> | --- | --- |
> | **偽りその他不正の行為**により介護休業給付金の支給を受け，又は受けようとしたとき | 支給を受け，又は受けようとした日以後，介護休業給付金を支給しない。 |
> | | ただし，やむを得ない理由がある場合には，全部又は一部を支給することができる。 |
> | 新たに開始した休業に係る介護休業給付金は給付制限を受けることなく支給される。 | |

199

第4章　雇用保険法

# 第19 育児休業給付

**【法61条の7】** 育児休業給付金

元選
27-6オ

5-6A〜E

4-6オ

育児休業給付金は，被保険者（**短期雇用特例被保険者，日雇労働被保険者**を除く）が， 1歳に満たない子 を養育するための休業（**2分割が可能**）をした場合において，当該休業を開始した日前 2年間 （傷病等の場合における最長 4年間 までの延長措置あり）に，(注1) みなし被保険者期間 が 通算して12箇月以上 であったときに，(注2) 支給単位期間 について支給する（平18，20）。

（注1）　**みなし被保険者期間**➡休業開始日を被保険者でなくなった日とみなして，被保険者期間を計算した場合のその期間（**喪失応当日方式**）。賃金支払基礎日数が**11日以上**（賃金支払基礎時間数が**80時間以上**）あるものを被保険者期間**1箇月**とする。**遡及適用の特例**（➡P159参照）も**適用**（平23）。「休業開始日」は，産前休業開始日等の**特例基準日**となる場合もある。

（注2）　**支給単位期間**➡休業開始日から**将来に向かって1箇月**ごとに区切っていくその1区分の期間。

**法**

4-6ア,エ

□　対象となる子は，①同一の子についてパパ・ママ育休プラスを活用した場合は「 1歳2箇月に満たない子 」（平23），②保育所における保育の実施が行われない等の理由がある場合は最長で「 2歳に満たない子 」とされる。

□　**支給額**（一支給単位期間につき，次の額）

①　支給単位期間に賃金が支払われなかった場合

(注1) 休業開始時賃金日額 × (注2) 支給日数 ×**50%**（育児休業を開始した日から起算し休業日数が通算して**180日**に達するまでの間は， **67%**）（平20）

雇用継続給付及び育児休業給付

(注1)　休業開始時賃金日額➡育児休業を開始した日の前日を離　3-7 B
　　　　職日とみなして算定した賃金日額。**上限15,430円。**

(注2)　支給日数➡原則「**30日**」。ただし，休業終了日の属する支
　　　　給単位期間については「**支給単位期間の日数**」。

　②　支給単位期間に賃金が支払われた場合の調整

---

「**賃金額＋育児休業給付金の額**」が，「**休業開始時賃金日額
×支給日数×80%**」**以上**となるとき（平23）

➡「**休業開始時賃金日額×支給日数×80%－賃金額**」を支給

「**賃金額**」が，「**休業開始時賃金日額×支給日数×80%**」**以　3-7 C
上**となるとき➡**不支給**　　　　　　　　　　　　　　　　29-6 E

---

　※　「**賃金額**」➡支給単位期間に支払われた賃金の額。

□　育児休業給付金の支給対象となる休業の要件は，　　　　　4-6イ,ウ
　　　　　　　　　　　　　　　　　　　　　　　　　　　　　3-7A,D,E
　・支給単位期間に就業する日数が**10日以下**（**10日**を超える
　　場合は，公共職業安定所長が就業をしていると認める時
　　間が**80時間以下**）であること

　・休業終了予定日までに，産前産後休業，介護休業又は新　29-6 C
　　たな育児休業が始まった日後の休業でないこと　等

□　**男性**は配偶者の**出産（予定）日**から対象育児休業。　　　3-7 D
　　　　　　　　　　　　　　　　　　　　　　　　　　　　29-6 D
□　**期間雇用者**も，子が**1歳6箇月**（その後の休業について　29-6 A
　は，**2歳**）に達する日までに期間満了することが明らかで
　ない場合は支給対象。

□　給付制限は介護休業給付（P199）と同様である。　　　　　2-5 D

■　**出生時育児休業給付金**（法61条の8）

□　この給付金に係る休業は，出生日**（原則）**から起算して
　**8週間を経過する日の翌日**までの期間内に**4週間以内**。

□　日数は**28日**が限度で，2回まで分割することができる。

□　期間を定めて雇用される者は，出生日（原則）から起算
　して8週間を経過する日の翌日から**6月**を経過する日まで
　に，その労働契約が満了することが明らかでないこと。

201

第4章　雇用保険法

### 雇用継続給付及び育児休業給付の支給申請手続

| 雇用継続給付 | 提出書類 | 提出期限 | 提出先 |
|---|---|---|---|
| A　高年齢雇用継続基本給付金 | 「高年齢雇用継続給付受給資格確認票・（初回）高年齢雇用継続給付支給申請書」＋「**60歳到達時等賃金証明書**その他必要な書類」 | （**初めて申請**する場合） | 所轄公共職業安定所長 |
| B　高年齢再就職給付金 | 「高年齢雇用継続給付受給資格確認票・（初回）高年齢雇用継続給付支給申請書」＋「その他必要な書類」 | **支給対象月の初日**から**4箇月**以内 | |
| C　介護休業給付金 | 「介護休業給付金支給申請書」＋「**休業開始時賃金証明票**その他必要な書類」 | **2箇月**を経過する日の属する月の末日(注) | |
| D　育児休業給付金（平25） | 「育児休業給付受給資格確認票・（初回）育児休業給付金支給申請書」＋「**休業開始時賃金証明票**＋その他必要な書類」 | **4箇月**を経過する日の属する月の末日(注) | |

（注）　Cは，介護休業を**終了した日の翌日**から起算。
　　　　Dは，最初の**支給単位期間の初日**から起算。
□　出生時育児休業給付金は，出生の日（出産予定日前に出生した場合は出産予定日）から起算して**8週間を経過する日の翌日**から，当該日から起算して**2箇月**を経過する日の**属する月の末日**までに支給申請する。
□　支給申請手続は，原則として事業主経由。やむを得ない理由のため事業主経由が困難なときは，事業主を経由せず申請できる（郵送可）。

# 第20 雇用保険二事業

第4章 雇用保険法

## 法 ■ 二事業の目的・助成金等の種類

| | 目 的 | 助成金等の種類（抜粋） |
|---|---|---|
| 雇用安定事業 | 被保険者等*に関し**失業の予防**，**雇用状態の是正**，**雇用機会の増大**その他**雇用の安定**を図ること（二事業は，被保険者等の**職業の安定**を図るため，**労働生産性**の向上に資するものとなるよう留意しつつ行われる） | ・雇用調整助成金<br>・労働移動支援助成金<br>・65歳超雇用推進助成金<br>・特定求職者雇用開発助成金<br>・トライアル雇用助成金<br>・中途採用等支援助成金<br>・地域雇用開発助成金<br>・両立支援等助成金<br>・キャリアアップ助成金<br>・通年雇用助成金 等 |
| 能力開発事業 | Ⓐ**被保険者等**\*に関し**職業生活の全期間**を通じて，能力を開発し，向上させることを促進すること | ・人材開発支援助成金 |
| | Ⓑ**被保険者であった者及び被保険者になろうとする者**の就職に必要な能力を開発し，向上させること（就職支援法事業）（平24選） | 「職業訓練の実施等による特定求職者の就職の支援に関する法律」に規定する**認定職業訓練を行う者**に対する**助成**及び**特定求職者**に対する職業訓練受講給付金の支給 |

\* 「被保険者等」とは，「**被保険者，被保険者であった者**及び**被保険者になろうとする者**」をいう（平20）。

㊟ 特例高年齢被保険者は，原則，各種助成金の対象外。

□ **雇用安定事業の事業内容**

事業活動縮小時の雇用安定，離職を余儀なくされる労働者の円滑な再就職の促進，高年齢者の雇用安定，地域の雇用安定等

第4章　雇用保険法

2-7C, E
29-7C
28-6C

☐ **能力開発事業Ⓐの事業内容**

事業主等の行う職業訓練の助成・援助，公共職業能力開発施設等の設置・運営，有給教育訓練休暇に対する助成・援助，公共職業訓練等の受講奨励等

**参** ☐ **助成金の代表例⇨雇用調整助成金**

**景気の変動**，**産業構造**の変化その他の経済上の理由により**事業活動の縮小を余儀なくされて**，**休業**，**教育訓練**または**出向**等を行った事業主に対して賃金負担額等の一部を助成する。（個別事業主ごとに助成）（平20）

元-7C

**ポ** ☐ ①労働保険料の納付状況が著しく不適切である事業主，②過去5年以内に偽りその他不正の行為により助成金等の支給を受け・受けようとした事業主に対しては，助成金等は支給しない。

☐ 過去5年以内に不正受給を（しようと）した事業主等が事業主又は役員等である場合や，過去5年以内の不正受給に関わった代理人等又は訓練機関が関与している場合も，助成金等は支給しない。

2-7A
元-7B

☐ **雇用安定事業の助成金**等は，**国**，**地方公共団体**（一定の企業を除く）及び行政執行法人等に対しては**支給されない**。

29-7D

☐ 政府は，**雇用安定事業の一部**及び**能力開発事業の一部**を**独立行政法人高齢・障害・求職者雇用支援機構**に行わせる。

**過** ☐ 二事業に係る施設は，被保険者等の利用に**支障がなく**，かつ，その**利益を害しない**限り，**被保険者等以外の者に利用**させることができる（平11）。

☐ 二事業に関する処分についての不服申立ては，**行政不服審査法**により行う（平4，11，14）。

☐ 就職支援法事業以外の二事業については，

・それに要する費用について，**国庫負担はない**（平11）。

・それに要する費用は，**事業主のみが負担**する。

・支給される助成金等は，公課の**対象となる**（平12）。

204

第4章　雇用保険法

# 第21

# 不服申立て，雑則

□ **時　効**……**2年**（法74条）（平11，20）　　　　　　　2-6C
　　　　　　　　　　　　　　　　　　　　　　　　　　　　28-7オ
・失業等給付及び育児休業給付の支給を受け又は返還を受
ける権利（平25）

・返還命令等の規定により納付すべきことを命ぜられた金　4-7B
額を徴収する権利

□ **書類の保管義務**……事業主及び労働保険事務組合は，**雇**　4-7E
**用保険に関する書類**（雇用保険二事業，徴収法に関する書
類を除く）を，その完結の日から**2年間**（被保険者に関す
る書類は**4年間**）**保管**しなければならない（平20，25）。

□ 被保険者資格の得喪の**確認の請求**又は特例高年齢被保険
者となる申出をしたことを理由とする**不利益な取扱いは禁止**。
➡違反すると6箇月以下の懲役又は30万円以下の罰金。

□ **罰則**は，**事業主・労働保険事務組合**に対しては6箇月以　28-7ウ
下の懲役又は**30万円以下**の罰金，**被保険者等**に対しては6
箇月以下の懲役又は**20万円以下**の罰金。

□ **両罰規定**も設けられている。　　　　　　　　　　　　2-1A

```
┌─────────────────────────────────
│ ❗POINT
│ 書類の保存期間の横断整理
│ ・労働基準法➡5年間（当分の間，3年間）
│ ・労災保険法➡3年間　　　　　　　　　　　　　　　労災元-1E
│ ・労働安全衛生法➡特別教育の記録等は3年間，健康診断個人
│ 　票は原則5年間，面接指導の結果の記録は5年間，ストレス
│ 　チェックの結果を事業者が把握した場合の記録も5年間
│ ・雇用保険法➡2年間（被保険者に関する書類は4年間）
│ ・徴収法➡原則3年間（雇用保険被保険者関係届出事務等処理
│ 　簿は4年間）
│ ・健康保険法，厚生年金保険法，社会保険労務士法➡2年間
└─────────────────────────────────
```

## 不服申立て（法69条～71条）

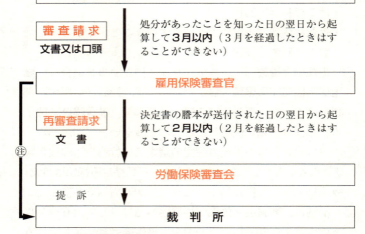

注 雇用保険審査官の決定後は，提訴することも可能（再審査請求をするか選択）

- □ 審査請求をした日の翌日から起算して**3箇月**を経過しても決定がないときは，雇用保険審査官が**審査請求を棄却**したものとみなすことができる（決定を経たことになるので，再審査請求をすることが可能。また，提訴することも可能）。

- □ 被保険者資格の取得・喪失の確認に関する**処分が確定**したときは，その処分についての不服をその処分に基づく失業等給付等に関する処分についての不服理由とすることができない（平24）。

- □ 審査請求，再審査請求は，**時効の完成猶予及び更新**に関しては，**裁判上の請求**とみなされる。

第5章

# 労働保険の保険料の徴収等に関する法律

**主な改正点**

| 改正内容 | 重要度 | 本書頁 |
|---|---|---|
| ＜一般の事業　1,000の15.5＞<br>事業主　1,000分の9.5<br>（失業等給付・育児休業給付分1,000分の6＋雇用保険二事業分1,000分の3.5）<br>被保険者　1,000分の6<br>＜農林水産の事業,清酒製造の事業　1,000分の17.5＞<br>事業主1,000分の10.5<br>（失業等給付・育児休業給付分1,000分の7＋雇用保険二事業分1,000分の3.5）<br>被保険者1,000分の7<br>＜建設の事業　1,000分の18.5＞<br>事業主　1,000分の11.5<br>（失業等給付・育児休業給付分1,000分の7＋雇用保険二事業分1,000の4.5）<br>被保険者　1,000分の7 | A | P220,<br>234 |

# 第5章 労働保険の保険料の徴収等に関する法律

## 第1 総則

### 【法1条】 趣旨

2-8 D雇

この法律は，労働保険の事業の効率的な運営を図るため，①労働保険の 保険関係の成立及び消滅 ，② 労働保険料の納付 の手続，③ 労働保険事務組合 等に関し必要な事項を定めるものとする。

☞ 労働保険の保険料の徴収等に関する法律（徴収法）は，**労災保険**と**雇用保険**を「**労働保険**」と総称し，その適用や保険料の徴収の一元化を図ること等により，労働保険を効率的に運営しようとするものである。

### 法 ■ 賃金

29-8A~C災

□ 賃金とは，賃金，給料，手当，賞与，その他**名称のいかんを問わず**，労働の対償として**事業主が労働者に支払うもの**をいう。

元-10 C雇

□ **通貨以外のもので支払われるもの**（平19）
食事，被服及び住居の利益のほか，所轄労働基準監督署長又は所轄公共職業安定所長が定めるものは賃金となる。

5-10 A雇

□ **通貨以外のもので支払われるもの**の評価に関し必要な事項は，**厚生労働大臣**が定める（平14）。

□ **賃金と解されるもの**と**解されないもの**（具体例）

| 賃金と解されるもの | 賃金と解されないもの |
|---|---|
| ①**休業手当**（平24），②有給休暇日の給与，③住宅手当，④通勤手当，⑤単身赴任手当，⑥（労働協約等の定めにより事業主が支払った）**社会保険料**，所得税等の労働者負担分（平7） | ①**休業補償費**（平均賃金の60％超も含む），②**傷病手当金**，③会社が負担する生命保険の掛金，④**解雇予告手当**，⑤退職金（平24），⑥**祝金**，見舞金等（労働協約，就業規則等によって支払われる場合も含む） |

26-8 エ災
4-10 D災

29-8 D災
26-8 ウ災

4-10 E災
26-8 イ災

総　　則

| | |
|---|---|
| ⑦食事の利益（原則）⟶ | 給食によって賃金の減額を伴わない等の場合（福利厚生費として扱い，賃金ではない） |
| ⑧被服の利益（原則）⟶ | 労働者が業務に従事するために（又は，着用が義務づけられて）支給，貸与する場合 |
| ⑨住居の利益（原則）⟶ | 均衡を保つために住宅の貸与を受けない者に手当が一律に支給されていない場合 |

29-8 E災

**行** □　現物支給される通勤定期券，在職時に全部又は一部を給与や賞与に上乗せするなど前払いされる退職金は，労働保険料の算定基礎となる賃金に含まれる。

**! POINT**

□　**保険年度**→４月１日から翌年３月31日まで

□　**起算日**→「〜した日から○○日以内」といった場合

　　　　　（原則）**翌日起算**

　　　　　（例外）当日起算……午前０時から始まる場合

□　**事業**→一つの経営組織として**独立性**をもつ経営体　　4-2 E雇

　　　　（個々の本店，支店，工場，事務所）

　　　　　　　　　　　　⇩

　　労災保険，雇用保険に係る保険関係の成立単位

□　**事業主**→個人企業では**個人**，法人企業では**法人**

□　継続事業→事業の期間が予定されていない事業（平16）

　　　　　　　　　　　　（一般の工場，商店，事務所等）

□　有期事業→事業の期間が予定されている事業（平16）

　　　　　　　　　（**建設の事業，立木の伐採の事業**）

　　※　徴収法上特別の扱いを受ける有期事業は，建設の事業と立木の伐採の事業に限られる。

□　強制適用事業→事業が行われている限り，**自動的に保険関係が成立**する事業。

□　暫定任意適用事業→事業主が加入申請し，**厚生労働大臣の認可を受けて保険関係が成立**する事業。

209

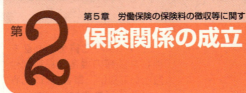

## 第5章 労働保険の保険料の徴収等に関する法律

# 第2 保険関係の成立

### 法 ■ 保険関係の成立

| | 強制適用事業 | 暫定任意適用事業 |
|---|---|---|
| 3-8B災<br>27-8C災 | □ 成立日（平18, 19）<br>　事業が開始された日（適用事業に該当した日）<br>□ 事務手続（平6, 18, 20, 21） | □ 成立日<br>　加入申請後，厚生労働大臣の認可があった日　↓<br>（都道府県労働局長に権限委任）<br>□ 任意加入の申請 |
| 元-10オ災 | 　保険関係が成立した日から10日以内（翌日起算）に，「保険関係成立届」を提出 | ―労災保険―<br>・ 事業主は，「任意加入申請書」を提出（事業主の加入意思のみでよく，労働者の同意不要） |
| 27-8B災<br>元-10ウ災 | 注 成立届を提出した日に成立するわけではない。<br>□ 保険関係成立届の提出先（平21, 23）<br>①所轄労働基準監督署長へ | 〔ただし，労働者の過半数が加入を希望するときは，事業主は申請しなければならない〕 |
| 27-8A災 | ・ 一元適用事業で労働保険事務組合に労働保険事務の処理を委託していない事業（雇用保険のみ成立している事業を除く） | ―雇用保険―<br>・ 事業主は，労働者の2分の1以上の同意を得て「任意加入申請書」を提出 |
| 4-10A雇 | ・ 二元適用事業で労災保険に係る保険関係が成立している事業<br>②所轄公共職業安定所長へ<br>・ 一元適用事業で労働保険事務組合に労働保険事務の処理を委託している事業 | 〔労働者の2分の1以上が加入を希望するときは，事業主は申請をしなければならない〕（事業主が，加入申請しない場合や希望したことを理由としてその労働者に対して解雇等の不利益取扱いをした場合には罰則あり） |
| 27-8D雇<br>元-10ア災<br>29-9C災 | （委託していない事業のうち雇用保険のみ成立している事業を含む） | |

210

保険関係の成立及び消滅

- ・ **二元適用事業**で**雇用保険**に係る保険関係が成立している事業
- □ 保険関係成立届は一定の場合，社会保険の新規適用届又は雇用保険の適用事業所設置届と併せてワンストップでの届出が可能。

□ 任意加入申請書の提出先
①労災保険

| 所轄労働基準監督署長(経由) |
| 所轄都道府県労働局長 |

②雇用保険

| 所轄公共職業安定所長(経由) |
| 所轄都道府県労働局長 |

28-8 C雇

---

□ **暫定措置**

・強制適用事業から→暫定任意適用事業に該当したとき
 **その翌日**に**保険加入の認可があったものとみなす**（平18，23）。

4-10B雇
29-9 B災

・暫定任意適用事業から→強制適用事業に該当したとき
 **その日**に保険関係が成立する。

3-8 A災
27-8 E災

**POINT**

**徴収法の適用について（法39条，則70条）**

4-8 A雇

・**一元適用事業**（原則）

 労災保険と雇用保険の保険料の算定，徴収等の事務を一括して取り扱う。

・**二元適用事業**（特例）（平19，21）

 労災保険と雇用保険の保険料の算定，徴収等の事務を別々に取り扱う。

 ① **都道府県**，**市町村**の行う事業（平13）
 ② 都道府県に準ずるもの，市町村に準ずるものの行う事業
 ③ 港湾労働法に規定する港湾運送の行為を行う事業
 ④ **農林水産の事業**
 ⑤ **建設の事業**

26-8 B雇

㊟ **国**の行う事業は，（労災保険に係る保険関係については適用除外なので）二元適用事業としていない（平12，24）。

5-10B雇
26-8 C雇

㊟ **暫定任意適用事業**は，農林水産の事業の一部であるから二元適用事業（上記④に該当）である（⬅P213参照）。

# 第3 保険関係の消滅

第5章 労働保険の保険料の徴収等に関する法律

 ■ 保険関係の消滅

| 強制適用事業 | 暫定任意適用事業 |
|---|---|
| □ **消滅日**（平18）<br>事業の廃止又は終了の日の翌日 | □ **消滅日**<br>消滅申請後,厚生労働大臣の認可があった日の翌日↓<br>（都道府県労働局長に権限委任）<br>□ **保険関係の消滅の申請**<br>―労災保険―（平21）<br>ⓐ 労働者の過半数の同意<br>ⓑ 労災保険の保険関係成立後1年経過している場合に「保険関係消滅申請書」を提出<sup>注</sup> |
| □ **事務手続**（平19）<br>保険関係消滅のための手続不要（ただし,消滅した日から50日以内（当日起算）に,確定保険料申告書を提出して,労働保険料の精算手続をする。） | ―雇用保険―（平23）<br>労働者の4分の3以上の同意を得て「保険関係消滅申請書」を提出（平21）<br>□ 保険関係消滅申請書の提出先<br>任意加入申請書と同じ |

注 任意加入前に発生した災害に対する,特例の保険給付に係る「特別保険料」の徴収期間中は,消滅申請できない（平21,23）。

□ 労働者数が4人の場合,「過半数」は3人以上,「4分の3以上」も3人以上となる。

□ 暫定任意適用事業の保険関係の消滅申請をすると,**同意しなかった者も含めて脱退する**（雇用保険の任意加入の申請は,同意しなかった者も含めて被保険者となる）。

保険関係の成立及び消滅

**法** ■ 「名称，所在地等変更届」（則5条）

□ 事業主は，次の@～eの事項に変更があったときは，**変更を生じた日の翌日から起算して10日以内**に所轄労働基準監督署長又は所轄公共職業安定所長に提出しなければならない（提出先は保険関係成立届の場合と同じ。一定の場合は年金事務所経由可）（平25）。

@事業主の氏名，名称及び住所，所在地

b事業の名称　c事業の行われる場所

d事業の種類　e有期事業にあっては事業の予定期間（平3）

〔法人の代表者の変更は届出不要〕

4-10C雇
29-9D災

■ **労災保険関係成立票**（則77条）

□ 労災保険に係る保険関係が成立している事業のうち**建設の事業**に係る事業主は，**労災保険関係成立票**を見やすい場所に掲げなければならない（平12，19，21）。

元-10イ災

**過** □ 保険関係成立届の提出は，事務の所轄の区分（次頁）に応じ**所轄労働基準監督署長**又は**所轄公共職業安定所長**のどちらか一方のみにすればよい（平4）。

□ **一元適用事業でも雇用保険の適用を受けない者がいる場合**には，当該事業を労災保険に係る保険関係及び雇用保険に係る保険関係ごとに**別個の事業とみなして**一般保険料の額を算定する（平6）。

30-8B雇

> **POINT**
>
> **暫定任意適用事業の範囲**〔復習〕●P95，146参照
>
> （**労災**）農…常時5人未満，個人経営（例外有り）
>
> 林…常時使用せず，かつ，年間使用延労働者数300人未満，個人経営
>
> 水…常時5人未満，個人経営，かつ，5トン未満又は特定水面等操業
>
> （**雇用**）常時5人未満，個人経営の農林水産業（船員が雇用される事業を除く）（平19）

213

第5章 労働保険の保険料の徴収等に関する法律

# 第4 事務の所轄の区分

**法** ■ **事務の所轄の区分**

□ 労働保険に関する事務は，基本的には，次の事業の区分に応じて，都道府県労働局長並びに労働基準監督署長又は公共職業安定所長が取り扱う。

（労働基準監督署長又は公共職業安定所長が行う事務以外の事務を都道府県労働局長が行う。）

28-8 A雇

| 一元適用事業 | 労働保険事務組合に労働保険事務の処理を委託していないもの | 労働基準監督署長 | 都道府県労働局長 |
|---|---|---|---|
| 二元適用事業 | 労災保険に係る保険関係が成立しているもの | | |

28-8 B雇

| 一元適用事業 | 労働保険事務組合に労働保険事務の処理を委託しているもの | 公共職業安定所長 | |
|---|---|---|---|
| 二元適用事業 | 雇用保険に係る保険関係が成立しているもの | | |

□ ・概算保険料申告書の提出等

　　➡都道府県労働局労働保険特別会計歳入徴収官

　・概算保険料の納付等

　　➡都道府県労働局労働保険特別会計収入官吏　｝が行う

　・還付請求等（官署支出官が行う場合を除く）

　　➡都道府県労働局労働保険特別会計資金前渡官吏

※ 「労働保険特別会計」は省略可能。

□ 徴収法に定める**厚生労働大臣**の権限は，その一部を**都道府県労働局長**に委任することができる。

214

第5章 労働保険の保険料の徴収等に関する法律

# 第5 保険関係の一括

## 保険関係の一括の種類

|  | 対象保険関係 | 規模要件 | 認 可 |
|---|---|---|---|
| 有期事業の一括 | 労災のみ | あり（未満） | 不 要 |
| 継続事業の一括 | 労災・雇用 | な し | 必 要 |
| 請負事業の一括 | 労災のみ | な し | 不 要 |
| （下請負事業の分離） | 労災のみ | あり（以上） | 必 要 |

### 【法7条，則6条】 有期事業の一括

次の要件に該当する場合には，**法律上当然に一括**される（一括後，事業規模に変更があっても，当初の一括扱いに影響しない）（平18，23）。

① 事業主が 同一人 である。

② それぞれの事業が，有期事業 である。

③ **労災保険の保険関係が成立**した 建設の事業 又は 立木の伐採の事業 である。

④ 事業の種類 を同じくする。

⑤ 事業の規模が，概算保険料の額が 160万円未満，かつ，建設の事業では，請負金額*が1億8,000万円未満，立木の伐採の事業では，素材の見込生産量が1,000立方メートル未満 である（平21）。

　　　　　　　　　* 消費税等相当額を除く。

⑥ それぞれの事業が他のいずれかの事業の**全部又は一部と同時**に行われる。

⑦ 労働保険料の納付の事務が**一の事務所**で取り扱われる。

☞ それぞれの事業が一括されると徴収法の適用上継続事業と同様の扱いを受ける（労災に限る）（平23）。

28-8 D災
28-8 C災

3-10D災

3-10B災
28-8 A災

3-10C災

3-10A災
28-8 B災

30-8 D災

215

第5章　労働保険の保険料の徴収等に関する法律

**過** □　一括有期事業を開始したときは，初めに，その開始した日から10日以内に，継続事業を開始した場合と同じ様式で，「**保険関係成立届**」を所轄労働基準監督署長に提出（平6）。

3-10E災 □　同一事業主が**元請負人**として実施している事業と**下請負人**として実施している事業は，徴収法の適用上別の事業主が実施しているものとされるため，**一括はされない**（平6）。

---

### 【法9条，則10条】継続事業の一括

5-10A,D災　事業主が｜同一人｜である2以上の事業（｜有期事業以外｜の事業）で次の要件に該当するものに関し，保険関係の全部又は一部を1つの保険関係とすることについて申請をし，｜厚生労働大臣の認可｜があったときには，一の保険関係が成立する。

5-10B災 ①　それぞれの事業が次のいずれかに該当すること
・｜二元適用事業｜で｜労災保険｜に係る保険関係が成立
・｜二元適用事業｜で｜雇用保険｜に係る保険関係が成立
・｜一元適用事業｜で｜労災保険及び雇用保険｜に係る保険関係が成立（平11，16）

5-10C災　②　｜事業の種類｜を同じくすること（平11，21）
26-8D雇

---

5-10E災　☞　継続事業の一括が行われると，①すべての労働者は，
4-9A災
2-9E災　**厚生労働大臣が指定**する一の事業（**指定事業**）に使用さ
30-8A災
26-8E雇　れる労働者とみなす。②**指定事業以外**の事業に係る**保険関係は消滅**する（平11）。

28-8E雇 □　事業主は，「**継続事業一括申請書**」を指定事業として**指定を受けることを希望する事業**に係る**所轄都道府県労働局長**に提出する（平21，23）。

30-8C災 □　認可の追加の申請も**指定事業**に係る**所轄都道府県労働局長**に対して行う。

保険関係の一括

■　**継続事業の一括に係る名称又は所在地の変更**

□　〈**指定事業の場合**〉…変更を生じた日の**翌日**から起算して**10日以内**に、「名称，所在地等変更届」（●P213）を所轄労働基準監督署長又は所轄公共職業安定所長に提出。

□　〈**指定事業以外**の事業の場合〉…**遅滞なく**、「継続被一括事業名称・所在地変更届」を**指定事業に係る**所轄都道府県労働局長に提出（平11）。

過　□　継続事業の一括が行われた場合，指定事業以外の事業は，労働保険料の確定精算に関する手続をとる必要がある（平6，21）。

□　被一括事業の事業の種類が変更されたときは保険関係成立の手続をとらせる。　　30-8 E災

□　継続事業の一括に事業規模の制限はない（平3）。

【法8条1項】　**請負事業の一括**

建設の事業 が，数次の請負 で行われる場合には，その事業を（**法律上当然に**）一の事業とみなし，元請負人 のみを事業主とする（平15，16，17，18）。

2-8災
A,B,D,E
26-9災
A〜C

☞　請負事業の一括の制度は労災のみで雇用にはない（平21）。　　2-8 C災
26-9 D災

【法8条2項】　**下請負事業の元請負事業からの分離**

次の要件を満たし，元請負人 及び 下請負人 が，下請負人 の請負に係る事業に関して前項の規定の適用を受けることにつき申請をし，厚生労働大臣の認可 があったときは，下請負人 を 元請負人 とみなす（平21）。

〈要件〉下請負事業の規模が，概算保険料の額が160万円以上 **又は**，請負金額\*が 1億8,000万円以上 であること。

＊　消費税等相当額を除く。

27-10 A災

27-10 B災
27-10 C災

□　**元請負人及び下請負人が共同**で，原則として保険関係が

217

第5章　労働保険の保険料の徴収等に関する法律

成立した日の翌日から起算して**10日以内**に，下請負人を事業主とする認可申請書を，**所轄都道府県労働局長**（所轄労働基準監督署長経由）に提出（則8条）（平17，18，20）。

過 　□　数次の請負による建設の事業である場合に，下請負人に係る事業が**一定規模以上**であっても，請負事業の一括は行われる（平3）。〔一定規模以上の下請負事業は，厚生労働大臣の認可を受けて元請負事業から分離できるが，**請負事業の一括**はあくまでも**下請負事業の規模に関係なく**当然に行われる。〕

□　**継続事業の一括**は事業主の申請に基づき**厚生労働大臣の認可**を得て行われるが，**有期事業の一括**と**請負事業の一括**は**当然かつ強行的**に行われる（平6，24）。

□　**請負金額**とは，請負代金の額を次のように加減した額をいう。㊟　請負金額は，請負代金そのものではない。

元-8C災 　㋑　事業主が注文者等からその事業に使用する**工事用物**（コンクリートブロック等）**を支給**され，又は**機械器具等を貸与**された場合，支給された物の価額相当額＊又は貸与された機械器具等の損料相当額＊を**請負代金の額**＊に**加算**する。

㋺　ただし，「**機械装置の組立て又は据付けの事業**」の事業主が注文者等から機械装置（ボイラー本体等）を支給された場合において，請負代金の額にその機械装置の価額が含まれているときは，その機械装置の価額＊を請負代金の額＊から**控除**する。　＊　消費税等相当額を除く。

! POINT

| 保険関係の一括の適用を受けない事務 |
|---|
| 労災保険及び雇用保険の**給付**に関する事務 |
| **雇用保険の被保険者**に関する事務（平8） |
| **印紙保険料の納付**に関する事務（平24） |

30-8B災

4-2B雇

28-9A雇

218

第5章 労働保険の保険料の徴収等に関する法律

# 6 一般保険料の計算方法等

**法** ■ **労働保険料の種類**（法10条）（平19, 20）

**一般保険料**………賃金総額を算定の基礎とする通常の保険料

**第1種特別加入保険料**…（労災保険の）**中小事業主等**の特別加入者に係る保険料

**第2種特別加入保険料**…（労災保険の）**一人親方等**の特別加入者に係る保険料

**第3種特別加入保険料**…（労災保険の）**海外派遣者**の特別加入者に係る保険料

**印紙保険料**…………（雇用保険の）**日雇労働被保険者**に係る保険料

**特例納付保険料**……一定の事業主が納付できる過去の一般保険料（雇用保険率に応ずる部分）

☐ **一般保険料の計算方法**（平20）

  **一般保険料の額＝賃金総額×一般保険料率**＊

＊ 一般保険料率
  ① **一元適用事業**で，**労災保険，雇用保険**の両方が成立している事業では，〔**労災保険率＋雇用保険率**〕
  ② **二元適用事業**で，**労災保険**の保険関係が成立している事業では，〔**労災保険率**〕
  ③ **二元適用事業**で，**雇用保険**の保険関係が成立している事業では，〔**雇用保険率**〕

■ **賃金総額**（法11条2項・3項，則12条〜15条）

☐ **賃金総額とは**，事業主がその事業に使用するすべての労働者に支払う賃金の総額のこと（平16）。

  〔継続事業では，保険年度単位で算定，
  有期事業では，事業の全期間を算定の対象とする。〕

第5章　労働保険の保険料の徴収等に関する法律

30-9ア雇 **過**
- 労働時間が少ない労働者の賃金も算入する。
- 3月20日締切，翌月5日支払の月額賃金は，その3月が属する年度の保険料の算定基礎に含まれる（平24）。

## ■ 賃金総額の特例

30-8C雇
26-8オ災
- 労災保険に係る保険関係が成立している次の事業のうち**賃金総額を正確に算定することが困難な事業**については，次の方法により賃金総額を算定。

① **請負による建設の事業**（平21）

$$\boxed{請負金額^*} \times \boxed{労務費率}$$

4-10C災
\* 消費税等相当額を除く。

② **林業のうち立木の伐採の事業**

$$\boxed{\begin{array}{c}素材1立方メートルを生産す\\るために必要な労務費の額（所\\轄都道府県労働局長が定める）\end{array}} \times \boxed{\begin{array}{c}生産するすべて\\の素材の材積\end{array}}$$

4-10B災
③ **②以外の林業，水産動植物の採捕・養殖の事業**

$$\boxed{平均賃金に相当する額×労働者の使用期間の総日数}$$

## ■ 労災保険率，雇用保険率（平20）**覚**

| 労災保険率 | 雇用保険率 |
|---|---|
| 一般保険料率のうち**労災保険**に係る部分の率 | 一般保険料率のうち**雇用保険**に係る部分の率 |
| 労災保険率は，労災保険に係る**保険給付**及び**社会復帰促進等事業**に要する費用の予想額に照らし，**財政の均衡**を保つことが必要。**過去3年間**の業務災害・複数業務要因災害・通勤災害に係る災害率，二次健康診断等給付に要した費用の額，**社会復帰促進等事業**の種類・内容等を考慮して厚生労働大臣が定める（平24）。 | **一般の事業**………15.5／1,000\*<br>農林水産の事業…17.5／1,000\*<br>ⓐ牛馬育成，酪農，養鶏又は養豚の事業　ⓑ園芸サービスの事業　ⓒ内水面養殖の事業等…15.5／1,000\*<br>清酒製造の事業…17.5／1,000\*<br>建設の事業………18.5／1,000\*<br>\* 令和5年4月1日から1年間について適用する。 |

5-10C, E雇
26-10B災

元-9A災

30-8E雇

30-8D雇

労働保険料の納付の手続等

□ 雇用保険率は，**労働政策審議会**の意見を聴いて**1年以内**の期間を定め，変更できる。　5-10D雇

□ 雇用保険率のうち，失業等給付分は法定の率に対し**プラスマイナス1,000分の4**の範囲で変更できる。二事業分は，一定の場合はマイナス**1,000分の0.5***とすることができる。　2-8E雇

　＊　令和3年度からはマイナス1,000分の1も可能。

■　**労災保険率の範囲等**

□ 最高の率は「**金属鉱業，非金属鉱業（石灰石鉱業又はドロマイト鉱業を除く）又は石炭鉱業**」の1,000分の**88**である（現在，1,000分の100を超える率はない）（平24）。

□ 最低の率は「**通信業，放送業，新聞業又は出版業**」「**金融業，保険業又は不動産業**」等の1,000分の**2.5**である。

□ 労災保険率のうち**1,000分の0.6**は，**非業務災害率**。

□ **非業務災害率**とは，過去3年間の**複数業務要因災害・通勤災害**に係る災害率，**二次健康診断等給付**に要した費用の額及び複数事業労働者に係る合算額を基礎とする給付基礎日額による保険給付の額その他の事情を考慮して厚生労働大臣の定める率をいう。

□ **労働者派遣**における事業の種類は，**派遣先**での作業実態に基づき決定される（納付義務は**派遣元**が負う）（平24）。

## !POINT

**覚えておきたい労災保険率**

| 通信業，放送業，新聞業又は出版業 | 1,000分の**2.5** |
|---|---|
| **卸売業，小売業**，飲食店又は宿泊業 | 1,000分の**3** |
| 金融業，保険業又は不動産業 | 1,000分の**2.5** |
| その他の各種事業* | 1,000分の**3** |

　＊　**その他の各種事業**には，理容業，医療業，保育所などが該当する（社労士事務所も該当する）。

第5章 労働保険の保険料の徴収等に関する法律

# 第7 特別加入保険料の計算方法等

## ■ 特別加入保険料の額の計算方法 (法13条, 14条, 14条の2)

### ① 第1種特別加入保険料 (平22)

$$\begin{pmatrix} 保険料算 \\ 定基礎額 \\ の総額 \end{pmatrix} × \begin{pmatrix} 第1種特別加入保険料率〔(その者の事業に適用 \\ される労災保険率)-(過去3年間の二次健康診断 \\ 等給付に要した費用の額を考慮して定める率^*)〕 \end{pmatrix}$$

* 定める率は, 現在, 零。

### ② 第2種特別加入保険料

$$\begin{pmatrix} 保険料算定 \\ 基礎額の総額 \end{pmatrix} × \begin{pmatrix} 第2種特別加入保険料率〔事業又は \\ 作業の種類ごとに52/1,000〜 \\ 3/1,000の範囲で25区分〕 \end{pmatrix}$$

### ③ 第3種特別加入保険料 (平22)

$$\begin{pmatrix} 保険料算定 \\ 基礎額の総額 \end{pmatrix} × \begin{pmatrix} 第3種特別加入保険料率 \\ 〔一律 3/1,000〕 \end{pmatrix}$$

## ■ 保険料算定基礎額 (平22)

□ 給付基礎日額×365＝保険料算定基礎額

□ 年度の途中で特別加入・脱退した場合は, **月割**計算。

$$\frac{給付基礎日額×365}{12} × 加入期間の月数 = 保険料算定基礎額$$
(1円未満切上げ) (*1月未満→1月)　（1,000円未満切捨て）

* 継続事業……承認日の属する月, 地位消滅日の前日の属する月をそれぞれ端数処理。有期事業……全期間において端数処理。

□ 例えば, 第1種特別加入者の承認を12月17日に受けた場合, 加入期間の月数は4月となる (12月〜保険年度の最終月の3月) (平24)。

□ **給付基礎日額**は, 3,500円〜25,000円 (家内労働者及び補助者は, 2,000円〜25,000円) の範囲内で, 本人の希望により, 都道府県労働局長が決定する。

第5章 労働保険の保険料の徴収等に関する法律

# 第8 特例納付保険料

**法** ■ **特例納付保険料**（法26条）

□ 事業所全体として保険料を納付していないことが確認された場合，保険料の徴収時効である2年経過後も保険料を納付できる。

□ 特例対象者を雇用し保険関係成立の届出をしていなかった事業主（**対象事業主**）は，**特例納付保険料**として，納付義務を履行していない一般保険料（徴収権が**時効消滅**しているものに限る）の額（**雇用保険率に応ずる部分**に限る）のうち当該特例対象者に係る額に相当する額に一定の額を加算した額を**納付する**ことが**できる**（任意の制度）。　3-8 A雇 27-10 A雇

□ **特例対象者**とは，次の**いずれにも該当**する者をいう。

・雇用保険の被保険者の**資格取得の届出がされていなかったこと**（当該**事実を知っていた**場合を除く）　27-10 B雇
・雇用保険の被保険者となったことの確認があった日の2年前の日より前に雇用保険料の被保険者負担分相当額が**賃金から控除されていたことが明らかである時期**があること（●P159参照）

□ 特例納付保険料の額は，「（**特例納付保険料の基本額**＊）＋（**基本額×100分の10**）」である。　27-10 C雇

＊ 原則として，（特例による遡及適用期間の最も古い日から1箇月間に支払われた賃金＋特例による遡及適用期間の直近1箇月間に支払われた賃金）÷2×特例による遡及適用期間の終点の雇用保険率×特例による遡及適用期間の月数　27-10 E雇

□ 納付額は**納入告知書**で通知され，納期限は**通知を発する日**から起算して**30日**を経過した日。**口座振替は対象外**。　3-8 E雇 3-8 C雇

□ 任意納付の制度なので**追徴金の規定は適用されない**。　3-8 B雇

223

# 第9 概算保険料

第5章 労働保険の保険料の徴収等に関する法律

## 法 ■ 継続事業の年度更新 （法15条1項，19条1項）

26-9工雇

> 労働保険料の申告，納付の手続は，最初に**概算額（概算保険料）で申告・納付**し，期限経過後に**確定額（確定保険料）を申告**し，過不足があれば**精算**するシステムをとっている。

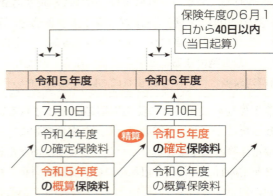

5-8C雇
- □ **保険年度の6月1日から40日以内**（6月1日から7月10日までの間）に，**前年度**の確定保険料の申告・精算と当該年度（**新年度**）の概算保険料の申告・納付をセットで行うことを**年度更新**という（平18）。

- □ 継続事業（一括有期事業を含む。）を行う事業主（**労働保険事務組合に事務処理を委託していないものに限る**）が提出する以下の申告書は，**特定法人**の場合は電子申請が原則である。①年度更新に関する申告書（概算保険料申告書，確定保険料申告書，一般拠出金申告書），②増加概算保険料申告書

労働保険料の納付の手続等

■ **有期事業の労働保険料の申告・納付**（法15条2項，19条2項）

□ 保険関係が成立した日から**20日以内**に概算保険料を申告・納付し，保険関係が消滅した日から**50日以内**に確定保険料を申告し，その差額を精算する。　27-9B災

**法** ■ **概算保険料（継続事業）**

　　□ 概算保険料は，継続事業の場合は，

〔**当年度の賃金総額見込額×当年度の一般保険料率**〕…Ⓐ

（**1,000円未満切捨て**）であるが，

□ 当年度の賃金総額見込額が，前年度の賃金総額の**100分の50以上100分の200以下**の場合，**前年度の賃金総額**をそのまま用いる（平12）。　3-10B雇　3-10C雇　元-8D災

例

| 前年度<br>2,000万円 | 比較 | 当年度<br>3,000万円 | ➡ | **前年度の2,000万円を使い，<br>当年度の概算を計算** |

□ 申告納期限は，次のとおりである（平19，20，22）。

〔年度中途成立〕

6/1　　7/10　　　　　　　50日以内

●————————┤————▶　　　●———————┤————▶

保険年度の6/1から**40日以内**　　保険関係が成立した日から**50日以内**
〔起算日　6/1〕　　　　　　　〔起算日　保険関係成立の日の翌日〕

■ **概算保険料（有期事業）**

□ 〔保険関係に係る**全期間**に使用する労働者に係る<br>賃金総額の見込額（1,000円未満切捨て）〕**×一般保険料率**〕…Ⓑ　5-8B災　29-8オ雇

□ 申告納期限は，次のとおりである（平10，19）。

20日以内

●————————┤————▶

保険関係が成立した日から**20日以内**
〔起算日　保険関係成立の日の翌日〕

■ **特別加入保険料について**

□ **継続事業**の場合，事業主の納付すべき一般保険料の額

225

(前頁Ⓐ)に加えて，その保険年度における特別加入者の**保険料算定基礎額の総額の見込額**に特別加入保険料率を乗じて得た額を**加算**する。

□ **有期事業**の場合，Ⓑに加えて，その保険関係に係る全期間における特別加入者の**保険料算定基礎額の総額の見込額**に特別加入保険料率を乗じて得た額を**加算**する。

 ■ 概算保険料の延納 （法18条）

□ 延納の要件（平17, 19, 22）

| 継続事業の場合 | 有期事業の場合 |
|---|---|
| ㋑ 概算保険料の額が**40万円以上**（保険関係の成立が，労災・雇用のいずれか一方のみの場合は**20万円以上**）〔事務処理を**労働保険事務組合に委託**している事業は**金額不問**〕<br>㋺ 年度中途成立の場合は，**9月30日**までに成立（平18）<br>㋩ 事業主の申請 | ㋑ 概算保険料の額が**75万円以上**〔事務処理を**労働保険事務組合に委託**している事業は**金額不問**〕<br>㋺ 事業の期間が**6箇月を超えていること**<br>㋩ 事業主の申請 |

□ 延納した場合の納期限（最初の期分を除く）（平19, 20）

| 期　間 | 納期限（継続事業） | 納期限（有期事業） |
|---|---|---|
| 4/1〜 7/31 | 7/10 | 3/31 |
| 8/1〜11/30 | 10/31〔11/14〕 | 10/31 |
| 12/1〜 3/31 | 1/31〔2/14〕 | 1/31 |

㊟ 上記の2つの〔 〕は，事務処理が労働保険事務組合に委託されている場合の納期限（継続事業のみの規定）（平22）。

なお，この規定は，認定決定された概算保険料，増加概算保険料，追加概算保険料を延納する場合にも適用される。

□ 継続事業の場合，各期の納付額は**3分割**した額（保険関係成立日によっては2分割）。分割したときに**端数**が生じたら**最初の期分**にまとめる。

労働保険料の納付の手続等

☐ 有期事業の場合，各期の納付額は，概算保険料の額÷延納回数。1円未満の**端数**は，やはり**最初の期分**にまとめる。

☐ 有期事業の場合，**延納回数に制限はない。**

☐ 年度中途に保険関係が成立したとき

継続事業は，{保険関係成立の日の翌日から起算して} 継続事業：**50日以内**／有期事業：**20日以内**

が最初の期分の納期限。

3-9B災
3-10A雇
30-9ウ雇

☐ 中途成立の場合の**最初の期の期間**は，保険関係が成立した日からその日の属する期の末日までの期間が**2月以内**の場合は，**翌期の分**もまとめた期間となる（＝2月以内は翌期にまとめる。2月超は独立の期とする）（平18）。

5-8E雇
3-10A雇
2-8A雇
29-10イ災

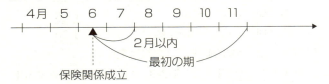

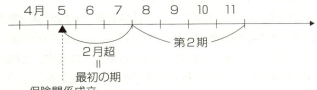

☐ 一定の場合には，保険関係成立届又は雇用保険適用事業所設置届と併せて，健康保険・厚生年金保険の新規適用届を，所轄労働基準監督署長又は所轄公共職業安定所長を経由して提出することができる。

**ポ** ■ 問題の解き方

[問題] A社は，6月15日に事業を開始し，翌年6月8日で事業を終了する予定である。概算保険料85万円を延納する場合，各期の納期限と，最初の期（第1期）に納付すべき額を求めよ。

227

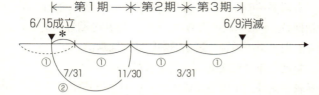

ステップ①　原則通り期間を区切る（4～7月，8～11月，12～3月）。

② ＊2月以内のものは翌期にまとめる。

③ 最初の納付すべき日（有期事業なので，保険関係成立日の翌日から起算して20日以内）をおさえる。

㊜　第1期　（6/15～11/30）　納期限は 7/5
　　第2期　（12/1～3/31）　　〃　　 1/31
　　第3期　（4/1～期の末日）　〃　　 3/31

850,000 ÷ 3 ＝ 283,333……（端数は第1期にまとめる）
第1期283,334円　第2期283,333円　第3期283,333円

■ **増加**概算保険料（法16条，法附則5条）（平19，21）

□ ①事業規模の拡大等により，**賃金総額（保険料算定基礎額の総額）の見込額**が，申告済の賃金総額見込額の100分の200を超えて増加し，かつ，増加後の額を基に算定した概算保険料の額と納付済の概算保険料の額との差額が13万円以上である場合，又は，②労災・雇用いずれか一の保険関係のみ成立していた事業に両保険関係が成立し，**概算保険料の額が100分の200を超え**，かつ，**13万円以上増加した場合**に申告・納付しなければならない（平23）。

□ 申告納期限（継続事業，有期事業共通）は，賃金総額の**増加が見込まれた日**又は**両保険関係が成立した日から30日以内**（翌日起算）（平18，23）。

□ 賃金総額の見込額が増加したが，増加概算保険料の納付の要件に該当しない場合は，**確定保険料**で精算（平23）。

□ 年度中途又は事業期間の中途で片保険となった場合に，

労働保険料の納付の手続等

その時点で還付する制度はない。

■ 追加概算保険料（法17条，則26条）（平19，22，25）

☐ 保険料率の引上げにより**概算保険料**を追加徴収する場合，4-9E雇
都道府県労働局歳入徴収官は「**納付書**」により通知する。30-9ウ災

☐ 納期限は，通知を発する日から起算して30日を経過した日。

☐ 追加徴収は，額の多少を問わず行われる（平9）。30-9ア災

☐ 追加徴収は**特別加入保険料率**についても行われる。

☐ 保険料率を引き下げた場合に，その時点で還付する制度4-9D雇
はない（**確定保険料**で精算）。30-9イ災

■ 増加概算保険料の延納，追加概算保険料の延納

☐ **概算保険料を延納している場合には**，増加概算保険料の30-9エ災
延納，追加概算保険料の延納も申請できる（平22）。27-9A雇
27-9B雇

☐ 増加概算保険料の延納では，最初の期が期の末日まで22-8C雇
月以内でも，独立させる。

☐ 通常の概算保険料以外の延納に際し，次の期分の納期限
が最初の期分の納期限より先に到来する場合には，最初の
期分の納期限に次の期分もまとめて納付する（平9）。

**法** ■ **概算保険料**の認定決定（法15条3項・4項）

☐ 認定決定は，㋑事業主が所定の納期限までに**概算**3-9D災
**保険料申告書未提出**のとき，又は，㋺事業主が提出した概算
保険料申告書の**記載に誤り**があるときに行われる（平19）。

☐ 都道府県労働局歳入徴収官は，「納付書」によって，事業29-8ウ雇
主に認定決定の通知をする。

☐ 納期限（継続事業，有期事業共通）は，3-9E災
事業主が**通知を受けた日から**15日以内（翌日起算）（平20）。

**過** ☐ 増加概算保険料に認定決定制度はない（平8，23）。4-9C雇
30-9オ災
**法** ■ **認定決定された概算保険料の延納**（平10）29-10エ災

☐ 認定決定された概算保険料も，通常の概算3-10E雇
保険料の延納の要件に該当すれば延納が認められる（平22）。

☐ **最初の期分の納期限**は，認定決定に係る通知を受けた日

第5章　労働保険の保険料の徴収等に関する法律

から**15日以内**（翌日起算）。

**！POINT**

### 概算保険料の申告・納付先（平19）

| 保険料 | | 〈経 由〉労働基準監督署長 日本銀行 | 〈経 由〉日本銀行 |
|---|---|---|---|
| | 申告納付先 | 都道府県労働局（労働保険特別会計）**歳入徴収官**〔申告〕 | |
| | | 都道府県労働局（労働保険特別会計）**収入官吏**〔納付〕 | |
| 一般保険料 | | ・**一元適用事業で労働保険事務組合に労働保険事務の処理を委託していない**事業（雇用のみ成立している事業を除く） | ・**一元適用事業で労働保険事務組合に労働保険事務の処理を委託している**事業（委託していない事業のうち**雇用のみ成立している事業を**含む） |
| | | ・**二元適用事業で労災保険**に係る保険関係が成立している事業 | ・**二元適用事業で雇用保険**に係る保険関係が成立している事業 |
| 特別加入保険料 | | ・**第1種～第3種特別加入保険料**（一元適用事業についての第1種特別加入保険料を除く） | ・**一元適用事業についての第1種特別加入保険料** |

継続事業のうち**労働保険事務組合に事務処理を委託していない**事業は，①**社会保険適用事業所の事業主**が**6月1日から40日以内**に行う**一般保険料の申告（申告書の提出）**について，**年金事務所**を経由しての申告も可能（平23）。②概算保険料申告書と保険関係成立届を，社会保険の新規適用届又は雇用保険の適用事業所設置届と同時に提出する一定の場合＊には，年金事務所，所轄労働基準監督署長又は**所轄公共職業安定所長**を経由して保険料申告書を提出できる。

＊　一元適用事業の一般保険料に限る。

第5章 労働保険の保険料の徴収等に関する法律

# 第10 確定保険料

**法** ■ **確定保険料**（法19条）

□ 労働保険料は，当該保険料の算定の対象となる期　3-10C雇
間の初めに概算額で申告・納付しているので，**期間経過後**
に**確定額を申告**し，**差額を精算**する。

□ 年度更新における概算保険料，確定保険料の納付は「**納
付書**」で行う。

□ 申告納期限は，

《継続事業の場合》

〔年度中途消滅〕（平23）
6/1　　　7/10　　　　　　50日以内

次の保険年度の6/1から**40日以内**　保険関係が消滅した日から**50日以内**　5-8B雇
〔起算日　6/1〕　　　　　　〔起算日*　消滅した日〕　元-9B災
　　　　　　　　　　　　　　　　　　　　　　26-9雇
　　　　　　　　　　　　　　　　　　　　　　ア～ウ

《有期事業の場合》

50日以内　　　　　　　　　㊟
　　　　　　　　　　　　　*（保険関係が）消滅した日
保険関係が消滅した日から**50日以内**　＝事業の廃止又は終了
〔起算日*　消滅した日〕　の日の翌日

□ 確定保険料の申告・納付先は，原則として概算保険料と　4-8E災
同じ（前頁参照）。ただし，納付すべき労働保険料がない場　元-9D災
合は，**日本銀行**を経由できない（平20）。

■ **確定保険料の認定決定**（法19条4項・5項）

□ 確定保険料についても，概算保険料と同様に，事業主が　5-8A雇
①所定の納期限までに申告書**未提出**のとき，㋺申告書の**記**　4-8B災
**載に誤り**があるときに，認定決定が行われる。

□ 都道府県労働局歳入徴収官が，事業主に認定決定の通知
をするのは，概算保険料と同様（●P229）。

□ ただし，確定保険料の認定決定は，「**納入告知書**」で通知

第5章　労働保険の保険料の徴収等に関する法律

される（概算保険料の場合は，「**納付書**」）（平11，25）。

□　納期限は，概算保険料と同様で，
事業主が**通知を受けた日から15日以内**（翌日起算）。

□　**確定保険料の場合**，認定決定が行われると，原則として，
**追徴金**が徴収される（**概算保険料**には**ない**制度）。

追徴金の額は，**納付すべき額の100分の10**である（労働保険料又はその不足額が1,000円未満のときを除く）（平22）。

■　**一括有期事業についての報告**（則34条）

□　一括有期事業については，「**一括有期事業報告書**」を次の**保険年度の6月1日から起算して40日以内**又は**保険関係が消滅した日**から起算して**50日以内**に，**都道府県労働局歳入徴収官に提出**しなければならない（平23）。

□　一括された個々の有期事業であって保険年度の末日において終了していないものは，その保険年度の対象から除外し，次年度の概算保険料の対象とする（平24）。

■　**労働保険料の還付，充当**（法19条6項）

□　既に納付した概算保険料の額が，確定保険料の額を**超えるとき**は，①事業主の請求により**還付**するか，②その超過額を次年度若しくは未納の労働保険料等に**充当**する（平18，19）。

| 還　付（則36条） | 充　当（則37条） |
|---|---|
| 事業主が④**確定保険料申告書の提出と同時に**，又は回**確定保険料の認定決定の通知を受けた日の翌日から起算して10日以内**に官署支出官又は**都道府県労働局資金前渡官吏**に，還付請求して行う（還付加算金の制度はない）（平23）。 | 事業主の**還付請求がない場合**，都道府県労働局歳入徴収官は，次年度又は未納の労働保険料等*に充当することができる（平24）。充当することについて**事業主の請求・承諾は要しない**が，**事業主への通知は必要**。 |

＊　石綿による健康被害の救済に関する法律に基づく一般拠出金への充当も含む。

労働保険料の納付の手続等

## ■ 労働保険料の口座振替制度（法21条の2）

☐ 政府は，事業主から，**口座振替による納付**を希望する旨 `2-9A雇` `30-10D災`
の申出があった場合に，**その納付が確実**と認められ，かつ，
その申出を**承認**することが**徴収上有利**と認められるときに
限り，その申出を**承認**することができる。

☐ 口座振替による納付が認められるのは，印紙保険料以外 `3-8D雇`
の労働保険料の納付であって，納付書によって行われる次
の納付に限る（継続事業・有期事業は問わない）（平24）。

① 概算保険料（延納する場合のものを含む）の納付 `30-10A災`

② 確定保険料の不足額の納付 `27-9E災`

☐ 認定決定に係る概算保険料・確定保険料，追徴金，増加 `30-10C,E災`
概算保険料の納付などは，**口座振替の対象外**。

☐ 承認をした場合，都道府県労働局歳入徴収官は，納付書
を当該口座のある金融機関へ送付する。

☐ ただし，当該保険料の納付に必要な事項について金融機
関に電磁的記録を送付したときは，この限りでない。

☐ 口座振替による納付の日が納期限後であっても，納付書 `2-9B雇`
又は電磁的記録が金融機関に到達した日から**2取引日を経
過した最初の取引日までに**納付された場合には，納期限内
に納付されたものとみなす（平15）。

過 ☐ **確定保険料**には，延納の制度はない（平4）。 `27-9C雇`

☐ **確定保険料申告書**は，**納付すべき保険料の有無に** `30-9イ雇`
**かかわらず提出**しなければならない（平20，23）。

☐ 未払賃金であっても，その年度に支払うべきものは，確
定保険料の算定基礎となる賃金総額に含まれる（平3）。

☐ ベースアップが1月に遡って行われ，その年の6月に差 `26-8A災`
額が支払われた場合は，その年度（6月が属する年度）の
賃金総額に含める。

☐ 確定保険料に関する追徴金は天災その他やむを得ない理 `4-8D災`
由（地震，火災，洪水，暴風雨等不可抗力的な出来事）が

233

第5章　労働保険の保険料の徴収等に関する法律

あれば徴収されない（法令の不知，営業の不振，資金難等は該当しない）（平13）。

□　申出を政府が承認しなければ，口座振替納付はできない（平11）。

30-9エ雇　□　口座振替納付の場合は，日本銀行を経由して保険料申告書を提出することができない。

> **POINT**
>
> **概算保険料，確定保険料の求め方（実例）**
>
> 過　A社は，昭和30年創業で，小売業を営み，労働者全員が労災保険及び雇用保険の適用を受けている。次の表に基づき，保険料率は令和5年度と同じと仮定して，A社の令和6年度の概算保険料を計算せよ。（昭63修正）。
>
> | 令和5年度における労働者全員の賃金総額 | 5,000万円 |
> |---|---|
> | 令和6年度における労働者全員の賃金総額の見込額 | 5,500万円 |
>
> | 労災保険に特別加入している事業主の令和5年度における保険料算定基礎額 | 730万円 |
> |---|---|
> | 労災保険に特別加入している事業主の令和6年度における保険料算定基礎額の見込額 | 730万円 |
>
> 〔解答〕・5,500万円は5,000万円の100分の50以上，100分の200以下の範囲内にあるので，5,000万円（令和5年度賃金総額）をもとに計算する。
>
> ・労災保険率は1,000分の3（卸売業，**小売業**，飲食店又は宿泊業），雇用保険率は1,000分の15.5（一般の事業）を用いる。
>
> $$5,000万円 \times \frac{18.5}{1,000} = 925,000 \cdots\cdots ①$$
>
> 〈労災保険率分＋雇用保険率分〉
>
> $$730万円 \times \frac{3}{1,000} = 21,900 \cdots\cdots ② \text{〈特別加入保険料率分注〉}$$
>
> ①＋②＝946,900　　　　　　　　　　　　946,900円
>
> 注　第1種特別加入保険料率は労災保険率と同じ率となる。

234

第5章　労働保険の保険料の徴収等に関する法律

# 第11 印紙保険料その他

**法** ■ **印紙保険料**（法22条〜25条）

□　印紙保険料は，事業主が**日雇労働被保険者**を雇用　28-9 B雇
するときに，雇用保険について**一般保険料に加えて**納付す
べき保険料である。

□　印紙保険料の日額は，賃金日額に応じ，次のとおり。

| 賃金日額 | | 等　級 | 日　額 |
|---|---|---|---|
| 11,300円以上 | | 第1級 | 176円 |
| 8,200円以上 | 11,300円未満 | 第2級 | 146円 |
| 8,200円未満 | | 第3級 | 96円 |

30-8 A雇

□　印紙保険料は，**事業主**と**日雇労働被保険者**が**折半負担**。

□　事業主は，日雇労働被保険者に**賃金を支払うつど**，**日雇**　5-9 E雇
**労働被保険者手帳**に**雇用保険印紙**を貼付し，これに**消印**す　2-9 C雇
ることにより納付する。〔その他，**印紙保険料納付計器**で，　5-9 C雇
**納付印**を押すことにより納付する方法がある。〕（平24）

□　**雇用保険印紙の購入**は，事業主が「雇用保険印紙購入通
帳」に付いている購入申込書に必要事項を記入し，**日本郵**
**便株式会社の営業所**に提出して行う（平15，18）。

□　「雇用保険印紙購入通帳」は**所轄公共職業安定所**で交付。　5-9 B雇

□　「雇用保険印紙購入通帳」は，**その交付の日の属する保険**
**年度**に限り，その**効力**を有するが，有効期間の**更新**を受け
ることもできる（平20）。〔更新は3月中に行う。〕　2-9 E雇

□　事業主は，雇用保険印紙を**譲り渡し**，又は**譲り受けては**
**ならない**（平16）。

□　事業主は，次の①〜③の場合，**日本郵便株式会社の営業**
**所**に雇用保険印紙の**買戻し**を申し出ることができる（平18）。
①雇用保険に係る**保険関係が消滅**したとき

235

第5章　労働保険の保険料の徴収等に関する法律

②日雇労働被保険者を**使用しなくなったとき**

5-9 D雇　③**雇用保険印紙が変更**されたとき〔その日から**6月以内**〕

〈①，②の場合，あらかじめ所轄公共職業安定所長の確認を受けなければならない。〉

28-9 C雇　□　事業主は，毎月の雇用保険印紙の**受払状況を報告**しなければならない（印紙の受払いのない月も）（平20，24）。

□　報告は「**印紙保険料納付状況報告書**」により，**翌月末日**までに，**都道府県労働局歳入徴収官**に対して行う。〔印紙保険料納付計器の場合は，「**印紙保険料納付計器使用状況報告書**」により報告。〕

26-10 E雇　□　政府は，事業主が，正当な理由なく**印紙保険料**の納付を怠った場合は，**認定決定**を行う（**納入告知書**で通知。納期限は，調査決定をした日から20日以内（翌日起算））。

□　この場合，原則として，**追徴金**も徴収される（平12）。

■　**追徴金**（法21条，25条）

□　政府が，**確定保険料**の額を認定決定した場合

➡　**納 付 す べ き 額**（1,000円未満の端数切捨て）　× **10/100**（平15，19，21，22）

28-9 D雇
26-10 D雇　政府が，**印紙保険料**の額を認定決定した場合

➡　**納 付 す べ き 額**（1,000円未満の端数切捨て）　× **25/100**（平15，19，22）

□　**納付すべき額が1,000円未満**のときは追徴金を徴収しない。

□　**都道府県労働局歳入徴収官**は，事業主に対して，追徴金の額及び納期限を**納入告知書**で通知する（平25）。

□　納期限は**通知を発する日から起算して30日を経過した日**。

□　認定決定に係る印紙保険料及び追徴金については，雇用保険印紙によらず，**現金納付**する（平12，24）。

28-9 E雇　（納付先➡都道府県労働局収入官吏，日本銀行）

■　**督促及び滞納処分**（法27条）

5-8 A雇
元-8 A雇　□　労働保険料その他の徴収金を納期限までに納付しない場

印紙保険料その他

合には，政府が督促状により督促を行う（平22，25）。

□　督促状に指定する期限は，**督促状を発する日から起算して10日以上経過した日**でなければならない（平17）。　元-8C雇

□　指定期限までに納付しないときは，政府は**国税滞納処分の例によって処分**する（平19）。　4-10E雇　元-8B雇

□　督促は，時効の更新の効力を生ずる。　2-10A雇

■　**延滞金**（法28条）

□　政府は，**労働保険料**の納付を督促したときは，**年14.6%**（納期限の翌日から**2月**を経過する日までの期間については，原則として**年7.3%**）の割合で，**納期限の翌日からその完納又は財産差押えの日の前日までの**日数により計算した延滞金を徴収する（平15，19，22，25）。　元-8E雇

□　ただし，**労働保険料の額が1,000円未満**のときは徴収しない。また，次の場合にも，延滞金は徴収しない（平17）。　元-8D雇

①　督促状の指定期限までに完納（平20）　29-9A雇

②　納付義務者の住所・居所がわからず，**公示送達**で督促　29-9D雇

③　**延滞金の額が100円未満**

④　労働保険料につき**滞納処分の執行を停止し，又は猶予した**

⑤　労働保険料を納付しないことにやむを得ない理由がある

□　**延滞金の額の100円未満**の端数は切捨て。

□　**労働保険料の額の1,000円未満**の端数は切捨て（平12）。

過　□　**追徴金**に対し，延滞金は徴収されない（追徴金は「労働保険料」ではないため）（平16，22）。　29-9C雇　26-10C雇

□　特例納付保険料は督促，延滞金等の対象。　3-8D雇

□　労働保険料について滞納処分の執行を猶予したときは，その**猶予期間分に限って**延滞金を徴収しない（平8）。

法　■　**先取特権の順位と徴収金の徴収手続**

□　労働保険料その他の徴収金の先取特権の順位は，国税，地方税に次ぐものとする（平19，25）。　29-9B雇

□　徴収金は，**国税徴収の例により徴収**する（平12）。

237

第5章　労働保険の保険料の徴収等に関する法律

## ■ 労働保険料の負担（法31条）

□ 労災保険に係る一般保険料<br>特別加入保険料　}⇨ **全額事業主負担**（平22）

2-10C雇

□ **雇用保険に係る一般保険料**（平22）

⇨ 被保険者負担＝賃金総額×（雇用保険率－**二事業率**）×**1/2**<br>事業主負担＝残余の部分

□ **印紙保険料**（平12）

⇨ 日雇労働被保険者負担＝**1/2**<br>事業主負担　　　　　　＝**1/2**（円未満の端数も負担）

**ポ**

2-10D雇

□ 労働保険料の**納付義務者は事業主**である。

□ 日雇労働被保険者は，**一般保険料の被保険者負担分に加えて**，印紙保険料の2分の1を負担（平22）。

**法**

元-10A雇

## ■ 賃金からの控除（法32条，則60条）

□ 事業主は，被保険者に<mark>賃金を支払うつど</mark>，被保険者負担分の一般保険料の額（日雇労働被保険者については，その他に印紙保険料の額の2分の1の額）を，賃金から控除することができる（平25）。

□ 控除した場合，**労働保険料控除に関する計算書**を作成し，その控除額を被保険者に知らせなければならない（平19）。

5-9A雇

□ また，事業主は，**一般保険料控除計算簿**を作成し，事業場ごとにこれを備えなければならない（形式は問わない）。

---

**! POINT**

29-9E雇

### 延滞金の割合の特例

租税特別措置法94条1項に規定する延滞税特例基準割合が年7.3％の割合に満たない場合，延滞金の割合（年14.6％又は年7.3％）が，次の割合とされる。

| 年14.6％ | 延滞税特例基準割合＋年7.3％ |
|---|---|
| 年 7.3％ | 延滞税特例基準割合＋年1％（年7.3％が限度） |

徴収法のほか，健保法・国年法・厚年法に共通

238

第5章　労働保険の保険料の徴収等に関する法律

# 第12 メリット制

【法12条3項】　継続事業のメリット制

　厚生労働大臣は，連続する3保険年度中の各保険年度において次のいずれかの事業であって当該連続する3保険年度中の最後の保険年度に属する3月31日（「基準日という」）において労災保険の保険関係成立後3年以上経過したものについての連続する3保険年度間における収支率(注1)が，100分の85を超え，又は100分の75以下である場合には，労災保険率から非業務災害率を減じた率を100分の40(注2)の範囲内で引き上げ又は引き下げた率に非業務災害率を加えた率を，基準日の属する保険年度の次の次の保険年度の労災保険率とすることができる（平25）。

① 100人以上の労働者を使用する事業であること

② 20人以上100人未満の労働者を使用する事業で災害度係数が0.4以上(注3)であること

③ 一括有期事業については，確定保険料の額が40万円以上であること　　　　　　　　　　　　　　（平18，24）

2-9D災
2-9B災
4-9B災

□　①②の「労働者」には第1種特別加入者も含まれる。　　28-10ア災

□　一般拠出金の算定に用いる率は対象外。　　　　　　　　4-8A災

□　労災保険率のうち非業務災害率は，メリット制の対象外。

　★　非業務災害率（➡P221）…現在，1,000分の0.6

(注1)

2-9C災

$$収支率 = \frac{業務災害に係る保険給付の額 + 業務災害に係る特別支給金の額}{\left[\begin{array}{l}(一般保険料の額 - 非業務災害率に応ずる部分の額) + (第1種特別加入保険料の額 - 特別加入非業務災害率に応ずる部分の額)\end{array}\right] × \begin{array}{c}第1種\\調整率\end{array}}$$

(注2)　100分の40の範囲内……具体的には，継続事業では100分の40の範囲内，一括有期事業では，下記の率の範囲内である。

239

第5章　労働保険の保険料の徴収等に関する法律

| | 連続する３保険年度中の | |
|---|---|---|
| | すべての保険年度の確定保険料の額が100万円以上 | いずれかの保険年度の確定保険料の額が40万円以上100万円未満 |
| 建　　設 | 100分の40 | 100分の30 |
| 立木の伐採 | 100分の35 | |

（注３）　**災害度係数＝労働者の数×（労災保険率－非業務災害率）**

2-9A災

**法**

□　メリット制は，①事業主の**負担の具体的公平**を図り，②事業主の**災害防止努力を促進**するために設けられた制度。個々の事業の業務災害の発生率（収支率として示される）の高低に応じて，**労災**保険料を引き上げ又は引き下げる。

**法**

■　**継続事業のメリット制の特例**（法12条の２）

28-10エ災

□　継続メリット制が適用される事業（**一括有期事業を除く**）のうち**中小企業事業主**[※]が労働者の**安全又は衛生を確保するための措置**で厚生労働省令で定めるものを講じ，その保険年度の**次の保険年度の初日から６箇月以内**に**厚生労働大臣**に申告書を提出したときは，当該措置を講じた保険年度の**次の次の保険年度から３年間**（継続メリット制が適用される保険年度に限る）について，増減幅の最大を**100分の45**としてメリット制を適用する（収支率**160％超**，**５％以下**の場合に適用）（平22）。

※　**中小企業事業主**……常時300人（金融業，保険業，不動産業，小売業については50人，卸売業，サービス業については100人）以下の労働者を使用する事業主。

**POINT**

28-10ウ災
28-10オ災

**収支率の算定から除かれるもの**（平18，22，25）

①遺族補償一時金，遺族特別一時金　②障害補償年金差額一時金，障害特別年金差額一時金　③特定疾病に係る保険給付・特別支給金　④第３種特別加入者（海外派遣者）に係る保険給付・特別支給金

メリット制

## 【法20条】 有期事業のメリット制

有期事業のメリット制は，次の要件に該当する場合に適用される。適用されると，一般保険料に係る確定保険料の額（労災保険率に応ずる部分の額）から 非業務災害率 に応ずる部分の額を減じた額が， 100分の40 (注1) の範囲内で引き上げ又は引き下げられる。

4-9 E災

〈要件〉

① 労災保険の保険関係が成立している 建設の事業 又は 立木の伐採の事業 であること

② 事業の規模が 確定保険料の額が 40万円以上 であり，又は，建設の事業の場合， 請負金額*が1億1,000万円以上 であること。立木の伐採の事業の場合は， 素材の生産量が1,000立方メートル以上 であること（平22）。

4-9 C災

\* 消費税等相当額を除く。

③ 事業終了の日から 3箇月 を経過した日前又は 9箇月 を経過した日前において，収支率 (注2) が 100分の85を超え，又は100分の75以下 であること。

(注1) **100分の40の範囲内**……具体的には，下記の率の範囲内である。

| 建設の事業 | 100分の40 |
|---|---|
| 立木の伐採の事業 | 100分の35 |

(注2) 収支率は，継続事業の収支率に準ずる。

ただし，9箇月 を経過した日前において収支率を算定する場合には， 第2種調整率 を用いる。

□ 有期事業のメリット制の適用を受け，差額徴収が生じた場合，**都道府県労働局歳入徴収官**は，事業主に対し，**納入告知書**により通知する（法20条3項，則38条5項）。

241

第5章　労働保険の保険料の徴収等に関する法律

☐　その場合の納期限は，**通知を発する日から起算して30日を経過した日**である（則26条）。

☐　有期事業のメリット制の適用を受け，還付額が生じた場合において，事業主が**通知を受けた日の翌日から起算して10日以内**に還付請求したときは，**官署支出官又は都道府県労働局資金前渡官吏**が差額を還付する（則36条）（平22）。

4-9D災　☐　事業主の**還付請求がないとき**は，**都道府県労働局歳入徴収官**が，未納の労働保険料等に**充当**する。この場合，事業主の請求，承認は要しないが，事業主への通知は必要（則37条）。

**過**　☐　有期事業のメリット制は，**一定規模以上の建設の事業又は立木の伐採の事業**に適用（昭63）。

2-9A災　☐　メリット制は，**労災のみ**で雇用には適用しない（平元）。

28-10イ災　**ポ**　☐　継続事業のメリット制は**40%の範囲内**で**率**を改定。有期事業のメリット制は**40%の範囲内**で**額**を改定。

☐　**一括有期事業**には，**継続事業のメリット制**（率の改定）**が適用される**が，特例（継続事業のメリット制の特例）は適用されない。

---

**POINT**

**有期事業のメリット制**

| 保険料 | | 収支率 | 収支率 |

事業の開始　　　　　事業の終了　　　①↑　　　②↑
　　　　　　　　　　　　　　　　　3箇月　　　9箇月

| 保険給付 |

| 保険給付 |

※　事業終了の日から3箇月を経過した日以後に保険給付が行われないような場合には①の収支率を使う（行われるような場合には②を使う）。

★収支率が100分の85超又は100分の75以下
　→確定保険料の額にメリット制適用

第5章　労働保険の保険料の徴収等に関する法律

# 第13 労働保険事務組合

**法** □　労働保険事務組合とは，事業主の委託により，**労働保険事務の処理**を行うことについて**厚生労働大臣の認可**を受けた中小事業主の**団体**又は**連合団体**である（平19）。

□　法人でない団体又は連合団体が認可を受けるためには，**代表者の定めが必要**（平15）。　29-10C雇

**過** □　労働保険事務組合の認可を受けた事業主団体は，**労働保険事務以外の事務**も行うことが可能（平6）。　5-9C災

**法** □　厚生労働大臣の認可の権限は，**都道府県労働局長**に委任する（平12）。

□　労働保険事務組合の認可は，「**労働保険事務組合認可申請書**」を提出（一定書類添付）して受ける。提出先は，

団体等の**主たる事務所の所在地を管轄する**
- ①労働基準監督署長を経由して**都道府県労働局長**（労災二元適用事業等に係る場合）　元-9B雇
- ②公共職業安定所長を経由して**都道府県労働局長**（上記以外の場合）

□　労働保険事務組合は，その認可申請書等の**記載事項に変更**が生じた場合には，その変更があった日の翌日から起算して**14日以内**に，変更の旨を記載した届書を，（上記①②と同様）**都道府県労働局長**に提出しなければならない（平12，20）。　元-9C雇

□　労働保険事務組合は，**業務を廃止**しようとするときは，**60日前までに**「**労働保険事務組合業務廃止届**」を，（上記①②と同様）都道府県労働局長に提出しなければならない（平16，20，23）。

**過** □　**厚生労働大臣**は，労働保険事務組合が労働保険事務の処理を怠ったときは，その**認可を取り消すことが**　28-8D雇

243

第5章　労働保険の保険料の徴収等に関する法律

できる。この認可の取消しの権限は**所轄都道府県労働局長**に委任されている（平7，18）。

29-10D雇　□　この場合，都道府県労働局長は，事業主に通知（平9）。

**法**　□　労働保険事務組合に事務処理を委託できる事業主の範囲（平10，12，13，19，21）

5-9A,B災
元-9A雇
29-10B雇

| ・事務組合である団体の構成員たる事業主<br>・事務組合である連合団体を構成する単位団体の構成員たる事業主<br>・これらの構成員以外の事業主であって，労働保険事務の処理を委託することが必要であると認められるもの | 金　融　業<br>保　険　業<br>不　動　産　業<br>小　売　業 | 常時使用労働者数50人以下 |
| | 卸　売　業<br>サービス業 | 100人以下 |
| | その他の事業 | 300人以下 |

3-9B雇

5-9E災

**法**　□　労働保険事務組合に**委託できる事務**の範囲は，①労働保険料等の納付事務，②雇用保険の被保険者に関する届出事務等広義にわたっているが，**委託できない事務**は，次のとおり（平10，19，23）。

3-9C雇

---

① **印紙保険料**に関する事項（平7，18）

② **保険給付**に関する**請求書等**の事務手続

③ **雇用二事業**に係る事務手続

元-9D雇

---

3-9E雇　□　労働保険事務組合は，事業主から労働保険事務の処理の委託又はその解除があったときは，**遅滞なく「労働保険事務等処理委託届」**又は**「労働保険事務等処理委託解除届」**を提出しなければならない（平20，25）。提出先は，「労働保険事務組合認可申請書」に準ずる（⮕P243①②参照）。

□　政府が**委託事業主**に対してすべき労働保険料の**納入の告知**その他の**通知**及び**還付金の還付**については，**労働保険事務組合**に対してすることができる。

□　この場合，その納入の告知その他の通知及び還付金の還

労働保険事務組合

付は，**事業主に対してしたもの**とみなす（平18，25）。

☐　労働保険事務組合の**責任等**（平13，15，17，25）

---

①　事業主が労働保険料その他の徴収金の納付のため金銭を事務組合に交付したとき→事務組合は，**その交付を受けた金額の限度において**，政府に対して徴収金の納付の責任を負う。

②　政府が追徴金又は延滞金を徴収する場合において，その徴収につき**事務組合の責めに帰すべき理由**があるとき→事務組合は，**その限度において**，政府に対して徴収金の納付の責任を負う。

③　上記①②の規定により，事務組合が納付の責任を負うこととなった徴収金について滞納があったとき→政府は，**事務組合に対して滞納処分**を行い，なお，徴収すべき残余があるときは，事業主から徴収することができる。

④　労災保険の保険給付又は雇用保険の失業等給付について不正受給が行われた場合に，それが**事務組合の虚偽の届出，報告又は証明**によるものであるとき→政府は，事務組合に対して，**不正受給者と連帯し，受給金額の全部又は一部の返還**等を命ずることができる（平25）。

5-9D災

元-9E雇
29-10E雇

---

☐　労働保険事務組合に委託された労働保険事務については，原則として，その**事務組合の主たる事務所の所在地を管轄する行政庁**を所轄行政庁として取り扱う（則69条）。

3-9D雇

　㊟　ただし，当分の間，雇用保険の保険関係に関する書類（任意加入申請書等）その他一定の書類の提出は，**委託事業主の事業場の所在地を管轄する行政庁**に対して行うことができる（整備省令13条）。

☐　労働保険事務組合は，次の**帳簿を事務所に備えて**おかなければならない（平19，20，23）。

| 帳簿の種類 | 保存義務 |
|---|---|
| ①労働保険事務等処理委託事業主名簿 | 完結の日から①②は**3年間**，③は**4年間** |
| ②労働保険料等徴収及び納付簿 | |
| ③雇用保険被保険者関係届出事務等処理簿 | |

3-9A雇

245

第5章　労働保険の保険料の徴収等に関する法律

### ■　報奨金制度（平9）

□　政府は，当分の間，労働保険事務組合が納付すべき**労働保険料が督促することなく完納**されたとき，その他その**納付の状況が著しく良好**であると認めるときは，事務組合に対して，予算の範囲内で，**報奨金を交付**することができる。

30-10雇
A，B

□　具体的には，①7月10日において一定規模以下の事業の委託に係る前年度の確定保険料の額（納付すべき追徴金・延滞金があるときは，その額を加えた額）の**100分の95以上**の額が納付されていること，②前年度の労働保険料等について**滞納処分を受けたことがない**こと，③**不正行為等**により，前年度の労働保険料等の**徴収を免れ**，又は**還付を受けたことがない**ことが交付の要件となる。

30-10E雇

□　報奨金の額は，①**1,000万円**又は②一定規模以下の事業の委託を受けて納付した前年度の労働保険料の額に**100分の2**を乗じて得た額に**厚生労働省令で定める額を加えた額**のうち**いずれか低い額**以内である。

□　石綿による健康被害の救済に関する法律に基づき，事業主の委託を受けて事務組合が行う一般拠出金の納付の状況が良好なときは，事務組合に対して，**一般拠出金の額に100分の3.5**を乗じて得た額以内の**報奨金を交付**する。

30-10D雇

□　「**労働保険事務組合報奨金交付申請書**」は**10月15日**までに，所轄都道府県労働局長に提出する（平20）。

> **POINT**
> **労働保険事務組合についての罰則**
>
> 　次の場合は**6か月以下の懲役又は30万円以下の罰金**。①所定の帳簿を備えていない・虚偽の記載をした等　②行政庁の命令に違反して報告しない・虚偽報告をした・文書を提出しない・虚偽の文書を提出した　③「立入検査」の規定による質問に答弁しない・虚偽の答弁をした・検査拒否等

# 第14 不服申立て，雑則

第5章　労働保険の保険料の徴収等に関する法律

□ **不服申立て**（平11，13，15，20，25）

　　徴収法においては，不服申立ての規定は設けられていない（徴収法における処分に不服がある者は，行政不服審査法により審査請求をすることができる。なお，不服申立ての前置の規定はないので，直ちに提訴することもできる）。

2-10B雇
28-9災
A〜E

〔審査請求〕　　　　　　　（提訴）

労働保険料などの徴収法による処分 → 厚生労働大臣 → 裁決 → 裁判所
↑選択↓

■ **時　効**（法41条）（平23，25）

□ 労働保険料その他の**徴収金を徴収**する権利
　　及びその**還付**を受ける権利 ……………………**2年**で消滅

28-10ア雇

□ 政府が行う労働保険料その他の徴収金の**徴収の告知**
　　又は**督促** …………………………**時効の更新の効力**を生ずる
　➡納入告知書等で指定された期限の翌日から，新たな時効が進行することとなる。

2-10A雇
28-10ウ雇

■ **書類の保存義務**（則72条）

□ 事業主（であった者），労働保険事務組合（であった団体）は，徴収法又は省令による書類を，その**完結の日から3年間**〔雇用保険被保険者関係届出事務等処理簿にあっては，**4年間**〕保存しなければならない（平11，19，22）。

28-10エ雇

■ **事業主の代理人**（則73条）

□ 事業主は，代理人を**選任**しもしくは**解任**し，又は当該選任に関する事項に**変更**を生じたときは，「**代理人選任・解任届**」により，その旨を所轄労働基準監督署長又は所轄公共職業安定所長に届け出なければならない（平25）（一定の場合，年金事務所経由可）。

元-10E雇

247

第5章　労働保険の保険料の徴収等に関する法律

## POINT

### 主な申告・納期限等のまとめ

| 期限 | 届出・保険料等の内容 |
|---|---|
| 10日以内 | ・保険関係成立届<br>・名称，所在地等変更届<br>・下請負人を事業主とする認可申請書<br>・認定決定，有期事業のメリット制の場合の還付請求 |
| 14日以内 | ・労働保険事務組合の認可申請書の記載事項等変更 |
| 15日以内 | ・認定決定された概算保険料<br>・認定決定された確定保険料 |
| 20日以内 | ・有期事業の概算保険料<br>・認定決定された印紙保険料 |
| 30日以内 | ・増加概算保険料 |
| 通知を発する日から起算して30日を経過した日 | ・追加徴収の概算保険料<br>・特例納付保険料<br>・追徴金 |
| 40日以内<br>（6/1から） | ・年度更新の概算保険料<br>・年度更新の確定保険料<br>・一括有期事業報告書（年度更新） |
| 50日以内 | ・継続事業で中途成立の概算保険料<br>・確定保険料（継続事業で中途消滅の場合，有期事業の場合） |
| 60日前 | ・労働保険事務組合業務廃止届 |
| 6箇月以内 | ・労災保険率特例適用申告書（継続事業のメリット制の特例）<br>・雇用保険印紙が変更されたときの買戻し |
| 10月15日 | ・報奨金交付申請書 |

248

第 6 章

# 健康保険法

第6章　健康保険法

# 第1 目的・被扶養者

社－3-9B

### 【法1条】目的

　この法律は，労働者又はその 被扶養者 の 業務災害 （労災保険法に規定する 業務災害 をいう）以外の疾病，負傷，死亡又は出産に関して保険給付を行い，もって国民の生活の安定と福祉の向上に寄与することを目的とする。

**過** □ 健保法は，大正11年制定，大正15年7月施行（全面施行は昭和2年1月）の**日本で最初の社会保険**。

2-3ウ
■ **被扶養者**（法3条7項）（平19，21，23，24）

| | 要　件 | 被扶養者の範囲 |
|---|---|---|
| 2-9A<br>28-2A | 国内居住（原則）<br>＋<br>生計維持関係のみ | ①**直系尊属**（父母，祖父母等）<br>②**配偶者**（事実婚を含む）<br>③**子**<br>④**孫**（曾孫は入らない）<br>⑤**兄弟姉妹** |
| 4-4B<br>2-3オ<br>元-5B<br>30-10B<br>29-2C, D<br>27-1D<br>30-3E | 国内居住（原則）<br>＋<br>生計維持関係<br>＋<br>同一世帯に属する | ①被保険者の**3親等内の親族**<br>②事実上婚姻関係にある配偶者の父母及び子（祖父母，孫は入らない）<br>③事実上婚姻関係にある配偶者が死亡した後の父母及び子 |

3-8オ
**法** □ 被保険者に**生計を維持**されている状態

国年3-5A
① 被保険者と**同一の世帯**の場合

年収が**130万円未満**（60歳以上又は障害者の場合は**180万円未満**），かつ，被保険者の年収の**2分の1未満**（平17）。

元-5C
※ ただし，被保険者の年収の2分の1以上であっても，被保険者の**年収を上回らない**（かつ，年収130万円（180万円）未満の）ときは，"生計維持"と認められる場合がある。

② **同一の世帯に属していない**場合（平22）

27-8B
26-5イ
年収が**130万円**未満（60歳以上又は障害者の場合は，180

総　則

万円**未満**），かつ，被保険者からの**援助額より少ない**。

☐　**同一の世帯**に属する者とは，被保険者と**住居及び家計を共同にする者**で，同一戸籍内にあるか否かを問わず，また被保険者が世帯主であることを要しない（平25）。

☐　夫婦共同扶養の場合，原則として**年収の多い方**の被扶養者とする。夫婦双方の年収の**差額**が年収の多い方の**1割以内**である場合には届出により，**主として生計を維持する**者の被扶養者とする（平17）。

**ポ**　☐　従来同一世帯に属していたが，**病院等に入院**することとなった場合や**指定障害者支援施設等に入所**することとなった場合は，**一時的な別居**であると考えられ，なお同一世帯に属しているものとして取り扱う（平25）。

☐　後期高齢者医療の被保険者は対象外。

☐　被保険者となる短時間労働者は被扶養者とならない。

☐　被保険者から暴力を受けた被扶養者は，被保険者からの届出がなくとも，婦人相談所等が発行する証明書を添付して扶養から外れることができる（平20）。

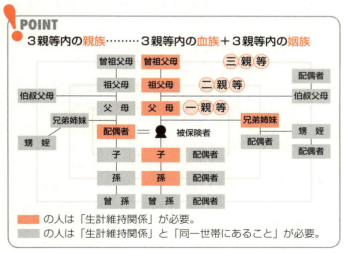

POINT
3親等内の親族………3親等内の血族＋3親等内の姻族

# 第2 基本的理念・諮問・標準報酬月額

第6章 健康保険法

## 【法2条】 基本的理念

30選　健康保険制度については，高齢化の進展，疾病構造の変化，社会経済情勢の変化等に対応し，その他の医療保険制度及び後期高齢者医療制度等と併せてそのあり方に関し常に検討が加えられ，その結果に基づき，医療保険の運営の効率化，給付の内容及び費用の負担の適正化並びに国民が受ける医療の質の向上を総合的に図りつつ，実施されなければならない（平21）。

30-4E　**法**　□　厚生労働大臣の権限に係る事務（全国健康保険協会が行うこととされたもの及び市町村長が行うこととされたものを除く）の一部は，日本年金機構（以下「機構」という）に行わせるものとする。

26-5エ　□　厚生労働大臣の立入検査等の権限（健康保険組合に係る場合を除き，保険給付に関するものに限る）に係る事務は，全国健康保険協会に行わせるものとする。

28-5A　□　厚生労働大臣の権限は，地方厚生局長に委任することができ，さらに地方厚生支局長に委任することができる。

30-4B　□　報酬とは，賃金，給料，俸給，手当又は賞与その他いかなる名称であるかを問わず，労働者が労働の対償として受けるすべてのものをいう。ただし，臨時に受けるもの及び3月を超える期間ごとに受けるものは除く（平23）。

4-7B
元-3B
30-3D
28-8A
**賞**　□　基本給，残業手当，通勤手当（通勤定期券），休職手当，年4回以上の賞与等……報酬（平20, 24）。

□　臨時に受けるもの，3箇月を超える期間ごとに受けるもの（年3回以下の賞与），傷病手当金，解雇予告手当，事業主が恩恵的に支給する見舞金等……報酬でない（平21）。

総　則

□　**賞与**とは，**賃金，給料，俸給，手当，賞与**その他いかなる名称であるかを問わず，労働者が**労働の対償**として受けるすべてのもののうち，**3月を超える期間ごとに受けるもの**をいう。

□　**退職金**は，**在職時**に全部又は一部を給与や賞与に**上乗せ**する等**前払い**される場合は報酬又は賞与に**該当する**が，退職時に支払われるもの又は事業主の都合等で**退職前に一時金**で支払われるものは報酬又は賞与に**該当しない**（平23）。

元-8 A
26-9 A

□　報酬又は賞与の**現物給与の価額**は，その地方の時価により**厚生労働大臣**が定める（平18）。

厚年2-5 A
26-3 E

□　**健康保険組合**は，**規約**により定めることができる。

□　**現物給与の価額の適用**（平25. 2. 4保発0204第1）

厚年30-8 C

・現物給与の価額（評価額）は，**都道府県**ごとに取決め。

・都道府県をまたいで適用事業所が一括されているような場合，各被保険者について，その**勤務地**が所在する都道府県の**現物給与の価額**を適用（これが原則）。

・**派遣労働者**について，派遣元と派遣先が異なる都道府県に所在する場合は，**派遣元**の事業所が所在する都道府県の**現物給与の価額**を適用（平25）。厚年法等でも同じ。

**法**　□　**標準報酬月額**とは，被保険者が受ける報酬の月額を基に定められるもので，保険料及び保険給付の決定の基礎となる。**最低5万8,000円〜最高139万円までの50等級**に区分されている（平13，22）。

29-2 B

> **【法41条】　定時決定**
>
> 　保険者等は，被保険者が毎年 7月1日 現に使用される事業所において，同日前3月間（報酬支払基礎日数 17日未満 の月を除く）に受けた 報酬の総額 をその期間の 月数 で除して得た額を 報酬月額 として標準報酬月額を決定する。（平20，厚年平19選）

30-8 オ

4-8B, C
26-3 B

253

第6章　健康保険法

3-8ウ
29-9エ

☞　「17日」は短時間労働者は「11日」（以下同じ）。

ポ　□　**定時決定を行わない者**（平10，11）

3-10B
29-10D

　　㋑　**6月1日から7月1日まで**の間に**資格を取得した者**

　　㋺　**7月から9月まで**の間に**随時改定又は育児休業等，産前産後休業を終了した際の改定**が行われる者

元-10E

過　□　育児（介護）休業期間中の標準報酬月額は，**育児（介護）休業開始前の標準報酬月額の基礎となった報酬月額**に基づき算定した額とする（平13，16，20）。

【法42条】　**資格取得時決定**

　被保険者が資格を取得した際の標準報酬月額は，次の方法によって算定した額を報酬月額として保険者等が決定する。

27-8C

①　 月 ， 週 その他 一定期間 により報酬を定める場合

$$\left[\frac{被保険者の資格取得日現在の報酬の額}{その期間の \boxed{総日数}} × \boxed{30}\right]$$

②　 日 ， 時間 ， 出来高 ， 請負 によって報酬の額を定める場合（平21）

〔資格取得日の属する月 前1月間 に 当該事業所 で 同様の業務 に従事し，かつ， 同様の報酬 を受ける者が受けた報酬の額を 平均 した額〕

③　①②の方法では算定が困難な場合

〔資格取得月 前1月間 に その地方 で， 同様の業務 に従事し，かつ， 同様の報酬 を受ける者が受けた報酬の額〕

④　①～③のうち2以上に該当する報酬を受ける場合

〔それぞれについて算定した額の 合算額 〕

【法43条】　**随時改定**

3-1A，B
厚年元-7B

　保険者等は，被保険者が現に使用される事業所で， 継続した3月間 （各月において報酬支払基礎日数が 17日 以上

254

総　則

あること）に受けた 報酬の総額 を 3 で除して得た額が,その者の 標準報酬月額 の基礎となる 報酬月額 に比べ,著しく高低 を生じた場合において必要があると認めたときは,その額を 報酬月額 として,その 著しく高低を生じた月の翌月 * から 標準報酬月額 を改定することができる。

☞　随時改定は,**固定的賃金に変動**があった場合に行う。

　*　**著しく高低を生じた**とは,原則として標準報酬等級で**2等級以上**の差が生じた場合をいう。

5-2C
4-7D
4-8A,D,E
3-10A
30-9B
29-10E
28-5E

過　□　7月から12月のいずれかの月に改定された場合であっても,**更に随時改定の要件に該当すれば**,翌年の8月前でもその時点で改定する（平6）。

□　**昇給等のあった月の翌々々月**（昇給等のあった月から**4箇月目**）から改定する（平14）。

□　当該3箇月のうち,報酬支払基礎日数**17日未満の月**があるときは,**随時改定しない**（平5,11,24）。

□　**1級↔2級,49級↔50級**の間では,例外的に,**1等級の差**でも随時改定が行われることがある（平18,21）。

30-2D

□　**60歳以上**の者で,退職後に継続して再雇用されるものについては,使用関係が一旦中断したものとみなし,資格喪失届及び資格取得届を提出することができる（資格取得時決定により標準報酬月額を改定）（平24）。

元-9ウ

## POINT

### 標準報酬月額の有効期間（平24）

| | | |
|---|---|---|
| 資格取得時決定 | ・1/1〜5/31に資格を取得 | ⇨その年の8月まで |
| | ・6/1〜12/31に資格を取得 | ⇨翌年の8月まで |
| 定時決定 | ・9月〜翌年の8月まで | |
| 随時改定 | ・1月〜6月に改定 | ⇨その年の8月まで |
| | ・7月〜12月に改定 | ⇨翌年の8月まで |

元2-A
厚年30-10D

3-1C

255

第6章　健康保険法

**法** ■　育児休業等を終了した際の改定・産前産後休業を終了した際の改定（法43条の2，43条の3）

厚年3-6D,E
厚年3-8A
2-9C
厚年元-8B
27-10エ

□　育児休業等〔産前産後休業〕**終了日の翌日が属する月以後3月間**（報酬支払基礎日数17日未満の月を除く）に受けた**報酬の総額**をその期間の**月数**で除して得た額を**報酬月額**として，**標準報酬月額を改定**する（随時改定の要件に該当しなくても，保険料の変更が可能）（平19）。

・**被保険者**は，事業主を経由して**保険者等に申出**（平24）。

5-3ア
厚年29-8B
27-10オ

・改定された標準報酬月額は，育児休業等〔産前産後休業〕終了日の翌日から起算して**2月を経過した日の属する月の翌月**から**その年の8月**（当該翌月が**7月～12月**の場合は**翌年の8月**）までの各月の標準報酬月額とする。

厚年元-7A

**ポ** □　産前産後休業に引き続いて育児休業等をしている場合，産前産後休業終了時には改定は行われない。

28-10E □　固定的賃金の変動は要件となっていない。

元-9エ
元-10A
厚年元-7C

**【法44条】　保険者算定**

被保険者の報酬月額が

①　定時決定，資格取得時決定等により　算定することが困難　であるとき

②　定時決定，資格取得時決定，随時改定等により算定した額が　著しく不当　なとき

保険者等　が算定する　⇨
（平21）

☞　「算定することが困難」であるとき……例4，5，6月の各月とも報酬支払基礎日数が17日未満のとき（平24）。

30-3D ☞　「著しく不当」なとき……例4，5，6月のいずれかの月において，低額の休職給を受けたとき・ストライキによる賃金カットがあったとき・4月前の遅配分を受けたとき等。

厚年4-3E
28-10B

**法** ■　同時に**2以上の事業所**から報酬を受ける者の報酬月額を定める場合は，**各事業所**で定時決定などで算定した額の**合算額**を報酬月額とする（平10，24）。

256

総　則

□　**任意継続被保険者の標準報酬月額**は，①**資格喪失時**の標準報酬月額又は②その者の保険者が管掌する**前年（1〜3月**の標準報酬月額については**前々年）の9月30日**における**全被保険者の同月の標準報酬月額を平均した額**＊（組合が当該平均額の範囲内で規約で定めた額があるときは，当該**規約**で定めた額）の，いずれか**低い方**の額（平13，24）＊＊。

元選
29-10B

＊　協会管掌健康保険……**30万円**

＊＊　**組合**は，①**の額が②の額を超える**任意継続被保険者について，**規約**で定め，**①の額**とすることができる。

┌─────────────────────────────────┐
│ 【法40条2項】 標準報酬月額等級の上限の弾力的調整 │
└─────────────────────────────────┘

　　毎年 3月31日 における標準報酬月額等級の最高等級に該当する被保険者数の被保険者総数に占める割合が 100分の1.5 を超える場合で，その状態が継続すると認められるときは，その年の 9月1日 から，政令で，最高等級の上に更に等級を加える標準報酬月額の 等級区分 の改定を行うことができる。

28-2C

3選

　　ただし，その年の 3月31日 において，改定後の標準報酬月額等級の最高等級に該当する被保険者数の同日における被保険者総数に占める割合が 100分の0.5 を下回ってはならない。

3選

（平21選，平18）

☞　**厚生労働大臣**は上の要件を満たせば，**社会保障審議会**の意見を聴いて政令により**上限を改定**することができる。

■　**標準賞与額の決定**（法45条）

□　保険者等は，被保険者が**賞与を受けた月**において，その月に当該被保険者が受けた**賞与額（1,000円未満の端数切捨て）**に基づき，その月における**標準賞与額**を決定する（ただし，年度累計で**573万円**を限度とする）（平19）。

3-1D
元-10D

28-4C
27-9B
4-10D

□　育児休業で保険料免除期間中の賞与も累計に含む。

257

# 第3 届 出

###### 第6章 健康保険法

## □ 事業主が行う届出 （平21，22，24）

| 書　類 | 提出期限 | 提　出　先 |
|---|---|---|
| 被保険者資格取得（喪失）届*¹ | 5日以内 | 機構又は組合<br>*1　協会管掌は一定の場合，職安経由可（取得は労基署経由可の場合もある） |
| 被保険者賞与支払届 | 5日以内 | |
| 育児休業等取得申出書，産前産後休業取得申出書 | 休業開始時 | |
| 報酬月額算定基礎届（定時決定） | 7月10日まで | |
| 報酬月額変更届（随時改定） | 速やかに | |
| 被保険者氏名変更届 | 遅滞なく | 厚生労働大臣又は組合<br>*2　協会管掌は一定の場合，職安経由可（「該当」は労基署経由可の場合もある） |
| 少年院等への入院の届出 | 5日以内 | |
| 適用事業所該当（不該当）届*² | 5日以内 | |
| 特定適用事業所該当届 | 5日以内 | |
| 事業主の氏名等変更届 | 5日以内 | |
| 代理人選任解任届（平23） | あらかじめ | |

## □ 被保険者が行う届出等

| 書　類　等 | 提出期限 | 提　出　先 |
|---|---|---|
| 同時に2以上事業所勤務者の保険者選択届（平22，23） | 10日以内 | 厚生労働大臣又は組合 |
| 任意継続被保険者資格取得申出書 | 20日以内 | 保険者（協会又は組合） |
| 任意継続被保険者の氏名・住所変更届，被扶養者（異動）届 | 5日以内 | |
| 被扶養者（異動）届 | 5日以内 | （事業主経由）厚生労働大臣又は組合 |
| 介護保険第2号被保険者該当・非該当届*³（平25） | 遅滞なく | |
| 氏名変更の申出（任意継続被保険者以外） | 速やかに | 事業主 |

*3　年齢の到達による該当・非該当については，届出不要。

第6章　健康保険法

# 第4 適用事業所，被保険者

**ポ** □　健康保険は，原則，**事業所単位**で適用する。

□　法3条3項に規定されている事業所は**適用事業所**であるが，**それ以外の事業所**でも**厚生労働大臣の認可を受け**て**適用事業所**となることができる。

**過** □　**派遣労働者**は，**派遣元**の事業所の健康保険の適用を受ける（平24）。

**法** ■　**適用事業所**

□　適用事業所とは，次のいずれかの事業所をいう。

① 　**常時5人以上**の従業員を使用する**個人経営**の**適用業種**（法3条3項に掲げる事業）の事業所（平14，23）

　㋑製造業，鉱業，電気供給業等17業種。弁護士，公認会計士，社労士等の**法律・会計に関する士業**も適用業種。

5-8 A
厚年元-4 C

② 　**国**，**地方公共団体**又は**法人**の事業所であって，**常時従業員を使用**するもの（平14）

□　常時5人以上の従業員を使用する**個人経営の非適用業種**の事業所は，従業員が何人増えても**適用事業所とならない**。

□　非適用業種とは，㋑**第一次産業（農林，水産，畜産業）**㋺**サービス業**　㋩**神社，教会**等

■　**適用事業所以外の事業所の適用**

28-1 ウ

① 　**常時5人未満**の従業員を使用する**個人経営**の事業所

② 　上記の㋑～㋩の**非適用業種**の個人経営の事業所（平24）の事業主は，次の要件を満たしていれば，当該事業所を**適用事業所**とすることができる（法31条）。

・**被保険者**となるべき者の**2分の1以上の同意**（平11，22）

・**厚生労働大臣の認可**

□　任意加入の認可を受けたときは，**加入に反対した者を含め**，適用除外者（次頁参照）**以外の者は全て被保険者**となる。

259

第6章　健康保険法

| 業種 | 適用業種 | | 非適用業種 | |
|---|---|---|---|---|
| | 製造，鉱業，販売，電気，貨物，金融等 | | 農林・水産，サービス業，宗教業 | |
| 規模 | 法　人 | 個　人 | 法　人 | 個　人 |
| 5人以上 | ○ | ○ | ○ | × |
| 5人未満 | ○ | × | ○ | × |

○　適用事業所　　×　適用事業所とならない事業所

2-10C
28-1イ
□　従業員の希望による任意加入・脱退の規定はない。

過　□　非適用業種でも，法人経営なら適用事業所（平9）。

□　外国人が経営する法人の事業所は適用事業所（平6）。

5-8B
27-5A
□　適用事業所が従業員の減少等により適用事業所に該当しなくなった場合には，**加入の認可があったものとみなされる**（平15，17）。

5-1A
□　常時5人以上の計算は，**適用除外者も含めて計算**（平24）。

□　2以上の適用事業所の事業主が同一である場合は，**厚生労働大臣の承認**を受けて，2以上の事業所を一の事業所とすることができる（法34条）。

3-5B
法　■　被保険者（法3条1項）

□　「被保険者」とは，

4-6D
適用事業所に使用される者及び任意継続被保険者をいう（法附則上の被保険者として特例退職被保険者がある）。

2-9E
26-10D
元-4ア
29-5B
過　□　**試用期間中**の者も被保険者（平16）。

□　法人の役員は被保険者となるが，個人事業主は，**被保険者になり得ない**（平5，10，14，17，22）。

4-2B
2-4E
26-7C
□　**当初から自宅待機**とされた場合，雇用契約が成立し，かつ，休業手当が支払われるときは，その**休業手当の支払の対象となった日**の初日に被保険者の資格を取得する。

■　適用除外（法3条1項ただし書）

被 保 険 者

□　次に該当する者は，**日雇特例被保険者となる場合を除き，被保険者となることができない**（平23）。

| 船員保険の被保険者 | | 疾病任意継続被保険者を除く（平18）。 | |
|---|---|---|---|
| 臨時に使用される者 | **2月以内**の期間を定めて使用される者 | **定めた期間を超えて使用されることが見込まれる**場合は当初から被保険者。また，**定めた期間を超えて引き続き使**用されたときは，そのときから被保険者となる（平19，22）。 | 5-7 E |
| | 日々雇い入れられる者 | **1月を超え**引き続き使用されたときは，そのときから被保険者となる。 | 27-1 A |
| **所在地が一定しない事業所**に使用される者（例外はない）（平11） | | | 2-3エ |
| **季節的業務**に使用される者（平11，25） | | 当初から継続して**4月を超えて**使用される予定なら当初から被保険者となる。 | 2-5ウ |
| **臨時的事業の事業所**に使用される者（平18） | | 当初から継続して**6月を超えて**使用される予定なら当初から被保険者となる。 | |
| **国民健康保険組合の事業所**に使用される者 | | | 26-5ア |
| **後期高齢者医療の被保険者等**（平20，21） | | | |
| 厚生労働大臣，健康保険組合又は共済組合の承認を受けた者（健康保険の被保険者でないことにより国民健康保険の被保険者であるべき期間に限る。） | | | 28-10D |
| 1週間の所定労働時間又は1月の所定労働日数が通常の労働者の**4分の3**未満の者（ただし一定の場合は被保険者となる ●P380参照） | | | 3-8ア 2-1D |

★　**共済組合の組合員等**は，健康保険の適用除外者ではなく，**被保険者**である。しかし，実際には，共済組合等の医療保険制度の適用を受ける（そのため，健保の保険料は徴収されない）。

　元-3 A

【法3条4項】　任意継続被保険者

　**任意継続被保険者**とは，適用事業所に使用されなくなったため，又は適用除外者に該当するに至ったため被保険者（**日雇特例被保険者**を除く）の資格を喪失した者で

元-9ア
28-6 B

261

第6章　健康保険法

4-2D
あって，喪失の日の前日まで 継続して2月以上 被保険者
（ 日雇特例被保険者 ， 任意継続被保険者 又は 共済組合
の組合員である被保険者 を除く）であったもののうち，保
険者に申し出て*，継続して当該保険者の被保険者となっ
た者をいう。ただし， 船員保険の被保険者 又は 後期高齢
者医療の被保険者等 である者は，この限りでない。

2-5イ
＊　申出は，被保険者の資格を喪失した日から20日以内（法37
条）（平22，23）。（ただし，正当な理由があるときは，経過後
の申出であっても受理できる）（平25）

☞　任意継続被保険者には，傷病手当金・出産手当金は支
給されない（平18）。

【過】　□　厚生労働大臣の認可を受けたことにより資格を喪
失した者は，任意継続被保険者になれない（平15）。

【法附則3条】　特例退職被保険者

2-2C
厚生労働大臣の認可 を受けた健康保険組合（ 特定健康
保険組合 ）の退職者（国保法附則の 退職被保険者 になれ
る者）で 任意継続被保険者 以外の者は，その組合の 特例
退職被保険者 となることができる。

☞　国保法附則による退職被保険者であるべき者に該当し
27-5E
なくなったとき，保険料（初めて納付すべき保険料を除
く）を納付期日までに納付しなかったときはその翌日に，
後期高齢者医療の被保険者等となったときはその日に資
格を喪失する（平24）。

【過】　□　保険料は，全額自己負担，その月の10日迄に納付。
27-9C
□　傷病手当金・出産手当金は支給されない（平13）。
26選　□　標準報酬月額は，当該組合の前年の9月30日における特
例退職被保険者以外の全被保険者の同月の標準報酬月額の
平均額の範囲内でその規約で定めた額を標準報酬月額の基
礎となる報酬月額とみなしたときの標準報酬月額。

第6章　健康保険法

# 第5 被保険者資格の取得と喪失

**法**　□　被保険者は，①**適用事業所に使用**されたとき＊，②使用されている事業所が新たに**適用事業所**となったとき，③適用除外者が，**適用除外事由に該当しなくなった**ときは，その日に被保険者の資格を取得する（平22）。

＊　事業所調査で届出漏れ発見→遡って資格取得。

30-10C

□　①**死亡**したとき，②**退職**をしたとき，③**適用除外事由に該当**したとき，④適用事業所でなくなることについて**厚生労働大臣の認可**を受けたときは，原則として，その翌日に資格を喪失する。〔同日得喪の場合には（その日）（平22）〕

5-5 A
5-7 D
5-8 C
5-10 E

**【法33条】脱　退**

認可を受けて適用事業所となった事業所の事業主は，被保険者である者の 4分の3以上の同意 と， 厚生労働大臣の認可 を受けて，当該事業所を**適用事業所でなくする**ことができる。（平21）

26-3 D

☞　**脱退に同意しなかった者も含め**，全員が資格を喪失。

**【法38条】任意継続被保険者資格の喪失**

① 2年 を経過したとき，② 死亡 したとき，③保険料（**初めて納付すべき保険料を除く**）を 納付期日 までに納付しないとき，④被保険者， 船員保険 の被保険者， 後期高齢者医療 の被保険者等となったとき，⑤申出をしたときに資格を喪失する。

元-9イ

30-10 E

資格喪失日は，①～③はその日の翌日，④はその日，⑤は申出受理月の末日の翌日。

5-2 E
5-5 D
29-2 E
26-7 D

□　③の**納付の遅延**について，**正当な理由があると保険者が認めたとき**は，喪失の規定の適用を除外する。

第6章　健康保険法

**法** ■ **資格得喪の確認**（法39条）

　　□　被保険者資格の取得及び喪失は，**保険者等の確認**によりその効力を生ずる（平21）。

　□　確認は，①事業主が行う**資格取得・喪失届**，②被保険者（であった者）からの**請求**，③保険者等の**職権**で行う。

　□　②の**確認の請求**はいつでもできる（平22）。

30-2C
26-7B
　□　**任意継続被保険者の資格の得喪**
適用事業所でなくなることについての｝は，確認を
認可を受けたことによる資格の喪失｝要しない。

■ **被保険者証等**（則47条〜51条他）

4-2E
　□　**被保険者証**は，資格取得の**確認**が行われたときに交付。
〔保険者は，→事業主（経由）*→被保険者に対して交付〕

　□　**被保険者証の内容に変更**があったときは**訂正**のため，被保険者は**遅滞なく**事業主を経由*して保険者に提出。
　*任意継続被保険者は事業主を経由しない。

元-8C
　□　**検認，更新**（保険者が毎年行う）の場合，事業主は被保険者にその提出を求め**遅滞なく**保険者に提出（平6）。

4-1C
28-2E
　□　被保険者が**資格を喪失**した場合又は保険者に変更があった場合等には，**事業主**は，**遅滞なく**被保険者証を**回収**し，保険者に**返納**（住所変更の場合は不要）。

　□　その場合，**被保険者**は，**5日以内**に事業主に提出。

28-2D
　□　任意継続被保険者・特例退職被保険者は保険者に**直接**返納。

3-3D
　□　厚生労働大臣は，**協会**管掌健康保険の被保険者に対し，被保険者証の交付等が行われるまでの間について，求めに応じ，必要があれば，**被保険者資格証明書**を交付する。

29-6A
26-5オ
　□　**70歳以上**の**被保険者**及び**被扶養者**には，**被保険者証とは別に**健康保険**高齢受給者証**を交付（平20）。ただし，高齢受給者に交付される被保険者証に一部負担金等の割合及び高齢受給者証を兼ねる旨を明記した場合は交付しない。

# 第6章 健康保険法

# 第6 保 険 者

**法** □ 健康保険の**保険者**は，①**全国健康保険協会**（協会）〔全国健康保険協会管掌健康保険（協会健保）〕，②**健康保険組合**〔組合管掌健康保険〕である。

## ■ 協 会

□ 協会健保の事業に関する業務のうち，被保険者の**資格の取得・喪失の確認，標準報酬月額**及び**標準賞与額**の決定，**保険料の徴収**（任意継続被保険者に係るものを除く），これらに附帯する業務は，**厚生労働大臣**が行う（平22）。 5選 元-6D 29-1C

□ 協会は，保険給付，日雇特例被保険者の保険給付に関する業務，保健事業及び福祉事業に関する業務等を行う。

□ 協会は，前期高齢者納付金等及び後期高齢者支援金等並びに介護納付金等の納付に関する業務を行う。

□ 協会は，主たる事務所を東京都に，従たる事務所（支部）を各都道府県に設置する。 社-30-6A

□ 協会の役員は，理事長1人，理事6人以内，監事2人。**理事長，監事**は**厚生労働大臣**が任命する（平21）。 5-1B,C 4-4E 4-5A

□ 事業主，被保険者の意見を反映させ，協会の業務の適正な運営を図るため，**協会**に**運営委員会**を置く。 30-1ア

□ 協会は，**支部**ごとに**評議会**を設け，当該支部における業務の実施について，評議会の意見を聴くものとする。 26-1D

□ 協会は，事業年度開始前に事業計画及び予算を作成し**厚生労働大臣**の認可を受けなければならない。

## ■ 健康保険組合

□ 健康保険組合は，①**事業主**，②**被保険者**，③**任意継続被保険者**で組織する（平14，15）。 3-3C

□ 健康保険組合の設立方式には，①任意と②強制がある。②の手続遅延は，「保険料額×2」以下の過料（平20）。 2-7D

265

第6章　健康保険法

| 任　意　設　立 | 強　制　設　立 |
|---|---|
| ・**単独設立**（1又は2以上の事業所で被保険者を**常時700人以上**使用する事業主）<br>・**共同設立**（2以上の事業主で被保険者を合算して**常時3,000人以上**使用している場合） | **厚生労働大臣**の設立命令<br>⇩<br>1又は2以上の事業所で被保険者を**常時政令で定める数以上**使用する事業主 |
| その適用事業所に使用される**被保険者の2分の1以上の同意** ⇨ 規約の作成 ⇨ 厚生労働大臣の認可 | **規約の作成** ⇨ 厚生労働大臣の認可（被保険者の同意は不要） |

29選

4-5B

**過**　☐　健康保険組合は，厚生労働大臣の認可を受けた時に**成立**（平8）。

4-5B　☐　2以上の事業所について組合を設立する場合には，**各事業所につき**被保険者の2分の1以上の同意が必要（平10）。

☐　設立認可があったとき→事業主は速やかに規約を公告。

☐　規約の変更は，**厚生労働大臣の認可**で効力を生ずる（昭63）。

4-1B
2-8C　☐　組合には，**組合会**を置く（**組合会議員**をもって組織）。

5-1D　☐　組合には，役員として，**理事**及び**監事**を置く。
4-5C
3-2B　☐　設立事業所の増加又は減少は，増加・減少に係る**事業主**
28-1ア　**の全部**と，被保険者の**2分の1以上**の同意が必要（平20）。

30-4A　☐　**指定健康保険組合**（健康保険事業の収支が均衡しない組合で**厚生労働大臣の指定**を受けたもの）は，（財政の）**健全化計画**を定め**厚生労働大臣の承認**を受ける。

☐　この健全化計画は，指定日の属する年度の翌年度を初年度とする**3箇年間**の計画とする（平25選，平17）。

**行**　■　**健康保険組合の合併，分割，解散**

30-1エ　☐　健康保険組合は，組合会で組合会議員の定数の**4分の3以上の多数**により議決し，**厚生労働大臣の認可**を受けて，**合併，分割**をすることができる（平17，20，25）。

29-1B　☐　同じ都道府県の健康保険組合の再編・統合を促進するた

め，**地域型健康保険組合**の設立が認められている。

□ **地域型健康保険組合**は，**合併が行われた年度**及び**これに続く５箇年度**に限り，1,000分の30〜1,000分の130の範囲内で**不均一の一般保険料率**を決定することができる（平21）。 28-2 B

□ 健康保険組合は，①組合会議員の定数の**4分の3以上の多数**による議決，②組合の**事業の継続の不能**，③**厚生労働大臣**による**解散命令**を理由に**解散**する（平23）。

□ 組合解散後の権利義務は，**協会が承継**する（平17，21）。 29-1 D

□ 厚生労働大臣は，協会・健康保険組合について，報告の徴収，立入検査をすることができる。

□ **健康保険組合**は，**共同して**その目的を達成するため，**健康保険組合連合会**を設立することができる（平22）。 28-1 エ

---

**【法150条】 保健事業及び福祉事業**

保険者は，高齢者医療確保法の規定による 特定健康診査 及び 特定保健指導 （**特定健康診査等**）を行うものとするほか，**特定健康診査等**以外の事業であって， 健康教育 ， 健康相談 及び 健康診査 並びに 健康管理 及び 疾病の予防 に係る被保険者及びその被扶養者（被保険者等）の 自助努力 についての支援その他の被保険者等の 健康の保持増進 のために必要な事業を行うように努めなければならない。 4-6 C 28-4 E

保険者は，上記の事業を行うに当たっては，高齢者医療確保法16条１項に規定する医療保険等関連情報等を活用し，適切かつ有効に行うものとする。

保険者は，被保険者等の療養のために必要な費用に係る 資金 若しくは 用具の貸付け その他の 療養 若しくは 療養環境の向上 又は出産のために必要な費用に係る資金の貸付けその他の被保険者等の 福祉の増進 のために必要な事業を行うことができる。

第6章 健康保険法

# 第7 療養の給付・入院時食事療養費・入院時生活療養費

【法63条】 療養の給付の範囲

4-1D
① 診察 ② 薬剤 又は 治療材料 の支給
③ 処置 ， 手術 その他の 治療
④ 居宅における療養上の管理 ｝及び その療養に伴う世話
⑤ 病院又は診療所への入院 ｝ その他の 看護 （平22）

5-1E
※ ただし， 食事療養 ， 生活療養 ， 評価療養 ， 患者申出療養 ， 選定療養 に係る給付は含まない。

☞ 療養の給付は，被保険者の**業務外の疾病**，**負傷**に関し，**現物給付**として行う医療給付である。

2-4B □ 定期健康診断の費用は，療養の給付の対象外（平2）。

28-7A □ 単に経済的理由による人工妊娠中絶は対象外。

30-2A **法** □ 療養の給付は，次の医療機関で行う。

① 保険医療機関又は保険薬局

② **特定の保険者**が管掌する被保険者のための病院，診療所又は薬局で，**当該保険者が指定**したもの

③ **健康保険組合**が開設する病院，診療所又は薬局

29-6E □ 保険医療機関又は保険薬局の指定は，開設者の申請により，**厚生労働大臣**が行う。

□ この申請は，病院又は病床を有する診療所については**病床の種別ごとにその数を定めて**行う（平20）。

元-7ア □ **厚生労働大臣**は，次の場合は指定をしないことができる。

26-2B ① 保険医療機関，保険薬局の指定を取り消され，その取消しの日から**5年**を経過しないものであるとき

② 診療又は調剤内容に適切を欠くおそれがあるとして重ねて厚生労働大臣等の指導を受けたものであるとき

③ その他，保険医療機関又は保険薬局として著しく不適

268

保険給付

当と認められるものであるとき　等（法65条3項）

□　医師，看護師等の数が基準に満たないとき，病床過剰地域における勧告に従わないとき等は，申請に係る**病床の全部又は一部を除いて指定を行うことができる**（平14）。

□　病院又は診療所の開設者は，病床の数の増加又は病床の種別の変更をしようとするときは，保険医療機関の指定の変更を申請しなければならない（法66条1項）。

□　**厚生労働大臣**が，①保険医療機関の指定をしないこととするとき，②申請に係る病床の全部又は一部を除いて指定を行い，③保険薬局の指定をしないこととするときは，**地方社会保険医療協議会の議**を経なければならない。また，医療機関・薬局の開設者に弁明の機会を与える。　　　　　　　元-4イ

□　指定の効力は**6年**。病院及び病床を有する診療所以外の　29-3 E
保険医療機関等では期限6～3箇月前の間に別段の申出が　28-4 D
なければ指定の申請があったものとみなす（平16，22）。

□　**保険医療機関等**に従事する医師，歯科医師，薬剤師は，**厚生労働大臣の登録を受けた者（保険医，保険薬剤師）**であること（**登録**に関する有効期間の定めはない）。

□　保険医又は保険薬剤師の**登録**は**厚生労働大臣**が行うが，　2-2 A
登録を取り消され**5年を経過しない**ものであるとき等は，
登録をしないことができる（平19）。

□　**厚生労働大臣**は，登録をしないこととするときは，**地方**　2選
**社会保険医療協議会の議**を経なければならない。

□　保険医療機関，保険薬局の指定・指定の取消し ⎫ については　29-5 E
　　保険医，保険薬剤師の登録の取消し　　　　　 ⎭
**厚生労働大臣**が地方社会保険医療協議会に諮問する。

□　保険医療機関・保険医等の責務，診療報酬の算定方式　5-4 A
（一部を除く）等の定めについては，厚生労働大臣が中央社会保険医療協議会に諮問する（平13）。

□　**1月以上の予告期間**を設けることにより，保険医療機　29-7 B

269

第6章　健康保険法

等は指定を辞退することができ，保険医等は登録の抹消を
求めることができる（平13，22，25）。

3-2A
**ポ**　□　保険医療機関又は保険薬局は，健康保険法以外の
医療保険各法による療養の給付等，高齢者医療確保法
による療養の給付等も担当する（平14，19）。

社-3-10E　□　療養の給付等を受けようとする者は，電子資格確認等に
より，被保険者であることの確認を受ける。

■　**一部負担金**（法74条関係）（平8）

□　病院，診療所に**被保険者証**を，保険薬局に**処方箋**を提出。

□　一部負担金の割合は，次の区分に応じ次のとおり。

| 70歳以上 | **2割*（現役並み所得者は3割）** |
|---|---|
| 70歳未満 | **3割** |

\*　平成26年3月31日以前に70歳に達している者については，
実質1割負担（被扶養者の自己負担額，国保法においても同
じ）

27選　□　**70歳以上**とは，「**70歳に達する日の属する月の翌月以後**」
である。

2選　□　**現役並み所得者**とは⇨**70歳以上**75歳未満の健康保険の加
入者で，療養の給付を受ける月の**標準報酬月額が28万円以
上**である者をいう。

27選　□　標準報酬月額が28万円以上であっても，70歳以上の被保
険者・被扶養者\*の年収額が**520万円**（当該被扶養者がいな
い者は**383万円**）に満たない場合は，申請により2割負担と
なる（平15**選**，平18，24）。

\*　被扶養者であった者で，後期高齢者医療の被保険者等と
なった月から5年を経過する月までの間にある者を含む（令
34条2項）。

□　70歳以上75歳未満の高齢受給者が診療を受けるときは**被
保険者証**とともに**高齢受給者証**を提出する（平16）。

保険給付

□ 一部負担金の額に，**5円未満**の端数があるときは**切捨て**，**5円以上10円未満**の端数があるときは10円に**切上げ**。

□ 保険者は，災害等の**特別の事情**がある被保険者であって，保険医療機関等に**一部負担金を支払うことが困難**であると認められるものに対し，①一部負担金の**減額**，②一部負担金の**免除**，③一部負担金を直接徴収することとした上での**徴収の猶予**（6か月以内の期間に限る）の措置を採ることができる（平19, 20, 23）。 2-8D 元-3C

□ **保険者（組合に限る）指定の病院等**では，一部負担金を**減額**，**免除**できる。また，**組合が開設する病院等**では，**原則として徴収しない**が，規約により**徴収できる**（平19）。

■ **診療報酬**

□ 保険医療機関等は，療養に要する費用の額から一部負担金の額を控除した額を下記のとおり保険者に請求することができる（平19）。

（請求額＝療養に要する費用の額−一部負担金の額）

＊① **社会保険診療報酬支払基金** ＊② **国民健康保険団体連合会** 5-3イ

行 □ **被保険者資格取得前の疾病**，**負傷**に対しても，療養の給付を行う（昭26. 10. 16保文発4111）（平22）。

過 □ 一部負担金の割合は，低所得者も同率（平14）。

□ **保険薬局で薬剤の投与**を受けるときは，療養の給付に該当し，一部負担金を支払う（平8）。

□ 結核予防法に規定する医療を受けるために必要な費用は，100分の95に相当する額を保険者負担・公費負担することができる（自己負担は100分の5相当額）（平20）。

271

第6章　健康保険法

## 【法85条】　入院時食事療養費

3-6E
29-7A

　被保険者（特定長期入院被保険者 を除く）が，病院又は診療所のうち自己の選定するものに入院し，療養の給付 とあわせて受けた 食事療養 に要した費用について，入院時食事療養費 を支給する。

5-9エ

　入院時食事療養費の額は，食事療養につき，食事療養に要する平均的な費用の額を勘案して**厚生労働大臣**が定める**基準**により算定した費用の額から，平均的な家計 における食費の状況及び 特定介護保険施設等 における食事の提供に要する平均的な費用の額を勘案して**厚生労働大臣**が定める額（所得の状況等をしん酌して厚生労働省令で定める者については，別に定める額）である 食事療養標準負担額 を控除した額とする（平23）。

　厚生労働大臣 は，上記の**基準**を定めるときは，中央社会保険医療協議会 に諮問する（平19）。

□　食事療養標準負担額は，次のとおり（平19）。

| 対　象　者 | | | 食事療養標準負担額 |
|---|---|---|---|
| ① | 一般所得者 | 下記のいずれにも該当しない者 | 1食460円 |
| | | 小児慢性特定疾病児童等又は指定難病患者 | 1食260円 |
| ② | 市町村民税非課税者等 | 入院日数90日以下 | 1食210円 |
| | | 入院日数90日超 | 1食160円 |
| ③ | 70歳以上の低所得者（所得がない者等） | | 1食100円 |

27-2B

**ポ**　□　特別メニューに係る特別料金は，自費負担。
　　□　点滴栄養のみの患者には，食事療養標準負担額の負担はない（平19）。

□　食事療養標準負担額には，上記表の**減額措置**あり。減額

272

保 険 給 付

が認められたときは，**保険者**が**減額認定証**を有効期限を定め**交付**（平17）。

□　保険医療機関等は，食事療養標準負担額と他の費用の額とを**区分して記載した領収書**を交付しなければならない。　27-6 C

---

### 【法85条の2】　入院時生活療養費

　特定長期入院被保険者　が，病院又は診療所のうち自己　5-9オ
の選定するものに入院し，療養の給付と併せて受けた　生
活療養　に要した費用について，入院時生活療養費　を支給
する（平19選）。

　入院時生活療養費の額は，生活療養　に要する平均的な
費用の額を勘案して厚生労働大臣が定める基準＊により算
定した費用の額から，平均的な家計　における食費，光熱
水費の状況，病院・診療所における　生活療養　に要する費
用について　介護保険法　に規定する　食費の基準費用額　・　26選
居住費の基準費用額　に相当する費用の額を勘案して厚生
労働大臣が定める額（生活療養標準負担額）を控除した
額とする。

　＊　中央社会保険医療協議会　に諮問する。

---

**ポ**　□　入院時生活療養費は，療養病床に入院する**65歳以上**の被保険者（**特定長期入院被保険者**）が対象（平25）。

□　**生活療養標準負担額**（居住費＋食費）は，低所得者以外　28-7 D
の者については次の額（領収書は他の費用と区分）。　26選

　**原　則**……1 日370円＋1 食460円〔420円〕

　**病状の程度が重篤な者等**……一般所得者は次のとおり

　　①指定難病患者以外→1 日370円＋　　　　｜（②は居住
　　　1 食460円〔420円〕　　　　　　　　　　｜費負担な
　　②指定難病患者→1 日 0 円＋1 食260円　｜し）

　※　〔　　〕の金額は，地方厚生局長に届け出た保険医療機関以
　　外の保険医療機関で生活療養を受けた場合の額。

第6章　健康保険法

# 第8 保険外併用療養費・療養費・訪問看護療養費

【法86条】　保険外併用療養費

元-3D
　被保険者が 保険医療機関等 のうち自己の選定するものから, 評価療養, 患者申出療養 又は 選定療養 を受けたときは, その療養に要した費用について, 保険外併用療養費 を支給する。

**法**　□　**評価療養**……厚生労働大臣が定める**高度の医療技術を用いた療養その他の療養**であって, 保険給付の対象とすべきものであるか否かについて評価を行うことが必要な療養として厚生労働大臣が定めるもののこと。

28-3D　□　**患者申出療養**……**高度の医療技術を用いた療養**であって, 当該療養を受けようとする者の申出に基づき, 保険給付の対象とすべきものであるか否かについて評価を行うことが必要な療養として厚生労働大臣が定めるもののこと。

28-7C　□　**選定療養**……被保険者の選定に係る特別の病室の提供その他の厚生労働大臣が定める療養のこと。

4選
26-1E　□　病床数**200床**以上の病院での**紹介なしの初診**は, **選定療養**に該当するが, 緊急その他やむを得ない事情がある場合に受けたものは除かれる（平23）。

4-4D　□　原則, その基礎部分（療養の給付に係る療養に相当する部分）の**7割**を**保険外併用療養費**として現物給付（平24）。

| ← 療養の給付に係る療養相当 → | | |
|---|---|---|
| ←100分の30→ | ←100分の70＊→ | |
| 一部負担金 | 保険外併用療養費 | 自費負担（評価療養等） |

現物給付

＊　70歳以上の者は100分の80又は100分の70

3-3B　□　食事療養を受けたときの被保険者負担分は①療養に要す

274

保険給付

る費用の３割，②食事療養標準負担額，③自費負担分。

**ポ** □ **厚生労働大臣**は，評価療養等の定めをするときは，中央社会保険医療協議会に諮問する（平23）。

□ 患者申出療養の申出は，**厚生労働大臣**に対し，当該申出 2-1C
に係る療養を行う**臨床研究中核病院の開設者の意見書**等を
添えて行う（申出を受けた厚生労働大臣は速やかに検討）。

□ 保険外併用療養費に係る医療機関は，一部負担金等と，
自費負担分を区分した領収証を交付する（平20）。

---

**【法87条】 療養費**

① 療養の給付，入院時食事療養費，入院時生活療養 5-7C
費 又は 保険外併用療養費 の支給を行うことが 困難であ 4-9D, E
る と保険者が認めたとき，②被保険者が保険医療機関等 元-2C
以外の医療機関で診療，薬剤の支給，手当を受けたことを 30-7C
保険者が やむを得ない と認めたときに療養の給付等に代 30-6A
えて支給する。 （平19，24）

---

**☞** ①の例……海外で医療を受けたとき（平10），近くに保 2-8E
　　　　　険医療機関がないとき

　　　②の例……とりあえず運び込まれた病院が保険医療機
　　　　　関等の機関でなかったとき

□ 支給額⇨下記の額を基準として，保険者が定める。 3-10E

$$\left.\begin{array}{l}\text{療養に要する費用，保険外併用療養費}\\\text{に係るいわゆる基礎部分に要する費用}\end{array}\right\}\begin{array}{c}-\ \text{一　部}\\\text{負担金}\end{array}$$
食事療養に要する費用－食事療養標準負担額
生活療養に要する費用－生活療養標準負担額

**過** □ 海外における療養費支給の算定となる邦貨換算率 27-2C
は，支給決定日の換算率（**売レート**）を用いる（平18）。

なお，国外への送金はしない（原則，事業主が代理受領）。 5-7A

□ 輸血の場合，生血の料金は**療養費**の**対象**となる。なお， 26-1B
保存血は，**療養の給付**として現物給付される（平16）。

275

第6章　健康保険法

### 【法88条】　訪問看護療養費

3-7D
29選

被保険者が 厚生労働大臣 が指定する者（ 指定訪問看護事業者 ）から当該指定に係る訪問看護事業*を行う事業所により行われる 指定訪問看護 **を受けたときは， 訪問看護療養費 を支給する。　　　　　（平7記, 平19）

3-1E

＊　訪問看護事業とは，疾病又は負傷により， 居宅 において 継続して療養 を受ける状態にある者（ 主治の医師 が認めた者に限る）に対し，その者の 居宅 において 看護師 等の行う 療養上の世話 又は必要な 診療の補助 （保険医療機関等， 介護老人保健施設 ，介護医療院によるものを除く）を行う事業をいう（平21，25）。　　＊＊　原則，週3日が限度。

2-3イ

5-5B

㊟　看護師等➡看護師のほか，保健師，助産師，准看護師，理学療法士，作業療法士及び言語聴覚士（平7記, 平24）。

□　訪問看護療養費の額は，厚生労働大臣の定めた費用の額の7割（70歳以上の者は8割又は7割）相当額（平25）。

元-7イ　□　上記の費用は，保険者が指定訪問看護事業者に支払うことができるので，現実には，現物給付扱い（平8）。

28選　□　保険者が必要と認める場合に限り支給する。

4-3オ　□　基本利用料は，厚生労働大臣が定めた費用の額の3割（70歳以上の者は2割又は3割）。

□　指定訪問看護事業者の都合により営業時間外の時間になった場合は，割増料金を徴収することができない（平16）。

□　厚生労働大臣は，指定訪問看護の費用の額の算定方法を定めるときは，中央社会保険医療協議会に諮問する（平15）。

28選
27-4エ
**ポ**　□　指定訪問看護事業者は，被保険者が選定できる。

2-2D　□　厚生労働大臣は，指定訪問看護事業者の指定を取り消すことができる（平15）。

5-6E
28-6D　□　厚生労働大臣は，指定の取消しの日から5年を経過しない申請者等については指定をしてはならない。

276

第6章 健康保険法

# 第9 移送費・傷病手当金

### 【法97条】 移送費

被保険者が 療養の給付 （ 保険外併用療養費 に係る療養を含む）を受けるため病院又は診療所に 移送 され，保険者 が必要であると認めた（次の全ての要件に該当した）場合に支給する（平21）。

1. 適切な療養 を受けることを目的にしたもの
2. 移動 することが 著しく困難
3. 緊急 その他やむを得ない

☞ 移送費は，**現金給付**である。

□ 移送費の額➡最も経済的な通常の経路及び方法により移送された場合の費用により算定した額。**実費が限度**（平24）。

過 □ 通院など一時的・緊急的なものと認められない場合は，支給しない（平17）。

□ **一部負担金の制度をとっていない**（平21）。

### 【法99条】 傷病手当金

被保険者（ 任意継続被保険者 を除く）が療養のため 労務に服することができない ときは，その日から起算して 3日を経過した日 から 労務に服することができない 期間，傷病手当金を支給する（平25）。

傷病手当金の額は，1日につき，支給開始月以前の**直近の継続した12月間の各月の標準報酬月額の平均額**(注)の 30分の1 に相当する額*1 の 3分の2 に相当する金額*2。

(注) ＿＿＿の部分について，**12月に満たない場合には**，次の①②に掲げる額のうち**いずれか少ない額**を用いる。

① 支給開始月以前の直近の継続した各月の標準報酬月額の平

第6章　健康保険法

29-3A 　　　　均額（任意継続被保険者としてのものも含む）

　　② 　支給開始年度の前年度の9月30日における全被保険者の同
　　　月の標準報酬月額の平均額を標準報酬月額の基礎となる報酬
　　　月額とみなしたときの標準報酬月額

＊1 　30分の1に相当する額の端数処理……5円未満切捨て，5
　　　円以上10円未満は10円に切上げ（平25）。

＊2 　3分の2に相当する金額の端数処理……50銭未満切捨て，
　　　50銭以上1円未満は1円に切上げ（平25）。

法 　□ 　計算に用いる**標準報酬月額**は，被保険者が**現に属
する保険者等により定められたもの**に限る。

☞ 　傷病手当金は，療養中の所得保障を目的とした現金給付である。

3-9D
29-8A 過 　□ 　療養には，自宅療養，自費診療を含む（平25）。

　□ 　待期は，継続して3日間あること（昭61）。

　□ 　待期中は，**報酬**が支払われていてもよい（平11）。

28-8C 　□ 　会社の**公休日**でも支給。**公休日**は**待期**にも含む（平23）。

28-3C 　□ 　**業務終了後**に労務不能となったときは**翌日**が待期期間の
起算日となる。

　□ 　10日間の年次有給休暇をとって5日目に傷病のため入院
療養となり，有給休暇終了後も入院のため欠勤し報酬の支
払がない場合は，**有給休暇終了日の翌日から支給**（平20）。

2-3ア 　□ 　**伝染病の病原体保有者**が隔離収容等のため労務に服する
ことができないときは支給する。

2-2E 行 　□ 　**被保険者資格取得前の傷病**で，取得後に療養のた
め休業するときは支給（昭26.5.1保文発1346）。

　□ 　傷病は休業を要する程度ではないが，遠隔地であり**通院
のため事実上働けない場合**は支給（昭2.5.10保理2211）。

5-10B 　□ 　待期の適用は，同一の傷病に関して一回であり，支給期
間中に労務に服したことがあっても，その後支給する際に
は適用はない（昭2.3.11保理1085）（平21）。

法 　□ 　**傷病手当金の支給期間は，同一の疾病又は負傷及**

278

保険給付

びこれにより発した疾病に関しては，その**支給を始めた日**から通算して**1年6月**が限度（法99条4項）。 30-9 A

■　**報酬等との調整**（法108条）（平11）

□　**報酬**の全部又は一部を受けることができる者に対しては，これを受けることができる期間は，**傷病手当金は支給されない**。ただし，その報酬の額が，傷病手当金の額より少ないときは，原則として，その**差額**が支給される。 28-8 A

□　同一の傷病につき**障害厚生年金**の支給を受けることができるときは，**傷病手当金は支給されない**。ただし，障害厚生年金の額（障害基礎年金の支給を受けることができるときは，その額との合算額）につき厚生労働省令で定めるところにより算定した額*（以下「障害年金の額」）が，傷病手当金の額より少ないときは，傷病手当金の額と一定の区分に応じて法に定める額（⑩報酬・出産手当金ともに受けられない場合は障害年金の額）との**差額**が支給される。

*　年金額を**360**で除して日額に換算。

□　同一の傷病につき**障害手当金**の支給を受けることができるときは，**傷病手当金の額の合計額が障害手当金の額に達する日までの間，傷病手当金は支給されない**。ただし，一定の場合，**差額**支給は行われる。 29-8 D

□　**出産手当金**とも調整される（後述）。

□　労災保険の**休業補償給付**を受けている間は，**傷病手当金は支給されない**。ただし，傷病手当金の額の方が多い場合は，その差額が支給される（昭33.7.8保険発95）。 2-10A

□　要件を満たせば，介護休業期間中でも傷病手当金は支給される。ただし，事業主から介護休業手当等で報酬と認められるものが支給されているときは，調整される（平23）。

□　「傷病手当金請求書」に事業主の**証明書**，医師又は歯科医師の**意見書**を添付して保険者に提出。 30-9 D

□　要件を満たせば資格喪失後も受給できる（➡P287参照）。

279

# 第10 埋葬料（費）・出産育児一時金等

第6章　健康保険法

## 【法100条】 埋葬料，埋葬費

4-3ア
3-6 D

被保険者が死亡したときは，その者により 生計を維持 していた者であって， 埋葬を行う ものに対し， 埋葬料 として，政令で定める金額（ 5万 円）を支給する（平23，

28-8 E

25）。 埋葬料 の支給を受ける者がいないときは， 埋葬を 行った 者に対して， 埋葬料 の金額の範囲内で，その 埋葬に要した費用 に相当する金額を支給する。

☞　「生計維持」とは，被保険者により**生計の一部**でも維持
されていればよい（平21，24）。

元-2 E　□　支給対象は同一世帯にあった者に限られない。

4-9 A

過

□　**自殺**による死亡でも支給（平11）。

□　**少年院等に入院中**，死亡しても支給（昭61）。

□　㋑埋葬料と㋺埋葬費の相違点〔キーワード〕（平15，19）

㋑**生計維持　埋葬を行う者　政令で定める金額（5万円）**

㋺（㋑を受ける者なし）**埋葬を行った者**

埋葬料の範囲内で**埋葬にかかった費用**（実費）

また，時効の起算日は，

26-4 C

㋑**死亡した日の翌日**　㋺**埋葬を行った日の翌日**

## 【法101条，102条】 出産育児一時金，出産手当金

3-7B, D

① 被保険者が出産したときは， 出産育児一時金 として 48万8,000円 を支給する（平10 記 ）。

4-9 B
30 選

② 被保険者が出産の日（出産の日が 出産の予定日 後で あるときは 出産の予定日 ） 以前42日 （多胎妊娠の場合

5 選

は 98日 ）から，出産の日 後56日 までの間において 労 務に服さなかった期間 ， 出産手当金 を支給する。

保険給付

出産手当金の額は，1日につき，原則として，支給開始月以前の**直近の継続した12月間の各月の標準報酬月額の平均額の** 30分の1 に相当する額の 3分の2 に相当する金額である（12月に満たない場合の取扱いを含め，傷病手当金と同様に計算）。 （平10記，平24）

28-9イ

**行** □ 出産とは，妊娠4箇月（85日）以上の出産をいい，生産，死産，流産（人工流産を含む），早産を含む（昭3.3.16保発11）（平11，15，21）。

28-8B

□ **出産育児一時金**の額は，1児につき48万8,000円（50万円*）であるが，双児等の出産は，**胎児数**に応じて支給（平19，21）。

5-4E
27-6A

　* 50万円は，産科医療補償制度に加入している病院等で出産した場合の金額（平24）

□ 出産手当金は，家事等に従事しても，工場，事業場で労務に服さない限り支給する（昭9.2.22決定）。

**過** □ **出産日は産前に含む。出産日以前42日，出産日後56日の間で労務に服さなかった期間**支給（平5）。

2-10E
27-10イ

□ 出産日が遅れた場合，遅れた期間を含め支給（平6）。

□ 父が不明の婚外子出産であっても支給される（平21）。

□ 妊娠中（85日以後）に業務上のけがで早産し，労災保険で補償を受けた場合も，出産に関する給付は行われる。

26-2D

**法** □ 同時に**出産手当金**と**傷病手当金**が支給される場合には，その期間，傷病手当金は支給されない。ただし，「出産手当金＜傷病手当金」のときは，その**差額**を支給。

4-2C
30-9E

□ **出産手当金**を支給すべき場合に**傷病手当金**が支払われたときは，その支払われた傷病手当金（上記ただし書の差額を除く）は，出産手当金の内払とみなす（平12）。

□ **出産手当金**は，傷病手当金と同様，**報酬**とも調整される。

□ 出産手当金・傷病手当金は毎月一定期日に支給できる。

元-7ウ

281

第6章　健康保険法

# 第11　被扶養者に関する給付

**法** ■ **被扶養者に関する給付**（平19，20，21）

〔健康保険では，被扶養者（家族）の保険事故に対しても保険給付を行っている。〕

元-2 B
28-9 ア
26-5 ウ

| □ **家族療養費** | 被扶養者が**保険医療機関等で療養**を受けたときに支給（被扶養者になる前の発症でも支給）。 |
|---|---|

30-10 D

被保険者に支給する療養の給付，療養費，入院時食事療養費，入院時生活療養費，保険外併用療養費に相当する給付は全てここに含む。

### 被扶養者の区分と支給割合

| ① | 義務教育就学前 | 100分の80 |
|---|---|---|
| ② | 義務教育就学以後　70歳未満 | 100分の70 |
| ③ | 70歳以上（④の者を除く） | 100分の80 |
| ④ | 70歳以上であって，70歳以上の現役並み所得者である被保険者等の被扶養者である者 | 100分の70 |

* 義務教育就学前とは，「6歳に達する日以後の最初の3月31日以前」のことである。

* 入院時に食事療養を受けたときは，食事療養の費用から食事療養標準負担額を控除した額との合算額。

* 入院時に生活療養を受けたときは，生活療養の費用から生活療養標準負担額を控除した額との合算額。

29-8 C
* **被保険者が70歳未満**であれば，標準報酬月額が28万円以上であっても，70歳以上の**被扶養者は2割負担**（被保険者が70歳以上となり標準報酬月額が28万円以上であれば3割負担）。

29-7 C

| □ **家族訪問看護療養費** | 被扶養者が指定訪問看護を受けたときに，訪問看護に要する費用の原則**100分の70**を支給（平17）。 |
|---|---|
| □ **家族移送費** | 被扶養者が療養のため病院又は診療所に移送されたときに，**移送費と同様に算定した額**を支給。 |

5-6 A

| □ **家族埋葬料** | 被扶養者が死亡➡**定額5万円**を支給（平24）。 |
|---|---|
| □ **家族出産育児一時金** | 被扶養者の出産時に，**出産育児一時金と同額**を支給（平23）。 |

保険給付

**ポ** □ 前記の被扶養者に関する給付は、**被保険者に対して支給**。被扶養者に対してではない（平19, 21, 23）。

□ 家族療養費は**被保険者に支給**するものであるから、**被保険者が死亡**したときは**翌日から支給しない**（平24）。 30-7E

□ 家族療養費は、原則として**現物給付**。ただし、療養費の支給要件に該当して支給される家族療養費は、**現金給付**。

□ **一部負担金の額の特例が適用される被保険者**の被扶養者に係る**家族療養費**の支給に関し、支給割合の特例措置（前頁①～④の各割合を超え**100分の100以下**の範囲内）あり。 26-2E

**過** □ 家族埋葬料は、**被扶養者の死亡**に限るので、**死産児については支給しない**（平8）。 28-8B / 26-8E

□ 被保険者の被扶養者である**子**が出産したときは、**被保険者に家族出産育児一時金**が支給される。 3-9A

> **POINT**
>
> ### 保険給付の種類
>
> | 項　目 | 本人給付 | 家族給付 |
> |---|---|---|
> | 傷病給付 | 療養の給付・療養費<br>入院時食事療養費<br>入院時生活療養費<br>保険外併用療養費<br>訪問看護療養費<br>移送費<br>傷病手当金<br>高額療養費<br>高額介護合算療養費 | 家族療養費<br><br><br><br>家族訪問看護療養費<br>家族移送費<br><br>高額療養費<br>高額介護合算療養費 |
> | 出産給付 | 出産育児一時金・出産手当金 | 家族出産育児一時金 |
> | 死亡給付 | 埋葬料（費） | 家族埋葬料 |
>
> ※ 家族療養費、家族訪問看護療養費の自己負担額（食事療養・生活療養標準負担額を除く）も、高額療養費の対象となる。

第6章　健康保険法

# 第12 高額療養費

【法115条】　高額療養費

5-2B

療養の給付につき支払われた 一部負担金 の額又は療養（ 食事療養 及び 生活療養 を除く）に要した費用の額からその療養に要した費用について 保険外併用療養費 , 療養費 , 訪問看護療養費 , 家族療養費 もしくは 家族訪問看護療養費 として支給される額に相当する額を控除した額が 著しく高額 になったときは，その者に 高額療養費 を支給する。

## ■　支給要件，支給額

5-5C

□　①　基　本……窓口で同一月に支払う**一部負担金等の額**が一定額（**高額療養費算定基準額**）を超えた場合に，その**超えた分**を**保険給付**として支給する（原則として，事前に手続をとれば，窓口での支払が高額療養費算定基準額までとなる）（平24）。

**高額療養費算定基準額**（平15選，平18，19）

| 標準報酬月額 | 高額療養費算定基準額（月単位） |
|---|---|
| 28選 83万円以上 | 252,600円＋（医療費－842,000円）×1％ |
| 53万円～79万円 | 167,400円＋（医療費－558,000円）×1％ |
| 2選 28万円～50万円 | 80,100円＋（医療費－267,000円）×1％ |
| 26万円以下 | 57,600円 |
| 低所得者 | 35,400円 |

元-2D

※　月の途中で後期高齢者医療の被保険者となったときは，その月は健康保険，後期高齢者医療の高額療養費の自己負担限度額を2分の1として，それぞれの支給要件を判断する。

27-4イ

□　**入院時食事療養費**の**食事療養標準負担額**，入院時生活療

養費の生活療養標準負担額は高額療養費の対象外（平17）。

**ポ** □ 一部負担金相当額が一定額を超えているかどうかは，原則として**診療報酬明細書**又は**調剤報酬明細書**（**レセプト**）1件ごとに確認する。

□ レセプトは，同一医療機関でも**医科**と**歯科**は別々に，**入院**と**通院**も別々に作成される（平15，23）。

□ 高額医養費貸付事業では支給見込額の80%を貸付け。

□ ② 同一世帯で，療養があった月以前12月以内にすでに3回以上高額療養費が支給されているとき……**4回目**から**多数回該当の場合の高額療養費算定基準額**を適用する（支給回数の通算は保険者が同じ場合に限る）（平17，18，22）。

□ **多数回該当の場合の高額療養費算定基準額**は，標準報酬月額83万円以上の者は140,100円，53万円～79万円の者は93,000円，50万円以下の者は44,400円，低所得者は24,600円とする（超過額の合算なし）（平18，21）。

□ ③ **70歳以上の高額療養費算定基準額**

| 所得区分 | Ⓐ外来個人 | Ⓑ世帯合算 |
|---|---|---|
| 83万円以上 | 252,600円＋（医療費－842,000円）×1%* | |
| 53万円～83万円未満 | 167,400円＋（医療費－558,000円）×1%* | |
| 28万円～53万円未満 | 80,100円＋（医療費－267,000円）×1%* | |
| 28万円未満 | 18,000円（年間上限144,000円） | 57,600円* |
| 低所得者Ⅱ | 8,000円 | 24,600円 |
| 低所得者Ⅰ | 8,000円 | 15,000円 |

（平16選，平18）（所得区分の金額は標準報酬月額）

\* 多数回該当の場合は70歳未満の者と同じ

　㋑**外来**の1人，1月の自己負担がⒶの限度額を超えたとき，㋺**世帯合算**でⒷの限度額を超えたとき，㋩同じ医療機

第6章　健康保険法

関に**入院**した際の１人・１月の自己負担が⑧の限度額を超えたときに支給。

- □　④　**70歳未満**の**同一世帯・同一月**の自己負担のうち**21,000円以上**のものが複数生じ，その合算額が**高額療養費算定基準額**を超えたとき……その超えた額を支給。

　㊟　ただし，同一世帯に**70歳未満**の者と**70歳以上75歳未満**の者が混在する場合は，次の手順で算定する（平22）。

　　㋑　70歳以上の外来自己負担額を個人単位で合算し，個人単位で限度額を適用。

　　㋺　70歳以上の入院時の自己負担額と，外来自己負担額（㋑を適用した後の自己負担額）を世帯単位で合算して限度額を適用。

　　㋩　70歳未満の21,000円以上の自己負担額と，70歳以上の自己負担額（㋺を適用した後の自己負担額）を世帯合算して**高額療養費算定基準額**（●P284）の限度額を適用する。

30-2 B　□　被保険者どうしでの合算は行わない。

2-4 D
28-3 E　□　⑤　長期にわたり高額な医療費が必要と**厚生労働大臣が指定した疾病**……**10,000円**を超えた額（**人工透析**の場合に限り，70歳未満で標準報酬月額が53万円以上の者は**20,000円**を超えた額）（平18，19）。

2-2 B
元-3 E
28-3 A

**法**　■　**高額介護合算療養費**（法115条の２）

　□　療養の給付に係る**一部負担金等の額**並びに**介護保険法**による**介護サービス利用者負担額**及び**介護予防サービス利用者負担額**の合計額が**著しく高額**であるときは，**高額介護合算療養費**を支給する。

30-3 B　□　高額療養費，介護保険の高額介護（予防）サービス費の支給は要件とされていない（平20，平24社一）。

　※　**高額療養費算定対象世帯**に**介護保険受給者**がいる場合，自己負担の**年間の合計額**が**限度額**（介護合算算定基準額＋支給基準額〔500円〕）**を超えたとき**は，その超えた額が被保険者からの申請に基づいて支給される（平25選）。

286

第6章 健康保険法

# 第13 資格喪失後の給付

**法** ■ 傷病手当金・出産手当金の継続給付

□ **1年以上被保険者であった者**で，その資格を喪失した際に傷病手当金又は出産手当金の支給を受けているものには，被保険者として受けることができるはずであった期間，同一の保険者から継続給付が行われる。　2-4C 元-5E

□ **1年以上被保険者であった者**とは，被保険者の資格を喪失した日（任意継続被保険者の資格を喪失した者にあっては，その資格を取得した日）の前日まで引き続き1年以上被保険者（任意継続被保険者又は共済組合の組合員である被保険者を除く）であった者をいう（平13選，平25）。　4-9C

□ 被保険者期間は転職等で保険者が変わっても通算される。　元-8D 28-8D

**過** □ **報酬を受けていたため**傷病手当金・出産手当金を**支給停止**されていた者が，**退職して報酬の支払がなくなった**場合，支払がなくなった日から支給（平21，24）。

□ 傷病手当金の継続給付は，休み始めて3日目に退職した場合は，その後労務不能でも支給されない（平10）。　5-10D 28-7B

□ この出産手当金は退職日に通常勤務では不支給。　3-9B

□ 一般の被保険者であった者で，その資格を喪失した際に傷病手当金又は出産手当金の支給を受けていた者が任意継続被保険者になった場合は，要件を満たせば，その継続給付を受けることができる（特例退職被保険者になった場合は，受けることができない）（平20，23）。　27-9C 2-6A

□ 資格喪失後の傷病手当金は，国年法，厚年法に基づく老齢又は退職を支給事由とする年金給付を受けることができるときは，支給しない（平13，17，23）（日雇除く）。　5-4B 27-2A

ただし，当該年金給付の額（**360**で除して得た額）が傷病手当金の額より少ないときは，その**差額**を支給。

287

第6章　健康保険法

**4-5D**
**2-4C**
28-7E

**法** ■ **資格喪失後の出産育児一時金**

□ **1年以上被保険者であった者**が，資格喪失後6箇月以内に出産することが要件（平21，24，25）。

**過** □ **失業保険金を受給中**であっても，他の事業所で労務に服しない限り支給される（平11）。

□ 資格喪失後6箇月以内に出産した者が健康保険の被扶養者である場合，被保険者本人として出産育児一時金を受給するか被扶養者として家族出産育児一時金を受給するかは，**本人の選択**による（平18，25）。

**法** ■ **資格喪失後の埋葬料，埋葬費**

□ ① 資格喪失後3箇月以内に死亡したとき，

② 資格喪失後，**継続給付**として傷病手当金，出産手当金の**支給を受けている間**に死亡したとき，

**3-6D**
**29-8E**

③ ②の給付を受けなくなってから3箇月以内に死亡したときに支給（平17，22，24）。

□ 埋葬料として，政令で定める金額（5万円）を支給する。

□ 資格喪失後の埋葬料（費）①については，**1年以上被保険者であった者**である必要はない（過去の被保険者であった期間は問わない）。

**過** □ 資格喪失後，**家族埋葬料は支給しない**（平5）。また，**家族出産育児一時金は支給しない**（平15）。

**30-9C**
**26-8A**

□ 被保険者であった者が船員保険の被保険者となったときは，傷病手当金・出産手当金の継続給付，資格喪失後の出産育児一時金・埋葬料等の給付は行わない。

**法** ■ **日雇特例被保険者等となった場合**（法98条）

□ 被保険者資格喪失後，日雇特例被保険者又はその被扶養者となった場合に，資格喪失時に受けていた療養の給付等を，前の保険者から継続して受給できる制度もある。

□ この継続給付は，最長でも，被保険者の資格を喪失した日から起算して6月を経過したときには，打切り。

288

第6章　健康保険法

# 第14　保険給付の制限等

**法** ■　保険給付の制限

| 制限事由 | 内　　容 | |
|---|---|---|
| 自己の故意の犯罪行為又は故意に給付事由（傷病，死亡等）を起こしたとき（法116条）（平20，23，25） | 全部行わない。ただし，埋葬料が支給される場合がある（平12）。 | 5-8 D<br>4-7 E<br>3-6 C<br>2-6 E<br>29-10 A<br>28-6 A |
| 闘争，泥酔又は著しい不行跡により給付事由を生じさせたとき（法117条） | 全部又は一部を行わないことができる（平18，23）。 | 4-6 E<br>29-5 A |
| 少年院等に収容されたとき又は刑事施設，労役場等に拘禁されたとき（法118条）（平10，18，22） | 疾病，負傷，出産につき保険給付（傷病手当金と出産手当金は厚生労働省令で定める場合に限る）は全部行わない。<br>㊟　埋葬料（費）は支給される。<br>㊟　被扶養者に対する保険給付は行われる（平13）。 | 5-6 D<br>29-7 D<br>26-8 C |
| 正当な理由なしに療養に関する指示に従わないとき（法119条）（平10，22） | 一部を行わないことができる。 | 2-6 D<br>30-7 A |
| 偽りその他不正の行為により，保険給付を受け又は受けようとしたとき（法120条）（平14，17，21） | 6月以内の期間を定め，傷病手当金又は出産手当金の全部又は一部を支給しないことができる。ただし，不正行為から1年を経過したときは制限できない。 | 2-6 E<br>元-4 エ<br>30-6 D<br>27-2 E |
| 正当な理由なしに保険者の文書提出命令や質問，診断等を拒否したとき（法121条） | 全部又は一部を行わないことができる。 | 28-6 C |

■　損害賠償請求権の代位取得（法57条）

□　**保険者**は，給付事由が第三者の行為により生じた場合に

5-6 B<br>4-6 A<br>2-6 C<br>28-4 A

289

保険給付をしたときは、その**給付の価額の限度**で、保険給付を受ける権利を有する者（被扶養者を含む）が第三者に対して有する**損害賠償請求権を取得**する（平8, 25）。

□ 被保険者等が第三者から損害賠償を受けたときは、その**価額の限度**で保険給付を行う責めを免れる（平15, 21）。

□ 保険給付を受ける権利は**譲り渡し**、**担保に供し**、又は**差し押さえる**ことができない（平24）。

□ 保険給付として支給を受けた金品を標準として**租税その他の公課**を課すことはできない（平11, 18, 24）。

□ **健康保険組合**は、規約により、**法定給付**のほかに**付加給付**を行うことができる（平24）。

□ **偽り**その他**不正の行為**により保険給付を受給した場合 ➡ 保険給付に要した費用の**全部又は一部**を徴収することができる（平23, 25）。

□ 上記の場合に、**事業主（保険医等）が虚偽の報告、証明（記載）**をした場合 ➡ 保険給付を受けた者と**連帯して**上記の徴収金の納付を命じることができる。

□ **保険医療機関、指定訪問看護事業者等**が、偽りその他不正の行為により療養の費用等の支払を受けた場合 ➡ **支払額を返還**させるほか、その額に**100分の40**を乗じて得た額を支払わせることができる（平23）。

■ **法人の役員に係る特例**（法53条の2, 則52条の2）

□ 被保険者又はその被扶養者が**法人の役員**であるときは、当該被保険者又はその被扶養者のその**法人の役員**としての業務\*に起因する疾病、負傷又は死亡に関して**保険給付は行わない**。

\* 被保険者の数が**5人未満**である適用事業所に使用される**法人の役員**としての業務であって当該法人における**従業員が従事する業務と同一**であると認められるものを除く（当該業務に起因する疾病、負傷又は死亡に関しては、**保険給付〔傷病**

保険給付

手当金も含む〕の対象となる）。

■ **他の法令による保険給付との調整**（法55条）

□ ① 同一の疾病，負傷又は死亡について，**労災保険法**，
国家公務員災害補償法等の規定により健康保険法の保険
給付に相当する給付を受けることができる場合

② 同一の疾病又は負傷について，介護保険法の規定によ
り健康保険法の保険給付に相当する給付を受けることが
できる場合

➡ 健康保険法の保険給付は行わない。

□ 公費負担で療養又は療養費の支給が行われた場合＊ ➡
その限度において，**健康保険法の保険給付は**行わない。

＊ 例えば，**災害救助法の救助としての医療**が行われた場合が
該当する（この場合，当該救助としての医療が優先して行わ
れる）（平12，25）。

[過] □ 通勤災害について，事業所が労災保険の任意適用
事業所で労災未加入のため，**労災保険から給付がない**
場合は，**健康保険の給付の対象**となる。

**❗POINT**

**健康保険の給付範囲の見直し（平成25年10月〜）**

┃～平成25年9月┃ 業務外について，健康保険の給付を行う。

※ 見直し前は，健康保険において業務上であるか，業務外
であるかを判断（労災保険の判断とのズレにより，健康保
険からも労災保険からも給付が行われないことがあった）。

┃平成25年10月〜┃ 労災保険の給付対象となる業務災害以外に
ついて，健康保険の給付を行う。

※ 見直し後は，健康保険における業務上・外の区分を廃止
し，労災保険から給付がある業務災害であるか否かで判断
（労災保険から給付がない場合は，健康保険から給付）。

ただし，法人の役員としての業務については，前記のよ
うな特例（■ 法人の役員に係る特例）を設けた。

㊟ そのような取扱いとするため，健康保険法の目的条文等を改正した。

4-5 E
3-9 E
30-2 E
26-4 B

29-4 イ

5-6 C
3-3 E

30-3 A

元-5 A
26-4 B

28-5 D

4-1 A

291

## 第6章 健康保険法

# 第15 日雇特例被保険者

**法** ■ 日雇労働者とは

| ① 臨時に使用される者 | ㋑の者が **1月を超え**使用され, |
|---|---|
| ㋑ **日々雇い入れられる者** | ㋺の者が**定めた期間**を超え引き |
| ㋺ **2月以内**の期間を定めて使用される者であって, 当該定めた期間を超えて使用されることが見込まれないもの | 続き使用されるに至った場合（一般の被保険者となる）を除く |
| ② **季節的業務に使用される者** | **当初から継続して4月を超えて**使用される場合を除く |
| ③ **臨時的事業の事業所に使用される者** | **当初から継続して6月を超えて**使用される場合を除く |

☞ 上記②③に該当する者が　たまたま４箇月，６箇月を超えて使用されたとしても日雇労働者である。

□ それぞれの賃金日額は？

| ① 賃金が日, 時間, 1日の出来高で定められる場合等, **使用された日の賃金を算出できる場合** | その額 |
|---|---|
| ② **使用された日の賃金を算出できない場合**（2日以上の期間による出来高で定められる場合等） | 当該事業所で同様の業務に従事し同様の賃金を受ける者のその前日（前日がなければ直近の日）における賃金日額の平均額 |
| ③ 賃金が**2日以上の期間**により定められる場合 | その額をその期間の総日数（月の場合は30日）で除して得た額 |
| ④ ①〜③で**算定が困難な場合** | その地方において同様の業務に従事し, 同様の賃金を受ける者が1日において受ける賃金の額 |

日雇特例被保険者

| ⑤ ①～④の**2以上に該当**する賃金を受ける場合 | ①～④で算定した額の**合算額** |
|---|---|
| ⑥ **1日において2以上の事業所**に使用される場合 | 初めに使用される事業所から受ける賃金につき，①～⑤で算定した額 |
| ⑦ 通貨以外のもの | その地方の時価により厚生労働大臣が定めた額 |

☞ 上記の賃金日額を基に標準賃金日額（1～11等級）を定める。

■ **日雇特例被保険者**

□ **日雇特例被保険者**とは，**適用事業所**に**使用**される日雇労働者をいう。

□ 日雇労働者は，上記の規定にかかわらず

  ⓐ **引き続く2月間に**通算して26日以上使用される見込みのないことが明らかであるとき

  ⓑ **任意継続被保険者**であるとき等は

厚生労働大臣の承認を受けて，被保険者とならないことができる。

□ **日雇労働者**は，日雇特例被保険者となったときは，その日から起算して5日以内に厚生労働大臣に申請し，日雇特例被保険者手帳（健康保険被保険者手帳）の交付を受けなければならない。

**法** ■ **保険者**

  □ 日雇特例被保険者の保険者は全国健康保険協会のみである（平17，21）。（事務の一部を市町村に委託可）  29-1 E

□ **日雇特例被保険者手帳**の交付，**保険料**の徴収及び**日雇拠出金**の徴収等の業務は厚生労働大臣が行うが，一部は**市町村長**が行うこととすることができる。  3-4ウ 元-6 C

■ **保険料納付要件**

□ 保険給付を受ける日の属する月の前2月間に通算して26日分以上又は前6月間に通算して78日分以上納付されてい  2-7 A

293

第6章　健康保険法

ることが，**原則**であるが，

30-6 E
5-2 D

□　**出産育児一時金，出産手当金**については，前**4月間**に通算して**26日分以上**納付されていればよい（**家族出産育児一時金**は原則どおり）（平14，18，23）。

□　**特別療養費**は，保険料納付実績のない者等のために設けられた制度であるので，**納付要件は問わない**。

法　■　**保険給付の内容**〔一般被保険者と異なる点を中心に記述する。〕

■　**療養の給付**

□　保険診療を受けるときは，保険料納付状況を被保険者手帳で証明し，「**受給資格者票**」の交付を受け，この**受給資格者票を保険医療機関等の窓口に提出**する（平15，19）。

□　受給期間は，療養の給付等の開始日から **1年間**（ただし，結核性疾病は**5年間**）（平18）

□　一部負担金の割合に，70歳以上の者に現役並み所得者（3割負担）の区分はない（日雇特例被保険者には標準報酬月額がなく，28万円以上という判断ができないため）。

法　■　**傷病手当金**

□　**労務不能となった際**に，その原因となった傷病について**療養の給付**を受けている必要がある（平23）。

㊟　一般の傷病手当金の場合は，自費診療，自宅療養であっても支給され得る。

□　ただし，労務不能の期間の全般において療養の給付を受けている必要はなく，その後の労務不能の期間における療養は自費診療等であってもよい（平15.2.25保発0225001）。

□　支給額（1日につき）は，

はじめて療養の給付を受けた日の属する月の**前2月間**〔又は**前6月間**〕に通算して26日分以上〔又は**78日分以上**〕保険料が納付されている場合 ➡ **標準賃金日額**の各月ごとの**合算額**のうち最大のものの45分の1相当額。

294

日雇特例被保険者

〔2月と6月の両方に該当する場合，最も**高い**方の額〕

- [ ] **支給を始めた日から起算して**6月間（結核性疾病については，**1年6月間**）支給。 <sub>4-6B</sub> 27-9E

- [ ] 協会は，傷病手当金の支給を行うにつき必要と認めるときは，労災保険法等の給付を行う者に対し，当該給付の支給状況につき必要な資料の提供を求めることができる。

**法** ■ **出産手当金**

- [ ] 支給額（1日につき）は，出産の日の属する月**前4月間**のうち，**標準賃金日額の各月ごとの合算額のうち最大のものの45分の1**相当額（平15）。

**法** ■ **埋葬料**

- [ ] 次のいずれかの要件を満たしている場合に支給。

- ㋑ **保険料納付要件**（原則）を満たしていること
- ㋺ **死亡の際に療養の給付，保険外併用療養費**の支給，**訪問看護療養費**の支給を受けていること
- ㋩ 死亡が，㋺の給付を受けなくなった日後**3月以内**であること

- [ ] 支給額は，埋葬料……5万円
　　　　　　　　埋葬費……埋葬料の金額の範囲内で実費

**法** ■ **特別療養費**

- [ ] 日雇特例被保険者に特有の保険給付である。

- [ ] はじめて被保険者手帳の交付を受けた者等で**保険料納付要件を満たすことのできない者**に対して支給する。

- [ ] 支給額は，

**日雇特例被保険者，被扶養者**とも，原則として，療養に要する費用の**100分の70**〔自己負担100分の30〕。義務教育就学前の被扶養者**100分の80**，70歳以上の者**100分の80**。

- [ ] 支給期間は，

被保険者手帳の交付を受けた日の属する**月の初日から起算して3月**（**月の初日**に交付を受けたときは**2月**）。

295

第6章　健康保険法

# 第16 費用の負担

## 法 ■ 財源等

□　健康保険事業の財政は次の収支で成り立っている。

| 収　入 | 支　出 |
|---|---|
| 一般保険料 | 保険給付（の費用）<br>保健事業・福祉事業（の費用）等 |
| 国庫負担金 | ⓐ事務の費用，ⓑ健康保険組合交付金 |
| 国庫補助金 | ⓒ保険給付の一部 |

□　ⓐ　国庫は**予算の範囲内**で，健康保険事業の**事務**（前期高齢者納付金等，後期高齢者支援金等及び日雇拠出金，介護納付金並びに流行初期医療確保拠出金の納付に関する事務を含む）**の執行**に要する費用を**負担**する（平23選，平18，20）。改

29-4ウ □　ⓑ　**健康保険組合**に対して，被保険者数に応じた**国庫負担金**を交付する（**厚生労働大臣**が算定する）（平23選）。

□　ⓒ　国庫は，**協会管掌健康保険の主な保険給付**＊の支給に要する費用の額等に**1,000分の130から1,000分の200**までの範囲内において政令で定める割合（当分の間，1,000分の164）を乗じて得た額を**補助**する（平18，19，20）。

3-2C ＊　**主な保険給付**……出産育児一時金・家族出産育児一時金，埋葬料（費）・家族埋葬料を除いた保険給付

30-4D □　**国庫**は，予算の範囲内で，**特定健康診査等**の実施に要する**費用の一部を補助**することができる（平23選，平20）。

ポ □　ⓑの国庫負担金の算定について，厚生労働大臣の権限は日本年金機構に委任されていない。

過 □　ⓑの国庫負担金については，概算払いをすることができる（平23選）。

費用の負担

### 【法160条】 保険料率

① 協会健保の一般保険料率は，1,000分の30から1,000分の130 の範囲内で，支部被保険者 を単位として協会が決定する（決定された率は，令和5年3月以降，最高1,000分の105.1〔佐賀県〕，最低1,000分の93.3〔新潟県〕となっている）（平24選，平19）。*1

② ①の規定により支部被保険者を単位として決定する一般保険料率（都道府県単位保険料率）は，当該支部被保険者に適用する。

③ 都道府県単位保険料率 は，支部被保険者を単位として，一定の額に照らし，毎事業年度において財政の均衡を保つことができるものとなるよう，政令で定めるところにより算定する。

④ 協会は，支部被保険者及びその被扶養者の 年齢階級別の分布状況 と協会健保の被保険者及びその被扶養者の 年齢階級別の分布状況 との差異によって生ずる療養の給付等に要する費用の額の 負担の不均衡 並びに支部被保険者の 総報酬額の平均額 と協会健保の被保険者の 総報酬額の平均額 との差異によって生ずる財政力の不均衡を是正するため，支部被保険者を単位とする健康保険の財政の調整を行う。

⑤ 協会は，2年ごとに翌事業年度以降の5年間についての協会健保の 被保険者数 及び 総報酬額 の見通し並びに 保険給付に要する費用の額，保険料の額 その他の健康保険事業の収支の見通しを作成し，公表するものとする（平24選）。

⑥ 協会が都道府県単位保険料率を変更しようとするときは，あらかじめ，理事長が当該変更に係る都道府県に所在する支部の支部長の意見を聴いた上で，運営委員会の

26-4 D

29選

4-3ウ

第6章　健康保険法

議 を経なければならない（平23）。

4-3ウ

⑦　協会が**都道府県単位保険料率を変更**しようとするときは，理事長は，その変更について**厚生労働大臣の認可**を受けなければならない。

⑧　厚生労働大臣 は，⑦の認可をしたときは，**遅滞なく**，その旨を告示しなければならない。

⑨　厚生労働大臣 は，都道府県単位保険料率が，当該都道府県における健康保険事業の収支の均衡を図る上で不適当であり，協会健保の事業の健全な運営に支障があると認めるときは，**協会**に対し，**相当の期間**を定めて，**当該都道府県単位保険料率**の**変更の認可**を申請すべきことを**命ずることができる**。協会が申請しないときは**社会保障審議会**の議を経て厚生労働大臣が変更できる（平24選）。

元-6A

⑩　健康保険組合の一般保険料率は，厚生労働大臣の認可 を受けて，1,000分の30から1,000分の130 の範囲内において決める（平18選，平19）。*1

4-4C
29-4ア

⑪　介護保険料率は，各年度において保険者が納付すべき 介護納付金 の額を，当該年度の介護保険 第2号被保険者 である被保険者の 総報酬額 の総額の見込額で除して得た率を基準として，保険者が定める（平18選）。*2

3選　*1　**一般保険料率**は**特定保険料率**と**基本保険料率**に区分。

・**特定保険料率**は，各年度の**前期高齢者納付金等の額**及び**後期高齢者支援金等の額**並びに流行初期医療確保拠出金等の額の合算額を当該年度における被保険者の**総報酬額の総額の見込額**で除して得た率を基準として，**保険者**が定める（令和5年3月から全国一律1,000分の35.7）。改

3選

・**基本保険料率**は，**一般保険料率**から**特定保険料率**を控除した率を基準として，**保険者**が定める。

*2　協会健保の介護保険料率は，令和5年3月から1,000分の18.2。

費用の負担

■ **保険料額・免除等**（法156条）
介護保険第2号被保険者 ⇨ 一般保険料額
　　　　　　　　　　　　　　＋介護保険料額
**介護保険第2号被保険者以外** ⇨ 一般保険料額

★ **一般保険料額**とは，各被保険者の標準報酬月額及び標準賞与額にそれぞれ一般保険料率を乗じて得た額，**介護保険料額**とは，各被保険者の標準報酬月額及び標準賞与額にそれぞれ介護保険料率を乗じて得た額をいう。

□ **健康保険組合**は，規約で**特定被保険者**（第2号被保険者以外の被保険者で第2号被保険者である被扶養者を有するものをいう）に関する保険料額を**一般保険料額と介護保険料額の合算額**とすることができる（法附則7条）（平22）。

□ **承認健康保険組合**（政令の要件に該当し**厚生労働大臣の承認**を受けた健保組合）は，介護保険第2号被保険者である被保険者に関する保険料額を，**一般保険料額**と**特別介護保険料額**との**合算額**とすることができる。

□ **一般保険料率と調整保険料率**（健康保険の財政調整に係る率）**とを合算した率の変更が生じない**一般保険料率の変更の決定→**厚生労働大臣**の認可は**不要**（届出で足りる）。

□ 保険料は，**月を単位**として算定。**資格取得月**の保険料は徴収する（平19）。資格喪失月は徴収しない。

□ 被保険者が，**少年院等に収容**，**刑事施設・労役場等に拘禁**されたときは，**その月**から該当しなくなった月の**前月**までの**保険料が免除**される（任意継続被保険者・特例退職被保険者は**免除されない**）（平19）。

■ **育児休業等・産前産後休業の期間中の保険料の免除**

□ 事業主が保険者等に**申出**→育児休業等〔産前産後休業〕を開始した**日**の属する**月**から終了する日の翌日が属する月の**前月**までの期間→その被保険者の**保険料を免除**（平22）。

□ 育児休業等の**開始月**と終了日の翌日が属する月が**同一**

第6章　健康保険法

5-9ウ　→**14日以上**の休業等なら**その月**の保険料が免除される。

☐　育児休業等が**1月以下**なら賞与分は免除しない。

28-4B　☐　代表取締役でも産前産後は免除される。

**法**　■　**保険料の負担・納付期日等**

2-1B　☐　保険料は，原則，被保険者と事業主が折半負担。

☐　任意継続被保険者については，全額自己負担。

30-5オ　☐　**健康保険組合**は，**規約**により事業主の**一般保険料額**又は**介護保険料額**の負担割合を増加することができる。（協会健保の保険料負担割合（折半負担）の変更は法改正が必要）

☐　保険料の納付義務は**事業主**にあるが，**任意継続被保険者**は，**本人**が納付（平15）。

3-10C
26-9B　☐　事業主は，被保険者の**報酬**（**通貨**で支払うものに限る）から被保険者の負担すべき前月の標準報酬月額に係る保険料を控除することができる（平10，23）。

26-9C　☐　ただし，事業所に使用されなくなったとき（月末退職）に限り，**前月**と**その月**の標準報酬月額に係る保険料を控除できる（平13，19）。

4-10B　☐　事業主は，賞与から，被保険者の負担すべき標準賞与額に係る保険料に相当する額を控除することができる（平24）。

☐　保険料を控除したときは，**計算書**を作成し，その控除額を**被保険者に通知**しなければならない。

**過**　☐　保険料を控除するのに被保険者の**同意は不要**（平元）。

30-5エ　☐　保険料の納付期日は翌月末日であるが，任意継続被保険者は，その月の10日（平8，19，22）。

2-5オ
元-10B
29-6B　☐　一時的な病気休職等で報酬のない月も全額納付義務あり。

**法**　☐　**納入の告知**額，**納付**額が，本来納付すべき保険料額より**多かった**ときは，納入の告知又は納付の日の翌

3-7E　日から**6箇月以内**に納付されるべき保険料を**繰り上げて納付**したものとみなすことができる（平24）。

3-10D　☐　任意継続被保険者は，

費用の負担

（イ）　**4月～9月**まで　（ロ）　**10月～翌年3月**まで

（ハ）　**4月～翌年3月**までの保険料を**前納**できる（平22選）。
途中加入（喪失）も可（その期間に係る保険料を前納）。

□　前納すべき保険料は，当該期間の各月の保険料の額から**政令で定める額を控除**した額。

□　前納された保険料は，前納に係る期間の**各月の初日**が到来したときに，**各月の保険料が納付**されたものとみなす。

□　**厚生労働大臣**は，納付義務者から保険料について**口座振替**による納付を希望する旨の申出があったときは，その納付が確実で，徴収上有利と認められるときに限り，その申出を**承認**できる（平23，25厚年）。

4-10A
元-6 E
30-6 C
社−30-9 E
26-3 A

4-10A
2-7 E

5-3ウ

┌─ **【法172条】保険料の繰上徴収** ─┐

次の場合，**納期前**であっても保険料を全額徴収できる。

①　国税，地方税その他の公課の滞納により，**滞納処分**を受けるとき

②　**強制執行**を受けるとき

③　**破産手続開始の決定**を受けたとき

④　**企業担保権の実行手続**の開始があったとき

⑤　**競売の開始**があったとき

⑥　法人である納付義務者が**解散**したとき

⑦　被保険者の使用される**事業所が廃止**されたとき

5-4D

5-5 E

26-6 A

30-6 B

**法**　□　破産手続開始の決定を受けた場合でも，**納期を過ぎた**保険料については，督促状を発する（平7，23）。

**法**　■　**日雇特例被保険者の保険料**

□　保険料の額は，次の①と②を合算した額とする。

①　標準賃金日額を対象とした保険料額（平22）

・被保険者負担分 ＝ **標準賃金日額** × $\left[\begin{array}{c}\text{平均保険料率}\\\text{介護保険料率}\end{array}\right]^* × 1/2$

・事業主負担分 ＝ （**標準賃金日額** × $\left[\begin{array}{c}\text{平均保険料率}\\\text{介護保険料率}\end{array}\right]^* × 1/2$）

301

第6章　健康保険法

$$+ \left(標準賃金日額 \times \begin{bmatrix} 平均保険料率 \\ 介護保険料率 \end{bmatrix}^{*} \times 31/100 \right)$$

　㊟　実際は，上記の額を基準とし，11等級の定額制をとる。

②　賞与額を対象とした保険料額（平18）

$$賞与額 \times [平均保険料率 + 介護保険料率]^{*}$$

（被保険者と事業主で折半負担）

　㊟　賞与額の**1,000円未満の端数は切捨て**，その額が40万円を超える場合には**40万円**とする。

＊　**介護保険第2号被保険者以外**の日雇特例被保険者については，介護保険料率は用いない。

□　**平均保険料率**とは，各都道府県単位保険料率に各支部被保険者の総報酬額の総額を乗じて得た額の総額を，協会管掌健康保険の被保険者の総報酬額の総額で除して得た率をいう（法168条1項1号イかっこ書）。

□　上記の介護保険料率としては，協会のものを用いる。

□　事業主は，日雇特例被保険者を**使用する日ごとに**，事業主負担分と被保険者負担分を全額**納付**。

4-10E　□　1日に2以上の事業所に使用される被保険者の場合は，**最初に**その者を使用する事業主が納付義務を負う（平23）。

□　**日雇特例被保険者手帳**に**健康保険印紙**を**貼付**し，これに**消印**して納付する。手帳は**使用される日ごとに**提出。

□　事業主は，被保険者に支払う**賃金**から保険料を控除できる。控除したときは，被保険者に**告げ**なければならない。

□　事業主は，日雇特例被保険者に対して賞与を支払った日の属する月の**翌月末日**までに，被保険者及び事業主の負担すべき賞与額に係る保険料を納付する義務を負う。

□　健康保険印紙は，**健康保険印紙購入通帳**を**日本郵便株式会社の営業所に提出**して購入する。

□　㋑厚生労働大臣は，保険料の納付を怠った事業主に，納付すべき保険料の額を決定し告知する。㋺事業主が正当な

302

費用の負担

理由なく保険料の納付を怠ったときは，厚生労働大臣は，決定した保険料額（1,000円未満を除く）の**100分の25**の追徴金を徴収する（平25）。㈥事業主は，決定された日から**14日以内**に納付しなければならない（平16）。

□ **日雇拠出金**とは，厚生労働大臣が，日雇特例被保険者に係る健康保険事業に必要な費用に充てるため，日雇特例被保険者を使用する事業主の設立する健康保険組合（**日雇関係組合**）から徴収する拠出金である（平19）。

□ 日雇拠出金の納期は，**9月30日**と**3月31日**である。

### 法 ■ 督促，延滞金，滞納処分，先取特権

□ 保険料その他の徴収金（**保険料等**）を滞納している者に対して，保険者等は，**期限を指定して督促**しなければならない（平22）。

□ **繰上徴収**する場合は，**督促を要しない**。

□ 督促状による**指定期限**は，督促状を発する日より起算して**10日以上経過した日**。 30-5ウ

□ 督促したときは，**納期限の翌日**から徴収金完納又は**財産差押えの日**の**前日**までの日数により，徴収金額につき**年14.6%**（督促が保険料に係るものであるときは，納期限の翌日から**3月**を経過する日までの期間については，原則として年**7.3%**）の**延滞金**を徴収（平17選，平19）。 28-5B 27選

□ 次の場合は，**延滞金を徴収しない**。

① 督促状の指定期限までに納付したとき ② **徴収金額が1,000円未満**のとき ③ **繰上徴収**したとき ④ **公示送達**により督促をしたとき ⑤ **延滞金の額が100円未満**のとき

□ また，徴収金の**1,000円未満の端数**及び延滞金の**100円未満の端数**は切り捨てる（平17選）。

□ 督促状の**指定期限**までに納付しないときは，保険者等は**国税滞納処分の例により処分**し又は**市町村に対しその処分**

303

## 第6章 健康保険法

を**請求**できる（市町村は市町村税の例により処分できる）。

□ この場合，保険者は，徴収金の100分の4に相当する額を当該市町村に交付しなければならない。

27-7イ □ **協会又は健康保険組合が国税滞納処分の例により処分を行うときは，厚生労働大臣の認可が必要**（平15，23）。

□ 厚生労働大臣は，滞納処分等に係る納付義務者が，**処分の執行を免れる目的でその財産について隠ぺいしているおそれがあること**など，保険料等の効果的な徴収を行う上で必要があると認めるときは，**財務大臣**に，当該納付義務者に係る滞納処分等その他の処分の権限の全部又は一部を委任することができる。

□ 財務大臣に委任するための要件
- 納付義務者が**24月**分以上の保険料を滞納していること
- 納付義務者が滞納している保険料等の額が**5千万円**以上であること　等

元-6B □ 保険料等の先取特権の順位は，**国税，地方税**に次ぐ。

> **！POINT**
> **保険料に係る延滞金の割合の軽減〔共通事項の横断整理〕**
> 
> 保険料に係る延滞金の割合は，**一定の期間**については，**年7.3%**（年14.6%÷2）とされる。その**一定の期間**は次のとおり。
> 
> **徴収法（労働保険）**
> ➡納期限の翌日から「**2月**」を経過する日までの期間
> 
> **健保法，国年法，厚年法等（社会保険）**
> ➡納期限の翌日から「**3月**」を経過する日までの期間
> 
> 注　当分の間，年14.6%，年7.3%という割合は，延滞税特例基準割合に応じて軽減される（➡P238参照）。
> 
> | 「年14.6%」➡ 一定の期間（2月or3月）➡「年7.3%」 |
> | :---: |
> | ↓ |
> | 延滞税特例基準割合によっては，引き下げ（軽減） |

# 第17 不服申立て, 雑則

第6章 健康保険法

**法** ■ 不服申立て

□ **社会保険審査官**に対する請求を審査請求, **社会保険審査会**に対する請求を再審査請求という。

ただし, 下記②については, 社会保険審査会に対して審査請求を行う (法189条, 190条)。

| 社会保険審査官 | 社会保険審査会 |
|---|---|
| **被保険者の資格, 標準報酬又は保険給付**に関する処分の不服 (平10) | ① 社会保険審査官の決定に対する不服<br>〈補足〉審査請求をした日から2月以内に決定がないときは, 社会保険審査官が審査請求を棄却したものとみなすことができる (決定があったのと同じ効果)。<br>② 保険料等の賦課, 徴収の処分又は保険料滞納処分に対する不服 (平10, 23) |

・審査請求の期間………処分があったことを知った日の翌日から起算して3月以内 (3月を経過したときは, することができない)
・再審査請求の期間……決定書の謄本が送付された日の翌日から起算して2月以内 (2月を経過したときは, することができない)

社一-2-9E

□ **被保険者の資格, 標準報酬又は保険給付**に関する処分の取消しの訴えは, 当該処分についての審査請求に対する**社会保険審査官の決定**を経た後でなければ, 提起することができない (決定後は, 再審査請求をするか, 提訴するか, 選択できる) (平25)。

4-7C

㊟ 保険料等の賦課, 徴収の処分又は保険料滞納処分については, 不服申立前置の規定はない。したがって, もとより, 審査請求をするか, 提訴するか, 選択できる。

305

第6章　健康保険法

26-4 E □　被保険者の標準報酬に関する**処分が確定したとき**は，当該処分を理由に不服申立てをすることができない（平19）。

**法**　■　時　効

3-4ア □　①保険料その他の徴収金（**保険料等**）を**徴収**し又はその**還付**を受ける権利，②**保険給付**を受ける権利は
　　　━━▶ **2年**で時効により消滅（平18，23，24）。

□　事業主が**保険料過納分の還付**を受け，その一部を**被保険者に返還**する場合の**返還請求権**の消滅時効は民法166条による（平16）。

□　保険者の行う保険料その他の徴収金の**納入の告知又は督促**は，**時効の更新の効力**を有する（法193条）（平22）。

□　審査請求，再審査請求は，**時効の完成猶予及び更新**に関しては，これを**裁判上の請求**とみなす。

□　**市町村長**は，保険者又は保険給付を受けるべき者に対して，被保険者又は被保険者であった者（被扶養者等も含む）の**戸籍**に関し，**無料で証明**を行うことができる。

2-1 A □　厚生労働大臣は，被保険者の資格，標準報酬，保険料又は保険給付に関して必要があると認めるときは，事業所への立入検査等を行うことができる。

□　事業主の健康保険に関する書類の保存義務は，**2年間**。

---

**POINT**

**時効の起算日**（平12**選**，平14，22）

・保険料の徴収権………納期限の翌日

・保険料の還付請求権…保険料を納付した日の翌日

5-10C
3-6 B ・傷病手当金……………**労務不能であった日**ごとにその翌日

27-9 D
元-4ウ ・出産手当金……………**労務に服さなかった日**ごとにその翌日

・出産育児一時金………事故発生の日の翌日

・埋葬料…………………　　　　〃

29-3 B ・高額療養費……………診療月の翌月1日

28-5 C
30-7 D ・療養費…………………請求権を行使し得るに至った日の翌日

306

第 7 章

# 国民年金法

**主な改正点**

<令和5年度の年金額>

| | | |
|---|---|---|
| 老齢基礎年金<br>(満額) | 67歳以下<br>68歳以上 | 780,900円×1.018≒795,000円<br>780,900円×1.015≒792,600円 |
| 障害基礎年金<br>1級 | 67歳以下<br>68歳以上 | 795,000円×1.25=993,750円<br>792,600円×1.25=990,750円 |
| 障害基礎年金<br>2級 | 67歳以下<br>68歳以上 | 780,900円×1.018≒795,000円<br>780,900円×1.015≒792,600円 |
| 障害基礎年金の子の加算① | 224,700円×1.018≒228,700円 | |
| 障害基礎年金の子の加算② | 74,900円×1.018≒76,200円 | |
| 遺族基礎年金 | 67歳以下<br>68歳以上 | 780,900円×1.018≒795,000円<br>780,900円×1.015≒792,600円 |
| 遺族基礎年金の子の加算① | 224,700円×1.018≒228,700円 | |
| 遺族基礎年金の子の加算② | 74,900円×1.018≒76,200円 | |

第7章 国民年金法

# 第1 総 則

## 【法1条】 国民年金制度の目的

28選

国民年金制度は，日本国憲法第25条第2項に規定する理念に基き，老齢，障害 又は 死亡 によって 国民生活の安定 がそこなわれることを 国民の共同連帯 によって防止し，もって 健全な国民生活の維持 及び 向上 に寄与す

5選 ることを目的とする。（このため必要な給付を行う）

☞ 国民年金法は，昭和34年11月の無拠出型に始まり，その後昭和36年4月から拠出型年金となってスタートした。

過 □ 老齢福祉年金は，昭和34年11月1日に70歳を超えている者に，同日から支給された（平3）。

ポ □ 国民年金法は，昭和61年4月1日（施行日）を基準に，施行日前を旧法，施行日以後を新法と呼ぶ。

□ 現在の国民年金は，老齢，障害，死亡について，すべての者に共通する基礎年金を支給する仕組みとなっている。

□ 被用者（民間会社員，公務員等〔公務員・私学教職員〕）については，国民年金に加入するとともに，厚生年金保険にも加入することになる（二階建ての年金制度）。

26-7 A □ 国民年金の給付には，保険原理によらないもの*もある（そのため，国年法では保険給付という用語は使わない）。

＊ 20歳前傷病による障害基礎年金は，無拠出でも支給される福祉的な年金。

法 □ 国民年金事業は，政府が管掌する。

30-3 E □ 事務の一部は①法律によって組織された共済組合，②国家公務員共済組合連合会，③全国市町村職員共済組合連合会，④地方公務員共済組合連合会，⑤日本私立学校振興・共済事業団に行わせることができる（平16，19）。

総　則

□　また，事務の一部は，**市町村長**（特別区の区長を含む。以下同じ）が行うこととすることができる（平16）。　3-6C 28-4オ

□　厚生労働大臣の権限に係る事務（共済組合等及び市町村長が行うこととされたものを除く）の一部は，**日本年金機構**（「機構」）に行わせるものとする。　4-4E 2-8 ア〜ウ

□　厚生労働大臣の権限（一部を除く）は，**地方厚生局長**に委任することができる。地方厚生局長に委任された権限は，**地方厚生支局長**に委任することができる。　元-1イ

□　厚生労働大臣は，保険料，徴収金，年金給付の過誤払による返還金その他の厚生労働省令で定めるもの（保険料等）の収納を，**機構**に行わせることができる。

**覚**　□　**政府及び実施機関**とは，①**厚生年金保険の実施者たる政府**，②**実施機関たる共済組合等**をいう。

※　基礎年金拠出金の負担・納付の主体となる。

□　**実施機関たる共済組合等**とは，①**国家公務員共済組合連合会**，②**地方公務員共済組合連合会**，③**日本私立学校振興・共済事業団**をいう。

**! POINT**

**公的年金制度の仕組み**

| 国民年金基金 | 企業年金 | 年金払い退職給付 |
| --- | --- | --- |
| | 厚生年金保険 | |

| 国　民　年　金 | | （基　礎　年　金） | |
| --- | --- | --- | --- |
| ←自営業者等→ | サラリーマン等の配偶者→ | 民　間サラリーマン | ←　公務員　→ |
| ［第 1 号被保険者］ | ［第 3 号被保険者］ | （第 2 号被保険者） | |

※　**平成27年10月 1 日**から，二階部分について，従来の共済年金制度が厚生年金保険制度に統合された（**被用者年金制度の一元化**）。なお，三階部分の**年金払い退職給付**は，従来の共済年金制度の職域加算に代わるものとして創設された公務員向けの制度である。

第7章　国民年金法

**覚** □ **保険料納付済期間**とは，①第1号被保険者期間のうち保険料を納付した期間及び産前産後免除の期間，②第2号被保険者としての被保険者期間，③第3号被保険者としての被保険者期間を合算した期間をいう。

28-7E □ 保険料納付済期間には，**督促**及び**滞納処分**により保険料が納付された期間を含む（平24）。

□ **保険料免除期間**とは，

2-5B
28-1オ ① 保険料全額免除期間（法定免除，申請免除，学生納付特例により，保険料の全額を免除された期間）（平21）

② 保険料4分の3免除期間

3-6E ③ 保険料半額免除期間

5-5A ④ 保険料4分の1免除期間　を合算した期間をいう。

□ この他に法附則上の特例として，納付猶予期間がある（学生納付特例期間と同様に取り扱われる）。

□ 保険料免除期間（上記①〜④）は，すべて第1号被保険者としての被保険者期間である。

□ 「配偶者」「夫」「妻」には，婚姻の届出をしていないが，**事実上婚姻関係**と同様の事情にある者を含む。

【法4条】　年金額の改定

2選 国民年金法による年金の額は，国民の 生活水準 その他の諸事情に 著しい変動 が生じた場合➡ 速やかに 改定の措置が講ぜられなければならない。

【法4条の2】　財政の均衡

**国民年金事業の財政**は，**長期的に**その均衡が保たれるものでなければならず， 著しくその均衡を失する と見込まれる場合には， 速やかに 所要の措置が講ぜられなければならない。

総　則

#### 【法４条の３】　財政の現況及び見通しの作成

① 政府は，少なくとも 5年ごと に，保険料 及び 国庫負担 の額並びに国民年金法による給付に要する費用の額その他の国民年金事業の 財政に係る収支 についてその 現況 及び 財政均衡期間 における見通し（**財政の現況及び見通し**）を作成しなければならない。

② 財政均衡期間 は，財政の現況及び見通しが作成される年以降おおむね 100年間 とする。

26選

厚年30-7A

※　財政の現況及び見通しの作成（財政検証）のイメージ

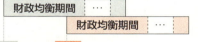

５年ごとに，その都度，現況及び向こう約100年間の見通しを検証する

#### 【法16条の２】　調整期間

① 政府は，**財政の現況及び見通しを作成するに当たり**，国民年金事業の財政が，財政均衡期間 の**終了時**に給付の支給に支障が生じないようにするために必要な 積立金 （年金特別会計 の 国民年金勘定 に係る積立金をいう）を保有しつつ当該**財政均衡期間**にわたってその均衡を保つことができないと見込まれる場合には，年金たる給付 （付加年金 を除く）の額（給付額）を**調整する**ものとし，政令で，給付額 を調整する期間（調整期間）の 開始年度 を定めるものとする（平18選，平19，23）。

② **財政の現況及び見通しにおいて**，調整 を行う必要がなくなったと認められるときは，**政令で**，調整期間 の 終了年度 を定めるものとする。

3選

注　厚生年金保険法においては，「保険給付の額」を調整する。

厚年元選

☞　調整期間の開始年度は平成17年度（➡P329参照）。

311

第7章　国民年金法

# 第2　被保険者の種類等

**法** ■ **強制加入被保険者**（法7条）（平21）

□ **第1号被保険者**とは，

<u>日本国内に住所</u>を有する<u>20歳以上60歳未満</u>の者で，第2号被保険者及び第3号被保険者以外の者（厚生年金保険法に基づく老齢給付等を受けることができる者及び適用除外とすべき特別の理由がある者として厚生労働省令で定める者を除く）（平22，25）。

5選　〔国籍要件…なし　国内居住要件…**あり**　年齢要件…**あり**〕

□ **第2号被保険者**とは，

5選
4-7A
3-3B
29-10C
27-1E
26-7C
26-2オ

<u>厚生年金保険の被保険者</u>。

（ただし，65歳以上の者については，**老齢又は退職**を支給事由とする給付の受給権を有しないものに限る（法附則3条））。

〔国籍要件…なし　国内居住要件…なし　年齢要件…なし〕

元-5A
4-5E

□ **第3号被保険者**とは，

<u>第2号被保険者の配偶者</u>であって，**主として第2号被保険者の収入により**<u>生計を維持</u>するもの（被扶養配偶者）のうち，<u>20歳以上60歳未満</u>の者（平20，21，24，25）。

5選　〔国籍要件…なし　国内居住要件…**あり**　年齢要件…**あり**〕

27-1D
28-6A
27-7A

□ 主として第2号被保険者の収入により生計を維持することの認定は，**日本年金機構（機構）**が行う。

3-3A, D

□ 留学等の一定の事情があり**日本国内に生活の基礎がある**と認められれば，国外居住でも第3号被保険者となる。

**法** □ **旧国会議員互助年金法**では，3年超えの懲役・禁固刑に処せられれば老齢給付の受給権が消滅➡その者は**失権した日に第1号被保険者**の資格を取得する。

2-3B

□ 第1号被保険者の資格取得は14日以内に届出。ただし**20歳到達**による場合で，機構保存本人確認情報の提供により

312

被 保 険 者

確認できるときは不要。

**法** ■ **任意加入被保険者(1)**（法附則5条）（平13，14）

□ **第2号・第3号被保険者以外の者**で次の①～③の者は，**厚生労働大臣に申し出て**被保険者になれる（平25）。

① 〔日本国内に住所を有する〕〔20歳以上60歳未満〕〔厚生年金保険法に基づく**老齢給付等の受給権者**〕

② 〔日本国内に住所を有する〕〔**60歳以上65歳未満**〕の者

③ 〔**日本国籍**を有する〕〔日本国内に住所を有しない〕〔**20歳以上65歳未満**〕の者

5-7E
2-9B

**ポ** □ **第1号被保険者に準じた扱い**を受ける。ただし保険料免除の規定は適用されない（平18）。

27-6ア

□ 任意加入被保険者のうち②③の者は，**国民年金基金**に加入することができる（平25）。

**法** ■ **任意加入被保険者の特例(2)**（平6法附則11条他）

□ **昭和40年4月1日以前**に生まれた者で，**老齢基礎年金**，**老齢厚生年金**その他の**老齢又は退職**を支給事由とする年金給付の**受給権を有しない**次の者は，**厚生労働大臣に申し出て**被保険者になることができる（平17，21）。

3-3E
2-9D
27-1A

① 〔日本国内に住所を有する〕〔**65歳以上70歳未満**〕の者

② 〔**日本国籍**を有する〕〔日本国内に住所を有しない〕〔**65歳以上70歳未満**〕の者

□ (1)の任意加入被保険者が65歳に達し老齢給付等の受給権がない場合は，**特例加入の申出があったものとみなす**。

□ **厚生労働大臣に申出をした日**に資格を取得する（平22）。

29-3E

□ いつでも大臣に申し出て資格を喪失することができる。

**ポ** □ **任意加入被保険者の特例(2)**の者は，通常の任意加入被保険者(1)と違い，**老齢給付等の受給権を取得**したときは（その翌日に）**資格を喪失**する（平17）。

□ また，特例の者は，**付加保険料は納付できない**（平17）。

2-9E

□ **保険料免除も受けられない**。

313

第7章　国民年金法

**2-9A**
**27-2エ**
□　その者の死亡について，**寡婦年金は支給されない**（**死亡一時金**については，第1号被保険者と同様に支給）（平23）。

**28-4イ**
□　**日本国内に住所を有する**任意加入被保険者の保険料は**口座振替**が原則（資格喪失までの期間の保険料を**前納**する場合は口座振替によらないことができる）（平21，22）。

**法**　■　**資格の喪失**（資格喪失日がその日かその翌日であるかを把握すること）

□　**強制**加入被保険者の資格喪失時期（平19，20）

| 被保険者の種別 | 資　格　喪　失　日 |
|---|---|
| **全被保険者共通** | 死亡した日の**翌日** |
| **第1号被保険者** | ①日本国内に住所を有しなくなった日の**翌日**<br>②厚生年金保険法に基づく老齢給付等の受給権を取得した**日** |
| **第1号被保険者**<br>**第3号被保険者** | 60歳に達した**日**（**60歳の誕生日の前日**） |
| **第2号被保険者** | 厚生年金保険の被保険者の資格を**喪失した日** |
| **第3号被保険者** | 被扶養配偶者でなくなった日の**翌日** |

**4-8E**（全被保険者共通）
**4-8E**／**30-7D**（第1号・第3号被保険者）
**3-2C**（第3号被保険者）

□　第1号被保険者は，上記のほか，国民年金法の適用を除外すべき特別の理由がある者として厚生労働省令で定める者＊となったときも，資格を喪失する。

**3-3C**
＊　いわゆる「医療滞在ビザ」等で来日する者は，第1号被保険者とならない（第3号被保険者，健康保険の被扶養者にもならない）。

□　**任意**加入被保険者の資格喪失時期（平21，22，24，25）

Ⓐ……国内居住者　　Ⓑ……日本国籍を有する海外在住者

**2-9C**
**29-3C**
**29-10A**
**28-5D**
**27-6イ**

**65歳に達したとき**，資格喪失の申出が受理されたとき
第1号・第2号・第3号被保険者に該当したとき
厚生年金保険法に基づく老齢給付等の受給権者でなくなったとき，**月数が合算して480月に達し，満額の老齢基礎年金を受給できるようになったとき**

その日に
喪失し，

被保険者

死亡したとき，Ⓐが**日本国内に住所を有しなくなったとき**（その日に強制加入被保険者に該当したときは，その日），Ⓐが保険料を滞納し，**督促状の指定期限までに納付しないとき**，Ⓑが**日本国内に住所を有するに至ったとき**，**日本国籍を失ったとき**，Ⓑが滞納後**2年を経過したとき**，Ⓐが適用除外とすべき特別の理由がある者となったとき（平22） ｜ **その翌日**に喪失する。

4-6 E

27-1 C

ポ □ 通常の任意加入被保険者は，老齢基礎年金を受給できることだけでは，資格を喪失しない。

3-1 C

□ 任意加入被保険者【特例】の資格喪失時期

Ⓐ……国内居住者　　Ⓑ……日本国籍を有する海外在住者

**70歳に達したとき**，資格喪失の申出が受理されたとき，厚生年金保険の被保険者の資格を取得したとき ｜ **その日**に喪失し，

5-3 C

死亡したとき，**老齢給付等の受給権を取得したとき**，Ⓐが日本国内に住所を有しなくなったとき，Ⓐが保険料を滞納し督促状の指定期限までに納付しないとき，Ⓑが日本国内に住所を有するに至ったとき，日本国籍を失ったとき，Ⓑが滞納後2年を経過したとき，Ⓐが適用除外とすべき特別の理由がある者となったとき ｜ **その翌日**に喪失する。

3-1 C
29-3 B
29-3 D
27-1 B
29-3 A

ポ □ 特例による任意加入被保険者は，老齢基礎年金の受給権を取得すれば，資格を喪失する。

元-8 D

**！POINT**

**被保険者に対する情報の提供**

　厚生労働大臣は，国民年金制度に対する**国民の理解**を増進させ，その**信頼を向上**させるため，被保険者に，保険料納付の実績及び将来の給付に関する必要な情報を**分かりやすい形で通知**するものとする（厚生年金保険法にも同様に規定）（平22）。

4選
厚年2選

……具体的には，「ねんきん定期便」としてはがき（35歳，45歳，59歳には詳細な封書）を送付。

26-8 A

315

第7章 国民年金法

# 第3 被保険者期間，届出等

**法** ■ **被保険者期間の計算，種別の変更**

□ **月を単位**として被保険者期間を計算。

2-2B
元-3E
29-10B
26-5A
□ 被保険者の**資格を取得した日の属する月**からその**資格を喪失した日の属する月の前月**までを算入する。

5-4A
29-10D
26-8C
□ 資格を取得した月にその資格を喪失したときは，その月を1箇月として算入し，その月にさらに資格を取得したときは，あとの資格の1箇月として算入する（平13，22）。

□ 資格喪失後，さらに資格を取得した者については，**前後の被保険者期間を合算**する。

5-5D
30-6A
□ 種別に変更があった月➡**変更後の種別**の被保険者であった月とみなす（平24）。**同一の月に2回以上の種別変更があった月➡最後の種別**の被保険者であった月とみなす。

4-1D
4-2ア，ウ
3-7C，D
29-1D
29-10E
**法** ■ **届 出**（平19，20，23）

□ 被保険者（第3号被保険者を除く）は，①その**資格の取得及び喪失**，②**種別の変更**，③**氏名及び住所の変更**に関する事項を**市町村長**に届け出なければならない。

□ 第1号被保険者の届出（平18）
（**14日以内**に，所定の届書を**市町村長**に提出）
①資格取得届　　　②種別変更届
③氏名・住所変更届　④資格喪失届

3-7D
2-5E
2-6B
□ 第3号被保険者は，上記①～④について**厚生労働大臣**に届け出なければならない（原則としてその配偶者である第2号被保険者を使用する事業主・各種共済組合等を経由）。

29-2B
□ 第2号被保険者を使用する事業主は，その経由に係る事務の**一部**を健康保険組合に委託できる（平19，23）。

元-7E
□ 第3号被保険者の届出が，第2号被保険者を使用する事業主・各種共済組合等に受理されたときは，その受理され

316

たときに厚生労働大臣に届出があったものとみなす。

- □ 第３号被保険者の前頁①②③④及び種別確認の届出は，**機構**に提出することによって行わなければならない。 4-1C / 29-1A / 29-1A，C

**法** □ **第３号被保険者**の資格取得の届出が遅れた場合，**届出が行われた日の属する月の前々月までの２年間**のみを**保険料納付済期間**に算入する（平12，19，22）。 4-6B

- □ ただし，**平成17年４月１日前**の**第３号被保険者期間**で，第３号の届出をしなかった期間がある者は**届出を行うことができる**。当該期間は**保険料納付済期間**（平17，19）。 4-6C

- □ **平成17年４月１日以後**については，**第３号の届出**を遅滞したことに**やむを得ない事由**があると認められるときは，**届出を行うことができる**。当該期間は**保険料納付済期間**。 4-6B / 29-1E / 28-9E

- □ 昭和61年４月～平成25年６月の第３号被保険者期間のうち，第１号被保険者として記録の訂正がなされた期間を有する者は，そのうちの**時効消滅不整合期間**について届出を行うことができる。当該期間は**学生納付特例期間**とみなされ**受給資格期間に算入**される（平成27年４月から**平成30年３月まで**，当該期間につき特定保険料を納付可能としていた。納付がない場合は年金額を最大**10%減額**）。 26-7D / 3-2E / 27選

- □ 将来の不整合記録の発生防止の観点から「**被扶養配偶者でなくなったことについての届出**」を規定（法12条の２）。

**法** ■ **基礎年金番号通知書，国民年金原簿**
- □ **基礎年金番号通知書**は，**厚生労働大臣**が作成し，被保険者に交付。基礎年金番号の利用は一定の範囲内。 4-2オ

- □ **国民年金原簿**は，**厚生労働大臣が備える**（平14）。①被保険者の氏名，②資格の取得及び喪失，③種別の変更，④保険料の納付状況，⑤基礎年金番号などを記録。 28-2C / 2-6D / 元-1エ

- □ 被保険者又は被保険者であった者は，記録が事実でない又は記録されていないと思料するときは，厚生労働大臣に対し，**国民年金原簿の訂正の請求**をすることができる。 4-1B / 4-4E / 2-8オ / 30-7E

317

# 第4 給付の通則

第7章 国民年金法

2-6E
**法** □ **給付の種類**（法15条）

〈全国民共通の年金給付〉
**老齢基礎年金，障害基礎年金，遺族基礎年金**
〈第1号被保険者独自の給付〉
**付加年金，寡婦年金，死亡一時金**

☞ その他，特別一時金，脱退一時金がある。

5-4B
3-6D
元-7B
**法** ■ **裁　定**（＝給付が受けられるかの確認）
□ 実際に給付を受けるためには，年金や一時金を受ける権利を有する者（受給権者）の**請求**が必要。

□ その請求に基づいて，**厚生労働大臣**が裁定する。

**過** □ 第1号被保険者期間のみを有する老齢基礎年金に係る裁定請求の受理及びその請求に係る事実についての審査に関する事務は，**市町村長**が行う（平22）。

**法** ■ **年金の支給期間及び支払期月**（法18条）（平22）
□ 支給すべき**事由が生じた日の属する月の翌月**から，権利が**消滅した日の属する月**まで〔支給〕。

元-2D □ 支給を停止すべき**事由が生じた日の属する月の翌月**から，その事由が**消滅した日の属する月**まで〔支給停止〕*。
＊ 停止事由が，生じた月に消滅したときは停止しない。

□ **2，4，6，8，10，12月**の6期に分け**年6回払い**。
〔旧法 老齢福祉年金は，**4，8，12月**（請求すれば**11月**）〕

5-10オ
29-9A
厚年26-3B
□ それぞれの**前月**までの分を支払う。

□ ①**前支払期月**に支払うべきであった年金，②**権利が消滅**した場合もしくは年金の**支給を停止**した場合におけるその期の年金は，支払期月でない月でも支払う。

**法** ■ **死亡の推定**（法18条の3）（平18，22）

## 給付の通則

- □ 〔船舶又は航空機事故〕で〔⟨イ⟩生死が**3箇月**間分からない場合,⟨ロ⟩死亡が**3箇月**以内に明らかになったが死亡時期が分からない場合〕は,〔**その事故のあった日**に,**死亡したものと推定**〕する。

■ **失踪宣告**（法18条の4）〔上記以外の事故,行方不明等に適用〕

- □ 民法の失踪宣告を受けた者は,失踪した日から**7年経過**したときに**死亡したものとみなされる**（平18）。

### 【法19条】 未支給年金

**年金給付**の受給権者が死亡した場合に,その死亡した者に支給すべき**年金給付**でまだその者に支給しなかったものがあるときは,その者の**配偶者**,**子**,**父母**,**孫**,**祖父母**,**兄弟姉妹**又はこれらの者以外の**3親等内の親族**であって,その者の死亡当時その者と**生計を同じく**していたものは,**自己の名**で,その**未支給の年金**の支給を請求することができる。（平18,19）

☞ **年金給付**に限られるので,死亡一時金は対象外。

- 過 □ 未支給年金を受けるべき**同順位者が2人以上ある**ときは,その1人のした請求は,**全員のためその全額**につきしたものとみなし,その1人に対してした支給は,**全員**に対してしたものとみなす（平8,24）。
- □ 裁定前に死亡した場合でも,**自己の名で請求**（平6）。
- □ 受給順位は,配偶者,子,父母,孫,祖父母,兄弟姉妹,これらの者以外の3親等内の親族の順序。いとこは不可。
- □ 死亡した者が**遺族基礎年金の受給権者**であったときは,

319

その者の死亡当時遺族基礎年金の**支給要件**となり又はその額の**加算の対象**となっていた，被保険者又は被保険者であった者の**子**は，当該受給権者の**子**（生計を同じくしていた子）として扱われる（平20，25）。

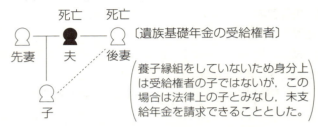

□ 未支給年金の規定は**脱退一時金**にも準用される。

■ **併給の調整**（法20条）

□ ２つ以上の年金が支給されるときは，いったん全ての年金を**支給停止**し，受給権者が希望する年金の方を**解除申請**する〚一人一年金の原則〛（平23，25）。

□ 申請は**いつでも**将来に向かって撤回できる（**選択替え**）。

□ ただし，**老齢基礎年金**と**付加年金**は併給し，

□ **同一支給事由**に基づいて支給される場合も併給する。

| 老齢厚生年金 | 障害厚生年金 | 遺族厚生年金 |
| --- | --- | --- |
| 老齢基礎年金 | 障害基礎年金 | 遺族基礎年金 |

□ 支給事由が異なっていても，65歳以後に支給される次のものは，併給される（平18，19，20，23，25）。

| 遺族厚生年金 |
| --- |
| 老齢基礎年金 |

| 老齢厚生年金 | 遺族厚生年金 |
| --- | --- |
| 障害基礎年金 | 障害基礎年金 |

※ 障害者の自立を図る観点から，障害基礎年金と老齢厚生年金の併給が可能となっている。

給付の通則

| | | |
|---|---|---|
| ⑪厚年・**遺族**年金 | ㊞**遺族**厚生年金 | ㊞**遺族**厚生年金 |
| ㊞**老齢**基礎年金 | ⑪国年・**老齢**年金 | ⑪厚年・**老齢**年金×1/2 |

| | |
|---|---|
| ㊞**老齢**厚生年金 | ㊞**遺族**厚生年金 |
| ⑪国年・**障害**年金 | ⑪国年・**障害**年金 |

（厚生年金同士の調整）　3-9 A

（国民年金と厚生年金との調整）

**過** □　１階部分が老齢基礎年金で，２階部分が支給事由 26-6 A
が異なる年金の場合でも，付加年金は併給される。

□　繰上げ支給の老齢基礎年金を受給している者に，遺族厚 30-9 D
生年金の受給権が発生しても**65歳に達するまでは**併給され
ない（平5）。

**法** ■　**受給権者の申出による支給停止**（法20条の２）

　　□　①　**年金給付**（他の規定により**全額支給停止**され
ているものを**除く**）は，**受給権者の申出**により，その**全額
の支給を停止**する。

□　②　他の規定により一部支給停止されている年金給付に
ついて，**支給停止が解除**されたときは，①の年金給付の**全
額の支給を停止**する。

□　①の申出は，**いつでも将来に向かって撤回**できる（平24）。

**択** □　①②の規定により支給停止されている年金給付 29-8 A
は，政令で定める法令の規定＊の適用については，**支
給を停止されていないものとみなす**。

（例えば，遺族基礎年金の支給停止を申し出た場合，遺族基
礎年金はその**支給を停止されていないものとみなされる**ので，労災保険の遺族補償年金は減額される。）

　＊　労災保険の年金と社会保険の年金の調整，健康保険の傷病
　　手当金と老齢退職年金給付との調整等

**過** □　老齢基礎年金が申出により支給停止されている者 29-8 A
の死亡について，寡婦年金，死亡一時金は支給しない。

321

第7章　国民年金法

厚年26-3 A　□　受給権者の申出による支給停止の申出は，同一支給事由の年金（老齢基礎年金と老齢厚生年金など）であっても，それぞれ別個に行う（基礎年金のみ支給停止なども可能）。

**法** ■　**内払調整**（法21条）

□　①　**乙年金**の受給権が**消滅**し（又は乙年金を**支給停止**し），**甲年金**の受給権を**取得**した（又は甲年金を**支給する**）場合に，既に乙年金が支払われているとき ➡ **乙年金は甲年金の内払とみなす。**

2-1 ア　□　②　**支給停止**すべき年金が支払われたとき，又は**減額して改定**すべき場合に減額されない額が支払われたとき ➡ 支払われた年金は，**その後に支払うべき年金の内払とみなすことができる**（平20）。

3-2 A　□　③　**厚生年金保険**の年金（厚生労働大臣が支給するものに限る）を支給停止し，**国民年金**の年金を支給すべき場合に，その厚生年金保険の年金が支給されたとき ➡ その厚生年金保険の年金は，**国民年金の年金の内払とみなすことができる**（平22）。

■　**過誤払調整**（法21条の2）（平19）

29-9 C　□　**年金給付の受給権者が死亡**し受給権が消滅したにもかかわらず，その翌月以降の分として当該年金の**過誤払**が行われた場合に，当該過誤払による**返還金債権に係る債務の弁済をすべき者**に支払うべき年金給付があるとき ➡ その支払金の金額を返還金債権の金額に**充当することができる**。

5-7 D
厚年26選

29-9 D　**ポ** □　「過誤払」は受給権者が死亡した後の調整。

□　「内払」は，**国年どうし，国年と厚年**（厚生労働大臣が支給するものに限る）**との間**で行う。

□　「過誤払」は，**国年どうしのみ**で行う（平12）。

**法** ■　**損害賠償請求権**（法22条）

30-5 ウ　□　給付の支給事由となる障害又は死亡の原因が，**第三者行為**による場合に給付をしたとき ➡ 政府は，その**給**

給付の通則

付の価額の限度で，受給権者が有する損害賠償請求権を取得（平13）。

□　上記の場合に受給権者が第三者から同一の事由について　　5-6D
損害賠償を受けたとき ➡ 政府は，その価額の限度で給付
の責を免れる（給付の責を免れるのは，最長で３年間）。

■　不正利得の徴収（法23条）

□　偽りその他不正の手段により給付を受けた者に対し，厚
生労働大臣は，受給額に相当する金額の全部又は一部をそ
の者から徴収することができる（平13）。

■　受給権の保護と公課の禁止（法24条，25条）

□　給付を受ける権利は，譲り渡し，担保に供し，又は差し
押えることができない。

□　租税その他の公課は，給付として支給を受けた金銭を標　　3選
準として課することができない（原則）。

□　老齢基礎年金又は付加年金については，国税滞納処分　　5-3E
（その例による処分を含む）により差し押えたり，租税その
他の公課を課することができる（例外）（平25）。

---

**！POINT**

### 端数処理及び２月期支払の年金の加算

| ① 年金給付の裁定及び 改定時の年金給付の額 ② 年金給付の額の計算 過程で生じる端数 | ・50銭未満は切捨て ・50銭以上１円未満は１円に切上げ | 28-10D |
| --- | --- | --- |
| ③ 毎支払期月ごとに支 払われる金額 | ・１円未満は切捨て（平22） | |

※　③の場合，毎年３月から翌年２月までの間において切り　　5-9D
捨てられた金額の合計額（１円未満は切捨て）を，当該2　　厚年元選
月の支払期月の年金額に加算するものとされている。　　28-2E

㊟　年金額・加算額等に改定率を乗じて得た額については，　　厚年28-5D
50円未満切捨て，50円以上100円未満は100円に切上げ。

# 第5 老齢基礎年金全般

第7章 国民年金法

### 【法26条】 老齢基礎年金の支給要件

5-4E
老齢基礎年金は, 保険料納付済期間 又は ★保険料免除期間 を有する者が 65歳 に達したときに支給する。

ただし, 保険料納付済期間 と 保険料免除期間 とを合算した期間が 10年 に満たないときは支給しない。

★の付いた保険料免除期間からは, 学生納付特例期間を除く。

30-6D ☞ 上記の要件を満たさなくとも, 納付済又は免除期間があり合算対象期間も含めて10年以上あれば, 支給する。

**ポ** □ 老齢基礎年金は, ①大正15年4月2日以後に生まれた者で, ②昭和61年3月31日以前に厚年, 船員保険, 共済組合の**老齢給付等**の受給権がない者に支給。

□ ただし, 共済組合の退職年金等の受給権があっても, **昭和6年4月2日以後**生まれの者には支給される。

□ **年金額**には, 保険料納付済期間→**全て**, 保険料免除期間（学生納付特例期間を除く）→**一部**を反映し／合算対象期間は**反映しない**。

4-8B
3-1B
29-7B
□ 学生納付特例期間は, 受給資格期間には算入されるが, 年金額の計算には算入されない（平15, 21）。

㊟ 納付猶予期間は学生納付特例期間と同様に取り扱われる（以下同じ）。

**法** ■ 保険料納付済期間・免除期間, 合算対象期間
□ 「保険料納付済期間」とは？（平24）

・第1号被保険者期間（任意加入含む）のうち**保険料を納付した期間**（一部免除の保険料につき残余の額が納付又は徴

収されたものを除く）及び産前産後免除の期間…………Ⅱ

・**第2号**被保険者期間のうち**20歳以上60歳未満**の期間…Ⅱ

・**第3号**被保険者期間…………………………………………Ⅱ

・施行日前の旧国年法の保険料納付済期間………………Ⅰ

・**昭和36年4月1日から昭和61年3月31日までの厚年**
　・船員保険の被保険者期間，共済組合の組合員期間
　のうち**20歳以上60歳未満**の期間……………………………Ⅰ

□　「保険料免除期間」とは？

・**第1号**被保険者期間のうち保険料の**納付を免除**され
　た期間（全額免除期間，4分の3免除期間，半額免
　除期間，4分の1免除期間）……………………………Ⅱ

・施行日前の国年の被保険者期間のうち保険料の**納付
　を免除**された期間…………………………………………Ⅰ

□　「合算対象期間」とは？

```
      Ⓐ         Ⓑ   〔施行日〕   Ⓒ
        ←S36.4.1→    ←S61.4.1→
                                        →
```

〈**施行日以後の期間**〉

・国年に任意加入できる期間に任意加入しなかった期　　　5-8D
　間のうち**20歳以上60歳未満**の期間（平18，23）　　　　Ⓒ

・任意加入したが保険料を納付しなかった期間のうち
　20歳以上60歳未満の期間　　　　　　　　　　　　　　　Ⓒ

・第2号被保険者期間のうち**20歳前**と**60歳以後**の期間　Ⓒ　5-5C
　　　　　　　　　　　　　　　　　　　　　　　　　　4-8A, D
　　　　　　　　　　　　　　　　　　　　　　　　　30-9C

〈**施行日前の期間**〉

・国年に任意加入できる期間に任意加入しなかった期
　間のうち**20歳以上60歳未満**の期間（平23）　　　　　　Ⓑ

・任意加入したが保険料を納付しなかった期間のうち　　26-10B
　20歳以上60歳未満の期間　　　　　　　　　　　　　　　Ⓑ

・**厚年（船員保険含む）の被保険者期間又は共済組合
　の組合員期間のうち次の期間**

第7章　国民年金法

28-9 B

- ○通算対象期間のうち**昭和36年４月１日前**の被保険者期間又は組合員期間　Ⓐ
- ○**昭和36年４月１日から昭和61年３月31日までの期間のうち20歳前と60歳以後の期間**（平18，25）　Ⓑ
- ○**脱退手当金**の計算の基礎となった期間のうち**昭和36年４月１日以後**の期間（**大正15年４月２日以後**に生まれた者で**施行日以後65歳に達する日の前日**までに**保険料納付済期間又は免除期間がある**場合に限る）（平25）㊟施行日前に支給を受けること　Ⓑ
- ○退職一時金（政令で定めるものに限る）の計算の基礎となった期間のうち昭和36年４月１日以後の期間　Ⓑ
- ○退職年金，減額退職年金の年金額の計算の基礎となった期間のうち昭和36年４月１日以後の期間　Ⓑ

・**国会議員**であった期間（60歳未満の期間に限る）のうち**昭和36年４月１日**から**昭和55年３月31日**までの期間（昭和55年４月１日から昭和61年３月31日までの期間についても，国年に任意加入ができたが任意加入しなかった期間（60歳未満の期間に限る）は，合算対象期間となる）（平25）

・**日本国籍を有し日本国内に住所を有しなかった期間**（20歳以上60歳未満の期間に限る）のうち，**昭和36年４月１日から昭和61年３月31日**までの期間　Ⓑ

・**昭和36年５月１日以後**，**日本国籍を取得した**者のうち次の期間（20歳以上60歳未満の期間に限る）（平12，20，25）

- ○日本国内に住所を有していた期間のうち**昭和36年４月１日から昭和56年12月31日**まで
- ○日本国内に住所を有しなかった期間のうち**昭和36年４月１日から日本国籍を取得した日の前日**まで

老齢基礎年金

**法** ■ **年金額**　　　　　　　　　　　　　　　　30-9 E

□　年金額は満額で，**780,900円×改定率**（令和5年度の改定率は，新規裁定者**1.018**，既裁定者**1.015**）

□　ただし，保険料納付済期間が40年（480月）に**満たない者** 3-8 A について，上記の額から減額され，次の額となる。

$$780,900円×改定率×\frac{\left(\begin{array}{c}保険料納付済\\期間の月数\end{array}\right)+\left(\begin{array}{c}保険料免除\\期間の月数\end{array}×\begin{array}{c}一定の\\割合^*\end{array}\right)}{480月^{**}}$$

＊　一定の割合＝年金額への反映割合…【　】は，平成21 5-8 E 年3月までの月分として支給される年金額への反映割合（国庫負担3分の1に対応する割合）

①保険料4分の1免除期間（480－納付済期間の月数を限度とする）（平19）　　**→8分の7【6分の5】**

・上記の限度を超える保険料4分の1免除期間

**→8分の3【2分の1】**

②保険料半額免除期間（480－〔納付済期間の月数＋4分 4-4 A の1免除期間の月数〕を限度とする）

**→4分の3【3分の2】**

・上記の限度を超える保険料半額免除期間

**→4分の1【3分の1】**

③保険料4分の3免除期間（480－〔納付済期間の月数＋4分の1免除期間の月数＋半額免除期間の月数〕を限度とする）　　**→8分の5【2分の1】**

・上記の限度を超える保険料4分の3免除期間

**→8分の1【6分の1】**

④保険料全額免除期間（480－〔納付済期間の月数＋4 27-10A～E 分の1免除期間の月数＋半額免除期間の月数＋4分の3免除期間の月数〕を限度とする）

**→2分の1【3分の1】**

＊＊　**昭和16年4月1日以前**生まれの者については，「480月」の代わりに「**加入可能年数×12**」を用いる。

## 【法27条の２，27条の３】 改定率の改定等

平成17年度以降の改定率の改定

〈**68歳到達年度前**の改定率〉

【原則】毎年度，名目手取り賃金変動率を基準として改定し，当該年度の4月以降の年金たる給付について適用する。

〈**68歳到達年度以後**の改定率〉

【原則】受給権者が**65歳に達した日の属する年度の初日**の属する年の**3年後**の年の４月１日の属する年度以後において適用される改定率（基準年度以後改定率）の改定については，物価変動率＊を基準とする。

＊ 物価変動率が名目手取り賃金変動率を上回るときは，名目手取り賃金変動率。

## 【法27条の４他】 調整期間における改定率の改定

**調整期間**における改定率の改定は，原則として，

| 名目手取り賃金変動率（68歳到達年度以後については物価変動率） | × | 調整率（公的年金被保険者総数変動率×0.997） |

× （基準年度以後）特別調整率 を基準とする（平25）。

注 付加年金，死亡一時金には，改定率の適用はない。

■ 平成16年改正による給付水準

□ 年金額の改定の流れ

老齢基礎年金

※ 調整期間……開始年度は平成17年度。令和元年財政検証における終了年度の見通しは、標準的なケースでは令和29年頃。

□ **毎年度、賃金や物価の変動率をもとに改定率を設定**

従来は、5年毎の財政再計算時に賃金上昇率等を考慮して年金額を改定し、次の財政再計算時まで物価の変動による改定を行っていたが、平成16年改正後は、**毎年度（5年毎の改定は行わない）賃金や物価の変動率**をもとに**改定率**を設定し、年金額を改定することにした。➡前頁Ⓐ

□ **年金額の調整期間**（➡P311参照）は、**マクロ経済スライドによる自動調整**＊➡前頁Ⓑ

さらに**年金額の調整期間**には、上記の**改定率**に**被保険者数の減少**や**平均余命の伸び**を考慮した**調整率**を乗じて年金額を改定し、年金額の上昇を抑制する（調整期間の年金額は**改定率**に**調整率**を織り込んで**毎年度改定**される。）。

＊ ただし、標準的な年金受給世帯の給付水準が現役世代の平均収入の**50％を下回る**ことが見込まれるときは、**50％を超えるよう**所要の措置を講じる（➡P370参照）。

〈老齢基礎年金など〉

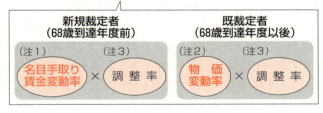

(注1) **名目手取り賃金変動率**＝物価変動率×実質賃金変動率×可処分所得割合変化率
(注2) **物価変動率**＝前々年の物価指数に対する前年の物価指数の比率
(注3) **調整率**＝公的年金被保険者総数変動率×0.997

## 老齢厚生年金など（報酬比例部分）〉

平均標準報酬(月)額 × 給付乗率 × 被保険者期間の月数

> 再評価率を乗じて現在の賃金水準として換算。この再評価率に改定率の要素を織り込んで給付を調整する（再評価率は毎年度改定）。（給付乗率は➡P397参照）

### 〈マクロ経済スライドによる改定率の調整〉

●ある程度，賃金（物価）が上昇した場合

●賃金（物価）の上昇が小さい場合＊

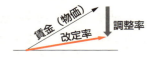
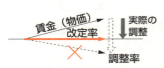

＊ 改定率がマイナスにならない範囲内で調整を行う。

㊟ 賃金（物価）が下落したときは，調整を行わず，賃金（物価）の下落分だけ年金額は減額改定される。

□ **当分の間は，物価スライド特例措置を適用**（平22選）

当分の間，平成16年改正後の年金額（ただし，調整率は乗じない。「**本来水準の年金額**」）と平成16年改正前の年金額（物価が下落した場合のみ改定。「**特例水準の年金額**」）を比較し，高い方を支給することとされた〔物価スライド特例措置➡P328Ⓒ〕。その結果，平成25年4月時点で本来水準より2.5％高い年金が支給されていた。平成25年10月から計画的・段階的に特例水準を解消することとされ，**平成27年4月から本来水準の年金額**（調整期間中であるためマクロ経済スライドも適用）を支給することとされた。

さらに平成30年度からは，景気回復期にまとめて調整するキャリーオーバーの仕組みが導入され，調整率に加えて**特別調整率**も用いることとされた。

老齢基礎年金

### 改定率の改定の基準／大原則のまとめ

<table>
<tr><td rowspan="5">調整期間以外</td><td>○いわゆる新規裁定者＝68歳到達年度前の受給権者<br>改定率＝前年度の改定率×名目手取り賃金変動率*1</td></tr>
<tr><td>＊1　名目手取り賃金変動率＝（前年の物価変動率）×<br>（3年前の年度の実質賃金変動率）×（3年前の年度<br>の可処分所得割合変化率）</td></tr>
<tr><td>○いわゆる既裁定者＝68歳到達年度以後の受給権者<br>改定率＝前年度の改定率×物価変動率*2</td></tr>
<tr><td>＊2　物価変動率＝前年の物価変動率</td></tr>
<tr><td rowspan="5">調整期間</td><td>○いわゆる新規裁定者＝68歳到達年度前の受給権者<br>改定率＝前年度の改定率×名目手取り賃金変動率<br>×調整率*3×特別調整率</td></tr>
<tr><td>○いわゆる既裁定者＝68歳到達年度以後の受給権者<br>改定率＝前年度の改定率×物価変動率×調整率*3<br>×前年度の基準年度以後特別調整率</td></tr>
<tr><td>＊3　調整率＝公的年金被保険者総数変動率×0.997</td></tr>
</table>

※　上記は，賃金の伸びが物価の伸びよりも大きい通常の経済状況を前提とした改定率の改定の大原則である。賃金の伸びが物価の伸びよりも小さい場合は，賃金の伸びに応じて改定される。令和5年度は原則どおりであり，初めて新規裁定者と既裁定者の年金額が異なることとなった。

**法** ■　**振替加算**（昭60法附則14条，15条，16条）

〔被扶養配偶者（妻と仮定）が65歳になり老齢基礎年金が支給される段階で，それまで夫の年金に加算されていた加給年金額（224,700円×改定率）を妻の方へ振り替えて加算する制度〕（平21）

**法** □　振替加算の額は，

**224,700円×改定率×生年月日に応じた率***（平22）

4-9A
28-4ア

＊　生年月日に応じた率……T15.4.2〜S2.4.1生＝1.000 ➡（中略）➡ S36.4.2〜S41.4.1生＝0.067

□　要件は，
2-7B

①　大正15年4月2日〜昭和41年4月1日生まれの者で
②　65歳に達して老齢基礎年金の受給権を取得したこと。

331

第7章　国民年金法

③　その者の配偶者が ｛④老齢厚生年金，⑩退職共済年金，⑪障害厚生年金，㊁障害共済年金｝ の受給権者であり，**その者**が④〜㊁の年金給付の**加給年金額の計算の基礎**となっていたこと（平22）。

**↓**

30-9 B
　④⑩の場合　当該配偶者の**被保険者期間**（組合員期間）が240月（中高齢の短縮措置あり●P344参照）**以上**あること

　⑪㊁の場合　当該配偶者が**障害基礎年金**（＝障害等級**1・2級**）**の受給権者であること**（平12）

**ポ**　□　振替加算は，**夫婦とも新法適用者**が前提要件。

30-4 D
　□　**受給権者**（振替加算を受ける側）が，**老齢厚生年金又は退職共済年金**で被保険者（組合員）期間が240月以上のもの等を受けられる場合　➡　振替加算は行わない。

3-1 D
元-8 E
30-5 イ
　□　受給権者が，障害基礎年金，障害厚生年金，障害共済年金等を受けられる場合　➡　振替加算は支給停止（平21）。

27-9 B
　□　離婚は，振替加算を打ち切る事由ではないが，**振替加算の対象となっている配偶者**が，離婚に伴う厚生年金の分割制度により，**離婚時みなし被保険者期間又は被扶養配偶者みなし被保険者期間を含め**，計算の基礎となる期間が240月以上の老齢厚生年金を受けられるようになった場合は，振替加算は行われなくなる（●P431参照）。

3-7 B
30-5 オ
　□　老齢基礎年金を**繰上げ**受給している場合でも65歳から振替加算が行われ，**繰下げ**受給した場合は**その繰下げ受給したときから振替加算される**（平15，21，22）。

　㊟　繰下げ受給しても，**振替加算の額には増額率は乗じない。**

5-9 B
27-9 A
**過**　□　**65歳に達した後**に配偶者加給年金額の対象に該当したときは，**そのときから加算**（平15，17，18）。

　□　加算を開始すべき**事由が生じた月の翌月**から行う（平6）。

　□　夫が老齢厚生年金を繰り下げて受給していても，要件を満たしていれば振替加算は行われる（平6）。

332

老齢基礎年金

■　**振替加算だけの老齢基礎年金**（平20，21）

□　原則として保険料納付済期間又は保険料免除期間（**学生納付特例期間を除く**）を有しない者は，老齢基礎年金を受給できない。　　　　　　　　　　　　　　　元-8A, B
27-9 E

　㊟　納付猶予期間は，**学生納付特例期間**と**同様**に取り扱われる。

□　ただし，

①　**大正15年４月２日〜昭和41年４月１日**生まれで，

②　**合算対象期間と保険料免除期間（学生納付特例期間に限る）とを合算した期間が10年以上**あり，

③　**配偶者加給年金額の対象者になっていた者**には，

④　**振替加算相当額の老齢基礎年金**が支給される。

□　この老齢基礎年金は繰下げできない。　　　　　　　　　元-5 C

**法**　■　**支給期間**

　　□　老齢基礎年金の支給期間は，**65歳に達した日の属する月の翌月**から死亡した日の属する月まで〔原則〕。

【法附則９条の２】　老齢基礎年金の支給の繰上げ

　保険料納付済期間 又は ★保険料免除期間 を有する者で60歳以上65歳未満であるもの（ 任意加入被保険者 でないものに限る）は， 65歳に達する前 に，厚生労働大臣に対して老齢基礎年金の 支給繰上げの請求 ができる。　　　　元-5 B
26-1 A

　ただし，請求日の前日において 老齢基礎年金 の受給資格期間を満たしていなければならない。　　　　（平18）

★　**学生納付特例期間を除く**。　　　　　　（平21**選**，平19）

**過**　□　**繰上げ請求があった日**から支給する（＝受給権が発生する）。〔実際の支給は**翌月**から〕（平元，23）。　29-6 C

□　繰上げ請求すると，年金額が減額され，**一生減額された額**が支給される（平元，9，10）。

**法**　□　繰上げ請求したときは，年金額に**減額率（1,000分の４**に繰上げを請求した日の属する月から65歳に達す　26-1 D

333

第7章　国民年金法

る日の属する月の前月までの月数を乗じて得た率）を乗じて得た額が減額される（平13，21）。

| 請求時の年齢 | 減　額　率 |
|---|---|
| 60歳 | 24%（60月×1,000分の4） |
| 61歳 | 19.2%（48月×1,000分の4） |
| 62歳 | 14.4%（36月×1,000分の4） |
| 63歳 | 9.6%（24月×1,000分の4） |
| 64歳 | 4.8%（12月×1,000分の4） |

㊟左記の表は例示（減額率は月単位で決定）

元-4 D
29-6 E

26-1 E　□　**付加年金**も同時に減額される（減額率同じ）。

5-4 D　□　繰上げ支給の老齢基礎年金の受給権者は，**任意加入被保険者**になることができない（平17，19）。

3-10 C　過　□　繰上げ支給の老齢基礎年金を受けると，事後重症の**障害基礎年金は支給されない**（平8，24）。

5-4 D　□　**寡婦年金**の受給権は消滅する（平元，11，13，23）。
29-8 B

26-1 C　□　**昭和16年4月1日以前**生まれの60歳以上65歳未満の**第2号被保険者**は，**繰上げ請求できない**（平17）。

27-7 C　□　**昭和16年4月1日以前**生まれの繰上げ受給者が第2号被保険者となったときは，繰上げ支給の老齢基礎年金は**全額支給停止**（平17）。

　　□　**昭和16年4月1日以前**生まれであって，特別支給の老齢厚生年金を受給している者が，繰上げ請求をしたときは，特別支給の老齢厚生年金は**全額**支給停止（平8）。

　　□　**昭和16年4月1日以前**生まれの者は減額率が**年単位**とされている。

　　□　**昭和16年4月2日以後**生まれの者が国民年金の被保険者（第2号被保険者）である場合には，**繰上げ請求できる**。

　　□　また，その者の**報酬比例部分の老齢厚生年金**とは併給する（定額部分は，生年月日等に応じ一定の調整あり）。

5-5 C　□　**老齢基礎年金**の支給繰上げの請求は，**老齢厚生年金**の支給繰上げの請求をすることができる者にあっては，当該請
26-1 B

老齢基礎年金

求と**同時**に行わなければならない。

> **【法28条】 老齢基礎年金の支給の繰下げ** 2-5 A
> 元-8 C
> 老齢基礎年金 の受給権を有する者であって 66歳に達する前 に請求をしなかった者は, 厚生労働大臣 に老齢基礎年金の 支給繰下げの申出 をすることができる。

**ポ** □ **65歳**に達したとき，又は**65歳に達した日から66歳に達した日まで**の間に，他の年金たる給付*の受給権 元-4 C
30-4 C
者でないことが要件。

* **他の年金たる給付**……他の年金給付（**付加年金**を除く）又は厚生年金保険法による年金たる保険給付（**老齢を支給事由とするものを除く**）をいう（平21選）。

□ **66歳**に達した日後に次の①②に掲げる者が支給繰下げの申出をしたときは，それぞれに定める日において，支給繰下げの**申出があったもの**とみなされる。

① **75歳**に達する日前に他の年金たる給付の受給権者となった者→**他の年金たる給付を支給すべき事由が生じた日** 2-5 D

② **75歳**に達した日後にある者（①に該当する者を除く） 27-3 C
→**75歳に達した日**

□ 繰下げの**申出のあった日の属する月の翌月**から支給。

**法** □ 繰下げの申出をしたときは，年金額に次の**増額率** 30選
（**1,000分の7**に受給権を取得した日の属する**月**から支給の繰下げの申出をした日の属する月の**前月**までの月数（当該月数が**120**を超えるときは**120**）を乗じて得た率）を乗じて得た額が増額される。

| 受給権取得月から繰下げ申出月の前月までの期間 | 増額率 |
|---|---|
| 1年（12月×1,000分の7） | 8.4% |
| 2年（24月×1,000分の7） | 16.8% |
| 3年（36月×1,000分の7） | 25.2% |

2-10 ア

335

| | |
|---|---|
| 4年（48月×1,000分の7） | 33.6% |
| 5年（60月×1,000分の7） | 42.0% |
| 6年（72月×1,000分の7） | 50.4% |
| 7年（84月×1,000分の7） | 58.8% |
| 8年（96月×1,000分の7） | 67.2% |
| 9年（108月×1,000分の7） | 75.6% |
| 10年（120月×1,000分の7） | 84% |

㊟左記の表は例示（増額率は月単位で決定）

□　**付加年金**も同時に増額される（増額率同じ）（平14）。

**法**　■　**失　権**

30-2 B

□　老齢基礎年金の受給権は，**受給権者が死亡**したときに消滅する。

**法**　■　**旧令共済組合員期間のある者の老齢年金**

□　**第1号被保険者**（任意加入被保険者（特例を含む））としての保険料納付済期間と保険料免除期間を合算した期間が**1年以上**あるが，老齢基礎年金の受給資格期間を満たしていない者でも，旧令共済組合の組合員期間を合算すれば**10年以上**になる場合は，**老齢年金**が支給される。

□　老齢年金の額は，第1号被保険者期間に係る保険料納付済期間及び保険料免除期間について，**老齢基礎年金**の規定の例によって計算する。

□　この老齢年金は，**老齢基礎年金**とみなす（場合がある）。

> **POINT**
>
> 老齢基礎年金の繰下げの申出ができる者が，**70歳に達した日後**に当該老齢基礎年金を**請求**し，かつ，**繰下げ申出をしないとき**⇒次のいずれかに該当する場合を除き，**当該請求日の5年前の日**に繰下げ申出があったものとみなす。
>
> ④　**80歳に達した日以後**にあるとき
>
> ◎　当該請求をした日の**5年前の日以前**に他の年金たる給付の**受給権者**であったとき

第7章　国民年金法

# 第6 障害基礎年金

## 【法30条】　障害基礎年金の支給要件

★ 初診日 に① 被保険者 であること，

　　　② 被保険者であった者であって， 日本国内 に住所を有し，かつ 60歳以上65歳未満 であること　　　　　　　　　　（平21）

29-2オ

★ 障害認定日 <sup>(注1)</sup> に障害等級1級又は2級の障害の状態

5-7B

★次の 保険料納付要件 を満たすこと

初診日の前日において，初診日の属する月の前々月 <sup>(注2)</sup> までに被保険者期間があるときは「保険料納付済期間＋保険料免除期間」が被保険者期間の 3分の2以上 であること

2選
2-1イ
元-2A
28-8A
28-8C
28-8D

（注1）　初診日から起算して1年6月を経過した日（その期間内に傷病が治ったときは，その治った日）をいう（平24）。

4-10C
27-5B
26-9B

（注2）　初診日が平成3年5月1日前にある場合には，「初診日の属する月前における直近の基準月（1，4，7，10月）の前月まで」とする。

**ポ**　□　傷病が治っていなくても，初診日から起算して1年6月を経過すれば支給され得る。

**法**　■　保険料納付要件の特例等（平19，20，22）

□　初診日が令和8年4月1日前にある場合には，初診日の属する月の前々月までの1年間に滞納（保険料納付済及び免除期間以外の期間）がなければ，納付要件を満たす。ただし，初診日に65歳以上の者には適用しない。

3-2B

□　加入直後の障害のように初診日の属する月の前々月までに被保険者期間がない場合にも，滞納期間がなければ支給される。

337

## 第7章 国民年金法

### 法 ■ 事後重症による障害基礎年金 (平15, 18, 21)

〔障害認定日において, 障害等級1・2級の障害の状態に該当しなかった者が〕 → 〔同日後65歳に達する日の前日までに, その傷病により**障害等級1・2級**に該当したときは, **その期間内に**障害基礎年金の支給を請求できる。〕

□ 障害厚生年金の障害等級**3級から2級**に改定された場合, **改めて請求する必要はない**(改定の手続のみでよい)。

### 法 ■ はじめて2級以上に該当する障害基礎年金 (平20)

〔障害等級1・2級に該当しない程度の障害の者が〕 → 〔その後傷病(**基準傷病**)が発生し, 基準傷病に係る障害認定日以後**65歳に達する日の前日まで**に, **初めて**, 基準傷病による障害(**基準障害**)と他の障害とを併合して**障害等級1・2級**に該当したときは, その併合した障害の程度による障害基礎年金を支給する。〕

□ この障害基礎年金は, **請求があった月の翌月**から支給する。

### ポ
□ 初診日要件, 保険料納付要件は, **基準傷病**でみる。
□ 基準傷病以外の傷病は, 1つとは限らない。

最初の傷病
(1級・2級不該当)
後発傷病(基準傷病)  初診日 障害認定日(基準障害)
併合して初めて2級以上

### 法 ■ 20歳前傷病による障害基礎年金 (法30条の4)

〔国年の被保険者ではない**20歳前に初診日**がある場合〕

□ 次の要件を満たし, 期間内に本人が請求すれば, (20歳前傷病による)障害基礎年金が支給される。

〔**初診日**が20歳前にあり〕 〔障害認定日〔20歳に達した日又は障害認定日に障害等級1・2級に該当〕〕 〔又は, 65歳に達する日の前日までに障害等級1・2級に該当し, 請求すること〕

障害基礎年金

□　次の場合，20歳前傷病による障害基礎年金は，**支給停止**される（平20）。

① **恩給法**に基づく年金給付（増加恩給を除く），**労働者災害補償保険法**による年金給付等を受けられるとき（平25）　　　元-9 E

② **刑事施設，労役場，少年院等**に拘禁又は収容されているとき（有罪が確定したとき等に限る）（平20，25）　　　5-5 E　3-1 A　30-10 E　28-3 D　28-5 E

③ **日本国内に住所を有しないとき**（平13，18，25）

④ 受給権者の**前年の所得が政令で定める額を超える**とき　　　5-10ア　30-4 E　27-2イ
　　・その年の10月から翌年の９月まで ⎫ 支給停止
　　・全部又は２分の１の額を　　　　　 ⎭（平18，25）

※　ただし，震災，風水害等により所有財産の**２分の１以上**の被害を被った場合は，**その月から翌年の９月まで**支給停止が解除される（平25）。　　　5-6 A

**ポ**　□　上記の支給停止は，20歳前傷病による障害基礎年金に**特有**（事後重症などには適用されない）。　　　4-4 B

**過**　□　**20歳前の第２号被保険者**は（保険料を納付しているので，）20歳前傷病に当たらず，法30条の**障害基礎年金を支給**。従って，所得制限もない（平15，17，18，22）。

□　20歳未満であっても第２号被保険者であれば障害基礎年金の保険料納付要件は問われる（平19）。

**法**　■　**障害基礎年金の額**（平21）　　　30-10 C
　　□　**１級；２級の額の1.25倍**（１円単位まで支給）　　　3-8 B
　　　　**２級；780,900円×改定率**

□　受給権者によって**生計を維持している**　　　4-10 D

① **18歳に達する日以後の最初の３月31日**（以下「18歳到達年度末」と称す。）までの間にある子及び

② **20歳未満**であって**障害等級１級又は２級**に該当する障害の状態にある子

があるときには，**子の加算額**がつく（平19，23，24）。

□　「生計維持」とは，生計を同じくし，**年額850万円以上の**

339

収入を有しないと認められる場合をいう。

□ 子の加算額は、1人につき、

**74,900円×改定率**（2人目までは**224,700円×改定率**）

□ 受給権を取得した日の翌日以後にその者によって生計を維持している子（加算対象の子に限る）を有するに至ったときは、**当該子を有するに至った日の属する月の翌月**から障害基礎年金の**額を改定**する（平25）。〔増額改定〕

□ 加算対象の子が次に該当したときは〔減額改定〕する。

㋑死亡したとき　　㋺生計維持の状態がやんだとき
㋩婚姻したとき　　㋥離縁したとき　　　　　　（平19）
㋭受給権者の**配偶者以外の者の養子**となったとき（平22）
㋬**18歳**に達した日以後の最初の**3月31日**が終了したとき（障害の場合を除く）
㋣障害の状態がやんだとき（18歳到達年度末までの間にあるときを除く）　　㋠**20歳**に達したとき

□ 配偶者については障害厚生年金で加給年金額を支給する（平15、19）。

### ■ 併給の調整 （平22）

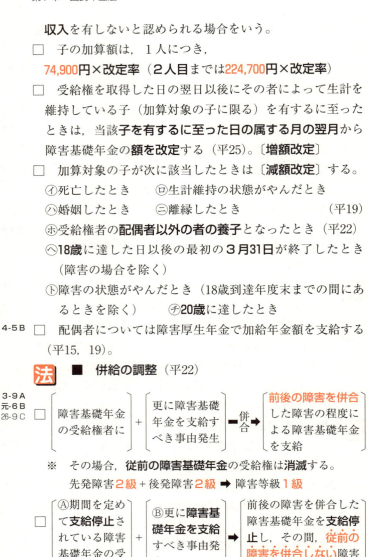

※ その場合、**従前の障害基礎年金**の受給権は**消滅**する。

先発障害**2級**＋後発障害**2級** ➡ 障害等級**1級**

※ 逆に、新たに取得した障害基礎年金（Ⓑの方）が、支給を停止すべきときは、**従前の障害基礎年金を支給**。

障害基礎年金

**法** ■ **障害の程度が変わった場合の年金額の改定**（平21）

□ **厚生労働大臣**は，障害の程度を**診査**し，その程度 29-2エ
が**従前の障害等級以外の障害等級**に該当すると認めるとき
は，障害基礎年金の**額を改定**することができる（平18）。

□ **障害基礎年金の受給権者**は，**厚生労働大臣**に対し，障害 2-1エ
の程度が増進したことによる障害基礎年金の**額の改定を請** 26-7 E
**求**することができる（平23）。この請求は，障害基礎年金の 5-10イ
受給権者の**障害の程度が増進したことが明らかである場合**
として厚生労働省令で定める場合を**除き**，当該障害基礎年
金の**受給権を取得した日又は厚生労働大臣の診査を受けた**
**日から起算して1年を経過した日後**に行うこと（平19）。

□ 後発の**1・2級以外**の障害（**その他障害**）を併合して障 26-9 E
害の程度が増進した場合には，**65歳に達する日の前日まで**
に，額の改定を**厚生労働大臣**に請求できる。

（先発障害）　　　（後発障害）
障害等級2級＋その他障害 ➡ 障害等級1級*

＊　65歳に達する日の前日までに該当し，請求すること。

**ポ** □ 初診日要件，保険料納付要件は，「**その他障害**」で
みる。

□ **先発障害**は，一度は**障害等級1・2級に該当**したもの。

**過** □ 昭和61年3月31日に障害福祉年金の受給権を有し
ている者のうち，昭和61年4月1日に障害基礎年金の
障害等級に該当する程度の障害の状態にある者には，障害
基礎年金が支給される（平21）。

**法** ■ **支給停止**（平20）

□ 当該傷病による障害について，**労働基準法の障害**
**補償**を受けることができるときは，**6年間**支給停止。

□ 障害基礎年金は，（障害等級に該当する程度の）**障害の状** 4選
**態に該当しない間**，支給停止（平18, 23）。

□ 更に，「**その他障害**」が発生し，併合して障害等級に該当

341

するときは，**支給停止は解除**（**65歳に達する日の前日**までに該当すること）（平23）。

### ■ 失 権

□ 障害基礎年金の受給権は，次の場合に消滅する。

① **死亡**したとき

② **障害厚生年金3級**程度の障害の状態にない者が，**65歳に達したとき**（ただし，65歳に達した日において，3級程度の障害の状態に該当しなくなって3年未満であるときは，**3年を経過**したとき）（平14，17，19，20）

3級不該当　65歳（失権しない）　**ここで失権**

㋕ 63歳で3級不該当となった場合，66歳までは失権しない。50歳で3級不該当となったときは，65歳まで失権しない。

□ **平成6年11月9日前**に，**障害等級不該当3年経過により**，障害年金＊の受給権を失った者は，同一の傷病により，同日（又は65歳到達の前日まで）において**現在の障害等級1・2級に該当**すれば，**65歳到達の前日までに障害基礎年金の支給を請求**できる（平6法附則4条）（平12，23）。

＊ 障害基礎年金，障害厚生年金，障害共済年金，旧国年法・旧厚年法による障害年金　等

### ■ 支給の特例措置（平6法附則6条）

□ **昭和61年4月1日前**に初診日のある傷病により障害の状態になったが，当時の支給要件（例えば，旧厚年では6月以上加入期間が必要）に該当しなかった者が，**現在の支給要件に該当**する場合には，20歳前傷病の場合と同様の障害基礎年金（**併給制限，所得制限**等あり）が支給される（平7）。

□ 老齢基礎年金の繰上げ受給をしている者でもこの特例措置は働くが（平7），併給調整が行われる。

## 第7章 国民年金法
# 遺族基礎年金

### 【法37条】 遺族基礎年金の支給要件

遺族基礎年金は，次の要件に該当する者が死亡したときに，その者の 配偶者 又は 子 に支給する（平19, 22）。

① 被保険者 が，死亡したとき
② 被保険者であった者で， 日本国内 に住所を有し，かつ， 60歳以上65歳未満 である者が，死亡したとき（平24）
③ 老齢基礎年金の受給権者 （保険料納付済期間と保険料免除期間とを合算して25年以上であること）が，死亡したとき
④ 保険料納付済期間と保険料免除期間とを合算して25年以上である者 が，死亡したとき

☞ 平成26年4月施行の改正で，父子家庭も支給対象とされた（「配偶者」という部分は，従来は「妻」であった）。

□ 上記①②については，**保険料納付要件**を問う。この保険料納付要件は，障害基礎年金と同様（納付要件の特例，基準月の扱いも同じ。●P337参照）であるが，「初診日」は「**死亡日**」とする。

□ 上記③④の「25年」は，保険料納付済期間等と合算対象期間の合計でもよい（合算対象期間だけでは要件を満たさない）。

過 □ 施行日（昭和61年4月1日）の前日に旧国年法の**母子福祉年金，準母子福祉年金**の受給権を有する者は，**遺族基礎年金**の受給権者とされた（平10記，平16）。

法 ■ 期間の短縮

次のそれぞれの期間で，25年以上とみなす。

## 第7章 国民年金法

□ **生年月日による特例**（平22, 23）

大15年4月2日〜昭2年4月1日生まれ……**21年**＊
昭2年4月2日〜昭3年4月1日生まれ……**22年**＊
昭3年4月2日〜昭4年4月1日生まれ……**23年**＊
昭4年4月2日〜**昭5年4月1日生まれ**……**24年**＊

＊ 保険料納付済期間＋保険料免除期間＋合算対象期間

□ **厚生年金保険の中高齢，第3種被保険者期間の特例**

**昭22年4月1日以前生まれ** ……**15年**＊
昭22年4月2日〜昭23年4月1日生まれ……**16年**＊
昭23年4月2日〜昭24年4月1日生まれ……**17年**＊
昭24年4月2日〜昭25年4月1日生まれ……**18年**＊
昭25年4月2日〜**昭26年4月1日生まれ**……**19年**＊

＊ **40歳**（女子，坑内員・船員は**35歳**）以後の厚生年金保険の被保険者期間（当該期間とみなされた期間を含み，第1号厚生年金被保険者期間に係るものに限る）

＊ 7年6箇月以上は第4種被保険者，船員任意継続被保険者（船員・坑内員については，**10年以上**船員任意継続被保険者）以外の被保険者期間であること。

□ **第3種被保険者（坑内員・船員）の被保険者期間を計算する場合の特例**（平24）

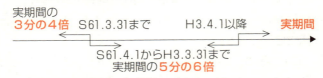

□ **厚生年金保険等の加入期間の特例**（平23）

**昭27年4月1日以前生まれ** ……**20年**＊
昭27年4月2日〜昭28年4月1日生まれ……**21年**＊
昭28年4月2日〜昭29年4月1日生まれ……**22年**＊
昭29年4月2日〜昭30年4月1日生まれ……**23年**＊
昭30年4月2日〜**昭31年4月1日生まれ**……**24年**＊

遺族基礎年金

＊　厚生年金保険・船員保険，共済組合等の被保険者期間，組合員期間

**法** □　遺族基礎年金は，（次の）**配偶者又は子**に支給。

□　**配偶者**とは，被保険者（であった者）の**死亡当時**その者によって**生計を維持し**，（次の）**子と生計を同じくする配偶者**であり（平11，21，24，25），　*29-2ア*

□　**子**とは，その者によって**生計を維持し**，　*4-6A*

①**18歳に達する日以後の最初の３月31日までの間**にあるか，②**20歳未満**であって**障害等級１・２級**に該当する障害の状態にあり，かつ，③**現に婚姻をしていない**子である。

**ポ** □　「**生計維持**」とは，**生計を同じくし**，**年額850万円以上の収入**（所得の場合**年額655万５千円以上**）を将来にわたって有しないと認められる場合をいう（平18，20）。　*厚年3-3B*　*2-1ウ*

**過** □　**胎児が出生**したときは，**将来に向かって**，死亡当時その者により**生計を維持**していたものとみなし，配偶者は，その子と**生計を同じくし**ていたものとみなす（平11，13，14，15）。　*5-7C*　*3-6B*　*30-8C*

□　**事実上**の親子関係を認めない。〔夫婦間は認める〕　*元-9D*

□　遺族には国内居住要件はない。　*元-2C*

□　死亡した者の後妻が，「死亡した夫と先妻との間の子」と生計を同じくしている場合も，受給権が発生する（その子と養子縁組していなくてもよい）。

**法** ■　**遺族基礎年金の額**

□　遺族基礎年金の額……**780,900円**×改定率

□　子の加算額は，

１人につき**74,900円**×改定率（２人目までは**224,700円**×改定率）（平22）　*3-8C*　*28-3E*

□　**配偶者**には，必ず，**子の加算**がつく。　*2-2E*

**法** □　**増額改定**は，**胎児が出生**したときに行う。

□　**減額改定**は，２人以上の子のうち１人を除いた子が，

345

第7章　国民年金法

㋑死亡したとき

㋺婚姻（内縁含む）をしたとき

㋩配偶者以外の者の養子（事実上も含む）となったとき

㊁離縁したとき

㋭配偶者と生計を同じくしなくなったとき

㋬18歳に達した日以後の最初の3月31日が終了したとき（障害の状態にあるときを除く）

27-3 A　㋣障害の状態がやんだとき（18歳到達年度末までの間にあるときを除く）

㋠20歳に達したとき　に行う。

□　年金額の改定は，事実があった日の属する月の翌月から。

4-4 D
28-6 E　**法**　■　支給停止（平19，20）

□　労働基準法による遺族補償が行われるべきときは，死亡日から6年間，遺族基礎年金の支給を停止する。

30-5ア
26-2 A　□　配偶者（又は子）の遺族基礎年金は，配偶者（又は子）の所在が1年以上明らかでないときは，受給権を有する子（又は他の子）の申請により，その所在が明らかでなくなったときにさかのぼって支給停止される（平14，22）。

□　支給停止された配偶者又は子は，いつでも解除申請可。

3-7 A
30-8B, E
28-3 C
26-10A　□　子に対する遺族基礎年金は，㋑配偶者が受給権を有するとき（配偶者自身の申出により又は所在不明により支給停止の場合を除く），㋺生計を同じくするその子の父又は母があるときは，その間，支給を停止する（平20，24）。

5-10エ
30-5エ　**法**　■　失　権

□　遺族基礎年金は，次の場合に失権する（平20）。

㋑死亡したとき　㋺婚姻（内縁含む）をしたとき

元-2 B　㋩直系血族，直系姻族以外の者の養子（事実上も含む）となったとき（平19）

4-10A
30-8 D
28-3 B　㊁配偶者の場合，すべての子が前記の減額改定事由に該当したとき（平24，25）

346

遺族基礎年金

㋭子の場合，離縁，18歳到達年度末が終了（平14），障害の
状態がやんだ，20歳に達したとき（平12，22）

30-2 C

**ポ** □ 配偶者の子（1人）が18歳到達年度末以前にあっ
ても，**婚姻**しているときは，配偶者は受給権者となれ
ない。

□ 旧厚生年金保険の障害年金の受給権者が施行日以後に死
亡したときは，その遺族に遺族基礎年金を支給（平10）。

□ 遺族基礎年金の受給権がある子と生計を同じくする妻が
再婚した場合，妻は失権するが，**子は失権しない**。子が失
権しないのは，子が**再婚した妻の夫の養子**となっても，子
は**直系姻族の養子**に当たるからである。ただし，**生計を同
じくするその子の父又は母**がいるときは，**その間支給停止**
となる。

---

**！POINT**

**厚生年金保険の中高齢の特例（15年〜19年）について**

　この特例は様々な場面で用いるので，必ず覚えておこう。次
の場合において，中高齢の特例該当者は，「240月」が「15〜19
年」となる。

① **老齢基礎年金の振替加算**

3-10A

　　配偶者の老齢厚生年金の基礎となる月数は240月以上，自
分の老齢厚生年金の基礎となる月数は240月未満であること。

② **老齢厚生年金の加給年金額**

　　自分の老齢厚生年金の基礎となる月数は240月以上，配偶
者の老齢厚生年金の基礎となる月数は240月未満であること。

③ **障害厚生年金の配偶者加給年金額**

　　配偶者の老齢厚生年金の基礎となる月数が240月以上の場
合は支給停止。

④ **遺族厚生年金の中高齢寡婦加算**

　　長期要件に該当する場合は，死亡した夫の厚生年金保険の
被保険者期間の月数が240月以上であること。

第7章　国民年金法

# 第8　第1号被保険者の独自給付

### 【法43条，44条，47条，48条】　付加年金

30-2 D

付加年金は，付加保険料 に係る保険料納付済期間を有する者が 老齢基礎年金の受給権 を取得したときに，その者に支給する（平11，15，16，19，25）。

4-9 B
28-10A～E
27-2ウ

付加年金の額は，

〔200円 × 付加保険料納付済期間の月数 〕である。

付加年金は，老齢基礎年金がその 全額につき支給を停止 されているときは，その間，その支給を停止し，死亡 したときに，その受給権は消滅する（平18）。

5-1 B
4-3 E
2-4 D

☞　**付加年金**とは，第1号被保険者の老齢基礎年金に上乗せして支給される年金給付である（改定率の適用はない）（平21）。

過　□　付加保険料は，**月額400円**（平8）。

2-9 E

□　第1号被保険者のほか，**任意加入被保険者**も，付加保険料を納付することができるが（平8），**65歳以上の任意加入被保険者**〔特例〕は，納付できない。

□　老齢基礎年金の一部が支給停止されているときは，付加年金は支給される（平13，20）。

5-9 A
29-6 D

法　□　老齢基礎年金の**繰上げ支給**を受けた場合，**同時に同率で減額**された額が一生支給され，

5-2 B

□　**繰下げ支給**を受けた場合には，**同時に同率で増額**された額が一生支給される（平11，15，18）。

29-8 E

ポ　□　付加年金に，マクロ経済スライドなどの自動改定の仕組みの適用はない。

参　□　付加年金は，2年間受給すれば元をとれる（その後は期間を重ねるほど得をする）。

348

第1号被保険者の独自給付

### 【法49条】 寡婦年金

寡婦年金は，死亡日の 前日 において死亡日の属する月の 前月 までの 第1号被保険者 としての被保険者期間に係る 保険料納付済期間 と 保険料免除期間 とを合算した期間が 10年以上 である夫（保険料納付済期間又は学生納付特例期間以外の保険料免除期間を有する者に限る）が死亡した場合において，夫の死亡当時夫によって 生計を維持 し，かつ，夫との婚姻関係が 10年以上 継続した 65歳未満の妻 に支給する（平18）。

ただし，その夫が 老齢基礎年金 又は 障害基礎年金 の支給を受けたことがあるときは，支給しない。

（平20，24）

4-3B
5-2D

2-4E
29選

☞ 寡婦年金は，受給資格期間を満たした**第1号被保険者である夫**が年金を受けずに**死亡**した場合に，一定の**妻**に支給するもの。原則**60歳から65歳まで**の有期年金。

□ 年金額は，夫の死亡日の属する月の**前月**までの第1号被保険者（任意加入被保険者（特例を除く）を含む）としての被保険者期間に係る死亡日の**前日**における**保険料納付済期間**及び**保険料免除期間**につき計算した，**老齢基礎年金**の年金額の**4分の3**相当額である（平14，19，21，23）。

4選
28-2D

> 夫の老齢基礎年金年額×**4分の3**

**法** □ 寡婦年金は，妻が**60歳に達した日の属する月の翌月**から（妻が60歳以上の場合には，**支給要件に該当した日の属する月の翌月**から）支給する（平12，17，20）。

29選
27-2オ

□ 60歳未満でも寡婦年金の受給権は発生する（平20）。

□ 夫の保険料納付済期間と保険料免除期間を合算した期間（10年以上）には，学生納付特例期間も算入される。

□ ただし，学生納付特例期間のみを10年以上有している夫

349

が死亡しても、寡婦年金は支給されない。

□ 学生納付特例期間は、寡婦年金の額には反映されない。

注 納付猶予期間は、学生納付特例期間と同様に取り扱われる。

元-4E □ 合算対象期間は含まない。

4-7E □ 寡婦年金は、①65歳に達したとき、②死亡、③婚姻、④直系血族又は直系姻族以外の者の養子となったとき、⑤老齢基礎年金を繰上げ受給したとき、に失権する（平24）。

□ 60歳代前半の老齢厚生年金の受給権を取得しても消滅しない（平21）。

30-6B □ 夫の死亡について労働基準法の規定による遺族補償が行われるときは、死亡日から6年間、支給停止する。

26-2D 過 □ 「婚姻関係が10年以上継続」には、事実上の婚姻関係が10年以上継続した場合も含まれる。

29-8D □ 夫の死亡により遺族基礎年金の受給権を有している者でも寡婦年金の支給は受けられるが（平6）、併給はしない。どちらか選択（平10）。

【法52条の2】 死亡一時金

2-3D
元-3B
死亡一時金は、死亡日の前日において死亡日の属する月の前月までの第1号被保険者としての被保険者期間に係る保険料納付済期間の月数、保険料4分の1免除期間の月数の「4分の3」、保険料半額免除期間の月数の「2分の1」及び保険料4分の3免除期間の月数の「4分の1」を合算した月数が36月以上である者が死亡した場合において、その遺族に支給する（平19、20、21）。ただ
28-2A し、老齢基礎年金又は障害基礎年金の支給を受けたことがある者が死亡したときは支給しない（平19）。

☞ 死亡一時金は、保険料掛け捨て防止のための制度。

5-2C
4-9C
元-4B
28-5B
□ 死亡一時金は、①死亡した者の配偶者、子、父母、孫、祖父母又は兄弟姉妹であって、②その者の死亡当時その者

第1号被保険者の独自給付

と 生計を同じく していたものに支給（平22，25）
〔受けとる順位は**記述の順序**〕。

□　同順位の遺族が2人以上ある場合の請求・支給について
は，未支給年金の場合と同様（平25）（●P319過参照）。

□　死亡一時金の額は，**死亡日の属する月の前月**までの**第1
号被保険者**（任意加入被保険者〔特例を含む〕を含む）と
しての被保険者期間に係る**死亡日の前日**における保険料納
付済期間の月数と1/4（半額・3/4）免除期間の月数の
3/4（1/2・1/4）に相当する月数とを合算した月数に
応じて次の額とする（平16，24）。

| 月　数 | | |
|---|---|---|
| 　 | **36月以上180月未満**……**120,000円** | |
| 〃 | 180月以上240月未満……145,000円 | |
| 〃 | 240月以上300月未満……170,000円 | ※改定率の |
| 〃 | 300月以上360月未満……220,000円 | 　適用はな |
| 〃 | 360月以上420月未満……270,000円 | 　い。 |
| 〃 | **420月以上**　　　　　……**320,000円** | |

3-8D
30-2E
26-2E

過　□　**付加保険料を3年以上納付**していた場合，**8,500
円**が加算される（平10，20）。

5-1E
2-2A
29-7A

□　死亡一時金の支給要件等をみる際に保険料全額免除期間
は算入しない（平6，24）。

法　□　**死亡一時金**は，同一の死亡により，その遺族に**遺
族基礎年金が支給されるとき**には，死亡月に遺族基礎
年金失権の場合を除き，**支給しない**（平15，25）。

2-1オ

□　死亡当時の胎児が出生し，遺族基礎年金の受給権者と
なった配偶者には，死亡一時金は支給しない。

□　**子**が遺族基礎年金の受給権者となった場合で，**生計を同
じくするその子の父又は母**があるため遺族基礎年金の**支給
が停止**されており，死亡した者の配偶者に遺族基礎年金の受
給権がない場合は，当該**配偶者**に**死亡一時金**が支給される。

27-2ア

□　**死亡一時金**と**寡婦年金**の受給権は**どちらか選択**（平25）。

3-9E

第7章　国民年金法

### 【法附則９条の３の２】　脱退一時金

29-8 C
当分の間，請求の日の前日において請求の日の属する月の前月までの第１号被保険者としての被保険者期間に係る保険料納付済期間の月数，保険料４分の１免除期間の月数の「４分の３」，保険料半額免除期間の月数の「２分の１」及び保険料４分の３免除期間の月数の「４分の１」を合算した月数が６月以上である日本国籍を有しない者（被保険者でない者に限る）であって，老齢基礎年金の受給資格期間を満たしていない者その他政令で定めるものは，脱退一時金の支給を請求できる（平22，23，24）。ただし次の場合は，支給されない（平21，24）。

2-4 B
① 日本国内に住所を有するとき

30-10 B
② 障害基礎年金等の受給権を有したことがあるとき

4-3 C
③ 最後に被保険者の資格を喪失した日（同日において日本国内に住所を有していた者にあっては，同日後初めて，日本国内に住所を有しなくなった日）から起算して２年を経過しているとき（平13，23）

☞ 短期在留外国人で，老齢給付が受けられない者に，納付分に応じて一時金を支給することとした〔暫定措置〕。

**法** □ 脱退一時金の額は，**基準月の属する年度における保険料の額×１/２×保険料納付済期間等**＊の月数に応じて政令で定める数

＊ 請求月の**前月**までの**第１号被保険者**としての被保険者期間に係る，**請求日の前日**における**保険料納付済期間の月数**と１/４（半額・３/４）免除期間の月数の３/４（１/２・１/４）相当月数とを合算した月数。

政令で定める数は保険料納付済期間等の月数（対象月数）に応じて次のとおりである（平24）。

352

第1号被保険者の独自給付

| 対象月数 | 数 | 対象月数 | 数 |
|---|---|---|---|
| 6月〜11月 | 6 | 36月〜41月 | 36 |
| 12月〜17月 | 12 | 42月〜47月 | 42 |
| 18月〜23月 | 18 | 48月〜53月 | 48 |
| 24月〜29月 | 24 | 54月〜59月 | 54 |
| 30月〜35月 | 30 | 60月以上 | 60 |

3-8 E

□　令和5年度の支給額は49,560円〜495,600円。

□　脱退一時金の支給を受けたときは，その計算の基礎と　2-10ウ
なった期間は，**被保険者でなかったものとみなす**（平24）。

□　脱退一時金に関する不服についての審査請求は，**社会保**　元-6 A
**険審査会**に対して行う（平18，24）。

□　脱退一時金を受ける権利は国税滞納処分の例により差し　28-5 A
押さえることができる。

法　■　**特別一時金**（昭60法附則94条）

　　□　**障害年金等**の受給権者であって，施行日（昭和61
年4月1日）前に**国民年金に任意加入**した者又は法定免除
された保険料を追納した者には，保険料の納付済期間に応
じて特別一時金が支給される（平16）。

□　特別一時金の支給を受けた場合の対象となった期間は，
**保険料納付済期間でない**とみなされるため，老齢給付の被
保険者期間には算入されず，**年金額にも反映しない**。

**!** **POINT**

**任意加入被保険者への適用（原則と特例の違いのまとめ）**　28-7 A

| | 原則 | 特例（65歳以上） | |
|---|---|---|---|
| 付加保険料 | 納付できる | **納付できない** | 2-9 E |
| 寡婦年金 | 死亡→遺族に支給され得る | 死亡→**支給されない** | 2-9 A |
| 死亡一時金 | 死亡→遺族に支給され得る | | |
| 脱退一時金 | 支給され得る | | |

353

# 第7章 国民年金法
# 第9 給付制限

**法** ■ **全く支給しない場合**（法69条，71条1項）（平20）

5-3A □ 故意に障害又はその直接の原因となった事故を生じさせた者には　➡　障害基礎年金は**支給しない。**

元-6C □ ①被保険者（であった者）を又は②その者の死亡前に遺族基礎年金，死亡一時金の受給権者となるべき者を，**故意**に死亡させた者には　➡　遺族基礎年金，寡婦年金，死亡一時金は**支給しない。**

■ **全部又は一部を行わないことができる場合**（法70条）（平21）

26選 □ ①**故意の犯罪行為**
②**重大な過失**
③**正当な理由がなく療養に関する指示に従わないこと**により　→　・障害若しくはその原因となった事故を生じさせた者，・障害の程度を増進させた者には　➡　その障害（死亡）を支給事由とする給付は，その**全部又は一部**を行わないことができる。

□ ④自己の**故意の犯罪行為**
上記②，③により　→　死亡又はその原因となった事故を生じさせた者には

■ **受給権が消滅する場合**（法71条2項）

元-6D □ 遺族基礎年金の受給権は，受給権者が**他の受給権者を故意に死亡**させたときは，**消滅**する（平13）。

4-3D 元-5E ■ **全部又は一部の支給を停止する場合**（法72条）

□ 受給権者が正当な理由がなく①受給権者に関する調査に従わなかったり⑪職員の質問に応じなかったときは　➡　その額の**全部又は一部**を支給停止できる。

■ **支払の一時差止めができる場合**（法73条）（平18，23）

2-7C □ 受給権者が正当な理由がなくて法に規定する**届出等**をしないときは　➡　年金給付の支払を**一時差し止める**ことができる。

第7章　国民年金法

# 第10 費　　用

### 【法85条，86条】　国庫負担，事務費の交付

□　国庫は，毎年度，国民年金事業に要する費用に充てるため，次に掲げる額を負担する（平13）。

#### 〔給付に要する費用〕

・**基礎年金の給付に要する費用の総額**（第1号被保険者に係る負担分とし，特別の国庫負担分の額を除く）の 2分の1

・特別の国庫負担

　イ 保険料**4分の1・半額・4分の3免除期間**（一定の限度あり）に係る老齢基礎年金の給付に要する費用の額については，それぞれ**7分の1・3分の1・5分の3**[注]

　ロ 保険料全額免除期間（一定の限度あり）に係る老齢基礎年金の給付に要する費用の額の**全額**

　ハ 20歳前傷病による障害基礎年金の給付に要する費用の 100分の20 [注]

#### 〔事　務　費〕

□　国庫は，毎年度，予算の範囲内で，国民年金事業の事務の執行に要する費用を負担する（平20）。　26-4オ

□　政府は，市町村に対し，事務の処理に必要な費用を交付する（平23）。　元-1ア

[注]　**残りの部分**に対しても，**2分の1の国庫負担**が行われる（例えば，イのうち保険料4分の1免除期間に係る老齢基礎年金の給付に要する費用については，「特別の国庫負担7分の1＋残りの7分の6の2分の1（7分の3）」で合計**7分の4**の国庫負担となる。また，ハの20歳前傷病による障害基礎年金の給付に要する費用については，「特別の国庫負担100分の20＋残りの100分の80の2分の1（100分の40）」で合計**100分の60**の国庫負担となる）。　26-4ア　26-4イ　3-5E

355

第7章　国民年金法

- □　基礎年金の額に係る国庫負担割合は，平成16年改正によって，それまでの**3分の1**から**2分の1**に引き上げられたが，実際には各種の経過措置により，段階的に2分の1に引き上げることとされた。

- □　**特定年度**（**平成26年度**）以後の各年度については，その差額を，消費税率の引上げによって増加する**消費税の収入**を活用して確保することとされた。

4-6D
26-4ウ
26-4エ

- □　**付加年金**及び**死亡一時金（8,500円の加算額の部分）**の給付に要する費用について，**4分の1**の国庫負担がある。

**法** ■　**基礎年金拠出金**（法94条の2，94条の3）

2選
28-7B

- □　**厚生年金保険の実施者たる政府，実施機関たる共済組合等**は，毎年度，基礎年金の給付に要する費用に充てるため，**基礎年金拠出金**を負担，納付する。

- □　基礎年金拠出金の額は，保険料・拠出金算定対象額×拠出金按分率。具体的には，次の式のように算定する。

4-8C
元-5D
30-1D

$$\left[ \begin{array}{c} \text{基礎年金の} \\ \text{給付に要す} \\ \text{る費用} \end{array} \right. \times \frac{\text{第2号被保険者総数}+\text{第3号被保険者総数}}{\text{国民年金被保険者総数}}$$

27-7E

- □　**財政の現況及び見通しが作成されるとき**は，厚生労働大臣は，厚生年金保険の実施者たる政府・実施機関たる共済組合等が負担・納付すべき**基礎年金拠出金**について，その**将来にわたる予想額**を算定するものとする。

5-5D
30-7C

- □　**第2号・第3号被保険者**については，**保険料を納付することを要しない**（基礎年金拠出金を通じて負担・納付しているため）（平13，24）。

4-2エ

**法** ■　**保険料**（法87条）

4-7D

- □　政府は，国民年金事業に要する費用に充てるため，被保険者期間の計算の基礎となる**各月**につき，**保険料を徴収**する。

費　　用

□　**保険料の額**（平19・24選）

次の表に掲げる額に保険料改定率を乗じて得た額。

| 平成17年度 | 13,580円 | 平成25年度 | 15,820円 |
|---|---|---|---|
| 平成18年度 | 13,860円 | 平成26年度 | 16,100円 |
| 平成19年度 | 14,140円 | 平成27年度 | 16,380円 |
| 平成20年度 | 14,420円 | 平成28年度 | 16,660円 |
| 平成21年度 | 14,700円 | 平成29年度 | 16,900円 |
| 平成22年度 | 14,980円 | 平成30年度 | |
| 平成23年度 | 15,260円 | 令和元年度以後の年度 | 17,000円 |
| 平成24年度 | 15,540円 | | |

30-3 C

□　保険料改定率は，**令和6年度**においては**0.999**（令和6年度の実際の保険料額は16,980円）。**平成18年度以後**は，**毎年度**，当該年度の前年度の保険料改定率に名目賃金変動率を乗じて得た率を基準として改定する（基本額は平成29年度まで**毎年度280円**ずつ引き上げられ，さらに令和元年度から産前産後免除（後述）の創設により**100円**引き上げられた）（平19・24選，平19）。

5-8 B

過　□　保険料は，**被保険者**本人だけでなく，**世帯主及び配偶者の一方**が連帯して納付義務を負う（平14）。

4-10E
26-3 ア

ポ　□　毎月の保険料は，翌月末日（日曜日等に当たるときは，その翌日）までに納付（平16，18，24）。

□　厚生労働大臣は，**毎年度，被保険者**に対し，各年度の各月に係る保険料について，**保険料の額，納期限**その他の事項を通知するものとする（法92条）（平15）。

28-6 C

□　厚生労働大臣は，被保険者から**口座振替**で納付することを希望する旨の**申出**があった場合には，その**納付が確実**と認められ，かつ，その申出を**承認**することが**保険料の徴収上有利**と認められるときに限り，その申出を承認することができる（法92条の2）（平21）。

5-1 C
2-8 ア
元選

（指定代理者による保険料の納付（クレジットカードによ

る納付）も認められている。）（平22）

5-7A 4-7D □　次の者（納付受託者）は，**被保険者**（㋑は基金の加入員，㋩は保険料滞納者で特別の有効期間が定められた国民健康保険の被保険者証の交付を受け，又は受けようとしているものに限る）**の委託**を受けて，**保険料の納付に関する事務**を行うことができる（法92条の３）。

元-1オ ㋑　国民年金基金又は国民年金基金連合会

㋺　厚生労働大臣が指定するもの

㋩　厚生労働大臣に対し，**納付事務を行う旨の申出をした市町村**（平22）

**【法88条の２】　産前産後免除**

5-5B 被保険者は，出産予定月の 前月 （多胎妊娠の場合においては， ３月前 ）から出産予定月の 翌々月 までの期間に係る保険料は，納付することを要しない。

元-10D ☞　出産予定日又は出産日の属する月の前月から４月間（多胎妊娠は３月前からの６月間）の保険料が免除される。

ポ

□　この期間は，保険料納付済期間となる。

□　他の免除に**優先**して適用される。

元-10D □　出産前に届出を行い，実際に出産した月が違ったとしても，原則として変更手続は不要。

□　保険料を**前納**した後にこの免除の適用を受けることとなった場合は，請求により未経過期間の分が**還付**される。

元-3D □　産前産後免除の期間についても，付加保険料の納付又は国民年金基金の加入が可能である。

**【法89条】　法定免除**

5-2A ・被保険者（産前産後免除，３/４，半額，１/４免除の適用を受ける被保険者を除く）が次のいずれかに該当するに至ったときは，（当然に）保険料が免除される。

4-9D 2-10イ,オ 元-4A 26-8E ・免除されるのは，その該当した日の属する 月の前月 か

費　用

らこれに該当しなくなる日の属する 月 まで（平23）。
（ 既に納付 されたものは除く）

① 障害基礎年金 又は厚生年金保険法に基づく 障害 を
支給事由とする年金給付等の受給権者であるとき（障害
等級 **1級・2級** に限る）（平13，16）

28-8 E

　　ただし，最後に 厚生年金保険法 に規定する障害等級
（3級）に該当する程度の障害の状態に該当しなくなっ
た日から起算して障害状態に該当することなく 3年 を
経過した障害基礎年金の受給権者（現に障害状態に該当
しない者に限る）等を除く（平11）。

② 生活保護法 による 生活扶助 ，ハンセン病問題の解
決の促進に関する法律による援護を受けるとき（平16）

③　厚生労働省令で定める施設に入所しているとき

☞　③の施設…ハンセン病療養所，国立保養所等が該当す
る（則74条の2）。

□　法定免除により免除された保険料について，**被保険者等**
（第1号被保険者又は第1号被保険者であった者。以下同
じ）から当該保険料に係る期間の各月につき，**保険料を納
付する旨の申出**があったときは，当該申出のあった期間に
係る保険料に限り，**法定免除は適用されない。**

2-10イ
29-4 B
26-5 D

過　□　法定免除の要件に該当したとき（又は該当しなく
なったとき）は，届書に国民年金手帳を添えて**14日以
内**に提出する（平10，20，21）。

2-10オ
26-3エ

【法90条】　申請免除（全額免除）

・次のいずれかの要件に該当する**被保険者等**から申請が
あったときは， 厚生労働大臣 は，その指定する期間
（**3/4，半額，1/4免除**の適用を受ける期間， 学生等
である（あった）期間を除く）に係る保険料につき， 既
に納付 されたものを除き，その納付を要しないものと

359

第7章　国民年金法

し，申請のあった日以後，当該保険料に係る期間を 保険料全額免除期間 （追納 に係る期間を除く）に算入することができる。　　　　　　　　　　　　　　　（平18）

・ただし，世帯主 又は 配偶者 が次のいずれにも該当しない場合は免除されない（平24）。

元-10A

① 保険料の納付を要しないものとすべき月の属する年の前年の所得（**1月から6月までの月分の保険料については前々年の所得，以下学生納付特例を除き同じ**）が，その者の扶養親族等の有無及び数に応じて＊政令で定める額以下であるとき

30-6C
26-6B

＊ 政令で定める額…扶養親族等の数に**1**を加えた数を**35万円**に乗じて得た額に**32万円**を加算した額

�例申請者に扶養親族等が**3**人いる場合

35万円×〔1人（本人）＋3人（扶養親族等の数）〕＋32万円
＝172万円

② 被保険者又は被保険者の属する世帯の他の世帯員が

27-6エ

生活保護法 による 生活扶助以外の扶助 その他の援助を受けるとき

③ 地方税法に定める 障害者，寡婦 その他の同法による**市町村民税が課されない者**として政令で定める者であって，保険料の納付を要しないものとすべき月の属する年の前年の所得が 135万円以下 であるとき（平19）

④ 保険料を納付することが著しく困難である場合として天災その他の**厚生労働省令で定める事由**＊があるとき

**ポ**　□ **第1号被保険者のみ**免除が認められる。

＊ **厚生労働省令で定める事由**とは（平21）

〔3/4，半額，1/4免除，学生納付特例，50歳未満の納付猶予も同じ〕

㋑ 申請があった日の属する年又はその前年における**震災，風水害，災害等**により，被保険者，世帯主，配偶者等の所有す

費　　用

る財産の被害金額がおおむね**2分の1以上**となったとき

㋺　申請があった日の属する年度又はその前年度において，失業により保険料を納付することが困難と認められるとき

㋩　配偶者の暴力（DV）により配偶者と住居が異なる者であって，保険料の納付が経済的に困難なとき

㊁　その他㋑～㋩に準じて保険料を納付することが困難なとき

□　厚生労働大臣が指定する期間は最大で**2年2月**前からの期間（以下同じ）。　28選

**参**　□　指定全額免除申請事務取扱者（申請に基づき厚生労働大臣が指定するもの）は，全額免除要件該当被保険者等（法90条の全額免除の要件に該当する一定の被保険者等）の委託を受けて，その被保険者等に係る全額免除申請をすることができる（納付猶予の申請も可能）。　30選

□　全額免除要件該当被保険者等が全額免除申請の委託をしたときは，当該**委託をした日**に，**全額免除申請があったものとみなす**。→委託を受けた指定全額免除申請事務取扱者は，遅滞なく，当該全額免除申請をしなければならない。　29-4 D

【法90条の2】　3/4，半額，1/4免除

・次のいずれかに該当する被保険者等から申請があったときは，厚生労働大臣は，その指定する期間（申請免除（全額）の適用を受ける期間，学生等である（あった）期間を除く）に係る保険料につき，既に納付されたものを除き，その4分の3，半額又は4分の1の納付を要しないものとし，申請のあった日以後，当該保険料に係る期間を保険料4分の3免除期間，保険料半額免除期間又は保険料4分の1免除期間（追納に係る期間を除く）に算入することができる。　28-7 D

・ただし，世帯主又は配偶者のいずれかが次のいずれにも該当**しない**ときは，この限りではない。

①　保険料の納付を要しないものとすべき月の属する年の

第7章　国民年金法

前年の所得が，その者の扶養親族等の有無及び数に応じて，政令で定める額（次の額）以下であるとき

29選
26-5 C

・扶養親族等が**ない**とき→4分の3免除は「**88万円**」，半額免除は「**128万円**」，4分の1免除は「**168万円**」

・扶養親族等が**ある**とき→上記の額＋扶養親族等1人につき原則**38万円**＊

(平21)

② 申請免除事由の②，③，④に該当するとき

＊ 申請免除と違い，老人扶養親族，特定扶養親族などの扶養親族等の種類によって金額が異なっている。

【法90条の3】　**学生納付特例**

5-3 B

・次のいずれかに該当する 学生等 ＊である被保険者等から申請があったときは， 厚生労働大臣 は，その指定する期間（学生等である期間又は学生等であった期間に限る）に係る保険料につき， 既に納付 されたものを除き，その納付を要しないものとし，申請のあった日以後，当該保険料に係る期間を 保険料全額免除期間 （ 追納 に係る期間を除く）に算入することができる。

① 保険料の納付を要しないものとすべき月の属する年の前年（1～3月の保険料については前々年）の所得が，扶養親族等の有無及び数に応じて政令で定める額以下であるとき〔扶養親族等がいない学生等の場合，128万円以下〕

② 申請免除事由の②，③，④に該当するとき

＊ 学生等とは，学校教育法に規定する高等学校，短期大学，大学（大学院を含む），専修学校等に在学する生徒又は学生をいう

元-3 C

（定時制，通信制の課程に在学する者も含む）。**年齢要件なし。**

28-1エ

**ポ** □ 所得要件は，**本人の所得のみ**で判断する（親元の所得は問わない）。

4-8 B □ 学生納付特例期間は受給資格期間の**計算**には算入されるが，追納がない場合は**老齢基礎年金の額**には反映されない。

費　用

□　学生等には，**法定免除**及び学生納付特例は適用されるが，その他の免除（産前産後免除以外の免除）は適用されない（平16，21）。　　28-1 ア

□　追納された保険料は，他の保険料免除期間に優先して，**学生納付特例**の対象となった月分の保険料に充当される。

□　学生納付特例事務法人（国立大学法人，公立大学法人等であって，申請に基づき厚生労働大臣が指定したもの）は，学生等である被保険者の委託を受けて，当該被保険者に係る学生納付特例の申請をすることができる（平23）。　　4-1 A

□　学生等である被保険者が申請の委託をしたときは，当該**委託をした日**に，学生納付特例の**申請があったものとみなす**。→委託を受けた学生納付特例事務法人は，遅滞なく，当該学生納付特例の申請をしなければならない。　　27-3 B

□　次の「納付猶予」のような，時限措置ではない（平24）。　　3-4 ウ

---

**【平26法附則14条】納付猶予**　　3-4 ウ

（平成28年7月から令和12年6月までの特例措置）

50歳に達する日の属する月の前月 までの被保険者期間がある**第1号被保険者等**であって申請免除事由（所得額は政令で定める額）に該当する者から申請があったときは，厚生労働大臣 は，その指定する期間（申請免除，3/4，半額，1/4免除 の適用を受ける期間又は 学生等 である（あった）期間を除く）に係る保険料につき，既に納付 されたものを除き，その納付を要しないものとし，申請のあった日以後，当該保険料に係る期間を 保険料全額免除期間（追納に係る期間を除く）に算入することができる。ただし，配偶者 が免除事由に該当しないときは免除されない。

①　申請免除事由の①（所得要件）に該当するとき
②　申請免除事由の②，③，④に該当するとき

---

☞　この期間は，**老齢基礎年金の額には反映されない**（追　　4-8 B

363

第7章　国民年金法

納した場合を除く）（平18）。

**5-9C** **ポ** □ **任意加入被保険者**には，**保険料の免除のすべての規定**を**適用しない**（平21，23）。

□ 保険料の免除の規定が適用されている者→①付加保険料を納付できない。②国民年金基金にも加入できない。

□ 国民年金基金の加入員が保険料の免除（産前産後免除以外）の規定の適用を受けたときは，加入員の資格を喪失する。

□ 保険料免除期間中の障害・死亡についても，他の支給要件を満たせば障害基礎年金，遺族基礎年金が支給される。

**社—30-9E** **法** ■ **保険料の前納**（法93条）

□ 被保険者（第1号被保険者）は，**将来の一定期間**（**6月**又は**年**を単位とする）の**保険料を前納**できる。

**27-6ウ** □ 年を単位とするものとして，**1年**前納のほか，**2年**前納もある。

**元-10B**
**26-3イ** □ 厚生労働大臣が定める期間の全ての保険料をまとめて前納する場合は，6月又は年単位で納付しなくてよい。

**30-3D** □ 前納に係る期間の**各月が経過した際**に，それぞれの月の保険料が納付されたものとみなす（平5）。

**27-7D** □ 前納後，保険料が引き上げられたときは，**先に到来する月の分から順次充当**し，不足額を納付する（平3）。

**29-4A** □ 前納後に資格喪失又は第2号・第3号被保険者となった場合や，産前産後免除に該当した場合は，**請求すれば，未経過期間分の保険料は還付**される（平16，17，21，25）。

□ 前納すべき額は，各月の保険料の合計額から**年4分**の利率による**複利現価法**によって計算して割り引いた額である（平18，21）。

**2-2D** □ 前納の規定は保険料の一部免除者にも適用される。

費　　　用

### 【法94条】　保険料の追納

　　被保険者又は被保険者であった者（ 老齢基礎年金 の受給権者を除く）は， 厚生労働大臣の承認 を受けて， 承認 の日の属する月前 10年以内 の期間に限り，法定免除，申請免除又は学生納付特例の規定により納付不要とされた保険料及び3/4，半額，1/4免除の規定によりその一部の額の納付を不要とされた保険料の 全部又は一部 を追納することができる。　　　　　　　　　　（平12，18，20，21，24）

5-1A
5-8C
2-10エ
30-3B
29-4E
28-6D

**過**　□　一部につき追納するときは，①**学生納付特例**（納付猶予も含む）により免除された保険料から行い，次いで，②法定免除，申請免除，3/4，半額，1/4免除の規定により免除された保険料のうち**先に経過した月の分**から順次に行う。

26-3オ

□　ただし，学生納付特例によって保険料納付を要しない期間よりも前に納付義務が生じた（先に追納の時効の到来する）保険料についての免除期間を有する者については，先に経過した月の分の保険料から追納することができる。

元-10E

□　**追納が行われた日**に，追納に係る月の保険料が納付されたものとみなし，当該期間は**保険料納付済期間**となる（平24）。

□　追納すべき額は，各月の保険料の額に**政令で定める額を加算した額**。ただし，**免除月の属する年度の4月1日から3年間（翌々年度まで）は加算額なし**（平8**記**，平19，22）。

28-1イ

□　**老齢基礎年金の受給権者**は追納できないが（平14，15，21），**遺族基礎年金の受給権者**は追納できる（昭63）。

**法**　■　**付加保険料**（法87条の2）
　　□　**第1号被保険者**（65歳未満の任意加入被保険者を含む）は，**厚生労働大臣**に申し出て，**400円**の**付加保険料**を納付することができる。

2-3E

□　**保険料の免除（産前産後免除を除く）の規定の適用を受**

29-4C

365

第7章　国民年金法

ける者，**国民年金基金の加入員**は納付できない。

□　**農業者年金の被保険者**は必ず付加保険料を納付（平23）。

□　**毎月の通常の保険料を納付した月**及び産前産後免除期間
　の各月のみ納付できる。

26-6 D　□　従って，付加保険料は**追納できない**（平11，14）。

元-10 C
30-6 E　□　いつでも厚生労働大臣に申し出て，「申出をした日の属
　する月の**前月以後**」の分について，付加保険料の納付を止
　めることができる（**前納されたもの等は除く**）（平12）。

27-4 B　□　付加保険料を納付する者が**国民年金基金の加入員**となっ
　たときは，その日に前記の止める申出をしたものとみなす。

4-4 C　□　平成26年改正前は納期限までに納付しないと「付加保険
　料を納付しない申出をした」とみなされたが，現在は時効
　消滅するまでの2年以内なら納付可能。

3-5 B　□　**特例保険料・特例付加保険料**：被保険者等は，特定事由
　（事務処理誤り）に係る過去の保険料・付加保険料の納付
　を申し出ることができる（期限なし）。

**法**　■　**督促，滞納処分，延滞金**

27-3 D　□　保険料その他の徴収金を**滞納**する者に対して，**厚
生労働大臣**は，**期限を指定**（督促状を発する日から起算して
**10日以上経過した日**）して，**督促することができる**（平24）。

□　その督促状の指定期限までに納付しないときは，

4-2 イ
4-5 D　・**国税滞納処分の例**によって処分することができる。

　・滞納者の居住地若しくはその者の財産所在地の**市町村**に
　対して，その処分を請求することができる。

3-5 C　□　処分の請求を受けた市町村は，**市町村税の例**により処分
　することができる。この場合，**厚生労働大臣**は，徴収金の
**100分の4**相当額を市町村に交付しなければならない。

28-1 ウ　□　処分によって受け入れた金額を保険料に充当するとき
　は，**先に経過した月の保険料から**これに充当し，1箇月の
　保険料の額に満たない**端数**は，納付義務者に**交付**する。

費　用

- □　厚生労働大臣は，督促をしたときは，徴収金額につき**年14.6％**（督促が保険料に係るものであるときは，納期限の翌日から**3月**を経過する日までの期間については，**年7.3％**）の割合で，**納期限の翌日**から**徴収金完納**又は**財産差押の日の前日**までの日数によって計算した**延滞金**を徴収する（平11，12）。
  - 注　当分の間，年14.6％，年7.3％という割合を軽減する特例が設けられている（●P238参照）。
- □　ただし，次の場合は，**延滞金を徴収しない。**
  - (イ)　督促状の**指定期限**までに**完納**したとき
  - (ロ)　徴収金額が**500円未満**のとき
  - (ハ)　延滞金の金額が**50円未満**のとき
- □　**徴収金額に500円未満の端数があるときは切捨て。**
- □　**延滞金の金額に50円未満の端数があるときは切捨て。**

- □　機構が**保険料の納付受託者**に対する**報告徴収・立入検査**の権限に係る事務を行うには，**厚生労働大臣の認可**が必要。

### ■ 先取特権（法98条）

- □　保険料その他この法律の規定による徴収金の先取特権の順位は，**国税**及び**地方税**に次ぐ（平2）。

> **!POINT**
> **積立金の運用**（法76条）
> 　積立金の運用は，厚生労働大臣が，**年金積立金管理運用独立行政法人**に対し，積立金を**寄託**することにより行う（●P530参照）。なお，厚生労働大臣は，**寄託**するまでの間，**財政融資資金**に積立金を**預託**することができる（平20選，平18）。厚年も同様。

367

第7章 国民年金法

# 第11 不服申立て，雑則

5選 **法** ■ **国民年金事業の円滑な実施**（法74条）（平23**選**）

政府は，国民年金事業の円滑な実施を図るため，国民年金に関し，一定の事業（**教育及び広報**，被保険者等に対する**相談**その他の**援助**，**情報提供**）を行うことができる。

元-7A □ 政府は**電子情報処理組織**の運用を行うものとし，運用の全部又は一部を**日本年金機構**に行わせることができる。

**法** ■ **不服申立て**（法101条，101条の2）

□ **社会保険審査官**に対する請求を**審査請求**，**社会保険審査会**に対する請求を**再審査請求**という。

| 社会保険審査官 | 社会保険審査会 |
|---|---|
| **被保険者の資格，給付又は保険料その他徴収金**に関する処分の不服 | 社会保険審査官の決定に対する不服<br>〈補足〉審査請求をした日から**2月以内**に決定がないときは，社会保険審査官が審査請求を棄却したものとみなすことができる（決定があったのと同じ効果）。 |

30-4A

・審査請求の期間………処分があったことを知った日の翌日から起算して**3月以内**（3月を経過したときは，することができない）
・再審査請求の期間……決定書の謄本が送付された日の翌日から起算して**2月以内**（2月を経過したときは，することができない）

□ **国民年金原簿の訂正**の請求に関する決定（厚生労働大臣がした訂正をする旨・訂正をしない旨の決定）については**対象外**（審査請求をすることができない）。

□ 審査請求及び再審査請求は，**時効の完成猶予及び更新**に関しては**裁判上の請求**とみなす。

□ 被保険者の**資格**に関する処分が**確定**したときは，その処

368

分についての不服を当該処分に基づく給付に関する処分の不服の理由とすることができない（平13）。

□　共済組合等が行った障害の程度の診査に関する処分に不服がある者は，**共済各法に定める審査機関**に審査請求。 3-6A

□　**被保険者の資格，給付**に関する処分の取消しの訴えは，当該処分についての審査請求に対する**社会保険審査官の決定**を経た後でなければ，提起することができない（決定後は，再審査請求をするか，提訴するか，選択できる）。 29-6B

㊟　保険料その他徴収金に関する処分については，不服申立前置の規定はない。審査請求か提訴か選択できる。

㊟　**脱退一時金**に関する処分については，不服申立前置の規定があり，当該処分についての審査請求に対する**社会保険審査会の裁決**を経た後でなければ，提起することができない。

**法**　■　時　効

□　・**保険料等の徴収**及び**還付を受ける権利** ＼ の**消滅時効**
　　・**死亡一時金**を受ける権利　　　　　　 ／ は，**2年**。 30-2A / 27-5E

□　**年金給付**を受ける権利の**消滅時効は，5年**。

□　年金が**全額支給停止**されている間は**進行しない**。 厚年30-3ウ

□　**支払期月ごとに支給を受ける権利**の消滅時効も**5年**。 2-7D

□　年金時効特例法により過去の年金記録が訂正された場合は，5年より前の分も支給する（厚年平20選）。 厚年30-3イ

■□　**市町村長**は，厚生労働大臣，被保険者（であった者）又は受給権者に対して，被保険者，受給権者，加算対象の子の戸籍に関し，**無料で証明を行うことができる**。 5-2E

**法**　■　**年金受給権者の確認** 2-6C

□　厚生労働大臣は，**毎月**，住民基本台帳法の規定による年金の受給権者に係る機構保存本人確認情報の提供を受け，必要な事項について確認を行う（住民基本台帳ネットワークによる確認）（平24）。 30選

□　住基ネットによる確認ができない場合は，指定日（原則

第7章　国民年金法

として誕生日の属する月の末日）までに自署の届書等の提出を求めることができる。

**4-7C**
**27選**
□　**20歳前傷病による**障害基礎年金の受給権者は，指定日（**9月30日**）までに，**所得状況届**を提出しなければならない（市町村長から情報取得できる場合は不要）。

**法**　■　**受給権者に関する各種の届出**

□　**14日以内**に機構に提出……①氏名変更届\*　②住所変更届\*　③胎児出生届　④加算額対象者不該当届

\*　**氏名変更届**，**住所変更届**は，**住基ネットから情報を取得できる**受給権者については**不要**（平25）。

□　**速やかに**機構に提出……①加算額対象者障害該当（不該当）届　②障害基礎年金支給停止事由該当届（消滅届）

**4-1E**
□　受給権者の属する世帯の**世帯主**その他**その世帯に属する者**は，受給権者の所在が**1月以上**明らかでないときは，所定の届書を，**速やかに**機構に提出。

**2-4A**
□　被保険者又は受給権者が**死亡**したときは，**戸籍法による死亡の届出義務者**は，**14日以内**に届出。

・第3号以外の被保険者に係るもの→**市町村長**

・第3号被保険者又は受給権者に係るもの→**厚生労働大臣**

□　**住基ネットから情報を取得できる**受給権者→戸籍法による死亡の届出が**7日以内**にされた場合は，**届出不要**（平24）。

---

**【平16法附則2条】　給付水準の下限**

**厚年5-8D**
国民年金法による年金たる給付及び厚生年金保険法による保険給付は，[老齢基礎年金の額]に[2]を乗じて得た額と，平均的な男子の賃金を平均標準報酬額として計算した[老齢厚生年金の額]との合算額の，男子被保険者の平均的な賃金に対する比率が，[100分の50]を上回ることとなるような給付水準を将来にわたり確保するものとする。

第7章　国民年金法

# 第12 国民年金基金

**法** □　国民年金基金は，**第1号被保険者**を加入員とする
**法人**で，法1条の目的を達成するため，加入員の**老齢**
に関して必要な給付を行う。

| 地域型国民年金基金 | 職能型国民年金基金 |
|---|---|
| □　**同一の都道府県に住所**を有する**第1号被保険者**で組織し，**各都道府県に1個**とする（平10）。＊ | □　**同種の事業又は業務**に従事する**第1号被保険者**で組織し，それぞれの事業又は業務につき**全国を通じて1個**とする（平23，24）。 |
| □　**300人以上の第1号被保険者の設立の申出**<br>□　**厚生労働大臣の設立委員の任命** | □　加入員となろうとする**15人以上**の者が発起人 |
| □　設立委員又は発起人は，**規約を作成**⇨創立総会の日時等とともに**公告**（会日**2週間前**まで）⇨**創立総会を開く。**<br>□　創立総会の議事は，設立の同意を申し出たものの**半数以上が出席**し，その**出席者の3分の2以上**で決する（平16）。<br>□　創立総会終了後**厚生労働大臣**の**設立の認可**を受けて設立。 ||
| □　加入員は，**1,000人以上** | □　加入員は，**3,000人以上** |

＊　現状は，47都道府県の地域型基金と22の職能型基金が合併し
た**全国国民年金基金**と，3つの職能型基金となっている。

**ポ** □　基金は，**設立の認可**を受けた時に成立。
　　□　創立総会までに設立の同意を申し出た者は，**基金
の成立の日**に加入員の資格を取得する（平7）。

□　解散すると，受給権者は基金加入期間を付加保険料納付
済期間とみなした付加年金を支給される（平15）。

**法** □　**第1号被保険者**は，基金に申し出て，加入員にな
ることができる（加入は任意）（平23）。

371

第7章　国民年金法

**2-2C**
**29-5 A**
☐　任意加入被保険者（P313(1)②③）も，加入員になることができる。

☐　加入の**申出をした日に資格を取得**する（平25）。

**3-4エ**
☐　いったん加入すると，**任意に脱退できない**が，

① **被保険者の資格を喪失したとき**，又は，

**29-5 D**
**第2号・第3号被保険者となったとき**（その日）（平24），

② 地域型基金の加入員が，当該基金の**都道府県に住所を有しなくなったとき**（翌日），

③ 職能型基金の加入員が，当該基金に係る**事業又は業務に従事しなくなったとき**（翌日），

**5-9 E**
**27-4 A**
④ 国民年金の**保険料の全額又は一部の額を免除されたとき**＊（納付することを要しないこととされた**月の初日**）（平24），

＊ ここでいう免除には，産前産後免除は含まない。

**29-5 E**
⑤ **農業者年金の被保険者となったとき**（その日），

⑥ 加入していた**基金が解散したとき**（翌日）

は，資格を喪失する。

㊟ **（　）の中は喪失日**

**ポ**　☐　加入員の**資格を取得した月にその資格を喪失した**者は，その資格を取得した日に**さかのぼって，加入員でなかったものとみなす**（平12）。

**過**　☐　異なる型の基金に**同時加入はできない**（平24）。

**法**　☐　基金は，加入員から**掛金**を徴収する（平5）。
**29-5 B**
☐　掛金は，**各月**につき徴収（原則68,000円まで）。

**4-9 E**
☐　基金が支給する年金は，少なくとも，**老齢基礎年金の受給権を取得したとき**には支給する（平5，22）。

☐　老齢基礎年金の受給権者に対し基金が支給する年金は，**当該老齢基礎年金の受給権の消滅事由（死亡）以外の事由**により，その受給権を消滅させるものであってはならない。

372

国民年金基金

- □ 老齢基礎年金の受給権者に支給する年金の額は、**200円×加入員期間の月数を超えるもの**でなければならず、
- □ 老齢基礎年金が**全額支給停止されている**場合以外は、支給停止できない（ただし、「**200円**×加入員期間の月数」を超える部分については、この限りでない）。
- □ 基金が支給する**一時金**は、少なくとも、加入員又は加入員であった者の**死亡**により**遺族**が**死亡一時金**を受けたときには、その**遺族**に支給されるものでなければならない。
- □ 一時金の額は、**8,500円を超えなければならない**（平22）。
- □ **基金**は、**厚生労働大臣の認可**を受けて、その業務の一部を**信託会社**、**信託業務を営む金融機関**、**生命保険会社**、**農業共同組合連合会**、**共済水産業協同組合連合会**、**国民年金基金連合会**その他の法人に**委託**することができる（平17）。

## 法 ■ 合併及び分割

- □ 基金は、**厚生労働大臣の認可**を受けて、吸収合併又は吸収分割をすることができる。
- □ 代議員の定数の**3分の2以上**の多数による代議員会の議決が必要。

## 法 ■ 解散

- □ 基金は、①代議員の定数の**4分の3以上**の多数による**代議員会の議決**、②基金の**事業の継続の不能**、③**厚生労働大臣の解散命令**によって解散する（平17）。
- ※ ①②については、**厚生労働大臣の認可**が必要。
- □ 基金は、解散したときは、当該基金の加入員であった者に係る年金及び一時金の支給に関する義務を免れる。
- □ ただし、解散日までに支給すべき年金、一時金でまだ支給していないものの義務は免れない（平16）。

## 法 ■ 国民年金基金連合会

- □ 基金は、**中途脱退者**及び**解散基金加入員**に係る年金及び一時金の支給を共同して行うため、国民年金基金連

373

第7章　国民年金法

合会を設立することができる（平17，23）。

3-4ア
30-1B
㊟　中途脱退者…基金の加入員期間が15年未満の者（平20）。

□　**2以上の基金が発起人となる**（平6）。

□　その発起人は，**規約を作成 ➡ 公告**（創立総会の会日の**2週間前**まで）**➡ 創立総会**を開く（平6）。

□　創立総会後，遅滞なく，**厚生労働大臣の認可**を受け，

□　**設立の認可**を受けた時に成立（設立の流れは基金と同じ）。

## POINT
### 給付の整理

| 国民年金基金 | 老齢，死亡 |
|---|---|
| 確定給付企業年金 | 老齢，脱退（障害給付金及び遺族給付金は任意） |
| 確定拠出年金 | 老齢，障害，死亡，脱退 |

### 解散等の整理

①　健康保険組合の合併・分割は組合会議員の定数の**4分の3以上**の多数による議決と，厚生労働大臣の認可。

②　健康保険組合の解散は，㋑組合会議員の定数の**4分の3以上**の多数による議決，㋺組合の事業の継続の不能，㋩厚生労働大臣による解散命令，のいずれか。㋑㋺は厚生労働大臣の認可が必要。

③　健康保険組合の設立事業所の増減は，増減に係る適用事業所の**全事業主**及びその適用事業所に使用される被保険者の**2分の1以上**の同意。

健保2-1E
④　地域型健康保険組合の不均一の一般保険料率の決定は，組合会議員の定数の**3分の2以上**の多数による議決と，厚生労働大臣の認可。

⑤　国民年金基金の解散は，上記②の「組合会議員」を「代議員」と，「組合」を「基金」と読み替える。

⑥　国民年金基金の合併又は分割は，代議員の定数の**3分の2以上**の多数による議決と，厚生労働大臣の認可。

第 **8** 章

# 厚生年金保険法

第8章　厚生年金保険法

# 第1 総則，適用事業所，被保険者の種類

### 【法1条】目　的

30-7 D

　この法律は，労働者の 老齢 ， 障害 又は 死亡 について 保険給付 を行い，労働者及びその遺族の 生活の安定 と 福祉の向上 に寄与することを目的とする。

☞　昭和17年6月施行の労働者年金保険法（現業男子労働者を対象）を母体として昭和19年に厚生年金保険法（女子労働者，事務職従事者も対象）が施行された。昭和61年4月からは基礎年金の上乗せ給付を行う。

　基礎年金の上乗せ給付を行う被用者年金制度は，職域ごとに分立していたが，平成27年10月からは，厚生年金保険に統一された（被用者年金制度の一元化）。

### ポ　□　被用者年金制度の一元化のポイント

3選

●被保険者の記録管理，標準報酬の決定・改定，保険給付の支給，保険料の徴収その他の事務を行う主体に，厚生労働大臣（政府）のほか，共済組合等を加える。
●共済組合等は，徴収した保険料等に応じて厚生年金保険制度に拠出金を納付し，厚生年金保険の保険給付に要する費用等を分担する。また，共済組合等が行う厚生年金保険の保険給付に要する費用等は，厚生年金保険制度から交付金として共済組合等に交付する。

㊟　保険給付は，基本的には，各種別に係る年金ごとに裁定・支給される（必要に応じて，合算・按分される）。

　複数の種別を有する者の保険給付に関する規定を整理するため，「二以上の種別の被保険者であった期間を有する者についての特例〔二以上種別特例〕（法78条の22〜78条の37ほか）」が設けられている（主要なものを第11で取り上げる）。

376

総則，被保険者

**法** ☐ 厚生年金保険は，政府が管掌する（法2条）。 30-7 E

■ **実施機関**（法2条の5）

☐ **厚生年金保険**の被保険者の資格，標準報酬，事業所及び被保険者期間，保険給付，当該保険給付の受給権者，基礎年金拠出金の負担・納付など，保険料その他の徴収金並びに保険料に係る運用に関する**事務**は，**実施機関**が行う。

☐ **実施機関**は，**被保険者の種別**に応じて，次のとおり。 28-6 C

| 被保険者の種別 | 実施機関 |
|---|---|
| **第1号厚生年金被保険者**……第**2号～第4号厚生年金被保険者以外**の厚生年金保険の被保険者 | 厚生労働大臣 |
| **第2号厚生年金被保険者**……**国家公務員共済組合の組合員**たる厚生年金保険の被保険者 | 国家公務員共済組合及び国家公務員共済組合連合会 |
| **第3号厚生年金被保険者**……**地方公務員共済組合の組合員**たる厚生年金保険の被保険者 | 地方公務員共済組合，全国市町村職員共済組合連合会及び地方公務員共済組合連合会 |
| **第4号厚生年金被保険者**……**私立学校教職員共済制度の加入者**たる厚生年金保険の被保険者 | 日本私立学校振興・共済事業団 |

2-6 A

㊟ 第2号～第4号厚生年金被保険者に関する厚生年金保険の事務について，厚年法の規定は適用せず，共済各法で定めることにしているものもある（例：届出など）。本書では，そのような規定については，「〔**第1号限定**〕」と表記する。

☐ **厚生労働大臣の権限に係る事務**の一部は，**日本年金機構**に行わせるものとする（法100条の4）。

☐ **厚生労働大臣の権限**（財務大臣に委任する権限を除く） 5選は，**地方厚生局長**に委任することができる。**地方厚生局長**に委任された権限は，**地方厚生支局長**に委任することができる（法100条の9）。

☐ **報酬**とは，**賃金，給料，俸給，手当，賞与**その他いかな

る名称であるかを問わず、労働者が 労働の対償 として受けるすべてのものをいう。ただし、**臨時**に受けるもの及び **3月を超える期間**ごとに受けるものは除く（平22・23）。

□ 賞与とは、**賃金、給料、俸給、手当、賞与**その他いかなる名称であるかを問わず、労働者が 労働の対償 として受けるすべてのもののうち、**3月**を超える期間ごとに受けるものをいう（平12選、平22）。

□ 配偶者、夫、妻には、**事実婚**の者を含む（平9、22）。

### ■ 年金額の改定、財政の均衡など

□ **年金額の改定**➡厚生年金保険法による年金たる保険給付の額は、国民の生活水準、賃金その他の諸事情に著しい変動が生じた場合には、変動後の諸事情に応ずるため、速やかに改定の措置が講ぜられなければならない。

注 国年法とほぼ同様の規定であるが、厚年法においては「賃金」が含まれていることに注意。

□ **財政の均衡、財政の現況及び見通しの作成、調整期間**についても、国年法と同様の規定が設けられている。

### ■ 適用事業所（平15、18、21）

□ 適用事業所には、法律上当然に適用を受ける「**強制適用事業所**」と事業主の申請等の手続を経て適用を受ける「**任意適用事業所**」とがある。

□ 強制適用事業所には、次の3つがある。

① 常時5人以上の従業員を使用する個人経営の事業所又は事務所で法6条1項に掲げる業種（適用業種）

② 国、地方公共団体又は法人の事業所又は事務所で**常時従業員を使用**するもの（1人でも使用すれば適用）

③ 船員法1条に規定する船員として、船舶所有者に使用される者が乗り組む船舶

□ **強制適用事業所とならない事業所**には、
㋑**常時5人未満**の従業員を使用する**個人経営**の事業所

総則，被保険者

㋺**常時5人以上**の従業員を使用する**個人経営**の事業所で，適用業種（前記①）に該当しない事業所

……**サービス業**，**農林水産業**，**宗教**等がある。

4-7E
元-4A
28-1ア～オ

☐ 強制適用事業所とならない事業所（上記㋑㋺）の事業主は，当該事業所に使用される者（下線部適用除外者を除く）の**2分の1以上の同意**を得て，申請し，**厚生労働大臣の認可**を受ければ適用を受ける（**任意適用事業所**）（平9記，平25）。

2-6B
29-4D

☐ また，**4分の3以上の同意**を得て，申請し，**厚生労働大臣の認可**を受ければ，取り消すことができる（平9記）。

5-3A
30-5A

**ポ** ☐ 同意をしなかった者を含め，加入又は脱退する。

☐ 従業員等の減少等により強制適用事業所に該当しなくなったときは，**任意適用事業所の認可があったものとみなし**，保険関係を継続させる（平10，14，19）。

4-7D
元-4B

**法** ■ **適用事業所の一括**

☐ **2以上の適用事業所**（船舶を除く）の事業主が同一である場合，**厚生労働大臣の承認**を受ければ，一の適用事業所とすることができる（平9記，平25）。

3選

☐ **2以上の船舶**の船舶所有者が**同一**である場合には，**法律上当然に一の適用事業所とする**（平11，25）。（**承認不要**）

30-1A

☐ 一括されると，当該2以上の適用事業所（船舶）は，**適用事業所でなくなったものとみなす**（平17，25）。

**法** ■ **被保険者**

☐ 被保険者には，次の種類がある。

①**当然被保険者**，②**任意単独被保険者**，③**高齢任意加入被保険者**，④**第4種被保険者**（旧種別の1つ）

■ **当然被保険者**（法9条）

☐ 適用事業所に使用される**70歳未満**の者は，厚生年金保険の被保険者とする（平14）。

☐ しかし，適用事業所に使用されていても適用除外される者がいる（これらの者は，任意加入して被保険者となるこ

379

第8章　厚生年金保険法

ともできない。）。

| | 適用除外対象者 | 例　外 |
|---|---|---|
| 5-3C<br>4-10B<br>30-1B | ①　臨時に使用される者（船員を除く）で，次に該当するもの<br>　㋑　日々雇い入れられる者<br>　㋺　2月以内の期間を定めて使用される者で，定めた期間を超えた使用が見込まれないもの<br>　　　　　　　（平19，21，25） | ㋑の者が1月を超えて，㋺の者が定めた期間を超えて引き続き使用されるに至った場合 |
| | ②　所在地が一定しない事業所に使用される者　　（平16，25） | ———— |
| 27-2D | ③　季節的業務に使用される者（船員を除く）　　（平21，25） | ③の者が当初から継続して4月を，④の者が当初から継続して6月を超えて使用される予定の場合 |
| 28-8E | ④　臨時的事業の事業所に使用される者　　　　　　（平25） | |
| 4-7C<br>2-9D | ⑤　1週間の所定労働時間又は1月間の所定労働日数が通常の労働者の4分の3未満である一定の者 | 4分の3未満でも，下記の4要件を満たす者は被保険者となる。 |

□　**短時間労働者の4要件**

健保30-8ア
健保29-9オ

(a)　1週間の所定労働時間が**20時間**以上。

(b)　一定の報酬につき資格取得時決定の規定の例により算定した額が**88,000円以上**＊。

健保3-4オ
29-4B

(c)　学生でない。

5-8A
2-7ウ,エ
健保30-8イ
健保29-9ア
4-7A

(d)　被保険者数が常時**100人超え**の企業（特定適用事業所）に使用されている（常時100人以下で労使合意がある場合でもよい）。　※国，地方公共団体は規模不問。

健保4選
健保30-8エ
健保29-9ウ

＊　「88,000円以上」を判断する際には，臨時に支払われる賃金・1月を超える期間ごとに支払われる賃金・時間外等の割増賃金・精皆勤手当・家族手当・通勤手当は**算入しない**。

4-7B
2-6E

**ポ**　□　**法人の理事，取締役，代表者**であっても，法人から労働の対償として報酬を受けている者は，**法人に使**

総則，被保険者

**用される者**として被保険者となる（平17）。

---
【法10条】 任意単独被保険者

適用事業所以外の事業所 に使用される 70歳未満 の者　2-7オ
は，その事業所の 事業主の同意 を得て，厚生労働大臣の　2-9C
認可 を受け，被保険者となることができる（平19）。

---

☞ 「事業主の同意」とは，**保険料の半額負担，納付義務**について の同意をいう（以下同じ）（平19，24）。

過 □ 任意単独被保険者は，いつでも**厚生労働大臣の認**　27-2A
　　　**可**を受けて，被保険者資格を喪失することができる。
　喪失時には，**事業主の同意**はいらない（平8，11，19）。　5-8E

ポ □ 老齢給付（老齢厚生年金，老齢基礎年金等）の受
　　　給権者であっても，**任意単独被保険者になれる**。

---
【法附則4条の3，4条の5】 高齢任意加入被保険者

〔適用事業所 に使用〕　　　〔適用事業所以外の事業所〕
〔される者で　　　　〕　　　〔に使用される者で　　　　〕

↓　　　　　　　　　　　　　　↓

〔70歳以上 であり，老齢厚生年金，老齢基礎年金 そ〕
〔の他の 老齢又は退職 を支給事由とする年金たる給付〕
〔であって政令で定める給付の受給権を有しないものは，〕

↓　　　　　　　　　　　　　　↓

〔実施機関に申し出 て〕　　　〔 厚生労働大臣の認可 〕
〔　　　──　　　　 〕　　　〔事業主の同意 を得て〕

↓　　　　　　　　　　　　　　↓

〔被保険者となることができる〕 （平16，20，25）

---

過 □ 国年及び厚年の**老齢給付の受給権者**は高齢任意加　28-10D
　　　入被保険者になれないが，**遺族給付，障害給付の受給**
　**権者**はなることができる（平11，21）。

□ 高齢任意加入被保険者は国民年金の**第2号被保険者**であ

381

第8章　厚生年金保険法

り，20歳以上60歳未満の被扶養配偶者（原則，国内居住）は**第3号被保険者**である（平25）。

**法**

□　高齢任意加入被保険者は，いつでも

26-3C

- 実施機関に申し出て……………〔適用事業所〕
- 厚生労働大臣の認可を受けて……〔適用事業所以外〕

資格を喪失することができる。

**ポ**

□　「適用事業所」では，保険料は**全額自己負担**。

4-2B

□　ただし，適用事業所の事業主は，保険料の**半額負担**と**納付義務**について同意できる（平24）。なお，その同意は**被保険者の同意**を得て，将来に向かって撤回できる（い

29-1D

ずれの場合も**10日**以内に届書を**機構**に提出）〔この同意に関する規定は，**第2号・第3号**厚生年金被保険者に係る事業主には適用なし〕。

□　「適用事業所以外」では，保険料は，**半額負担**。

---

**【昭60法附則43条2項】　第4種被保険者**

次のいずれかに該当する者で，厚生年金保険の被保険者期間が 10年以上 ある者が，厚生年金保険の被保険者でなくなった場合（又はその後に引き続く組合員等の資格を喪失した場合）において，被保険者期間が 20年 （中高齢の短縮措置あり）に達していないときは， 厚生労働大臣 に申し出て，厚生年金保険の 被保険者 となることができる。

① 昭和16年4月1日 以前生まれで，施行日（昭和61年4月1日）に厚生年金保険の被保険者であったもの

② **大正10年4月1日**以前生まれの者で施行日に65歳以上となって，その日に被保険者資格を喪失した者

③ 施行日の前日に**第4種被保険者であった者**又は第4種被保険者の申出ができた一定の者

---

☞　昭和60年法改正により廃止されたが，上記の者等は経過的に第4種被保険者となることができる。

382

## 第2 資格の取得, 喪失

第8章 厚生年金保険法

**法** □ 資格の取得及び喪失の時期は次のとおり。

| 資格取得日 | 資格喪失日 | |
|---|---|---|
| 〈当然被保険者・取得〉<br>□ ・適用事業所に使用されるに至った日,<br>・適用事業所となった日,<br>・適用除外規定に該当しなくなった日 | 〈当然被保険者・喪失〉<br>□ ①死亡したとき,<br>②事業所（船舶）に使用されなくなったとき,<br>③任意適用事業所取消の認可があったとき,<br>④適用除外規定に該当したとき,<br>⑤70歳に達したとき〔その日〕（平14） | 27-2 E<br><br>元-5ウ |
| 資格喪失日は原則, **その翌日**であるため, 例外のみ記入する。〔　〕内。以下同じ。 →| | |
| 〈任意単独被保険者・取得〉<br>□ ・**厚生労働大臣の認可が**<br>　**あった日** | 〈任意単独被保険者・喪失〉<br>□ ・**厚生労働大臣の認可が**<br>　**あったとき,**<br>・※の①②④⑤のいずれかに該当したとき　（平19） | |
| 〈高齢任意加入被保険者・取得〉<br>□ ・《適用事業所》資格取得の**申出が受理**された日<br>・《適用事業所以外》**認可が**あった日 | 〈高齢任意加入被保険者・喪失〉<br>□ ・※の①～④に該当したとき,<br>・**老齢厚生年金, 老齢基礎年金**等の**受給権を取得**したとき, | 3-2 E<br>元-5エ<br><br>元-5オ |
| ・《適用事業所》資格喪失の**申出が受理**されたとき<br>・《適用事業所以外》**認可があったとき** | | 4-2 E |
| ・《適用事業所》**保険料を滞納**し, **督促状の指定期限**までにその保険料を納付しないとき〔納期限の属する月の**前月末日**〕<br>㊟事業主半額負担・納付義務の同意がある場合は適用しない。 | | 4-2 C<br>27-2 C |
| ・《適用事業所》**初めて納付すべき保険料を滞納**し, 督促状の指定期限までに納付しないときは, **被保険者とならなかったものとみなす**（平20）。 | | |

383

※事業主半額負担・納付義務の同意がある場合は適用しない。

| 〈第4種被保険者・取得〉 | 〈第4種被保険者・喪失〉 |
|---|---|
| □ ・⑦厚年の被保険者の資格を喪失した日，又は⑦大臣への申出が受理された日のうち，その者の**選択した日** | □ ・死亡したとき<br>・厚年の被保険者期間が**20年**（中高齢の短縮措置あり）に達したとき， |
| ・ただし，申出が受理された日に厚年の被保険者又は組合員等であったときは，その**被保険者又は組合員等の資格を喪失した日** | ・当然被保険者，任意単独被保険者となったとき〔その日〕，<br>・資格喪失の申出が受理されたとき，<br>・**保険料を滞納**し，督促状 |

の指定期限までに納付しないとき
・**初めて納付すべき保険料を滞納**し，督促状の指定期限までに納付しないときは，被保険者とならなかったものとみなす。

☞ ※の②～④は，原則，**翌日**喪失であるが，②～④の事実があった日に更に被保険者となったときは「**その日**」に喪失する。

㊟ **同一の適用事業所で使用される被保険者**について，被保険者の種別に変更があった場合，資格の取得及び喪失の時期の規定は，**被保険者の種別ごとに適用する**（法15条）。

**行** □ 「使用されるに至った日」とは，事実上の使用関係の発生した日をいう（昭3.7.3保発480）。

---

**!POINT**

**被保険者の種別**

・**第1号厚生年金被保険者** ➡ 一元化前の厚年法の附則で規定されていた種別はなお有効（**旧種別**）
・第2号厚生年金被保険者
・第3号厚生年金被保険者 ・**第3種被保険者**（坑内員・船員）
・第4号厚生年金被保険者 ・**第4種被保険者**（任意継続の被保険者）
・船員任意継続被保険者 など

第8章　厚生年金保険法

# 第3 被保険者期間，届出等

**法** ■ **資格得喪の確認**（法18条）〔第1号限定〕

□ 被保険者の**資格の取得・喪失**及び**種別の変更**は，**厚生労働大臣の確認**によって，その効力を生ずる。

□ その確認は，①（事業主の）**届出**，②（被保険者等から文書又は口頭で）**請求**，③職権で行われるが， 4-3C 28-10A

□ ④任意単独被保険者，⑩高齢任意加入被保険者，⑪第4種被保険者の資格の取得，任意の資格喪失等は，（大臣の認可・大臣への申出を必要としているため）**確認は不要**である。 4-2D 29-3ア

□ 任意適用事業所の取消による資格の喪失も**確認不要**。 29-3オ

■ **異なる被保険者の種別に係る資格の得喪**（法18条の2）

□ 第2号〜第4号厚生年金被保険者は，同時に，第1号厚生年金被保険者の資格を取得せず，第1号厚生年金被保険者が同時にそれらの資格を有するに至ったときは，その日に，第1号厚生年金被保険者の資格を喪失する。 3-7D

**法** ■ **被保険者期間の計算**（法19条）

□ **被保険者期間**は，月単位で，被保険者資格を取得した月から喪失した月の前月までを算入（平12, 21）。 5-4ア 30-9B

**過** □ 3月31日に資格を取得，翌月30日に退職した場合の被保険者期間は3月と4月の2箇月（資格喪失日は5月1日であり，その前月の4月は算入する）（平20）。

**法** □ 被保険者資格を取得した月にその資格を喪失したときは，その月を1箇月として算入するが，その月に更に被保険者又は国民年金の被保険者（国民年金の第2号被保険者を除く）を取得したときは，この限りでない。 30-2ア 28-9E

□ 被保険者資格を喪失後，更にその資格を取得したときは，**前後の被保険者期間を合算**。

□ 被保険者期間の計算の規定は，**被保険者の種別ごとに適**

385

第8章　厚生年金保険法

3-6C　用する。同一の月において被保険者の種別に変更があった
ときは，その月は**変更後の種別**の被保険者であった月（二
回以上にわたり被保険者の種別に変更があったときは，**最
後の種別**の被保険者であった月）とみなす。

**法** ■ **被保険者期間の経過措置**（平25**選**，平20）

□ **坑内員・船員**の被保険者期間の計算は次のとおり。

・昭和61年３月31日以前　　　　　　　〔実期間× **4/3**〕※

4-3A ・昭和61年４月１日～平成３年３月31日〔実期間× **6/5**〕

・平成３年４月１日以後　　　　　　　　　　〔**実期間**〕

**過** □ 昭和19年１月１日から昭和20年８月31日までの坑
内員期間について（上記※の期間に**更に３分の１を乗**
じた期間が）戦時加算される（平７，12）。

3-2B **ポ** □ **老齢基礎年金**の**年金額を計算する**場合には，上記
経過措置は適用せず**実期間**で計算する。老齢厚生年金
については，適用して計算する（経過的加算には適用な
し）。

□ **①昭和17年１月１日～５月31日，②昭和19年６月１日～
９月30日，③昭和28年９月１日～10月31日の期間は，被保
険者期間に算入しない**（②，③は適用拡大により被保険者
となった者に限る）。

**過** □ 被保険者期間（第１号厚生年金被保険者期間に限
る）が**１年以上**ある者で，旧陸軍共済組合員等の組合
員であった期間のうち，昭和17年６月から昭和20年８月ま
での期間は，老齢又は死亡に関して支給する保険給付につ
いて，**坑内員・船員としての被保険者期間以外の被保険者
期間**とみなす（平５，12）。

□ この期間は，**支給要件等を計算する場合及び定額部分**の
年金額を計算する場合にのみ算入する（平５）。

**法** ■ **標準報酬月額，標準賞与額**

□ 標準報酬月額等級は，**１等級88,000円～32等級**

386

総則，被保険者

650,000円（健保との違いに注意。➡P253参照）まで（平21）。

□　標準報酬月額の決定・改定の方法は，健康保険法と同様（これらを行うのは，厚年法では「**実施機関**」）（平19選）。

□　毎年３月31日における全被保険者の標準報酬月額を平均した額の100分の200に相当する額が標準報酬月額等級の最高等級の標準報酬月額を超え，継続が認められるときは，その年の９月１日から，最高等級の上に更に等級を加える**標準報酬月額の等級区分の改定**を行うことができる（平23）。

5-8B
元-2A

□　実施機関は，被保険者が**賞与を受けた月**において，その月に当該被保険者が受けた**賞与額**（1,000円未満切捨て）に基づき，その月における**標準賞与額**を決定する（**上限は月150万円。等級区分の改定が行われたとき，上限は改定される**）（平24）。２以上事業所勤務の者は**合算額**で決定する。

3-7C

29-4C

**法**　■　届　出〔第１号限定〕

□　事業主から機構へ（平19，20，21，23，25）

| 提出期限 | 提出書類名 | |
|---|---|---|
| **5 日以内**<br>＊1　①②は健保と同様，ワンストップでの届出が可能。 | ① 適用事業所該当・不該当届＊1 | |
| | ② 被保険者資格取得・喪失届＊1 | |
| | ③ 70歳以上の使用される者の該当・不該当の届出 | |
| | ④ 被保険者種別変更届 | |
| | ⑤ 事業主氏名・名称・住所等変更届 | |
| | ⑥ 事業主変更届 | |
| | ⑦ 賞与支払届＊2 | |
| | ⑧ 特定適用事業所該当届 | |
| **10 日以内** | ① 船舶の適用事業所該当・不該当届 | |
| | ② 船員被保険者の資格取得・喪失届 | |
| | ③ 船員被保険者の種別変更届 | |
| | ④ 高齢任意加入被保険者の保険料半額負担と納付義務同意の届出，その撤回の届出 | |
| | ⑤ 船舶所有者の賞与支払届＊2 | |

5-2A
3-2C
2-2C,D
27-1イ
26-9E
5-2E

2-9B
29-8C

元-4E

元-8C

3-2D
2-6C,D
元-4D
27-1ウ

第8章　厚生年金保険法

| | | |
|---|---|---|
| 速やかに | ① | 報酬月額変更（随時改定）の届出（平25）*2 |
| | ② | 被保険者氏名変更届（平25） |
| | ③ | 被保険者住所変更届 |
| あらかじめ | 代理人選任・解任の届出 | |
| 7月10日 | **報酬月額算定基礎届**\*2（船員は，この提出期限の適用から除く） | |

＊2　70歳以上の使用される者についても報酬月額・賞与の届出が必要（在職老齢年金の算定に必要となるため）。

□　育児休業等・産前産後休業期間中で保険料が免除されている者に賞与が支払われた場合，標準賞与額に係る保険料は免除されるが，**賞与支払届**の提出は**必要**。

□　被保険者から機構（一部，事業主）へ

| 提出期限 | 提出書類名 |
|---|---|
| 10日以内 | ① 所属選択届（平15）<br>② **2以上事業所勤務届**（平10，19，25）<br>③ 適用事業所に使用される高齢任意加入被保険者の氏名・住所変更届<br>④ 第4種被保険者が共済組合の組合員等となったことによる資格喪失届<br>⑤ 第4種被保険者の氏名・住所変更届 |
| 速やかに | ・適用事業所の高齢任意加入被保険者・第4種被保険者等以外の被保険者が氏名・住所を変更したとき……事業主に申出　　（平19，21） |
| 直ちに | ・かつて被保険者であったことがある者が当然被保険者の資格を取得したとき……事業主に基礎年金番号通知書を提出（平15） |

〔氏名変更届，住所変更届は，厚生労働大臣が機構保存本人確認情報の提供を受けられる者については不要（事業主への申出も不要）。〕

■　**記録・通知・請求・保存**（最初の□を除き〔第1号限定〕）

総則，被保険者

□ **実施機関**は，被保険者に関する原簿（厚生年金保険原簿）を備え，これに①被保険者の氏名，②**資格の取得及び喪失の年月日**，③**標準報酬**，④**基礎年金番号**，⑤その他主務省令で定める事項を記録（平17）。

□ 第1号厚生年金被保険者であり又はあった者は，記録が事実でない又は記録されていないと思料するときは，厚生労働大臣に対し，**厚生年金保険原簿の訂正の請求**ができる。

3-6 A
30-6
A～C, E

□ 資格得喪の確認，標準報酬の決定・改定時には，厚生労働大臣は事業主へ，事業主は被保険者等へ通知が必要。

2-8 C

□ 被保険者（であった者）は，いつでも資格得喪及び種別変更の**確認**を**厚生労働大臣**に**文書又は口頭**で請求できる。

□ 事業主の**書類の保存**義務は完結の日から**2年間**（平20）。

29-4 E

---

**!POINT**

**3歳に満たない子を養育する被保険者等の標準報酬月額の特例**
（厚年法特有の規定であり，保険料額には影響しない）

30-8 A
5-1 B

> **3歳**に満たない子を養育し，又は養育していた被保険者又は被保険者であった者の**標準報酬月額**が，従前標準報酬月額（原則として，当該**子を養育することとなった日の属する月の前月の標準報酬月額**をいう）を下回る場合には，その者が**実施機関に申出**（被保険者の場合は事業主経由㊟）をすることにより，従前標準報酬月額を**平均標準報酬額の計算の基礎となる標準報酬月額**とみなす。

5-1 C, D
27-10 E

> この特例は，子を養育することとなった日の属する月から終了事由*に該当するに至った日の**翌日**の属する月の前月までの各月の標準報酬月額について適用される。遡及適用は申出月の前月までの**2年間**に限る。

30選

3-7 A

> ＊ 当該子が3歳に達したとき，保険料免除の対象となる育児休業等・産前産後休業を開始したとき 等 （法26条）

5-1 E

> ㊟ 第2号・第3号厚生年金被保険者の場合，直接，申出。

5-1 A

# 第4 保険給付の通則

第8章 厚生年金保険法

**法** □ 厚年法の保険給付の種類➡ ①**老齢厚生年金**, ②**障害厚生年金及び障害手当金**, ③**遺族厚生年金** ➡ 政府等（政府及び**実施機関**〔**厚生労働大臣を除く**〕）が行う。

☞ その他, 厚年法附則において, **特例老齢年金, 特例遺族年金, 脱退手当金, 脱退一時金**も規定（平19, 22）。

**法** ■ 裁 定（＝給付を受けられるかの確認）（平22）
□ 受給権者の**請求**に基づき, 実施機関が裁定する。

**法** ■ 端数処理・支給期間・支払期月・未支給
（次の①～④は, 国年法の規定と基本的に同じ）

□ ① 保険給付の額の端数処理・2月期支払の年金加算【50銭未満切捨て, 50銭以上1円未満は, 1円に切り上げるなど➡P323参照】

□ ② 年金の支給及び停止期間【支給及び停止の事由が生じた月の**翌月**から始め, 事由が消滅した**月**まで】（平24）

□ ③ 支払期月【2, 4, 6, 8, 10, 12月の6期にそれぞれの**前月分**までを支払うなど➡P318参照】

□ ④ 未支給の保険給付【死亡当時**生計を同じく**していた配偶者, 子, 父母, 孫, 祖父母, 兄弟姉妹, これらの者以外の3親等内の親族のいずれかの者が, **自己の名**で請求など➡P319参照】（平10, 20, 21, 23）

**ポ** □ ④について, 国年では「**年金**給付」とされているが, 厚年では「**保険**給付」とされているため, 厚年の未支給は一時金にも適用される点が異なる。

**法** ■ 併給の調整
□ 原則, 2つ以上の年金は**支給調整**の対象となるが,

□ ① **同一の支給事由**に基づき支給されるもの
　㋭老齢基礎年金と老齢厚生年金（退職共済年金）

保険給付の通則

② 65歳以後の旧法を含む老齢給付と遺族給付，障害給付 <small>4-1ア～オ<br>30-5D</small>
と老齢給付（遺族給付）（平23，24）

は併給される（●国年法P320，321参照）。

□ 65歳以後の遺族厚生年金と老齢厚生年金にも注意 <small>28-9B</small>

**老齢厚生年金を優先的に支給**。遺族厚生年金の額の方が
高い場合に限り，その**差額を遺族厚生年金として支給**（●
P420参照）。この場合，1階部分は，老齢基礎年金又は障
害基礎年金の選択可（平24）。

| 差額 遺族厚生年金 | | 差額 遺族厚生年金 |
|:---:|:---:|:---:|
| **老齢厚生年金** | | **老齢厚生年金** |
| 老齢基礎年金 | or | 障害基礎年金 |

〔二以上種別特例●P434参照〕

■ **受給権者の申出による支給停止**

□ 国年法の規定と基本的に同じ（●P321参照）（平19）。 <small>2-1B</small>

**法** ■ **内払調整・過誤払調整**（平11，25）

　　□ 国年法の規定と基本的に同じ（●P322参照）。

**ポ** 　□ 「**内払調整**」は，受給権者が生きている間の調整。
「**過誤払調整**」は，受給権者の死亡後の調整（平23）。

□ 「内払調整」は，**厚年どうし**，**厚年**（厚生労働大臣が支給
するものに限る）**と国年との間**で行う（平25）。

□ 「過誤払」は，**厚年どうしのみ**で行う。

〔二以上種別特例●P434参照〕

**法** ■ **損害賠償請求権・不正利得の徴収**（平19，22）

　　□ 国年法の規定と基本的に同じ（●P322，323）。 <small>29-2D</small>

〔二以上種別特例●P434参照〕

**法** ■ **受給権の保護と公課の禁止**（平10，18） <small>2-5D，E<br>27-8C<br>26-7<br>A・C～E</small>

　　□ 国年法の規定と基本的に同じ（●P323）であるが，
「老齢基礎年金，付加年金」を「老齢厚生年金」とする。

□ 特例老齢年金，脱退手当金，脱退一時金は，準用規定等
により，譲渡，担保は禁止。差押え，課税は可能。

391

第8章　厚生年金保険法

## ！POINT

・男子　昭和16年4月1日以前生まれ
・女子\*　昭和21年4月1日以前生まれ

▼60歳　　　　　　　　　　　▼65歳

| 報酬比例部分 | 老齢厚生年金 |
| 定　額　部　分 | 老齢基礎年金 |

←── 特別支給の老齢厚生年金 ──→

・男子　昭和16年4月2日〜昭和24年4月1日生まれ
・女子\*　昭和21年4月2日〜昭和29年4月1日生まれ

▼60歳　　▼61〜64歳　　　　　▼65歳

| 報酬比例部分のみ | 報酬比例部分 | 老齢厚生年金 |
| | 定　額　部　分 | 老齢基礎年金 |

←特別支給の老齢厚生年金→

・男子　昭和24年4月2日〜昭和28年4月1日生まれ
・女子\*　昭和29年4月2日〜昭和33年4月1日生まれ

▼60歳　　　　　　　　　　　▼65歳

| 報酬比例部分のみ | 老齢厚生年金 |
| | 老齢基礎年金 |

〔平成12年法改正後の中間的な姿〕
・男子　昭和28年4月2日〜昭和36年4月1日生まれ
・女子\*　昭和33年4月2日〜昭和41年4月1日生まれ

▼61〜64歳　　　　▼65歳

| 報酬比例部分 | 老齢厚生年金 |
| | 老齢基礎年金 |

〔平成12年法改正後の最終的な姿〕
・男子　昭和36年4月2日以後生まれ
・女子\*　昭和41年4月2日以後生まれ

▼65歳

| 老齢厚生年金 |
| 老齢基礎年金 |

\*　一般的な支給開始年齢が，男子より**5年遅れとなる女子**は，**第1号**厚生年金被保険者であり，又は**第1号**厚生年金被保険者期間を有する者（いわゆる**第1号女子**）に限られる。
いわゆる**第2号〜第4号女子**の支給開始年齢は**男子と同様**。

# 第5 60歳代前半の老齢厚生年金

第8章 厚生年金保険法

### 【法附則8条】 支給要件

当分の間，65歳未満 の者が，次のいずれにも該当したときは，その者に老齢厚生年金を支給する。
① 60歳以上 であること
② 1年以上 の被保険者期間を有すること
③ 老齢基礎年金の 受給資格期間 を満たしていること

元-1D

〔二以上種別特例 ➡ P434参照〕

☞ **60歳代前半の老齢厚生年金**（特別支給の老齢厚生年金又は報酬比例部分相当の老齢厚生年金）は，本法上の老齢厚生年金とは別個の給付で，**65歳までの有期年金**。

### ■ 60歳代前半の老齢厚生年金の支給開始年齢

□ **一般男子**（一般女子）の支給開始年齢（平24）

3-3C, D
3-9A
29-10B
26-9A
26-9C

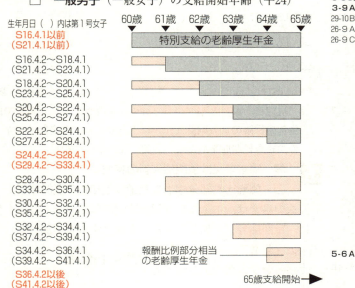

5-6A

## 第8章 厚生年金保険法

**3-9A 過** □ 昭和35年4月10日生まれの者が，第1号女子の期間が5年，第2号女子の期間が35年ある場合，62歳から第1号女子としての報酬比例部分が支給され，64歳からは第2号女子としての報酬比例部分も支給される。

**法** □ **坑内員・船員**の支給開始年齢は次のとおり。

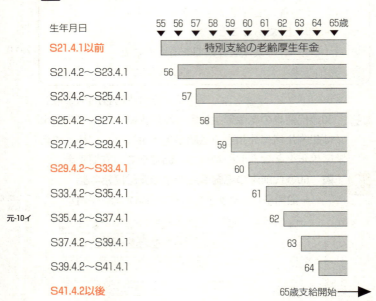

元-10イ

27選 註 坑内員・船員としての（3分の4倍等されない）**実際の厚生年金保険の加入期間が15年以上**あり，かつ，老齢基礎年金の受給資格期間を満たしていること（平17, 20）

27選 **法** ■ **障害者又は長期加入者の特例**
□ **報酬比例部分相当の老齢厚生年金の受給権者**

次の場合は，本来ならば**報酬比例部分のみ**である年金額に，**定額部分**（＋加給年金額）を加算する（平20, 23）。

5-6E ① ［**被保険者でなく，障害等級3級以上の障害者**］に該当するとき

394

老齢厚生年金

㋺ $\begin{bmatrix}$被保険者でなく，厚年の被保険者 $\\$ 期間が44年以上ある長期加入者$\end{bmatrix}$ に該当するとき

**ポ** □ **障害者の特例**については，裁定請求とは別に，特例の適用を受けることの**請求**が**必要である**。

一方，長期加入者の特例については，別途請求は不要（裁定請求により把握できるため）。

**法** ■ **年金額**

□ 特別支給の老齢厚生年金の年金額は，

> 定額部分＋報酬比例部分＋加給年金額

㊟ **報酬比例部分**相当の老齢厚生年金には，**加給年金額は加算されない**。

---

〈平成16年改正点　給付額の計算方法〉

○定額部分の年金額

改正前 ➡ 1,676円×生年月日に応じた調整率×被保険者月数×物価スライド率

改正後 ➡ 1,628円× 改定率 × 生年月日に応じた調整率 × 被保険者月数

○報酬比例部分の年金額（総報酬制導入後の期間）

改正前 ➡ 平均標準報酬額×生年月日別給付乗率×被保険者月数（H15年4月以後）×物価スライド率

改正後 ➡ 平均標準報酬額（毎年度再評価） × 生年月日別給付乗率 × 被保険者月数（H15年4月以後）

└ 改定率の要素が織り込まれている

---

【法43条の2，43条の3】 再評価率の改定

① **68歳到達年度前の再評価率**

【原則】毎年度， 名目手取り賃金変動率 を基準として改定し，当該年度の4月以降の保険給付について適用する。

② **68歳到達年度以後の再評価率**

【原則】受給権者が**65歳**に達した日の属する年度の初日

395

第8章　厚生年金保険法

の属する年の**3年後**の年の4月1日の属する年度以後に適用される**再評価率（基準年度以後再評価率）**の改定については 物価変動率 *を基準とする（平18・23選）。

5選　　* 物価変動が賃金変動を上回るときは賃金変動を基準とする。

---

【法43条の4，5】 調整期間における再評価率の改定

調整期間における 再評価率 の改定は，原則として，

| 名目手取り賃金変動率 （68歳到達年度以後については 物価変動率 ） | × | 調整率 （公的年金被保険者総数変動率×0.997） |
|---|---|---|

× （基準年度以後）特別調整率　を基準とする。

---

27選　□　**定額部分**は，

$$1,628円 \times \left[\begin{array}{c}生年月日に応\\じた調整率\end{array}\right] \times 改定率 \times \left[\begin{array}{c}被保険者期\\間月数^*\end{array}\right]$$

★　1,628円に乗じる調整率は，**昭和21年4月1日以前生まれ**の者に適用（T15.4.2〜S21.4.1生まれの者に1.875〜1.032を乗じる）。

*　**被保険者期間月数**には，次の**上限**がある（平21，22，25）。

| 生年月日 | 上限の月数 |
|---|---|
| 昭和4年4月1日以前生まれ | 420 |
| 昭和4年4月2日〜昭和9年4月1日 | 432 |
| 昭和9年4月2日〜昭和19年4月1日 | 444 |
| 昭和19年4月2日〜昭和20年4月1日 | 456 |
| 昭和20年4月2日〜昭和21年4月1日 | 468 |
| 昭和21年4月2日以後生まれ | 480 |

**中高齢**の期間短縮特例の該当者は240未満でも240月とする。

□　**報酬比例部分**

当分の間，実際に支給される額は，次の①②のうち高い方の額を支給する。被保険者期間の月数には，**上限はない**。

老齢厚生年金

① 総報酬制導入前に被保険者期間がある場合の原則　28-10B

*1
$$\left(平均標準\atop報酬月額\right) \times \left[{9.5/1{,}000 \sim \atop 7.125/1{,}000}\right] \times \left(平成15年4月前\atop の被保険者期間\atop の月数\right)$$
生年月日に応じて

＋

*2
$$\left(平均標準\atop報酬額\right) \times \left[{7.308/1{,}000 \sim \atop 5.481/1{,}000}\right] \times \left(平成15年4月以\atop 後の被保険者期\atop 間の月数\right)$$
生年月日に応じて

② 従前額の保障

$$\left(平均標準\atop報酬月額\right) \times \left[{10/1{,}000 \sim \atop 7.50/1{,}000}\right] \times \left(平成15年4月\atop 前の被保険者\atop 期間の月数\right)$$
生年月日に応じて

＋

$$\left(平均標準\atop報酬額\right) \times \left[{7.692/1{,}000 \sim \atop 5.769/1{,}000}\right] \times \left(平成15年4月\atop 以後の被保険\atop 者期間の月数\right) \times$$
生年月日に応じて

従前額改定率
（令和5年度は，S13.4.1 以前生まれの者は1.016，S13.4.2 以後生まれの者は1.014）

**＊1　平均標準報酬月額**

…各月の標準報酬月額の総額（※）／被保険者期間の月数

※再評価率を乗じることにより再評価される（平成16年改正により，**再評価率を毎年度改定**し，この再評価率の中に改定率が織り込まれている）。

**標準報酬月額は，昭和32年10月以後のものを対象とし，10,000円（船員は12,000円）未満のものは10,000円（船員は12,000円）とする**（平16）。

**＊2　平均標準報酬額**　4-9A

…各月の標準報酬月額と**標準賞与額**の総額（※）／被保険者期間の月数　※再評価率を乗じることにより再評価される。

（総報酬制の導入に伴い，平成15年4月以後の年金額は，総報酬制導入前（平成15年4月前）の被保険者期間とその後の被保険者期間とに分けて計算する。）

第8章　厚生年金保険法

2-9A
元-1C
26-6A

**ポ** □　老齢厚生年金の受給権者である被保険者がその**資格を喪失**し，被保険者となることなくその資格を喪失した日から起算して**1箇月を経過**したときは，

5-9E

> その**資格を喪失した月前**までの被保険者期間を基礎として，**資格を喪失した日**\*から起算して**1箇月を経過した日の属する月**から

**年金額が改定**される（平20，21，23）。

　　\*　退職したとき（その事業所・船舶に使用されなくなったとき），適用事業所でなくなることの認可を受けたとき，任意単独被保険者でなくなることの認可を受けたとき，適用除外に該当したとき，のいずれかに該当するに至った日にあっては，「資格を喪失した日」ではなく，「**その日**」から起算する。……

28-8A

　　たとえば，1月31日に退職したときは，2月1日ではなく1月31日から起算し，その結果，2月の年金から額が改定される。このように，月末退職の場合に違いが出る。

〔二以上種別特例●P434参照〕

　　□　**加給年金額**は，

5-7A
2-1E
26-5B

> 配偶者　　　　　　　　　　　　　**224,700円×改定率**
> 1人目，2人目の子　　　　各**224,700円×改定率**
> 3人目以降の子　　　　　　各**74,900円×改定率**

　　※　加給年金額の改定率は，受給権者が68歳に達した年度以後も，基礎年金の新規裁定者の改定率と同じ基準で改定する。

4-6C
26-5E

　　□　加給年金額は，厚年の被保険者期間が**20年以上**（中高齢の短縮措置あり）ある受給権者が，その権利を取得した当時に**生計を維持**\*していた

> ①　**65歳未満の配偶者**（大正15年4月1日以前生まれの者については65歳以上でもよい）
> ②　**18歳に達する日以後の最初の3月31日までの間にある子**，又は**20歳未満で障害等級1・2級の子**（平19，25）

があるときに加算。〔生計維持の基準●国年法P345参照〕

老齢厚生年金

* 生計維持の確認は，**退職時の改定**が行われる場合は，その 30-10C
改定により被保険者期間が20年以上となった当時に行う。

〔二以上種別特例**➡**P435参照〕

□ **昭和9年4月2日以後**生まれの**受給権者**には，**配偶者加
給年金額**に次の額が**特別加算**される（平14選，平19，21）。

〈受給権者の生年月日〉 〈特別加算の額〉　　　　　　28-5E

S 9. 4. 2 〜 S15. 4. 1　　33,200円×改定率

S15. 4. 2 〜 S16. 4. 1　　66,300円×改定率

S16. 4. 2 〜 S17. 4. 1　　99,500円×改定率

S17. 4. 2 〜 S18. 4. 1　132,600円×改定率

S18. 4. 2 以後　　　　　165,800円×改定率

**ポ** □ 特別加算の額は，**昭和18年4月2日以後**生まれが 5-7B
最も**高い**（受給権者の年齢が若いほど**高い**）（平25）。 30-1C

□ **報酬比例部分のみ**の特別支給の老齢厚生年金の年金額に 4-6D
は，加給年金額は**加算されない**（平11，19）。

□ 本来支給（65歳から）の老齢厚生年金の支給を**繰り上げ** 4-6D
た場合でも，受給権者が65歳に達するまで加給年金額は加
算されない。

**法** ■ **加給年金額の改定，支給停止**

□ 受給権者がその権利を取得した当時**胎児**であった
**子が生まれたとき**は，その**翌月**から**加算**する（平24）。

□ 対象となる配偶者や子が次のいずれかに該当する場合，
加給年金額の計算の基礎から除外する（平21）。

①**死亡**したとき，　　　②**生計維持がやんだ**とき，　　　4-6E

③配偶者が**離婚**又は**婚姻の取消し**をしたとき，

④配偶者が**65歳**に達したとき（原則），　　　　　　　　26-5A

⑤子が配偶者以外の者の**養子**となったとき，　　　　　　27-9C

⑥**養子**が**離縁**したとき，⑦子が**婚姻**したとき，　　　　4-3B

⑧子が**18歳到達年度末**を終了したとき（障害等級1・2級 28-8C
の場合を除く），⑨その障害の状態がやんだとき（18歳到達 3-3A

399

年度末までの間にあるときを除く)，⑩**20歳**に達したとき

☐ 加算対象配偶者が老齢厚生年金（被保険者期間の月数が240（中高齢の短縮措置あり）以上あるものに限る），障害厚生年金，障害基礎年金その他，老齢もしくは退職又は障害を支給事由とする**年金給付**\*を受けられる間は，配偶者加給年金額は支給停止する（平22）。

＊**障害**に関しては全額支給停止されているものを除く。

〔二以上種別特例➡P435参照〕

過 ☐ 大正15年4月1日以前生まれの配偶者が65歳に達しても，引き続き加給年金額は加算される。

☐ 加給年金額の対象となる配偶者が老齢基礎年金の繰上げ支給を受けていても，加給年金額は支給停止されない。

参 ■ **繰上げ支給の老齢基礎年金との調整**

☐ 昭和16年4月2日〜昭和24年4月1日（第1号女子は昭和21年4月2日〜昭和29年4月1日）に生まれた者（定額部分の支給開始年齢が61〜64歳）は，定額部分の支給開始年齢前に老齢基礎年金の一部又は全部の繰上げが可能で，それに伴い定額部分の調整が行われていた。

☐ **男子，第2号〜第4号女子**
　→**昭和24年4月2日〜昭和28年4月1日に生まれた者**
　**第1号女子**
　→**昭和29年4月2日〜昭和33年4月1日に生まれた者**
については，60歳から報酬比例相当額の老齢厚生年金が受けられるが，その者は，繰上げ支給の**老齢基礎年金**と合わせて受給することができる。

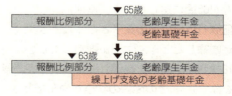

老齢厚生年金

□ 報酬比例部分相当の老齢厚生年金の支給開始年齢が段階 <sup>29-7 C</sup> <sup>28-4 E</sup> 的に引き上げられる者（平19）

**男子，第2号〜第4号女子**

→昭和28年4月2日〜昭和36年4月1日に生まれた者

**第1号女子**

→昭和33年4月2日〜昭和41年4月1日に生まれた者

については，60歳からその支給開始年齢に到達する前に，**老齢厚生年金の支給繰上げの請求**をすることができる（この請求は，老齢基礎年金の支給繰上げの請求と同時に行わなければならない）。

㊟ 国民年金の**任意加入被保険者**である者は，繰上げ請求**不可**。

昭和35年4月2日生まれの男子が60歳から支給繰上げを請求した場合

本来の支給開始年齢（64歳）

| | 繰上げ支給の老齢厚生年金 | 老齢厚生年金（減額） |
| 同時に繰上げ | 繰上げ支給の老齢基礎年金 | 老齢基礎年金（減額） |

60歳 ▼ 65歳

□ **男子，第2号〜第4号女子**

→昭和36年4月2日以後に生まれた者（平22選）

**第1号女子，坑内員・船員**

→昭和41年4月2日以後に生まれた者

については，本来60歳代前半の老齢厚生年金は支給されないが，**60歳から65歳に達する前**に，**老齢厚生年金の支給繰上げの請求**をすることができる（この請求は，老齢基礎年金の支給繰上げの請求と同時に行わなければならず，また，**加給年金額**は受給権者が**65歳**に達するまでは加算されない）（平19）。 <sup>4-5 A</sup> <sup>27-8 A</sup>

㊟ 国民年金の**任意加入被保険者**である者は，繰上げ請求**不可**。

過 □ 支給繰上げの減額率は，1月につき0.4%である。 <sup>4-5 B</sup>
60歳0か月から受給を開始する場合は，24%減額される。

401

第8章　厚生年金保険法

30-4オ　□　老齢厚生年金の繰上げ受給者が，当該老齢厚生年金の受給権を取得した日以後65歳に達する前に被保険者期間を有した場合には，その者が**65歳に達した日の属する月の翌月**から改定が行われる（平22選，平19）。

**法**　■　**60歳代前半の在職老齢年金**

　　□　**在職中である者**（被保険者）に支給される**60歳代前半の老齢厚生年金**は，**総報酬月額相当額**と**年金額**に応じて，年金の**全部**又は**一部**が**支給停止**される。

元-6C　□　60歳代前半の老齢厚生年金の受給権者が国会議員・地方公共団体の議会の議員となった場合も，在職老齢年金の規定を適用（国会議員等となった年月日等を速やかに届出）。

　　□　**基本月額**＝**年金額÷12**（＝年金月額）

4-8A　□　総報酬月額相当額＝標準報酬月額＋

　　　　　　その月以前1年間の標準賞与額の総額÷12（平25）

　　□　**総報酬月額相当額＋基本月額≦48万円**➡支給停止なし（全額支給）（平20）

元-10エ　□　**総報酬月額相当額＋基本月額＞48万円**➡次の支給停止額（月額）に12を乗じて得た額（支給停止基準額）が支給停止される。

4選
2-10ウ　□　支給停止額（月額）（平22選）
27-9A　　（総報酬月額相当額＋基本月額－48万円）$\times \dfrac{1}{2}$

4-8E　□　**48万円**…**支給停止調整額**という（毎年度見直し）。

　㊟　法定の額である**48万円**に平成17年度以後の各年度の**名目賃金変動率**（物価変動率×実質賃金変動率）をそれぞれ乗じて得た額（5千円未満の端数は切捨て，5千円以上1万円未満の端数は1万円に切上げ）が，直近の改定額である48万円を超え，又は下るに至った場合に改定。

3-7B　□　**加給年金額が加算されている老齢厚生年金**の場合の支給停止額の計算は，**加給年金額を除いた**老齢厚生年金の本体部分の年金額に基づいて行われる（平8，13，24）。

402

老齢厚生年金

□　在職老齢年金受給中の者の総報酬月額相当額が改定され　27-9 E
た場合は，新たな総報酬月額相当額に基づいて支給停止額
が再計算され，当該**改定が行われた月から**年金額が改定さ
れる（平15，20）。〔二以上種別特例➡P435参照〕

**法**　■　**雇用保険法の基本手当との調整**（平11，19）
　　□　**平成10年4月1日**から，60歳代前半の老齢厚生年
金と**基本手当を同時に受けられる場合**，**老齢厚生年金が支
給停止**される（ただし，**同日前に老齢厚生年金の受給権を
取得した者**については，併給調整をしない（平13，23））。

□　調整対象期間（老齢厚生年金が支給停止される期間）は，　29-10C
27-3ア
|求職の申込み| があった月の翌月から，当該受給資格に係
る |受給期間| が経過するに至った月，又は**基本手当の支給
を** |受け終わった| ときに至った月までの期間（平10記）。

□　ただし，上記の調整対象期間であっても，当該老齢厚生　30-9 E
年金の受給権者が基本手当の支給を |受けた日とみなされ
る日| 及び |これに準ずる日| として政令で定める日が**1日
もない月**があった場合，**その月については当該老齢厚生年
金が支給される**（平10記，平16）。

□　さらに，前述の |受給期間| が経過したとき，又は基本手　3-8 B
27-3イ
当の支給を |受け終わった| ときにおいて，当該老齢厚生年
金の**支給停止月（年金停止月）の数から基本手当の支給を**
|受けた日とみなされる日| の数を30で除して得た数（1未
満切上げ）を控除して得た数が**1以上**であるときには，当
該年金停止月のうち，当該控除して得た数に相当する月数
分の直近の各月については，**支給停止が行われなかったも
の**とみなされる（＝支給停止の解除）（平15，20，24）。

$$\begin{matrix}支給停止\\解除月数\end{matrix} = \begin{matrix}年金停止\\月の数\end{matrix} - \cfrac{基本手当の支給を受けた日とみなされる日の数}{30}$$

403

第8章　厚生年金保険法

※　**基本手当の支給を受けた日とみなされる日**＝基本手当の支給の対象となった日に相当し，**これに準ずる日**＝基本手当の**待期・給付制限期間**に相当する。

**ポ**　□　支給停止の解除は，**直近の年金停止月分から**，順次前にさかのぼって行われる（事後精算の形をとる）。

26-5D **過**　□　基本手当との調整により，加給年金額が加算された60歳代前半の老齢厚生年金を支給停止する場合，**加給年金額も含めて支給停止**される。

26-3D □　基本手当との調整の要件に該当したときは，速やかに，**支給停止事由該当届**を機構に提出する必要があるが，**裁定請求書に雇用保険被保険者番号を記載した場合**などには，提出する必要はない〔第1号限定〕。

**法**　■　**高年齢雇用継続給付との調整**（平11，19，24）

元-9C 　□　**平成10年4月1日**から，60歳代前半の老齢厚生年金（同日前に受給権を取得している場合を除く）と**高年齢雇用継続給付**（**高年齢雇用継続基本給付金**及び**高年齢再就**

5-6C **職給付金**）を同時に受けられる場合，在職老齢年金の仕組による調整がされ，更に老齢厚生年金の支給が調整される。

4-8D □　その**老齢厚生年金の支給停止額**（調整額）は，

30-4ア ①　標準報酬月額が60歳時の賃金月額の**61%未満**の場合（高年齢雇用継続給付の額は，賃金月額の15%相当額）

　➡標準報酬月額の6%（平22選）

②　標準報酬月額が60歳時の賃金月額の**61%以上75%未満**の場合（高年齢雇用継続給付の額は，標準報酬月額の逓増に応じ逓減）

　➡**高年齢雇用継続給付の額の逓減に応じ，標準報酬月額の6%から一定の割合で逓減**

□　標準報酬月額と高年齢雇用継続給付との合計額が支給限度額（370,452円）を超える場合には，高年齢雇用継続給付の額が減額され，これに合わせて，**老齢厚生年金の支給停**

止額も減額される。

□　実際の計算式は次のとおり。

〔標準報酬月額〕と〔上記①②により計算した額×6分の15〕との合計額が支給限度額を超えるとき

老齢厚生年金の支給停止額（調整額）

➡{（支給限度額）－（標準報酬月額）}×15分の6

※　標準報酬月額＝支給対象月の賃金の額に相当する。

**ポ**　□「雇用保険の基本手当，高年齢雇用継続基本給付金・高年齢再就職給付金」と「**障害厚生年金・遺族厚生年金**」を同時に受けられる場合➡調整は**行われない**。 27-3ウ

□「雇用保険の**傷病手当，高年齢求職者給付金**など（求職者給付の一種），**育児休業給付金・介護休業給付金**」と「60歳代前半の老齢厚生年金」を同時に受けられる場合➡調整は**行われない**。 27-3オ

□　**繰上げ支給の老齢厚生年金**は，60歳代前半の老齢厚生年金と同様に，雇用保険との**調整の対象となる**。

**法**　■　**失　権**（法45条，法附則10条）

□　**60歳代前半の老齢厚生年金**の受給権は，受給権者が死亡したときに消滅するほか，受給権者が65歳に達したときに消滅する。なお，繰下げはできない。

**ポ**　□　60歳代前半の老齢厚生年金を受給している者が65歳に達し，65歳からの老齢厚生年金を受給するためには，「年金請求書（国民年金・厚生年金保険老齢給付）（ハガキ形式）」を機構に**提出する必要がある**〔第1号限定〕。 5-6D 30-2ウ

---

❗**POINT**

**電子申請による届出**

　健康保険・厚生年金保険の，報酬月額算定基礎届（定時決定），報酬月額変更届（随時改定），賞与支払届は，**特定法人**においては**電子申請が義務付けられている**（令和2年4月以降に開始される事業年度より）。 健保2-8A

第8章　厚生年金保険法

# 第6　65歳からの老齢厚生年金

### 【法42条】　支給要件

　**65歳から**支給される老齢厚生年金は，次のいずれにも該当する場合に支給される（平20）。

① 厚生年金保険の 被保険者期間 （注1）を有すること
② 65歳 に達していること
③ 国民年金の保険料納付済期間と保険料免除期間とを合算した期間が 10年以上 （注2）あること

30-2ア　（注1）　厚生年金保険の被保険者期間は，**1箇月**でもあればよい。
　　　　　（注60歳代前半の老齢厚生年金は**1年以上**必要）

（注2）　**合算対象期間も含めて10年以上**あればよい。

**ポ** □　60歳代前半の老齢厚生年金の受給権は，**65歳で消滅**し，**65歳から法42条の老齢厚生年金が支給**される。

**法** ■　**年金額**（平18）
　　□　（65歳からの）老齢厚生年金の年金額は，

> **報酬比例の年金額（＋経過的加算）＋加給年金額**

□　**報酬比例の年金額**は，60歳代前半の老齢厚生年金の報酬比例部分相当額（平19）。

□　**加給年金額**は，60歳代前半の老齢厚生年金と同額。

5-9A □　**経過的加算**とは，

　　〔**定額部分と基礎年金との差額を加算**〕するもの

※　当分の間，60歳代前半の老齢厚生年金の**定額部分の額**が老齢基礎年金の額より高くなるのでその差額分を支給する。

406

老齢厚生年金

□　**経過的加算額**は，　　　　　　　　　　　　（平8記）　3-2A, B

$$\left[ 1,628円 \times \begin{pmatrix} 生年月日に応 \\ じた調整率 \end{pmatrix} \times （改定率） \times \begin{pmatrix} 被保険者期 \\ 間の月数 \end{pmatrix} \right]$$

$$- \left[ 満額の老齢基礎年金 \times \frac{\begin{array}{c} 昭和36年４月以後で20歳以上 \\ 60歳未満の被保険者期間の月数 \end{array}}{加入可能年数 \times 12} \right]$$

**【法43条２項】　在職定時改定**

　受給権者が**毎年９月１日**（以下「**基準日**」という。）にお　4-9B
いて**被保険者である場合**（基準日に被保険者の資格を取得
した場合を除く。）の老齢厚生年金の額は，**基準日の属する
月前**の被保険者であった期間をその計算の基礎とするもの
とし，基準日の属する月の**翌月**から，**年金の額を改定**する。

　ただし，基準日が**被保険者の資格を喪失した日から再び**　5-9D
**被保険者の資格を取得した日までの間**に到来し，かつ，当
該被保険者の資格を喪失した日から再び被保険者の資格を
取得した日までの期間が**1月以内**である場合は，基準日の
属する月前の被保険者であった期間を老齢厚生年金の額の
計算の基礎とするものとし，**基準日の属する月の翌月**から，
年金の額を改定する。

☞　在職中は，**毎年10月から年金額が改定**される。

□　この規定は，**65歳以上**の受給権者について適用される。
**65歳未満の間は適用がない。**

□　老齢厚生年金の計算の基礎となる被保険者期間の月数が
在職定時改定により**240月以上**となる場合には，**その時点**
の生計維持関係に応じて加給年金額が加算される。

**【法44条の３】　繰下げ支給の老齢厚生年金**

　老齢厚生年金の受給権を有する者であって，その**受給権**　4-5D
**を取得した日**から起算して **1年を経過した日** 前に当該　　3-9E
　　　　　　　　　　　　　　　　　　　　　　　　　　28-4A～D
**老齢厚生年金** を請求していなかったものは，**実施機関** に

407

第8章　厚生年金保険法

老齢厚生年金の　支給繰下げの申出　をすることができる。

　　ただし，その者が当該**老齢厚生年金の受給権を取得した**
**とき**に，**他の年金たる給付**＊の受給権者であったとき，又
は当該**老齢厚生年金の受給権を取得した日**から　１年を経
過した日　までの間において**他の年金たる給付**＊の受給権
者となったときは，支給繰下げの申出をすることはできない。

2選　＊**他の年金たる給付**……他の年金たる保険給付又は国民年金法
　　　による年金たる給付（　老齢基礎年金，　付加年金，　障害基
　　　礎年金　を除く）をいう。　　　　　　　　　　　（平19，25）

☞　　平成19年４月１日前に老齢厚生年金の受給権を有して
　　いる者には適用しない（平19）。

4-5 C　□　繰下げ申出を行った月の翌月から支給開始。

　　□　**１年を経過した日後**に次の①②に掲げる者が支給繰下げ
　　　の申出をしたときは，それぞれに定める日において，支給
　　　繰下げの申出があったものとみなされる。

4-5 E
26-6 D　①老齢厚生年金の受給権を取得した日から起算して**10年**を
　　　経過した日前に他の年金たる給付の受給権者となった者
　　　　→他の年金たる給付を**支給すべき事由が生じた日**

　　　②**10年**を経過した日後にある者（①に該当する者を除く）
　　　　→**10年**を経過した日

5-9 B　□　**繰下げ加算額**は，老齢厚生年金の**受給権を取得した日の**
　　　**属する月の前月までの被保険者期間**を基礎として計算した
　　　老齢厚生年金の額と**在職老齢年金の規定により支給停止さ**
　　　**れた額**を勘案して，政令で定める額＊とする。

　　＊　受給権取得月の前月までの被保険者期間を基礎として計算
　　　した老齢厚生年金の額に**平均支給率**を乗じて得た額に**増額率**
　　　（**1,000分の７**に受給権取得月から**繰下申出の日の属する月の**
　　　**前月までの月数（120が限度）**を乗じて得た率）を乗じた額。

〔二以上種別特例➡P435参照〕

5-9 C　□　老齢厚生年金の繰下げ申出ができる者が，その**受給権を**

408

老齢厚生年金

**取得した日から起算して5年を経過した日後**に当該老齢厚生年金を**請求し，かつ，繰下げ申出をしないとき**は，次のいずれかの場合を除き，**当該請求をした日の5年前の日**に**支給繰下げ申出があったものとみなす。**

㋑　当該老齢厚生年金の受給権を取得した日から起算して**15年を経過した日以後にあるとき**

㋺　当該請求をした日の**5年前の日以前**に**他の年金たる給付の受給権者**であったとき

**過**　□　65歳から老齢基礎年金を受給し，老齢厚生年金は　3-9E　75歳から受給する予定だった女性が，68歳の時に遺族厚生年金の受給権を取得した場合，繰下げ申出をせず65歳に遡って老齢厚生年金を受給することは可能である。

---

**【法46条】　60歳代後半の在職老齢年金**

老齢厚生年金の受給権者が被保険者であるときに，その　28選　者の　総報酬月額相当額　と　老齢厚生年金　の額（**加給年金額**及び**繰下げ加算額を除く**）を12で除して得た額（「**基本月額**」）との合計額が　支給停止調整額　*を超えるときは，総報酬月額相当額と基本月額の合計額から　支給停止調整額　を控除して得た額の　2分の1　に相当する額に12を乗じて得た額（「**支給停止基準額**」）の支給を停止する。　（平22）

---

□　被保険者資格の喪失月は，支給停止の対象外。

　＊**支給停止調整額**…令和5年度**48万円**（法定額**48万円**）（平23）。

**ポ**　□　老齢基礎年金は，調整の対象外（平14，25）。

　　□　在職支給停止のしくみ

①　**総報酬月額相当額＋基本月額≦48万円**

　支給停止基準額＝0（全額支給）

②　**総報酬月額相当額＋基本月額＞48万円**　　　　29-10D

　支給停止基準額＝

　（総報酬月額相当額＋基本月額－48万円）×1/2×12

第8章　厚生年金保険法

26-6 C　　⚠　年金額より支給停止額が多い場合，年金（繰下げ加算額を除く）は全額支給停止（平22）。

□　**加給年金額**の取扱い➡本体部分の年金が一部でも支給されている間は，加給年金額を全額支給し，全額支給停止となった場合は，加給年金額も支給停止。

4-8 C
29-1 C　□　経過的加算の取扱い➡調整の対象とはならず，本体部分の年金が全額支給停止となっても支給される（繰下げ加算額と同じ取扱い）（平24）。

■　**70歳以上の在職老齢年金**

4-8 B
28-7 オ
27-9 B　□　**70歳以上の被保険者であった者**について，その者が被保険者であったとしたらそのときの給与・賞与額によって該当するであろう総報酬月額相当額を計算し，60歳代後半の在職支給停止のしくみ（算式）を適用する（平23）（適用

5-3 E
5-4 イ　除外者は対象外）。

〔二以上種別特例➡P435参照〕

**法** ■　**失　権**（法45条）

□　老齢厚生年金の受給権は，受給権者が**死亡**したときは，**消滅**する（死亡以外の事由では消滅しない）。

**法** ■　**特例老齢年金**（法附則28条の3）（平18，24）

□　老齢厚生年金を受給できない者が，

①　**60歳以上**で，

②　**1年以上**厚生年金保険の被保険者期間（第1号厚生年金被保険者期間に限る）を有し，

③　厚年の被保険者期間＋旧共済組合員期間が**20年以上**であるときに**特例老齢年金**を支給（平15，19）。

□　その年金額は，**特別支給の老齢厚生年金**（定額部分＋報酬比例部分）の計算例により計算した額。

**過** □　年金額の計算にあたり，旧共済組合員期間は，定額部分のみに算入し，報酬比例部分には算入しない（平18）。

第8章 厚生年金保険法

# 障害厚生年金及び障害手当金

## 【法47条】障害厚生年金の支給要件

★ 初診日(注1)に、被保険者であること（平7, 13, 23）
★ 障害認定日に障害等級の1級、2級又は3級の障害の状態にあること
★ 次の保険料納付要件を満たすこと

初診日の前日において、初診日の属する月の前々月(注2)までに国民年金の被保険者期間があるときは、「保険料納付済期間＋保険料免除期間」が被保険者期間の3分の2以上(注3)あること（平13）

5選
2-4E
30-2オ
26-3E

(注1) 初診日から起算して1年6月を経過した日（その期間内に傷病が治ったときは、その治った日）をいう（平11, 25）。

(注2) 初診日が平成3年5月1日前にある場合には、「初診日の属する月前における直近の基準月（1, 4, 7, 10月）の前月まで」とする。

(注3) 坑内員・船員期間は3分の4倍等しない実期間で計算。

**ポ** ■ 保険料納付要件の特例

□ 初診日が令和8年4月1日前にある場合には、初診日の属する月の前々月までの1年間に滞納がなければ、納付要件を満たす。

□ ただし、初診日に65歳以上の者には適用しない（平20）。

□ 障害厚生年金は、1級、2級、3級があり、1, 2級の場合は、障害基礎年金と併せて支給される（平8, 20）。

| 障害厚生年金1級 | 障害厚生年金2級 | 障害厚生年金3級 |
|---|---|---|
| 障害基礎年金1級 | 障害基礎年金2級 | |

**過** ■ 障害厚生年金が支給される場合、されない場合

□ 外国人が入国直後に被保険者となり、1週間後に

411

第8章　厚生年金保険法

障害となった場合には支給（平5）。

2-4B □　高齢任意加入被保険者（70歳以上の者）が，その被保険者期間中に初めて障害状態となった場合にも支給（平5，14）。

□　業務上の災害による障害についても支給（平7）。

□　**退職後発生**した傷病については，老齢厚生年金の受給権を満たしていても支給しない〔初診日に被保険者でないため〕（平4）。

□　20歳以後の学生であった2年間について，国年の保険料を滞納していた者が，学校卒業と同時に就職し被保険者となった直後に障害となっても支給しない〔保険料納付要件を満たしていないため〕（平5）。

4選
元-3A
29-7D
26-6E

**法** ■ **事後重症による障害厚生年金**（平7，13，20）

□ | 障害認定日に障害等級1～3級の障害の状態に該当しなかった者が | → | 同日後**65歳に達する日の前日**までに，その傷病により**障害等級1～3級**に該当したときは，その期間内に障害厚生年金の支給を請求できる。 |

元-3B

**過** □　老齢基礎年金の支給繰上げを行っている受給権者は，事後重症及び基準障害による障害厚生年金の支給並びにその他障害による額の改定を請求することができない（法附則16条の3）（平10修正）。

29-3エ
3-4ア

**法** ■ **はじめて2級以上に該当する障害厚生年金**

□　障害等級1・2級に該当しない程度の障害状態にある者が，**基準障害**と併合して**初めて障害等級2級以上**に該当した場合に，**請求があった月**の**翌月**から，障害厚生年金を支給する（●国年法P338参照）。

※　「基準傷病」……併合して初めて2級以上に該当したそのきっかけとなる傷病

「基準障害」……基準傷病に係る障害

※　65歳に達する日の前日までの間に障害等級2級以上に該当することが要件（請求は65歳以降でも可）。

412

障害厚生年金及び障害手当金

**法** ■ **年金額**（平18）

□ それぞれ次のとおり。〔従前額の保障あり〕

1級 ＝ 報酬比例の年金額×$\dfrac{125}{100}$＋加給年金額　　　　　元-3 C

2級 ＝ 報酬比例の年金額＋加給年金額

3級 ＝ 報酬比例の年金額（平22）

□ 報酬比例の年金額は，老齢厚生年金と同様に計算。ただし，乗率1,000分の7.125，1,000分の5.481は生年月日に応じて読み替えることはしない（定率）（平7）。

□ 被保険者期間の最低保障月数（平21，22）

〔被保険者期間の月数が**300未満**のときは，総報酬制導入前と後の期間について，それぞれの**実際**の被保険者期間の月数に基づいて計算し，**その年金額に300を全体の被保険者期間の月数で除して得た数を乗じ，300月分に増額する。**〕

〔二以上種別特例➡P435参照〕

□ **障害基礎年金を受けることができない場合**（主に，障害　　5-10ア
等級3級の場合）➡**障害基礎年金（2級の額）×3/4**　　2-4 D
29-2 E

〔最低保障額〕（平25）

□ 被保険者期間は，**障害認定日の属する月後**の期間は計算　　4-10 D
の基礎としない（平11，15，22）。　　　　　　　　　　29-7 E

□ **配偶者加給年金額**➡障害厚生年金**1級**又は**2級**に加算

□ 障害厚生年金の受給権者によって**生計を維持**している（生計維持の基準➡P339参照）**65歳未満の配偶者**（大正15年4月1日以前生まれの者は65歳以上でもよい）が対象（**子の加算は，障害基礎年金で行う**）（平14，20，22）。　　4-6 A
29-8 D

□ 配偶者加給年金額は，**224,700円×改定率**。　　　　　　4-6 B

□ 受給権者がその権利を取得した日の翌日以後に加給年金　　29-5 C
額の対象となる配偶者を有するに至ったときは，その**翌月**から障害厚生年金の額を改定（加給年金額を加算）（平24）。

□ 加給年金額の対象となっている配偶者が，次のいずれかに該当したときは，その**翌月**から支給しない。

413

第8章　厚生年金保険法

元-8 E
ⓐ死亡したとき　ⓑ生計維持の状態がやんだとき
ⓒ離婚したとき　ⓓ65歳に達したとき（大正15年4月1日以前生まれの者を除く）

□　障害厚生年金の配偶者加給年金額も，**老齢厚生年金の配偶者加給年金額の支給停止と同じ事由**により支給停止される（➡P400参照）。

**法** ■　**併給の調整**（平18，20，21）

□
⌈※障害厚生年金の受給権者に⌋ ＋ ⌈更に※障害厚生年金を支給すべき事由発生⌋ ➡併合➡ ⌈前後の障害を併合した障害の程度による障害厚生年金を支給⌋

＊旧法も調整の対象となる（平11）。

3-4イ, エ
※　その場合，**従前**の障害厚生年金の受給権は**消滅**する。

5-7 D
29-5 D
※　**障害等級1・2級**又は一度は1・2級に該当したことのあるものに限る（以下「一度は1・2級」と略す）。

3-4ウ □
⌈Ⓐ期間を定めて支給停止されている障害厚生年金の受給権者に⌋ ＋ ⌈Ⓑ更に障害厚生年金を支給すべき事由発生⌋ ➡ ⌈前後の障害を併合した障害厚生年金を**支給停止**し，その間**従前の障害を併合しない**障害厚生年金を支給⌋

30-5 E
※　新たに取得した障害厚生年金（Ⓑの方）が**支給を停止すべき**ものであるときは，**従前の障害厚生年金を支給**（平23）。

**過**
□　**昭和36年4月1日前**に発生した旧厚年法の障害年金（一度は1・2級に限る）と**障害基礎年金**又は**障害厚生年金**（1・2級に限る）との調整➡これらを併合した障害の状態に応じて**旧厚年法の障害年金の額を改定**（平7）。

**法** ■　**障害の程度が変わった場合の年金額の改定**

□　①**実施機関**は，障害の程度を診査し，その程度が**従前の障害等級以外の障害等級**に該当すると認めるときは，**障害厚生年金の額を改定**することができる（平19）。

27-4 D □　②障害厚生年金の**受給権者**は，**実施機関**に対し，障害の

414

程度が増進したことによる**障害厚生年金の額の改定を請求**することができる。この請求は，障害厚生年金の受給権者の障害の程度が増進したことが明らかである場合として厚生労働省令で定める場合を除き，当該障害厚生年金の**受給権を取得した日又は実施機関の診査を受けた日から起算して１年を経過した日後**に行うこと（平13，21，25）。

- ①②は，**65歳以後**は，３級（障害基礎年金の受給権を有しないものに限る）から１・２級への改定は行わない。
- 上記の規定において，繰上げ支給の老齢基礎年金の受給権者である者も，65歳以上の者と同様に取り扱われる。
- ③後発の１・２級以外の障害（その他障害）を併合して障害の程度が増進した場合には，**65歳に達する日の前日までに**，額の改定を実施機関に請求できる。

※ 先発障害は一度は１・２級に該当したものに限る。

※ 初診日要件，保険料納付要件は「**その他障害**」でみる。

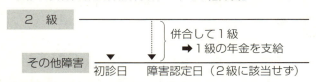

## ■ 障害基礎年金との併合改定

☞ 障害基礎年金と障害厚生年金の障害等級にズレが生じないようにするために設けられた規定である。

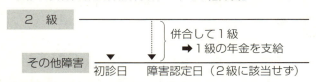

415

第8章　厚生年金保険法

27-4 A　□

| 障害厚生[注]<br>年金の<br>受給権者<br>が | ＋ | 国年法の障害基礎年<br>金の受給権者であり<br>その他障害との併合<br>により障害の程度が<br>増進したときは， | ➡ | 併合された障<br>害の程度に応<br>じて，当該障<br>害厚生年金の<br>額を改定 |
|---|---|---|---|---|

[注]　「一度は，１・２級」に該当したものに限る。

**法** ■　支給停止

28-9 D　　　□　当該傷病について**労働基準法**の**障害補償**を受ける
権利を取得したときは，**６年間支給停止**（平17）。

29-1 A　□　障害厚生年金は，（障害等級に該当する程度の）**障害の状**
**態に該当しない間**，支給停止（平14）。

　　□　上記の規定（障害不該当）により**支給停止されている障**
**害厚生年金**（「一度は，１・２級」に該当したものに限る）
に更に「**その他障害**」が発生し，併合して障害等級１級又
は２級に該当するときは，**支給停止は解除**される。……65
歳の前日までに該当することが必要（平14）。

**法** ■　失　権

　　　□　障害厚生年金の受給権は，次の場合に消滅する。

①　**死亡**したとき

5-10イ
2-3オ
30-4ウ
27-4 E
②　**障害等級３級**程度の障害の状態にない者が**65歳**に達し
たとき（ただし，65歳に達した日において，３級程度の
障害の状態に該当しなくなって３年未満であるときは，
**３年を経過**したとき）（平７，15，16，21）。

**法** ■　障害等級不該当３年経過により失権した者の扱い

　　　□　**平成６年11月９日前**に，障害等級不該当３年経過
により，障害厚生年金（旧法も含む）の受給権を失った者
でも，同一の傷病により，同日において**現在の障害等級１**
**級から３級までに該当**（又は，**65歳の前日までに該当**）す
れば，**65歳の前日**までに**障害厚生年金の支給**を請求できる
（平６法附則14条）（平15，18）。

障害厚生年金及び障害手当金

### 【法55条】 障害手当金

障害手当金は，疾病にかかり，又は負傷し，その傷病に係る 初診日 において被保険者であった者が，当該 初診日 から起算して 5年を経過する日 までの間におけるその傷病の 治った日 において，政令で定める程度の障害の状態にある場合に，支給する（平13，20，23）。

2-10エ
27-9D
26選

☞ 障害等級3級より軽度の障害にある者に対し，一時金として支給するもの。

法 □ 障害の程度を定めるべき日において次に該当する者には，障害手当金は支給されない（平10，18）。

① 厚生年金保険法（旧法を含む）の年金たる保険給付の受給権者（平11）

4-3D
元-10ウ
30-2イ

② 国民年金法の年金給付の受給権者

※ ①②に該当する年金給付の受給権者のうち，障害厚生年金等の障害給付の受給権者で，障害等級に該当する程度の障害状態に該当しなくなってから3年を経過した者（現に障害状態に該当しない者に限る）には，障害手当金が支給される。

③ 国家公務員（地方公務員）災害補償法，公立学校の学校医，学校歯科医等の公務災害補償に関する法律，労働基準法による障害補償，労働者災害補償保険法による障害（補償）給付，複数事業労働者障害給付又は船員保険法による障害を支給事由とする給付を受ける権利を有する者

3-10B
28-2A

□ 障害手当金の額は次のとおり。〔従前額の保障あり〕

**報酬比例の年金額×200/100**　　　　　（平18）

※ 報酬比例の年金額…乗率は定率，被保険者期間が300月未満の場合の最低保障月数あり

27-7B

〔二以上種別特例 ➡ P435参照〕

□ 最低保障額 ➡ 障害厚生年金の最低保障額×2

（障害基礎年金2級の額×3/4×2）

5-7E
29-3ウ
26選

417

# 第8章 厚生年金保険法

# 第8 遺族厚生年金

## 【法58条】 遺族厚生年金の支給要件

遺族厚生年金は，次の要件に該当した者が死亡したとき
に，その者の遺族に支給する。

① 被保険者（ 失踪の宣告 を受けた被保険者であった
者で， 行方不明 となった当時被保険者であったもの
を含む）が死亡したとき

② 被保険者であった者が，被保険者資格喪失後，被保
険者であった間に 初診日 がある傷病により当該 初
診日 から起算して 5年を経過 する日前に死亡した
とき（平18）

③ 障害等級の 1級又は2級 に該当する障害の状態に
ある 障害厚生年金 の受給権者が死亡したとき

④ 老齢厚生年金 の受給権者（保険料納付済期間と保
険料免除期間とを合算して25年以上*であること）又
は保険料納付済期間と保険料免除期間とを合算して25
年以上*である者が死亡したとき

＊ ③④の「25年以上」は，合算対象期間を含めてよい。ま
た，遺族基礎年金と同様の短縮措置がある。

☞ 上記①②については，**保険料納付要件**を問う。この保
険料納付要件は，障害厚生年金と同様（保険料納付要件
の特例，基準月の扱いも同じ。➡P411参照）であるが，
「初診日」は「**死亡日**」とする（平19，21，22，23）。

ポ □ 旧法による1・2級の障害年金の受給権者，老齢
年金又は通算老齢年金の受給資格期間を満たした者等
が，昭和61年4月1日以後に死亡した場合，**遺族基礎年
金・遺族厚生年金**が支給される。

遺族厚生年金

□　前記①〜③を**短期要件**，④を**長期要件**といい，後述の
「年金額」の計算方法に違いが出る場合がある。

**法** ■　**遺族の範囲**（平11，14，20，24）

　　　□　被保険者（であった者）の死亡当時，その者によっ　5-6E
て**生計を維持**していた（生計維持の基準⊃国年法P345参照）　29-8E

**18歳到達年度末
までの子，孫
又は
20歳未満の障害
等級１・２級の
子，孫**で，かつ，
**現に婚姻をして
いない者。**

①　**配偶者
子**
②　**父母**
③　**孫**
④　**祖父母**

支給順位は
①②③④の順

**55歳以上の夫，父母，
祖父母**（ただし，55〜　5選
59歳は支給停止）。〔特　4-10C
例〕死亡日が**平成８年　3-5ウ
３月31日以前**にある場　2-10オ
合に限り，年齢にかか　元-2D
わらず，**障害等級１・
２級**の夫，父母，祖父
母（平20，23）。

※　被保険者（であった者）の死亡の当時，胎児であった子が　27-7A
　出生したときは，**将来に向って**，その子は，死亡の当時その
　者によって生計を維持していた子とみなす。

**ポ** □　「兄弟姉妹」を含まない。
　　　□　遺族基礎年金より広範囲。

□　労災保険の遺族補償年金と異なり，転給の制度はない。　2-5B
　　　　　　　　　　　　　　　　　　　　　　　　　　29-10E
□　妻は年齢を問わない。　　　　　　　　　　　　　　　　4-10C

□　遺族厚生年金には，**子の加算は行われない**（平４）。　元-9E

□　被保険者である女性が死亡し，その者の**子（10歳）**と**夫　国年26-10A
（40歳）**が残されたような場合（死亡当時，死亡した被保険
者に生計を維持され，子と夫は生計を同じくしているもの
とする）➡遺族厚生年金は**子**に支給（**夫に権利なし**）。
なお，遺族基礎年金は夫に支給（子は支給停止）となる。

**法** ■　**年金額**　　　　　　　　　　　　　　　　　　　　　28-10E

　　　□　遺族厚生年金の額は，次の①②の区分に応じた額。

①　**次の②の遺族以外の遺族**

　　　**報酬比例の年金額**＊×3/4

419

第8章　厚生年金保険法

27-5 A
26-10D

＊死亡した者の**被保険者期間**を基礎として計算する。その際，**短期要件**（P418，支給要件①②③）では**被保険者期間の月数300未満の最低保障月数**の扱いあり（➡障害厚生年金P413参照），**長期要件**（P418，支給要件④）では実期間で計算する。乗率は，**短期要件**では定率（1,000分の7.125，1,000分の5.481➡障害厚生年金P413参照），**長期要件**に該当する者で**昭和21.4.1**以前生まれの者は**生年月日に応じて読み替える**（平22）。

3-10A

なお，短期要件と長期要件の両方に該当した場合，遺族の申出がない限り，原則どおり（短期要件）で計算する（平23）。

〔二以上種別特例➡P435参照〕

3-8 C

② **遺族のうち，自分の老齢厚生年金を受けられる配偶者（65歳以上）**

次の①①のいずれか**多い額**。

① 遺族厚生年金（前記①の額）

① 遺族厚生年金（前記①の額）の2/3相当額＋本人の老齢厚生年金の1/2相当額

3-9 E
29-2 B

〈**老齢厚生年金との調整（65歳以上の者）**〉

遺族厚生年金（65歳以上の受給権者）は，老齢厚生年金の受給権を有するときは，老齢厚生年金の額＊に相当する部分の**支給を停止する**（平22）。

つまり，実際の支給方法は次のようになる。

| 遺族厚生年金の額（経過的寡婦加算含む） | ＞ | 老齢厚生年金の額＊ | ⇨ | 遺族厚生年金（差額）<br>老齢厚生年金㊟ |
|---|---|---|---|---|

㊟ **本人の老齢厚生年金**から給付し，遺族厚生年金は残余の額を支給する。

＊ 加給年金額は除く

**法**　■ **年金額の改定**（法61条1項）

2-8 D
26-1 D

□ 「配偶者以外の者に支給される遺族厚生年金は，受給権者の数に増減が生じた場合，その**翌月**から改定する。

遺族厚生年金

㊟　1人あたりの支給額の改定（総額は同じ）。

【法62条】　中高齢寡婦加算

　遺族厚生年金*の受給権者であって，夫の死亡当時， 40 歳以上65歳未満 であった妻が 65歳未満 であるときは，中高齢の加算が行われる（平19，22）。

27-10D

　また， 40歳 に達した当時，生計を同じくする一定の子がいるため遺族基礎年金を受けている場合は，その子が一定年齢に達したこと等により遺族基礎年金を支給されなくなったときから 65歳 に達するまでの間，中高齢の加算が行われる。

28-7A

☞　子のない妻に， **40歳** から **65歳** までの範囲内で遺族厚生年金の額に加算が行われる。

\* **長期要件**に該当するときは，夫の被保険者期間が**240月**（中高齢の短縮措置あり）**以上**であること。

〔二以上種別特例➡P435参照〕

ポ　□　子のある妻には，40歳以後，該当する子がいなくなり，遺族基礎年金が支給されなくなった時点で加算する（実際に加算されるのは，その翌月から）。

5-4エ

法　□　**中高齢寡婦加算の額**は，

〔年額〕 遺族基礎年金の額×$\frac{3}{4}$　　　　　（平21）

3-1A
29選

**夫死亡**　　　　　〔子のない妻〕　　　　　　4-10C

| 妻40歳以上 | | | | | | 妻65歳 |
|---|---|---|---|---|---|---|
| 遺 | 族 | 厚 | 生 | 年 | 金 | |
| 中 | 高 | 齢 | 寡 | 婦 | 加 | 算 |

〔子のある妻〕

| **夫死亡** | | 妻40歳 | 子18歳年度末 | 妻65歳 |
|---|---|---|---|---|
| 遺 | 族 | 厚 | 生　　年 | 金 |
| 遺族基礎年金 | | | | 中高齢寡婦加算 |

421

第8章　厚生年金保険法

**過** □　被保険者の死亡当時に34歳の妻と15歳の子の組合せでは，子が18歳到達年度末を終了しても，妻に中高齢寡婦加算は支給されない（その時点で妻は**40歳未満である**ため）（平16）。

**法** ■　**経過的寡婦加算**（昭60法附則73条）

3-1 B
27-5 D
□　中高齢寡婦加算は，65歳になると支給されなくなるが，昭和31年4月1日以前生まれの者については，**65歳以後**も一定額を遺族厚生年金に加算し続けることとしたもの。なお，65歳以上で初めて遺族厚生年金の受給権者となった昭和31年4月1日以前生まれの妻も経過的寡婦加算の対象となる（平14）。

※　これらの者は，65歳から支給される老齢基礎年金の額がこれまでの中高齢寡婦加算の額に満たない場合が生じると考えられるため，経過的にその差額分の加算が行われる。

□　その加算額は，

$$\left(\begin{array}{c}\text{中高齢寡婦}\\\text{加算額}\end{array}\right) - \left(\begin{array}{c}\text{老齢基礎}\\\text{年金の満額}\end{array}\right) \times \left(\begin{array}{c}\text{生年月日に}\\\text{応じた率}\\0\sim348/480\end{array}\right) \qquad （平21）$$

**!POINT**

**経過的寡婦加算について**

昭和31年4月1日以前生まれの専業主婦は，昭和61年4月1日（新法施行日）に**30歳以上**である。旧法で国民年金に任意加入していなかった場合，第3号被保険者として60歳になるまで国民年金に加入しても30年未満であり，**老齢基礎年金が満額（780,900円×改定率）の4分の3未満**となる。そうすると，65歳から受給する老齢基礎年金は，65歳になるまで受けていた中高齢寡婦加算（780,900円×改定率の，**4分の3**）より少なくなる。このため，妻の生年月日に応じた加算を行うこととした。

5-4 オ
28-2 D
□　**障害基礎年金**の支給を受ける場合は加算しない。

**法** ■　**遺族基礎年金を受けられないときの加算**

29-1 B
□　障害厚生年金（1・2級に限る）の受給権者が，

422

遺族厚生年金

海外で国民年金に任意加入しないまま死亡した場合及び昭和36年4月1日前の期間のみを有する老齢厚生年金の受給権者が死亡した場合には，遺族が子のある配偶者又は子であっても遺族基礎年金は支給されない。この場合には，**遺族基礎年金に相当する額**が**厚生年金保険において遺族厚生年金に加算**される（昭60法附則74条）（平18）。

**過** □ 遺族が子である場合には，子の加算額に相当する額も加算される（平18）。

**法** ■ **支給停止**

□ 遺族厚生年金は，**労働基準法**による**遺族補償**を受 〔元-7 E〕
けられるときは，**死亡の日から6年間**支給停止。

□ **夫，父母又は祖父母**に対する遺族厚生年金は，受給権者が**60歳に達するまでの期間，支給停止**（若年停止）（平15）。

□ ただし，**夫**に対する遺族厚生年金については，当該被保 〔5-10ウ 元-1 E 29-5 E 27-5 E〕
険者又は被保険者であった者の死亡について，**夫**が国民年金法による**遺族基礎年金の受給権を有するとき**は，**この限りでない**（60歳前でも支給される）。

□ **子**に対する遺族厚生年金は，**配偶者が遺族厚生年金の受 〔5-5 D 3-10 C 26-1 A〕
給権を有する期間**（若年停止又は後記＃1・＃2により支給停止されている間を除く），支給停止（平18，19）。

□ **配偶者に対する遺族厚生年金**は，被保険者（であった者） 〔5-3 B 4選 26-1 C〕
の死亡について，配偶者に遺族基礎年金の受給権がなく，**子に遺族基礎年金の受給権があるとき**は，その間，支給停止<sup>＃1</sup>（平14，17）。

□ 遺族厚生年金の受給権者の所在が**1年以上不明**であると 〔5選 2-8 B 元-7 D 28-6 E〕
きは，他の受給権者の申請により，その所在が明らかでなくなったときに**さかのぼって**支給停止（ただし，支給停止された者は，**いつでも解除申請**できる）<sup>＃2</sup>。

〔二以上種別特例➡P436参照〕

423

第8章　厚生年金保険法

**5-5B**
**30-1E**

**ポ** 配偶者に対する遺族厚生年金が配偶者の**申出**により支給停止されている場合➡**子の支給停止は解除されない**（遺族基礎年金との違いに注意）。

**法** ■ **受給権の消滅**（法63条）（平5，11，13，19）

□ 遺族厚生年金の受給権は，受給権者が，次のいずれかに該当したときに**消滅**する。

〈共通〉

㋑ **死亡**したとき

**3-10E**

㋺ **婚姻**（内縁含む）をしたとき

**3-5エ**
**26-1E**

㋩ **直系血族及び直系姻族以外の者の養子**（事実上も含む）となったとき（平23）

㊁ **離縁**によって親族関係が終了したとき

㋭ ⓐ又はⓑに定める日から起算して**5年を経過したとき**

**3-5オ**
**26-10B**

　ⓐ 遺族厚生年金の受給権取得時に**30歳未満**である妻が，同一の支給事由に基づく**遺族基礎年金の受給権を取得しないとき→遺族厚生年金の受給権を取得した日**

**5-10オ**
**29-10A**

　ⓑ 遺族厚生年金と同一の支給事由に基づく**遺族基礎年金の受給権を有する妻**が，**30歳に到達する日前**に遺族基礎年金の受給権が消滅したとき→**遺族基礎年金の受給権が消滅した日**（平23）

〈子又は孫の場合〉

**元-9B**
**27-7D**

㋑ **18歳**に達した日以後の**最初の3月31日が終了**したとき（障害の状態にあるときを除く）（平19，22）

**2-1A**

㋺ **障害の状態がやんだ**とき（18歳到達年度末までの間にあるときを除く）（平15）

㋩ **20歳**に達したとき

〈父母，孫又は祖父母の場合〉

被保険者（であった者）の死亡当時の**胎児であった子が出生**したとき

遺族厚生年金

**過** □ 子が**祖父母の養子**となっても消滅しない（平8）。
　　 □ 受給権者が**叔父の養子**となったときは消滅（平21）。

□ 子の受給権は，その子が母と再婚した夫（直系姻族）の　29-9ア
養子となったことを理由として消滅しない。

□ 妻が実家に復籍して旧姓に復しても失権しない。　5-5A
　　　　　　　　　　　　　　　　　　　　　　　　27-5B
□ 胎児であった子が出生しても，妻の受給権は消滅しない　2-2E
（平16，24）。

**法** ■ **特例遺族年金**（法附則28条の4）（平21）
　　 □ ① 厚年の被保険者期間（第1号厚生年金被保険
　者期間に限る）が**1年以上**あり，

② 保険料納付済期間と保険料免除期間とを合算した期間
が**25年に満たない者**で，

③ 厚年の被保険者期間＋旧共済組合員期間が**20年以上**で
ある者が死亡した場合，その遺族が遺族厚生年金の受給
権を取得しないときに**特例遺族年金**を支給する。

□ その年金額は，

**特別支給の老齢厚生年金（定額部分＋報酬
比例部分）の計算の例により計算した額** × **50/100**

> **POINT**
>
> **加給年金額・加算額について**
>
> | | 配偶者加給年金額 | 子の加給年金額 |
> |---|:---:|:---:|
> | 老齢基礎年金 | × | × |
> | 老齢厚生年金 | ○ | ○ |
> | 障害基礎年金 | × | ○（加算） |
> | 障害厚生年金 | ○1・2級のみ | × |
> | 遺族基礎年金 | × | ○（加算） |
> | 遺族厚生年金 | × | × |
>
> 国年4-10D
>
> ※ **老齢厚生年金**と**障害基礎年金**を併給する者（65歳以上は　29-7B
> 併給可能）に加算対象の子がある場合
> → **老齢厚生年金の加給年金額**は，その間，**当該子について
> 加算する額**に相当する部分を**支給停止**する（平18）。

## 第8章 厚生年金保険法

# 第9 脱退手当金・脱退一時金

**法** ■ **脱退手当金**（昭60法附則75条）（平19）

〔脱退手当金は，昭和60年法改正において廃止されたが，経過措置として昭和16年4月1日以前生まれの者に支給。〕

□ 脱退手当金は，

① 昭和16年4月1日以前生まれの者で

② 被保険者期間が5年以上あって，老齢年金を受けるに必要な被保険者期間を有さず（平25）

③ 60歳以上で

④ 被保険者の資格を喪失しているときに，支給される。

□ ただし，

① 障害年金の受給権者であるとき

② 以前に脱退手当金の額以上の障害年金又は障害手当金を受けているときは，支給されない。

□ 脱退手当金の額は，〔平均標準報酬月額に支給率を乗じて得た額〕であるが，障害年金又は障害手当金の支給を受けたことがある場合には，その分を**控除**した額とする。

★ 支給率……被保険者期間に応じ最低1.1～最高5.4。

□ 脱退手当金の支給を受けたときは，その計算の基礎となった被保険者期間は，**被保険者でなかった期間**とみなす。

□ **昭和61年4月1日前**に脱退手当金を受け取った場合，その計算の基礎となった**昭和36年4月1日以後**の被保険者期間は，老齢基礎年金の**合算対象期間**に算入される。

□ 脱退手当金の受給権は，

受給権者が $\begin{cases} ①被保険者となったとき \\ ②通算老齢年金，障害年金の受給権を取得 \end{cases}$

したときに 消滅する。

□ 脱退手当金は，差押え，課税の対象となる。

□ **第4種被保険者であった期間**も，脱退手当金の額の計算の基礎とする（平4）。

### 【法附則29条1項】 脱退一時金

当分の間，被保険者期間が 6月以上 である 日本国籍 を有しない者（国民年金の 被保険者 でない者に限る。）であって，**老齢基礎年金の受給資格期間を満たしていない者** その他政令で定めるものは， 脱退一時金 の支給を請求することができる。ただし次のいずれかに該当する場合は，支給されない（平13，18）。

① 日本国内 に住所を有するとき（平20）
② 障害厚生年金 その他政令で定める保険給付の受給権を有したことがあるとき
③ 最後に国民年金の被保険者の資格を喪失した日（同日に 日本国内 に住所を有していた者にあっては，同日後初めて， 日本国内 に住所を有しなくなった日）から起算して2年を経過しているとき（平13）

☞ 国年法による脱退一時金と同様に，**短期在留外国人**のために設けられたもの（⇒国年法P352参照）。

□ **脱退一時金の額**は，
（被保険者であった期間の）**平均標準報酬額×支給率**＊
＊ 支給率は，「**最終月の前年10月保険料率×１／２×被保険者であった期間に応じて政令で定める数**」である。

□ 政令で定める数は，被保険者期間の月数に応じ，6～11月は**6**，12～17月は**12**，18～23月は**18**，24～29月は**24**，30～35月は**30**，36～41月は**36**，42～47月は**42**，48～53月は**48**，54～59月は**54**，60月以上は**60**である。

※ 「最終月の前年10月保険料率」とは，最終月（最後に被保険者の資格を喪失した月の前月）の属する年の前年10月の保険料率（最終月が1月～8月の場合は前々年の10月の保険料率）

第8章　厚生年金保険法

を表す。

〔二以上種別特例➡P436参照〕

☐　脱退一時金の支給上限年数は令和3年4月施行の改正により，3年（36月）から**5年**（60月）に引き上げられた。

☐　平成17年4月前の被保険者期間のみに係る支給額については，次の額とされる。

$$\begin{bmatrix}（被保険者であった期\\間の）平均標準報酬額\end{bmatrix} \times \begin{bmatrix}被保険者期間に応じた\\乗率（0.4〜2.4）\end{bmatrix}$$

☐　**平均標準報酬額**は，平成15年4月前に被保険者期間がある者については，次の①と②を合算した額を，全体の被保険者期間の月数で除して得た額とする（平18，21）。

3-3E

①　**平成15年4月前**の被保険者期間の**各月の標準報酬月額に1.3を乗じて得た額**

②　**平成15年4月以降**の被保険者期間の**各月の標準報酬月額及び標準賞与額を合算して得た額**

3-9D **ポ** ☐　脱退一時金の額に係る平均標準報酬額を計算する際，**再評価率**は乗じない。

☐　脱退一時金の支給を受けたときは，その計算の基礎となった期間は，**被保険者でなかったものとみなす**（平13）。

☐　厚生労働大臣による脱退一時金に関する不服についての審査請求は，**社会保険審査会**に対して行う（平13，16）。

☐　脱退一時金は，差押え，課税（公課を課すこと）の対象となる。

26-4B ☐　**脱退一時金**にも，**未支給の保険給付**（法37条1項・4項・5項）の規定が**準用**される（法附則29条9項）。

元-9D **過** ☐　脱退一時金の支給要件について，支給回数に関する要件はない（平16，24）。

26-4D ☐　脱退一時金が支給されない事由のうちの「障害厚生年金その他政令で定める保険給付」には，**障害手当金も含まれている**。

第8章　厚生年金保険法

# 第10 厚生年金の分割

## 【法78条の2，78条の3】 離婚等をした場合における特例

第1号改定者 又は 第2号改定者 は，離婚 等をした場合であって，次のいずれかに該当するときは，実施機関 に対し，当該離婚等について**対象期間**（婚姻期間 その他の厚生労働省令で定める期間）に係る被保険者期間の 標準報酬の改定又は決定 を請求することができる。

① **当事者***が標準報酬の改定又は決定の請求をすること及び請求すべき 按分割合 について 合意 しているとき

② 家庭裁判所 が請求すべき 按分割合 を定めたとき

請求すべき 按分割合 は，当事者それぞれの 対象期間標準報酬総額（対象期間に係る被保険者期間の各月の 標準報酬総額 と 標準賞与額 に当事者を受給権者とみなして対象期間の末日において適用される 再評価率 を乗じて得た額の 総額 をいう）の合計額に対する 第2号改定者 の 対象期間標準報酬総額 の割合を超え 2分の1以下 の範囲内で定めなければならない。

2選

29選

☞　共働き夫婦が離婚した場合，婚姻期間等（対象期間）の被保険者期間に係る年金（**老齢厚生年金・障害厚生年金**が対象，いずれも**報酬比例部分のみ**）の２分の１を上限に，主に年金額の少ない妻が分割を受けることができる制度。「**合意分割**」とよばれることがある。

　　なお，婚姻期間中に妻（夫の場合も）に**標準報酬がない期間**（国民年金第３号被保険者期間）がある場合は，その間も分割の対象となる。⇨「離婚時みなし被保険者期間」

□　＊当事者とは，

　第１号改定者：（第２号被保険者期間を持つ）分割される

429

第8章　厚生年金保険法

　　　　　　者（対象期間標準報酬総額の多い者）

　**第2号改定者**：第1号改定者の配偶者で分割を受ける者

　　　　　　　　（対象期間標準報酬総額が少ない者）

□　**平成19年4月1日以降**に成立した離婚等を対象とする
が，平成19年4月1日前の厚年の保険料納付記録も分割の
対象となる（平21）。

3-1D
3-10D
2選
□　改定の請求は，離婚等をしたときから**2年**を経過したと
きは，することができない（平21）。

27-10C
□　当事者の一方の申立てにより，**家庭裁判所**は，保険料納
付に対する当事者の寄与の程度等の事情を考慮して，**按分
割合を定めることができる**。

29-6E
□　当事者又はその一方は，**実施機関**に対し，**標準報酬改定
請求**を行うために必要な情報（**対象期間標準報酬総額**，**按
分割合の範囲**，**算定の基礎となる期間**等）の提供を請求す
ることができる（離婚等から2年以内）（平21）。

□　実施機関は，標準報酬改定請求があった場合に，次に定
める額に改定し又は決定することができる。

---

**第1号改定者の標準報酬月額**

＝改定前の（第1号の）標準報酬月額×（1－改定割合＊）

**第2号改定者の標準報酬月額**

＝改定前の（第2号の）標準報酬月額＊＊

　＋（改定前の（第1号の）標準報酬月額×改定割合）

＊　　按分割合を基に厚生労働省令で定めるところにより算定した率。

＊＊　　被保険者でない月の標準報酬月額は0とする。

㊟　**標準賞与額**についても同様に計算する（上記算式を用い，
「標準報酬月額」を「標準賞与額」に置き換える）。

---

□　標準賞与額も分割の対象となるが，**在職老齢年金**の規定
の適用は，**改定前の標準賞与額により計算**し，第2号改定
者につき**決定された標準賞与額は除いて計算**する（平22）。

厚生年金の分割

☐ 　分割は，**報酬比例部分の額のみに影響**し，基礎年金の額には影響しない。また，3階部分である厚生年金基金の上乗せ給付や確定給付企業年金にも影響しない。

☐ 　改定又は決定された標準報酬は，**標準報酬改定請求があった日**から**将来に向かってのみ**その**効力を有する**。　28-9 C

☐ 　原則として，改定又は決定された標準報酬は年金額の算定の基礎とするが，**受給資格期間**には**算入しない**。

ポ 　☐ 　対象期間のうち，第1号改定者の被保険者期間であって第2号改定者の被保険者期間でない期間は，**第2号改定者**についても**被保険者期間とみなされる**（この期間を「**離婚時みなし被保険者期間**」という）。

**離婚時みなし被保険者期間の取扱い**

| 規　　定 | 取扱い | |
|---|---|---|
| ①　60歳代前半の老齢厚生年金の支給要件（被保険者期間1年以上）（平19，24） | | 5-6 B<br>27-10 B |
| ②　60歳代前半の老齢厚生年金の定額部分の計算（平24） | | 29-6 C |
| ③　長期加入者の特例の要件（被保険者期間44年以上） | | |
| ④　老齢厚生年金の加給年金額の要件（被保険者期間240月以上）（平24） | 不算入 | 3-8 E |
| ⑤　特例老齢年金・特例遺族年金の支給要件（被保険者期間1年以上）（平24） | | |
| ⑥　脱退一時金の支給要件（被保険者期間6月以上） | | |
| ⑦　障害厚生年金の額の計算（300月未満の場合に300月とみなすときに限る）（平19） | | 29-6 B |
| ⑧　老齢基礎年金の受給資格期間 | | |
| ①　平均標準報酬額の算定 | | |
| ②　報酬比例部分の計算 | | |
| ③　振替加算を行わない場合（加算対象者の被保険者期間240以上のとき）（平19，24） | 算　入 | |
| ④　遺族厚生年金の支給要件となる被保険者期間（平24） | | |

第8章　厚生年金保険法

**過**　□　老齢厚生年金・障害厚生年金の年金額は，標準報酬改定請求のあった日の属する月の翌月から改定。

□　標準報酬の改定又は決定がされた第2号改定者の老齢厚生年金は，当該第2号改定者の支給開始年齢に達するまでは支給されず，また，第1号改定者が死亡した場合であっても，何ら影響を受けない（平21）。

**法**　■　**被扶養者である期間についての特例（3号分割）**

□　被保険者が負担した保険料について**被扶養配偶者が共同して負担**したものであるという基本的認識の下に定める。

2-4A　□　特定被保険者（被保険者及び被保険者であった者）が被保険者であった期間中に被扶養配偶者（国民年金の**第3号被保険者**）を有する場合において，被扶養配偶者は離婚又は婚姻の取消しをしたとき等[*1]は，実施機関に対し，特定期間[*2]に係る被保険者期間の標準報酬の改定及び決定を請求することができる。（ただし，請求した日に特

3-1E
元-3E　定被保険者が障害厚生年金（特定期間の全部又は一部をその額の計算の基礎とするものに限る）の受給権者であると
28-2C　き等は，分割を認めない。）

*1　そのほか，厚生労働省令で次の内容が定められている。

26-8A　・**事実上婚姻関係**と同様の事情にあった特定被保険者及び被扶養配偶者について，当該被扶養配偶者が**第3号被保険者の資格を喪失し，当該事情が解消した**と認められる場合

30-5B　・3号分割の請求のあった日に，特定被保険者が**行方不明になって**3年**が経過している**と認められ（離婚の届出をしていない場合に限る），かつ，特定被保険者の被扶養配偶者が**第3号被保険者の資格を喪失**している場合など

*2　特定被保険者が被保険者であった期間であり，かつ，被扶養配偶者が第3号被保険者であった期間（平成20年4月1日以後の婚姻期間）。

432

厚生年金の分割

**過** □ 原則として，離婚が成立した日等の翌日から起算 3-1D
して**2年**を経過したときは3号分割を請求できない。 26-8 E

□ **実施機関** は，3号分割の請求があった場合において， 26-8 C
**特定期間** に係る被保険者期間の各月ごとに，**特定被保険
者及び被扶養配偶者の標準報酬月額**（**標準賞与額**）を特定
被保険者の**標準報酬月額**（**標準賞与額**）に**2分の1を乗じ
て**得た額にそれぞれ**改定**し，**決定**することができる。

□ その場合，特定期間に係る被保険者期間については，**被
扶養配偶者の被保険者期間**であったものとみなす（この期
間を「**被扶養配偶者みなし被保険者期間**」という）。

□ 「**被扶養配偶者みなし被保険者期間**」の取扱いは，「**離婚
時みなし被保険者期間**」と同様である（加給年金額の支給
要件となる被保険者期間240月に算入しない等）。

□ 改定又は決定された標準報酬は，上記の**請求があった日**
から**将来に向かってのみ**その**効力**を有する。

□ 離婚等が成立し，3号分割の**請求をする前に特定被保険** 2-3イ
**者であった者が死亡した場合**，死亡した日から起算して**1** 29-6 D
**月以内に限り**，3号分割の請求が認められる（死亡した日 28-2 E
の**前日**に請求があったものとみなす）。

**ポ** □ 国民年金第2号被保険者の厚生年金保険料納付記
録を自動的に**2分の1**に分割するものである。

□ 第2号被保険者の同意は必要としない。 29-6 B

□ ただし，**平成20年4月1日**前の第3号被保険者期間につ 30選
いては，自動的に2分の1に分割することはできない（い 26-8 B
わゆる合意分割の対象となる）。

**過** □ 老齢厚生年金の受給権者について，3号分割の規 26-8 D
定により標準報酬の改定又は決定が行われたときの年
金額の改定は，当該請求があった日の属する月の**翌月**分か
ら行われる（合意分割の場合と同様，翌月から改定）。

〔二以上種別特例➡P436参照〕

433

第8章　厚生年金保険法

# 第11 二以上の種別の被保険者であった期間を有する者についての特例

**ポ** □ **二以上の種別の被保険者であった期間を有する者**について，厚生年金保険の保険給付を支給する際の特例が，厚年法の第3章の4に規定されている。

□ 主要なものは次のとおり。

**法** ■ **保険給付の通則関係**

2-5C □ **併給の調整**➡「老齢厚生年金」と「それと同一の支給事由に基づいて支給される他の期間に基づく老齢厚生年金」は**併給可能**。「遺族厚生年金」と「それと同一の支給事由に基づいて支給される他の期間に基づく遺族厚生年金」も**併給可能**。

〈補足〉 障害厚生年金については，法38条の併給の調整に関して特例は規定されていない。

□ 年金の申出による支給停止➡一の期間に基づく年金と同一の支給事由に基づく他の期間に基づく年金についての支給停止（撤回）の申出は，**同時**に行う必要がある。

□ いわゆる内払調整➡年金受給権の消滅・支給停止に伴って行われる厚生年金保険の年金間の内払調整は，**一の期間に基づく年金**同士（**同一の種別の年金**同士）で行う。

3-6B □ 損害賠償請求権➡損害賠償が先行した場合，その価額をそれぞれの保険給付の価額に応じて**按分**した価額の限度で，保険給付をしないことができる。

■ **老齢厚生年金関係**

3-9A
29-9エ
□ 受給権・年金額の計算など➡受給権の有無の判断・年金額の計算は，**各号の被保険者期間ごと（種別ごと）**に行う。在職定時改定及び退職時の改定の規定も種別ごとに適用。

2-10イ
28-7ウ
㊟ 60歳代前半の老齢厚生年金の「**1年以上の被保険者期間**」という要件は，各号の被保険者期間を合算してみる。

434

二以上の種別の被保険者であった期間を有する者についての特例

□ 加給年金額➡被保険者期間の月数が240以上という要件は，各号の被保険者期間を**合算**してみる。そして，原則として，最初に受給権を取得した年金（同時に取得した場合は期間が長い方）に加算する。 30-4エ 28-5C

□ また，対象配偶者が年金額計算の基礎となる被保険者期間の月数が240以上の老齢厚生年金を受給できる場合は加給年金額の部分が支給停止されるが，その240以上という要件も，各号の被保険者期間を**合算**してみる。

□ 在職老齢年金➡一の期間に基づく年金の受給権者が被保険者である月等において適用。大まかな仕組みは，各種別に係る年金の**合計額**に基づいて**基本月額を算出**し，要件・計算式を判断し，支給停止額は，当該一の期間に基づく年金の額に応じて按分する形で計算する。

□ 支給繰下げの申出➡各種別に係る年金について，**同時に**申出を行う必要がある（支給繰上げの請求も同様）。 4-9D 30-10B

■ **障害厚生年金・障害手当金関係**

□ 支給の事務➡その障害に係る初診日における被保険者の種別に応じて，その種別に係る実施機関が行う。 28-6D

□ 年金額・手当金の計算➡各号の被保険者期間を**合算**して1つの被保険者期間を有するものとみなして年金額を計算する（月数300の保障の際も合算）。 29-9イ

■ **遺族厚生年金関係**

□ 年金額の計算➡①**短期要件**：障害厚生年金と同様（月数300の保障，4分の3を乗じる際も合算）。……支給に関する事務は，死亡日における被保険者の種別に係る実施機関が行う。②**長期要件**：老齢厚生年金と同様に計算し，各号の被保険者期間を合算して4分の3を乗じる（その額を各種別の期間に応じて按分し，**それぞれの実施機関**が支給）。 30-10A 28-9A

□ 中高齢の寡婦加算➡①長期要件の場合の被保険者期間の月数が240以上という要件は，各号の被保険者期間を**合算**

第8章　厚生年金保険法

3-7E　してみる。②原則として，**期間が長い**年金に加算する。

□　所在不明の場合の支給停止の申請➡各種別に係る年金について，**同時**に行う必要がある。

### ■　脱退一時金関係

29-8A　□　支給要件➡各号の被保険者期間を**合算**して判断。

□　額の計算➡**種別ごと**に行う。

### ■　厚生年金の分割（合意分割・3号分割）

3-1C　□　分割請求は，各種別に係る標準報酬について，**同時**に行う必要がある。

**ポ**　□　**異なる種別の被保険者であった期間が合算されるか否かのまとめ（主要なもの）**

| | |
|---|---|
| 合算される規定 | **加給年金額**の加算要件・支給停止の要件（240月要件），長期要件の場合の**中高齢の寡婦加算**の加算要件（240月要件），**60歳代前半の老齢厚生年金**の支給要件（1年要件），脱退一時金の支給要件（6月要件）など |
| 合算されない規定 | 60歳代前半の老齢厚生年金の長期加入者の特例の適用要件（44年〔528月〕要件）・定額部分の上限，老齢厚生年金の経過的加算の計算（種別ごとに行う）など |

（3-9B／28-7エ は左欄外に記載）

### POINT

**二以上の種別の被保険者であった期間を有する者の保険給付の支給は？**（次のように行われる）

・老齢厚生年金（60歳代前半も同じ），長期要件の遺族厚生年金，脱退一時金……種別ごとに支給。

・障害厚生年金・障害手当金，短期要件の遺族厚生年金……初診日（死亡日）に該当していた種別に係る実施機関（厳密には，政府か実施機関〔厚生労働大臣を除く〕）が，他の種別の被保険者期間分もまとめて支給。

㊟　公務員等の期間分も，厚生年金として支給されるのは，一元化後（平成27年10月1日以後）に受給権を取得した場合である。

436

第8章　厚生年金保険法

# 第12 保険給付の制限

## 保険給付の制限のポイント

| 制 限 事 由 | 制 限 内 容 | |
|---|---|---|
| ①　被保険者又は被保険者であった者が，故意に障害又はその直接の原因となった事故をおこしたとき（法73条）（平7，8，15） | その障害による障害厚生年金，障害手当金は支給しない。 | 元-6 E |
| ②　自己の故意の犯罪行為，重大な過失又は正当な理由がなくて療養に関する指示に従わないことにより，障害・死亡もしくはこれらの原因となった事故をおこしたり障害の程度を増進させたり又はその回復を妨げたとき（法73条の2）（平20） | 保険給付の全部又は一部を行わないことができる。（精神疾患による自殺の場合，遺族厚生年金は制限されない） | 27-5 C |
| ③　障害厚生年金の受給権者が，故意，重大な過失又は正当な理由がなくて療養に関する指示に従わないことにより，その障害の程度を増進させたり又はその回復を妨げたとき（法74条）（平12，17，20） | 増額改定を行わないことや，等級を下げて減額改定を行うことができる（平22）。 | 29-5 B |
| ④　保険料を徴収する権利が時効（2年）によって消滅したとき（法75条）<br>㊟　ただし，資格取得届，被保険者（であった者）からの確認の請求又は厚生年金保険原簿の訂正の請求があった後に，時効によって消滅した場合を除く。 | 時効となった被保険者期間に基づく保険給付は行わない（平15）。 | 30-3 ア<br>27-8 B |
| ⑤　被保険者又は被保険者であった者を故意に死亡させたとき，被保険者又は被保険者であった者の死亡前に，その者の死亡によって遺族厚生年金の受給権者となるべき者を故意に死亡させたとき（法76条1項）（平12） | 遺族厚生年金は支給しない。 | |

437

第8章　厚生年金保険法

| | |
|---|---|
| ⑥　遺族厚生年金の受給権者が他の受給権者を**故意**に**死亡**させたとき（法76条2項）（平7） | 受給権は**消滅**する。 |
| **2-8 E**　⑦④　受給権者が，正当な理由なく，受給権者に関する調査に従わず，又は職員の質問に応じなかったとき（法77条1号）<br><br>**27-6 E**　⑩　障害厚生年金の受給権者又は加給年金額対象者が，正当な理由なく指定医師又は職員の診断命令に従わなかったとき（同条2号）<br><br>⑪　障害厚生年金の受給権者又は加給年金額対象者が，故意，重大な過失又は正当な理由なく療養に関する指示に従わないことにより，障害の回復を妨げたとき（同条3号）（平12） | 年金額の全部又は一部について**支給を停止することができる。** |
| **30-4イ 27-7 E**　⑧　**受給権者**が，正当な理由なく，法に規定する**届出**をせず，又は**書類その他の物件の提出をしない**とき（法78条）〔第1号限定〕 | 保険給付の支払を**一時差し止める**ことができる（平22）。 |

□　差止めは，支給停止とは異なり，その事由が消滅すれば遡って支払われる（平17）。

---

**POINT**

**29-10A～E**　**社会保障協定**（社会保険に関する一般常識対策）

社会保障協定は，年金の二重適用等の問題を解決するために締結されている。現在，次の22か国との間で発効している。

**ドイツ**（平12選），イギリス，韓国，アメリカ，ベルギー，フランス，カナダ，オーストラリア，オランダ，チェコ，スペイン，アイルランド，ブラジル（平25選），スイス，ハンガリー，**インド**，ルクセンブルク，フィリピン，**スロバキア**，**中国**，**フィンランド**，**スウェーデン**。

**社―28選**　※　**世界初の社会保険**は**ドイツ**の疾病保険法。

438

**第8章　厚生年金保険法**

# 第13 費用の負担

> **【法80条，昭60法附則79条】　国庫負担**
>
> ① 国庫は，毎年度，厚生年金保険の実施者たる政府が負担する基礎年金拠出金の額の **2分の1** に相当する額を負担する。
>
> ② **昭和36年4月1日前** の被保険者期間に係る給付に要する費用については，次の割合で負担する（平21）。
> ・一般の被保険者──[その期間に係る保険] ➡ **100分の20**
> ・坑内員・船員──[給付に要する費用の] ➡ **100分の25**
>
> ③ **予算の範囲内** で，厚生年金保険事業の **事務** （基礎年金拠出金の負担に関する事務を含む）の執行（実施機関〔厚生労働大臣を除く〕によるものを除く）に要する費用を負担する。

29選

☐ 　上記①の**基礎年金拠出金に係る国庫負担割合**は，平成16年改正によって，それまでの**3分の1**から**2分の1**に引き上げられたが，実際には各種の経過措置により，段階的に2分の1に引き上げることとされた。

☐ 　**平成21年度**からは，平成20年度に適用されていた国庫負担割合（**3分の1＋1,000分の32**）に基づく負担額と法律本来の国庫負担割合（**2分の1**）に基づく負担額との差額を，一定の財源を活用して確保していた。

☐ 　**特定年度（平成26年度）**以後の各年度については，その差額を，消費税率の引上げによって増加する**消費税の収入**を活用して確保することとされた。

**法** ■ **保険料** （法81条）（平12選）

　　☐ 　政府等*は，厚生年金保険事業に要する費用（基礎年金拠出金を含む）に充てるため，被保険者期間の計算

439

第8章　厚生年金保険法

の基礎となる**各月**につき，保険料を徴収する（平18）。

＊　政府等……政府及び実施機関（厚生労働大臣を除く）

□　保険料の額は，〔**標準報酬月額×保険料率**〕
〔**標準賞与額**＊**×保険料率**〕とする。

＊　賞与（**1,000円未満切捨て，1回につき150万円が上限**）にも通常の保険料率を乗じて保険料額を算定する。

□　**保険料率**（平17選，平21）

| | 原　則 | 第3種被保険者 |
|---|---|---|
| 平成26年9月〜平成27年8月 | 174.74／1,000 | 176.88／1,000 |
| 平成27年9月〜平成28年8月 | 178.28／1,000 | 179.36／1,000 |
| 平成28年9月〜平成29年8月 | 181.82／1,000 | 181.84／1,000 |
| 平成29年9月以降 | 183.00／1,000 | |

元-2C
社-30-9B

※　平成16年改正で保険料水準固定方式が導入された。

**ポ**　□　存続厚生年金基金の加入員である被保険者の保険料率は，一般の保険料率から**免除保険料率**（原則1,000分の24〜1,000分の50）を**控除**した率となる（平21選）。

4選
30-8B

**法**　■　**育児休業等・産前産後休業の期間中の保険料の免除**

□　**事業主**注が実施機関に**申出**→育児休業等〔産前産後休業〕を**開始した日の属する月**から終了する日の**翌日**が属する月の**前月**までの期間→その被保険者の**保険料を免除。**

29-3イ
注　第2号・第3号厚生年金被保険者の場合，被保険者が申出。

★　その期間に係る保険料（**標準賞与額に係る保険料を含む**）は，被保険者負担分，事業主負担分ともに免除。

□　育児休業等の**開始月**と**終了日の翌日が属する月**が**同一**→**14日以上**の休業等なら**その月**の保険料が免除される。

□　**1月以下**の育児休業等なら賞与分は免除しない。

□　その免除された期間は，**保険料納付済期間**と扱われる（平16選）。

元-2E　□　高齢任意加入被保険者も免除される。

費用の負担

 ■ **保険料の負担及び納付義務**〔〔※〕を除き〔第1号限定〕〕（平25）

〈保険料負担〉　　　　　　　〈納付義務〉

| 【原則】 | |
|---|---|
| (被保険者と事業主で折半負担〔※〕) | (事業主が納付) |
| **第4種被保険者・船員任意継続被保険者** | |
| (全額自己負担) | (全額自分で納付) |
| **適用事業所の高齢任意加入被保険者** | |
| (全額自己負担（事業主が同意したときは折半負担）) | (全額自分で納付（事業主が同意したときは，事業主）) |

4-2A

□ 被保険者が**同時に2以上**の事業所又は船舶に使用される場合〔標準報酬月額に係る保険料〕（令4条） 5-4ウ

　㋑ 各事業所で受ける報酬月額の**合算額**による標準報酬月額に保険料率を乗じて得た額が保険料となる。

　㋺ 各事業主が負担すべき保険料の額は，保険料の半額を各事業所における報酬月額で**按分した額**であり，各事業主は各事業主が負担すべき保険料とこれに応ずる被保険者が負担すべき保険料を納付する。 28-6B

　㋩ 被保険者が**船舶**に使用され，かつ，**同時に事業所**に使用される場合においては，船舶所有者が当該被保険者に係る保険料の半額を負担し，被保険者の負担する保険料とあわせて納付する義務を負う（平12，17，19）。 30-9A 27-6A

 ■ **保険料の納付**〔第1号限定〕

　□ 保険料の納付期日は翌月末日であるが，**第4種被保険者及び船員任意継続被保険者は，その月の**10日（平22）。

□ **納入の告知**額，**納付**額が，本来納付すべき保険料額より**多かった**ときは，納入の告知又は納付の日の翌日から6箇月以内に納付されるべき保険料について**納期を繰り上げて**納付したものとみなすことができる（平11，16，21，25）。 3-7E 30選

□ その場合，**厚生労働大臣**は，その旨を納付義務者に**通知**しなければならない。

441

第8章　厚生年金保険法

□　第4種被保険者及び船員任意継続被保険者は，**将来の一定期間**の保険料を**前納**することができる。

□　前納すべき額は，当該期間の各月の保険料額から政令で定める額を**控除**した額である。

□　前納された保険料は，前納に係る期間の**各月の初日**が到来したときに，各月の保険料が納付されたものとみなす。

29-8 B　□　事業主は，被保険者に対して**通貨をもって報酬を支払う**ときは，被保険者の負担すべき**前月**の**標準報酬月額に係る保険料を報酬から控除**できる（平11**記**，平13，22）。

2-3 ア　※　**月末に退職**する場合は，翌日が資格喪失日となるため，**前月及びその月**の**標準報酬月額に係る保険料**を控除することができる（平24）。

□　事業主は，被保険者に対し**通貨をもって賞与を支払う**場合においては，被保険者の負担すべき**標準賞与額に係る保険料に相当する額**を当該**賞与から控除**することができる。

30-10 E　□　**事業主は**，保険料を控除したときは，保険料の控除に関する**計算書を作成**し，その控除額を被保険者に**通知**しなければならない（平4）。

4-4 ア　**法**　■　**保険料の繰上徴収**〔第1号限定〕（平22，25）

次の場合，納期前であっても保険料を全額徴収できる。

①　国税，地方税その他の公課の滞納によって，滞納処分を受けるとき

4-4 イ　②　強制執行を受けるとき

4-4 ウ
30-8 E　③　破産手続開始の**決定**を受けたとき

④　企業担保権の実行手続の開始があったとき

⑤　競売の開始があったとき

4-4 エ
29-7 A　⑥　法人たる納付義務者が解散したとき

4-4 オ
27-6 B　⑦　被保険者の使用される事業所が廃止されたとき

元-2 B　⑧　**船舶所有者の変更**があったとき，又は**船舶が滅失**し，**沈没**し，もしくは**全く運航にたえられなくなったとき**

442

費用の負担

**法** ■ **督促，滞納処分，延滞金**〔第1号限定〕

□ 保険料その他の徴収金を滞納している者があるときは，**厚生労働大臣**は，**期限を指定**して，これを**督促**しなければならない。

□ **繰上徴収**する場合は，督促は不要（平16，25）。

□ 督促状は，納付義務者が，健保法の規定によって督促を受ける者であるときは，同法の規定による督促状に**併記**して，発することができる（平25）。

□ 督促状に指定する期限は，督促状を発する日から起算して**10日以上**経過した日でなければならない（平12，25）。　元選

□ 厚生労働大臣は，納付義務者が，

ⓐ 督促状の**指定期限**までに徴収金を納付しないとき

ⓑ **繰上徴収の告知**を受けた者がその**指定期限**までに保険料を納付しないとき

は，①**国税滞納処分の例**によってこれを処分し，又は②納付義務者の居住地若しくはその者の財産所在地の**市町村**に対し，その処分を請求できる（平25）。

□ これを受けて市町村は，**市町村税の例**によりこれを処分　30-3エ することができる（**厚生労働大臣**は徴収金の100分の4相当額を市町村に交付しなければならない）（平12，21）。

**ポ** □ 滞納処分の権限に係る事務は，**機構**に委任。

□ 機構が滞納処分等を行う場合には，あらかじめ**厚**　国年4-2イ **生労働大臣の認可**を受けるとともに，滞納処分等実施規程　2-3エ に従い，徴収職員に行わせなければならない（平24）。　国年30-4B

□ 機構は，滞納処分等実施規程を定め，厚生労働大臣の認可を受けなければならない（変更するときも同様）（平24）。

□ 厚生労働大臣は，滞納処分等に係る納付義務者が，**処分**　国年4-5D **の執行を免れる目的でその財産について隠ぺいしている**お　2-3ウ それがあることなど，保険料等の効果的な徴収を行う上で　26-2エ 必要があると認めるときは，**財務大臣**に，当該納付義務者

443

第8章　厚生年金保険法

に係る滞納処分等その他の処分の権限の全部又は一部を委任することができる（平24）。……＃1

**元選**
**26-2ア**
**26-2ウ**

□　財務大臣に委任するための要件として，厚年法においては，納付義務者が**24月**分以上の保険料を滞納していること，納付義務者が滞納している保険料等の額が**5千万円**以上であることなどが定められている。……＃2

**法**　□　前記督促をした場合，厚生労働大臣は，保険料額につき**年14.6%**（当該納期限の翌日から**3月**を経過する日までの期間については，原則として**年7.3%**）の割合で**納期限の翌日**から，**保険料完納**又は**財産差押の日の前日**までの日数により計算した**延滞金**を徴収する（平21，25）。

㊟　当分の間，年14.6%，年7.3%という割合を軽減する特例が設けられている（**◯**P238参照）。

**元-1B**
**27-6C**
**28-8B**

□　①保険料額が**1,000円未満**のとき　②**繰上徴収**したとき
③**公示送達**の方法で督促したとき（平18）
④督促状の**指定期限までに完納**したとき
⑤延滞金の額が**100円未満**のときは，延滞金を徴収しない。

□　また，①保険料額の**1,000円未満の端数**及び②延滞金の**100円未満の端数**は切捨て（平7，16）。

**30-2エ**　■　**先取特権**

□　保険料その他の徴収金の先取特権の順位は，**国税**，**地方税**に次ぐ（平22）。

> **◯POINT**
>
> **国年法における財務大臣への権限の委任**
>
> **国年28選**
>
> 国年法にも上記＃1，＃2と同様の規定がある。ただし，同法では，＃2のうち，滞納期間の要件（24月分以上）は「**13月分以上**」となっている。また，滞納額の要件（5千万円以上）はなく，代わって「**前年の所得が1千万円以上**」という要件がある。

第8章　厚生年金保険法

# 第14　不服申立て，雑則

**法** ■ 不服申立て

□ 審査請求，再審査請求について（平11，13）

| 社会保険審査官 | 社会保険審査会 | |
|---|---|---|
| **（審査請求）**<br>　厚生労働大臣による**被保険者の資格，標準報酬**又は**保険給付**に関する処分に不服があるとき<br>※　処分の取消しの訴えは，**社会保険審査官の決定**を経た後でなければ，提起することができない（決定後は，再審査請求をするか，提訴するか，選択できる）。 | **（再審査請求）**<br>　社会保険審査官の決定に不服があるとき（平21）<br>〈補足〉審査請求をした日から**2月以内**に決定がないときは，社会保険審査官が審査請求を棄却したものとみなすことができる（決定があったのと同じ効果）（平22）。 | 28-7イ |
|  | **（審査請求）**<br>　厚生労働大臣による保険料等の徴収金の賦課若しくは徴収の処分又は滞納処分に不服があるとき…直接審査会へ | 29-2C |

・審査請求の期間………処分があったことを知った日の翌日から起算して**3月以内**（3月を経過したときは，することができない）
・再審査請求の期間……決定書の謄本が送付された日の翌日から起算して**2月以内**（2月を経過したときは，することができない）

□ **厚生年金保険原簿の訂正**の請求に関する決定（厚生労働大臣がした訂正をする旨・訂正をしない旨の決定）については**対象外**（行政不服審査法による審査請求となる）。 　30-6D

□ 厚生労働大臣以外の実施機関による被保険者の資格・保険給付・保険料等に関する処分の不服は，それぞれ，共済各法の審査会に審査請求をすることができる。

□ **被保険者の資格**又は**標準報酬に関する処分が確定**したと

445

きは，その処分についての不服を当該処分に基づく保険給付に関する処分についての不服の理由とすることができない（平13，15，22）。

□ 厚生労働大臣による**保険料等の徴収金の賦課若しくは徴収の処分又は滞納処分**については，不服申立前置の規定はない。審査請求をするか，提訴するか，選択できる。

□ 厚生労働大臣による**脱退一時金**に関する処分については，不服申立前置の規定があり，当該処分についての審査請求に対する**社会保険審査会の裁決**を経た後でなければ，提起することができない。

**ポ** □ **審査請求，再審査請求**とも，**口頭又は文書**で行うことができる。

□ 審査請求及び再審査請求は，**時効の完成猶予及び更新**に関しては**裁判上の請求**とみなす（平22）。

**法** ■ **時 効**（平20選，平19，23）

□ **保険料**その他の徴収金を**徴収**し，その**還付**を受ける権利………………………消滅時効は，**2年**

□ **保険給付**（の返還）を受ける権利……消滅時効は，**5年**

□ 支払期月ごとに支給を受ける権利の消滅時効も**5年**。

□ 未支給の保険給付の消滅時効も**5年**（平24）。

□ 徴収金の**納入の告知**又は滞納による**督促**は，**時効更新**の効力を有する。

**法** ■ **年金受給権者の確認**〔第1号限定〕（平20）

□ 厚生労働大臣が，**住民基本台帳ネットワーク**の機構保存本人確認情報により**生存を確認**できる受給権者は，届出不要であるが，確認できない者は，届出が必要となる。

**法** ■ **受給権者に関する各種の届出**〔第1号限定〕

□ 次の届書は，**10日以内**に機構に提出（平12）。

①氏名変更届（平25） ②住所変更届（**①②について住基ネットで情報取得可→不要**）

不服申立て，雑則

③胎児出生届　④加給年金額対象者不該当届（平20）

□　次の届書は，**速やかに**機構に提出（平20）。　　5-2D

①老齢厚生年金加給年金額加算開始事由該当届

②老齢厚生年金加給年金額対象者障害該当届

③加給年金額支給停止事由該当届（消滅届）

□　加給年金額対象者の**年齢**による不該当（18歳到達年度末　元-6D
が終了したとき等）については，**届出は不要**（平20，21）。

□　受給権者の属する世帯の**世帯主**その他**その世帯に属する**　5-2C
**者**は，受給権者の所在が**1月以上**明らかでないときは，所　元-6B
定の届書を，**速やかに**機構に提出。

□　受給権者が**死亡**したときは，戸籍法による死亡の届出義
務者は**10日以内**に厚生労働大臣（機構）に届出（平25**選**）。

□　**住基ネット**から情報を取得できる受給権者について戸籍
法による死亡の届出が**7日以内**にされた場合は不要。

**法**　■　その他

□　**市町村長**は，実施機関又は受給権者に対して，被
保険者，被保険者であった者又は受給権者の戸籍に関し，
**無料で証明を行うことができる**（平20）。

□　**実施機関**は，年金の受給権者に対して，身分関係，障害
状態その他受給権の消滅，年金額の改定，支給停止に係る
事項の**書類等の提出**を命じ，又は**職員をして**これらの事項
に関し**質問**させることができる（平24）。

□　**厚生労働大臣**は，被保険者の資格，標準報酬，保険料又
は保険給付に関する決定に関し，必要があれば適用事業所
等の**事業主**に対し，**文書等の提出**を命じ，又は職員に帳簿，
書類等を**検査**させることができる〔第1号限定〕（平24）。　29-9ウ

□　**実施機関**は，**相互**に，被保険者の資格に関する事項，標
準報酬に関する事項，受給権者に対する保険給付の支給状
況その他実施機関の業務の実施に関して**必要な情報の提供**
を行うものとする。

第8章 厚生年金保険法

# 第15 存続厚生年金基金・存続連合会

**ポ** ■ **厚生年金基金制度の見直し**

　□　平成26年４月１日を施行日として，**今後は新たな厚生年金基金\*の設立を認めない**こととし，施行の際に現存する厚生年金基金（存続厚生年金基金）については，解散を促進する措置を講ずるとともに，他制度への移行を支援する措置も講ずること等を内容とする改正が行われた。

　\*　厚生年金基金は，老齢厚生年金の一部を国に代わって支給する「代行部分の給付」を行うとともに，企業の実情に応じて独自の上乗せ給付（プラスアルファ給付）を行うもので，我が国の企業年金の中核をなす制度であった。

**法** ■ **経過措置**

　□　平成25年改正法（施行日は平成26年４月１日）の附則などにより，所要の経過措置が設けられた。

□　**存続厚生年金基金**

　改正前厚年法の規定により設立された厚生年金基金であって，平成25年改正法の施行の際に現存するものは，その施行の日以後も，**存続厚生年金基金**として存続する。

□　存続厚生年金基金については，基本的には，改正前厚年法の規定が適用される。その中には，要件を変更した上で適用されるものもある。

□　存続厚生年金基金に適用される改正前の規定の代表例

| 規定 | 規定の内容 |
|---|---|
| 老齢厚生年金の額の計算における基金に関連する特例〔改正前厚年法44条の２〕 | 被保険者であった期間の全部又は一部が基金の加入員であった者に支給する老齢厚生年金については，基金の加入員であった期間に係る年金額（代行部分の額）を控除した額とする。　　　　　　　　等 |

448

存続厚生年金基金・存続連合会

| 基金の合併・分割・解散等に関する規定〔改正前厚年法142条，143条，145条ほか〕<br>㊟　これらの規定は，代議員会の議決の要件の「4分の3以上」を「3分の2以上」に緩和した上で適用。 | ・合併，分割の要件<br>　代議員会で，代議員の定数の3分の2以上の多数により議決→厚生労働大臣の認可<br>・解散の要件<br>　基金は，次に掲げる理由により解散する（①②については，厚生労働大臣の認可が必要）。<br>①　代議員の定数の3分の2以上の多数による代議員会の議決<br>②　基金の事業の継続の不能<br>③　厚生労働大臣の解散の命令 |
| --- | --- |

※　設立の認可に関する規定〔今後は新たな厚生年金基金の設立は認めない〕，指定基金に関する規定〔今後は後述する特例解散制度により解散を促進〕など，効力を失った規定もある。

□　**存続厚生年金基金の特例解散制度など**

　存続厚生年金基金の早期解散などのため，代行割れ（簡単にいえば，代行部分の給付を行う積立金を有していない状態）のリスクに応じた次のような経過措置が設けられた。

| 施行日から起算して5年 | 積立比率*が1未満の存続厚生年金基金（**代行割れ**） | **早期解散の促進**<br>○特例解散（自主解散が基本）<br>　・**自主解散**……代議員会の議決などで解散<br>　・**清算型**……政令で定める要件に該当するものを**清算型基金**として厚生労働大臣が指定（あらかじめ社会保障審議会の意見を聴いた上で指定）<br>○**責任準備金相当額の特例**及び**納付の猶予の特例**（特例解散により解散した場合に適用。**政府に納付する額・納期限の緩和**など） |
| --- | --- | --- |

| | | 他の制度への移行又は解散 |
|---|---|---|
| 5年を経過した日以後 | 積立比率\*が1以上1.5未満の存続厚生年金基金（代行割れ予備軍） | ○残余財産の他の制度への交付（解散時に残余財産がある場合に適用。確定給付企業年金などへの移行の要件の緩和など）<br>○解散命令の特例（厚生労働大臣が，あらかじめ社会保障審議会の意見を聴いた上で，代行割れ基金・健全な基金以外のものに解散命令） |
| | 積立比率\*が1.5以上の存続厚生年金基金（健全） | **他の制度への移行又は存続**<br>○残余財産の他の制度への交付<br>○10年を経過する日までの間に，健全な存続厚生年金基金も解散・他制度へ移行すること等を検討 |

＊積立比率……簡単にいえば，年金給付等積立金の額÷責任準備金相当額

## □ 存続連合会

改正前厚年法の規定により設立された企業年金連合会であって平成25年改正法の施行の際に現存するものは，その施行の日以後も，**存続連合会**として存続する（存続厚生年金基金と同様，改正前厚年法の規定を適用するなどの経過措置が設けられている）。

## □ 存続連合会の解散

企業年金連合会に関する規定が厚年法の本則から削除されたことに伴い，新たな企業年金連合会に関する規定が確定給付企業年金法に置かれた（●P527参照）。存続連合会は，その新たな企業年金連合会の成立の時〔時期は未定〕に解散する。

## ■ 法制上の措置等（平25年法附則2条1項）

政府は，施行日から起算して**10年を経過する日までに**，存続厚生年金基金が解散し又は他の企業年金制度等に移行し，及び存続連合会が解散するよう**検討し**，**速やかに必要な法制上の措置を講ずるもの**とする。

第 **9** 章

# 労務管理その他の労働 に関する一般常識

## 主な改正点

| 改正内容 | 重要度 | 本書頁 |
|---|---|---|
| 障害者雇用率が，一般企業は100分の2.3から100分の2.5になるなど，引き上げられた（障害者雇用促進法）。 | A | P462 |
| 週所定労働時間が10時間以上20時間未満の者についても，一定の場合は１人雇用につき0.5人雇用とカウントすることとされた（障害者雇用促進法）。 | A | P462 |
| 雇用している障害者の数が一定数を超える場合に支給する障害者雇用調整金（１人超過につき１月当たり29,000円）について，年間120人を超えると支給額を減額することとされた（29,000円→23,000円）（障害者雇用促進法）。 | B | P462 関連 |

## 第9章 労務管理その他の労働に関する一般常識

# 第1 雇用関係法規

**法** ① 労働施策総合推進法
□ **事業主の責務**（平20）

①**事業規模の縮小等**に伴い離職を余儀なくされる労働者について求職活動に対する援助等を行うことにより**職業の安定**を図る（努力義務規定）。

②雇用する**外国人**が職業に適応するための措置を実施し、**雇用管理の改善**に努める。解雇等で離職する場合で再就職を希望する外国人には、**求人の開拓**等、**再就職の援助に関し必要な措置を講ずる**（努力義務規定）。

③**外国人の雇入れ時、離職時**には、氏名、在留資格、在留期間等を確認し、厚生労働大臣に届出（義務規定）。

④労働者の**募集・採用**について、原則として、その年齢にかかわりなく均等な機会を与える（義務規定）。

**ポ** □ 上記④の例外（年齢制限が認められる場合）➡ ㋑定年の年齢を下回ることを条件として募集・採用するとき、㋺労基法等の法令により年齢制限されている業務について募集・採用するとき、㋩合理的な制限である一定の場合（長期継続勤務によるキャリア形成を図る観点から、若年者等を募集・採用するときなど）。

□ 再就職援助計画の作成等

事業主は、（一事業所で）**1箇月30人以上**の労働者が離職を余儀なくされることが見込まれる**事業規模の縮小等を行おうとするとき**は、最初の離職者の生ずる日の**1月前**までに、離職を余儀なくされる労働者の再就職援助計画を作成しなければならない（公共職業安定所長の認定も必要）。

□ 大量雇用変動の届出

事業主は、事業所において、事業所規模の縮小等により

労働法規

一定期間内に相当数の離職者が発生する**大量雇用変動**（**1月30人以上**の常用労働者の離職）については，大量雇用変動の前に，離職者の数等の事項を厚生労働大臣に届け出なければならない。

□　事業主は，職場において行われる**優越的な関係を背景とした言動**であって，**業務上必要かつ相当な範囲を超えたもの**によりその雇用する労働者の**就業環境が害される**ことのないよう，当該労働者からの相談に応じ，適切に対応するために必要な体制の整備その他の雇用管理上必要な措置を**講じなければならない**。※紛争の解決の援助，**調停**の規定あり。

3-4ウ

**法** 2　職業安定法
　　■　求人，求職の申込み

□　**公共職業安定所**，**特定地方公共団体**及び**職業紹介事業者**は，求人の申込み，求職の申込みはすべて受理しなければならない。

〈例外〉次の場合，受理しないことができる。

☆求人の申込み…内容が**法令違反**，**労働条件が著しく不適当**，**求人者が労働条件を明示しない**等

☆求職の申込み…内容が**法令違反**

□　求職者等に対し，従事すべき**業務の内容**，**賃金**及び**労働時間**その他の**労働条件を明示**しなければならない（一定の事項については，**書面を交付**する等して明示）。

□　公共職業安定所等は，求職者等の**個人情報**を収集，保管，使用する場合，業務の目的の達成に必要な範囲内で収集し，収集の目的の範囲内で保管，使用しなければならない。ただし，**本人の同意**等がある場合を除く。

5-4B

□　**公共職業安定所**は，必要な**求人又は求職**の開拓を行う。また，**学生生徒等に対する職業指導**を効果的かつ効率的に行えるよう学校関係者等と協力し必要な措置をとる。

453

第9章　労務管理その他の労働に関する一般常識

元-4E □　安定所は，労働争議により**同盟罷業（ストライキ）又は作業所閉鎖の事業所に求職者を紹介してはならない。**

■　**有料職業紹介事業・無料職業紹介事業**

| 事業の種類 | 対象業種 | 要　　件 | 有効期間 |
|---|---|---|---|
| 有料職業紹介事業 | 禁止職業以外* | 厚生労働大臣の許可 | 3年 |
| 無料職業紹介事業 | 指定なし | 厚生労働大臣の許可 | 5年 |
| 学校等の行う無料職業紹介事業 | | 厚生労働大臣へ届出 | なし |

★　更新許可の有効期間は，有料，無料ともに**5年**

□　**有料職業紹介事業**は，**＊港湾運送業務，建設業務に就く職業その他厚生労働省令で定める職業を除き**，**厚生労働大臣の許可**を受けて行うことができる。

□　有料職業紹介事業者は，法所定の手数料を徴収することができるが，**求職者からは手数料を徴収してはならない**（求職者の利益のために必要とされるときを除く）。

□　有料職業紹介事業者・無料の職業紹介事業者（学校等を除く）は職業紹介責任者を**選任しなければならない。**

□　特別の法人（商工会議所，商工会，農協等）は，**厚生労働大臣に届け出て**，その構成員を求人者とし，又はその法人の構成員もしくは構成員に雇用される者を求職者とする**無料の職業紹介事業**を行うことができる。

□　学校等の長は，厚生労働大臣に**届け出て**，**無料**の職業紹介事業を行うことができる。

■　**委託募集**

□　労働者を雇用しようとする者が，その被用者以外の者に報酬を与えて＊労働者の募集に従事させようとするときは，**厚生労働大臣の許可**を受けなければならない（**報酬の額**について**厚生労働大臣の認可が必要**）。

＊　報酬を与えることなく労働者の募集に従事させようとするときは，**厚生労働大臣に届出**。

454

労働法規

□　募集を行う者及び募集受託者は，**募集**に応じた**労働者か**
　**ら，報酬を受けてはならない。**

□　募集を行う者は，**その被用者で募集に従事する者又は募**
　**集受託者に対し，**賃金等を支払う場合又は**厚生労働大臣の**
　**認可を受けた報酬**（委託募集の報酬）を与える場合を除き，
　報酬を**与えてはならない。**

□　**労働者供給事業**

　　労働者供給事業は**原則禁止**であるが，**労働組合等**が**厚生**
　**労働大臣の許可**を受けた場合には，**無料の労働者供給事業**
　を行うことができる（平18選）。

**法**　❸　**労働者派遣事業の適正な運営の確保及び派遣労働**
　　　　**者の保護等に関する法律（労働者派遣法）**

□　**労働者派遣**とは，

　　**自己の雇用する労働者を他人の指揮命令を受けて当該他**
　人のために従事させることをいう。当該**他人に対し雇用さ**
　**せることを約してするもの**は含まれない。

□　**紹介予定派遣**とは，

　　労働者派遣のうち，**派遣元事業主**（以下「派遣元」とす
　る）が労働者派遣の役務の提供の開始前又は開始後に，**派**
　**遣労働者**及び**派遣先事業主**（以下「派遣先」とする）につ
　いて，職業安定法その他の法律の規定による許可，届出に
　よって**職業紹介を行い，**又は**行うことを予定してするもの**
　をいい，当該職業紹介により，**派遣労働者が派遣先に雇用**
　**される旨**が，労働者派遣の役務の提供の終了前に派遣労働
　者と派遣先との間で**約されるものを含む。**

■　**派遣禁止業務**（次の①〜⑥は派遣禁止）（平14）

　①　**港湾運送業務**　　②　**建設業務**　　③　**警備業務**

　④　**医療関係の業務**＊（病院等で行われる医業等）

　　＊　㋑紹介予定派遣の場合，㋺産前産後休業，育児・介護休
　　　業中の労働者の業務，㋩へき地における医業については労

455

第9章　労務管理その他の労働に関する一般常識

　　　働者派遣が認められている。

⑤　派遣先で団体交渉，労基法の協定に係る労使協議の際に使用者側の直接当事者として行う（人事労務関係）業務

⑥　弁護士，外国法事務弁護士，司法書士，土地家屋調査士，公認会計士，税理士，社労士，行政書士等の業務

**■　労働者派遣事業**

□　**労働者派遣事業**を行おうとする者は，**厚生労働大臣の許可**を受けなければならない。

□　許可の有効期間→新規許可＝**3年**／更新許可＝**5年**

□　派遣元は，派遣労働者の数，労働者派遣の役務の提供を受けた者の数，派遣料金と派遣労働者の賃金の差額の派遣料金に占める割合（マージン率），教育訓練に関する事項等に関し，**情報の提供**を行わなければならない。

□　派遣元は，当該派遣元の経営を実質的に支配することが可能となる関係にある者等（**関係派遣先**）に労働者派遣をするときは，関係派遣先への派遣割合が**100分の80**以下となるようにしなければならない。

□　**労働者派遣の役務の提供を受けようとする者**（**紹介予定派遣**を除く）は，労働者派遣契約の締結に際し，**派遣労働者を特定**することを目的とする行為をしないよう**努めなければならない**（平16）。

□　**労働者派遣の役務の提供を受ける者**は，その者の都合による労働者派遣契約の解除に当たっては，派遣労働者の新たな**就業機会の確保**，**休業手当等**の支払に要する費用を確保するための措置等を講じなければならない。

**■　派遣期間の制限**

□　**派遣先**は，当該派遣先の事業所その他派遣就業の場所ごとの業務について，派遣元事業主から**派遣可能期間**を超える期間継続して**労働者派遣の役務の提供を受けてはならな**

労働法規

い。ただし，**派遣期間に制限のない派遣**\*を除く。

* **無期雇用**の派遣労働者に係る派遣，60歳以上の派遣労働者に係る派遣，育児・介護休業の代替要員に係る派遣など。

□ **派遣可能期間➡3年**（延長可能）

……派遣先の同一の事業所における派遣労働者の受入れは3年を上限とする。3年経過時までに，**過半数労働組合等の意見を聴く**などの要件を満たせば，**さらに3年間**延長可能（繰り返すことも可）。【事業所単位の期間制限】

□ **派遣可能期間が延長**された場合において，当該派遣先の事業所その他派遣就業の場所における**組織単位**ごとの業務について，派遣元事業主から**3年を超える**期間継続して同一の派遣労働者に係る**労働者派遣**（派遣期間に制限のない派遣を除く）の役務の提供を受けてはならない。

……派遣先の**同一の組織単位（課）**における**同一の派遣労働者**の受入れは**3年が上限**。【個人単位の期間制限】

**5選**
28-2 D

■ **派遣元事業主，派遣先事業主が講ずべきその他の措置等**
〈共　　通〉

⎡ ・適正な派遣就業の確保，・**派遣元（先）責任者**の選任 ⎤
⎣ ・**派遣元（先）管理台帳の作成**…3年間保存　等 ⎦

□ **派遣元**は，雇用する**特定有期雇用派遣労働者等**\*に対し，「派遣先に対し労働契約の申込みをすることを求めること，派遣以外の無期雇用の機会を確保すること」等の一定の措置を講ずるように努めなければならない。

㊟ 同一の組織単位の業務に継続して**3年間**当該労働者派遣に係る労働に従事する見込みがある**特定有期雇用派遣労働者**については，上記の一定の措置を講じなければならない。

* **特定有期雇用派遣労働者**とは，雇用する有期雇用派遣労働者で，同一の組織単位の業務について継続して**1年以上の期間**当該労働者派遣に係る労働に従事する見込みがあるものとして厚生労働省令で定めるもののこと（これに一定の者を加えたものを，「**特定有期雇用派遣労働者等**」という）。

第9章　労務管理その他の労働に関する一般常識

4-4D

□　**派遣元**は，その雇用する派遣労働者が段階的かつ体系的に派遣就業に必要な技能及び知識を習得できるように**教育訓練**を実施しなければならない。

□　**派遣元**は，労働者を派遣労働者として雇い入れようとする場合には，当該労働者に対し，当該労働者に係る**労働者派遣料金額**を**明示**しなければならない。

□　**派遣元**は，政令で定める場合を除き，その雇用する日雇労働者（日々又は30日以内の期間を定めて雇用する労働者）について**労働者派遣を行ってはならない**。

□　**派遣元**は，雇用する派遣労働者の**基本給，賞与その他の待遇のそれぞれについて**，派遣先の通常の労働者との間において，不合理と認められる相違を設けてはならない（職務の内容〔業務の内容及びその業務に伴う責任の程度をいう〕，当該職務の内容及び配置の変更の範囲等を考慮する）（法30条の3第1項，派遣先均等・均衡方式）。

□　派遣先均等・均衡方式によらず，過半数労働組合等との**労使協定**による待遇改善方法もある（法30条の4，一定の教育訓練・福利厚生施設はこの方式の対象外）。

□　**派遣元**は，派遣労働者に係る**就業規則の作成・変更**について，雇用する派遣労働者の過半数代表者の意見を聴くように努めなければならない。

□　**派遣先**は，当該派遣先の事業所等における組織単位ごとの**同一の業務**について派遣元事業主から継続して**1年以上**の期間同一の**特定有期雇用派遣労働者**に係る労働者派遣の役務の提供を受けた場合において，引き続き当該**同一の業務に労働者を従事**させるため**労働者を雇い入れ**ようとするときは，当該同一の業務に従事した**特定有期雇用派遣労働者**（継続して就業することを希望する者に限る）を，遅滞なく，**雇い入れるように努めなければならない**。

□　**派遣先**が一定の違法派遣を行った場合，派遣先から違法

458

労働法規

派遣に係る派遣労働者に対し，その時点の労働条件と**同一の労働条件**で労働契約の申込みをしたものとみなす。

　ただし，派遣先が，違反であることを知らず，かつ，知らなかったことにつき過失がなかったときを除く。

□　**派遣先**は，派遣労働者が**当該派遣先を離職した者**であるときは，離職の日から起算して**1年**を経過する日までの間は，当該派遣労働者（厚生労働省令で定める者を除く）に係る労働者派遣の**役務の提供を受けてはならない**。

□　男女雇用機会均等法（後述）と同様に，苦情の自主的解決（努力義務），都道府県労働局長による紛争の解決の援助，調停の規定がある。

**過**　□　派遣期間が1日を超えない場合でも，派遣先管理台帳の作成は必要（平20）。

**法**　**❹　高年齢者等の雇用の安定等に関する法律**

　　□　定年を定める場合には，**60歳を下回ることができ** 26-2 B
**ない**（平17，19）。

□　ただし，高年齢者が従事することが困難であると認められる業務として厚生労働省令で定める業務（坑内作業）に従事している労働者については，この限りではない。

□　定年（65歳未満のものに限る）の定めをしている事業主 5-4 D
元-4 B
は，その雇用する高年齢者の65歳までの安定した雇用を確保するため，高年齢者雇用確保措置（定年の引上げ，継続雇用制度の導入，定年の定めの廃止のいずれか）を**講じなければならない**（平14）。

□　継続雇用制度には，対象となる高年齢者が，定年後に子会社や関連会社など特殊な関係にある事業主（**特殊関係事業主**）に引き続き雇用される場合も含まれる。

□　厚生労働大臣は，高年齢者雇用確保措置を講じていない事業主に対し**指導・助言**をしてもなお講じないときは，当該措置を講ずべきことを**勧告**することができる。

459

第9章　労務管理その他の労働に関する一般常識

➡従わなかったときは，その旨を公表することができる。

**3-4イ**
- [ ] 65歳以上70歳未満の定年を定めている事業主等は，定年の引上げ，65歳以上継続雇用制度の導入，定年の定めの廃止のいずれかの措置により65歳から70歳までの安定した雇用を確保するよう努めなければならない（労使で同意した創業支援等措置を講じる場合を除く）。

- [ ] 事業主は，高年齢者雇用等推進者を選任するよう努めなければならない（平13）。

- [ ] 事業主は，解雇等の理由により離職する際，再就職を希望する再就職援助対象高年齢者等に対し，再就職の援助に関し必要な措置を講ずるよう努めなければならない（平11）。

- [ ] 事業主は，再就職援助対象高年齢者等のうち1月以内に5人以上が解雇等により離職するときは，離職日の1月前までに公共職業安定所長に届け出なければならない。

- [ ] 事業主は，解雇等により離職することとなっている一定の高年齢者等が希望するときは，求職活動支援書を作成し，交付しなければならない#。

- [ ] 厚生労働大臣は，上記#の内容に違反している事業主に対し，必要な指導・助言をすることができる。また，指導・助言をしてもなお違反している事業主に対しては，求職活動支援書の作成・交付を勧告することができる。

- [ ] 事業主は，労働者を募集，採用する際，やむをえない理由により一定の年齢（65歳以下のものに限る）を下回ることを条件とするときは，求職者に対し，厚生労働省令で定める方法により，理由を示さなければならない（平17, 19）。

- [ ] シルバー人材センター（平11記）
  高年齢定年退職者等のために臨時的かつ短期的な就業，又はその他の軽易な業務で厚生労働大臣の定める就業の機会を確保し，提供する。

- [ ] シルバー人材センターは，厚生労働大臣に届け出て，①

労働法規

有料の職業紹介事業，②その構成員である高年齢退職者のみを対象として**労働者派遣事業**を行うことができる。

**過** □　事業主は，**毎年6月1日**現在の**高年齢者の就業の機会の確保に関する状況等**を翌月15日までに管轄公共職業安定所長を経由して厚生労働大臣に**報告**（平6）。

**法** **5　障害者の雇用の促進等に関する法律**

■　**障害者に対する差別の禁止等**（法34条～36条の3）　4-4C

□　事業主は，**募集及び採用**につき，障害者に対して，障害　28-2A
者でない者と均等な機会を与えなければならない。

□　事業主は，賃金の決定，教育訓練の実施，福利厚生施設の利用等の**待遇**につき，**障害者であることを理由**として，障害者でない者と**不当な差別的取扱い**をしてはならない。

□　事業主は，**募集及び採用**につき，障害者と障害者でない　元-4C
者との**均等な機会の確保の支障**となっている事情を改善するため，障害者からの申出により当該障害者の**障害の特性**に配慮した必要な措置を講じなければならない。㊟

□　障害者である労働者について，障害者でない労働者との　3-4ア
**均等な待遇の確保又は障害者である労働者の有する能力の有効な発揮の支障**となっている事情を改善するため，その雇用する障害者である労働者の**障害の特性**に配慮した職務の円滑な遂行に必要な施設の整備，援助を行う者の配置その他の**必要な措置**を講じなければならない。㊟

　㊟　ただし，事業主に対して**過重な負担**を及ぼすこととなるときは，この限りでない。

□　**事業主**は，常時雇用する労働者数（短時間労働者は1人につき0.5人と計算）に次の障害者雇用率を乗じて得た数以上の**身体障害者，知的障害者又は精神障害者（対象障害者）を雇用しなければならない**（精神障害者は精神障害者保健福祉手帳の交付を受けている者に限る）。**改**

第9章　労務管理その他の労働に関する一般常識

4選　[ 一般事業主（2.5／100）　国，地方公共団体（2.8／100）
　　　 特殊法人（2.8／100）　一定の教育委員会（2.7／100） ]

**ポ**　□　**障害者の数をカウントする際の注意点**（平20）**改**
　　①　**重度**の身体障害者及び**重度**の知的障害者1人は，
　　　2人として計算。

2-3C　②　**短時間労働者**である身体障害者及び知的障害者は，1
　　　人につき0.5人（**重度**であれば1人）として計算。

　　③　精神障害者は，**1人につき1人**（**特定短時間労働者**は
　　　0.5人）として計算。

| 週所定労働時間 | | 30以上 | 20以上30未満 | 10以上20未満 |
|---|---|---|---|---|
| **身体・知的障害者** | | 1人 | 0.5人 | — |
| | **重度** | 2人 | 1人 | 0.5人 |
| **精神障害者** | | 1人 | 1人 | 0.5人 |

**例**　常時170人×2.5％＝4.25人。**1人未満の端数は切り捨てる**
　ため，4人の雇用義務がある。重度の身体障害者又は重度の
　知的障害者を2人雇用すれば達成。

□　**一般事業主**の場合，雇用労働者40人以上で障害者の雇用
　義務あり。この事業主は，**毎年6月1日**現在の障害者雇用
　状況を**翌月15日**までに管轄公共職業安定所長に**報告**しなけ
　ればならない。また，障害者雇用推進者を選任するよう**努**
　**め**なければならない（平25**選**）。

**過**　□　厚生労働大臣は，法定雇用障害者数に満たない事
　　業主に対し，その雇入れに関する計画の作成を命ずる
　ことができる。➡計画が著しく不適当なとき等には**勧告**で
　きる。➡勧告に従わないときにはその旨公表できる（平9）。

□・前記雇用率に満たない事業主…障害者雇用納付金
27-2C　（1人につき，月額5万円）を納付（平14）

　・前記雇用率を超過する事業主…障害者雇用調整金
　（超過人数1人につき，原則として月額2.9万円）を支給

462

労働法規

（平7）改

　　ただし，労働者数常時100人以下の事業主（特殊法人を　⁴選
除く）は，適用除外。

□　障害者の就業が困難であると認められる業種の労働者が
　相当な割合を占める業種に対して除外率（5％〜80％）を
　設定している（法附則3条）（平13，15）。

□　障害者雇用率は企業グループ全体での算定が可能。

□　厚生労働大臣は労働者数常時300人以下の事業主の申請
　により，障害者雇用に関する優良企業の認定ができる（認
　定マークの愛称は「もにす」（「共に進む」などの意味があ
　る））。

□　障害者雇用促進法にも，男女雇用機会均等法のような
　「苦情の自主的解決（努力義務規定）」，「都道府県労働局長
　による解決の援助」，「調停」の規定が設けられている。

**法** **6** **建設労働者の雇用の改善等に関する法律**
　　□　事業主は建設事業を行う事業場ごとに雇用管理責
任者を選任し（義務），労働者に周知（努力）（平17）。

**法** **7** **職業能力開発促進法**
　　□　厚生労働大臣は，職業能力開発基本計画を策定。

**過** □　事業主は，職業能力開発措置に関する計画の作
　　成・実施等に関する業務を担当する職業能力開発推進
者を選任するように努めなければならない（平15）。

□　技能検定制度は，労働者の有する技能の程度を検定し，
　公証する国家検定制度である（平11記，平21）。合格すると　元選
　「技能士」と名乗ることができる。

**法** **8** **労働時間等の設定の改善に関する特別措置法**
　　（すべて事業主の努力義務規定）

□　事業主は，業務の繁閑に応じた始業・終業時刻の設定，
　健康・福祉確保のため必要な終業から始業までの時間の設
　定，年次有給休暇を取得しやすい環境整備等をする。

463

第9章　労務管理その他の労働に関する一般常識

☐　他の事業主との取引を行う場合に，著しく短い期限の設定や発注内容の頻繁な変更を行わないこと等の配慮をする。

**法**　❾　個別労働関係紛争の解決の促進に関する法律

2-3D

【目的】労働条件その他労働関係に関する事項について個々の労働者と事業主との間の紛争（個別労働関係紛争）についてあっせんの制度を設けること等により，実情に即した迅速かつ適正な解決を図る（平18）。

☐　「個別労働関係紛争」には，労働者の募集，採用に関する事項についての紛争も含む。

☐　都道府県労働局長は，個別労働関係紛争に関し，当事者の双方又は一方からその解決につき援助を求められた場合は，必要な助言，指導をすることができる。

☐　ただし，労働争議に当たる紛争及び行政執行法人とその職員との間の紛争は対象外。

29-2イ　☐　都道府県労働局長は，個別労働関係紛争（労働者の募集及び採用に関する事項は除く）について，紛争当事者の双方又は一方からあっせんの申請があった場合に必要があるときは，紛争調整委員会にあっせんを行わせる（紛争調整委員会は，都道府県労働局に置く）（平16）。

☐　あっせん委員会は，全員の一致をもってあっせん案を作成し，紛争当事者に提示することができる。

**法**　❿　労働契約法

【目的】労働者及び使用者の自主的な交渉の下で，労働契約が合意により成立し，又は変更されるという合意の原則その他労働契約に関する基本的事項を定めることにより，合理的な労働条件の決定又は変更が円滑に行われるようにすることを通じて，労働者の保護を図り，個別の労働関係の安定に資する。

**ポ**　☐　労働契約法には，罰則は規定されていない。

29-1 A　☐　労働契約法上の労働者とは，使用者に使用されて

労働法規

労働し，賃金を支払われる者をいい，使用者とは，その使用する労働者に対して賃金を支払う者をいう。

## ■ 労働契約の原則

□ 労働契約は，労働者及び使用者が，①対等の立場における合意に基づいて②就業の実態に応じて，均衡を考慮しつつ（平22）③仕事と生活の調和にも配慮しつつ，締結し，又は変更すべきものとする（平21，23，25）。

27-1 A
27-1 B
26-1 D

※ ②は正社員と多様な正社員の間の均衡も含む。

□ 労働者及び使用者は，①労働契約を遵守するとともに，信義に従い誠実に，権利を行使し，及び義務を履行しなければならない。②労働契約に基づく権利の行使に当たっては，それを濫用することがあってはならない。

## ■ 労働契約の内容の理解の促進

□ ①使用者は提示する労働条件及び労働契約の内容について労働者の理解を深めるようにするものとし*，②労働者及び使用者は，労働契約の内容（期間の定めのある労働契約に関する事項を含む）について，できる限り書面により確認するものとする（平23）。

元-3 A
27-1 C
26-1 E

＊ 労働契約の締結前の説明等の場面を含む。

## ■ 労働者の安全への配慮

□ 使用者は，労働契約に伴い，労働者がその生命，身体等の安全を確保しつつ労働することができるよう，必要な配慮をするものとする（平22，24）。※ 使用者は労働契約に伴い，当然に安全配慮義務を負う。職種，労務内容，労務提供場所等の具体的な状況に応じた配慮が求められる（通達）。

30-3イ
28-1ア

## ■ 労働契約の成立・変更・就業規則による変更等

□ 労働契約は，労働者が使用者に使用されて労働し，使用者がこれに対して賃金を支払うことについて，労働者及び使用者が合意することによって成立する（書面でなくても有効）（平24）。

28-1イ

465

第9章　労務管理その他の労働に関する一般常識

3-3A
元-3B
□　労働者及び使用者が**労働契約を締結**する場合において，使用者が合理的な**労働条件**が定められている**就業規則**を労働者に周知させていた場合には，労働契約の内容は，その**就業規則で定める労働条件**によるものとする。

27-1E
□　前記の「周知」は，労基法106条の方法に限定されない。

29-1B
□　労働者及び使用者は，その**合意**により，労働契約の内容である**労働条件を変更**することができる（平24）。

□　使用者は，労働者と**合意**することなく，**就業規則**を変更することにより，**労働者の不利益**に労働契約の内容である**労働条件を変更**することはできない。

3-3B
29-1C
□　ただし，使用者が，変更後の就業規則を**労働者に周知**させ，かつ，就業規則の変更＊が，**労働者の受ける不利益の程度**，労働条件の変更の**必要性**，変更後の就業規則の内容の**相当性**，**労働組合等**との交渉の状況その他の就業規則の変更に係る事情に照らして**合理的なもの**であるときは，**労働契約の内容である労働条件**は，**変更後の就業規則**に定め

元-3E
るところによる（平22，23）。＊条項の新設も含む。

26-1B
□　**就業規則**で定める**基準に達しない**労働条件を定める労働契約は，**その部分**については，**無効**とする（労基平16選）。無効となった部分は，**就業規則で定める基準**による。

■　出向・懲戒・解雇

□　使用者による**出向の命令**が，その**必要性**，対象労働者の**選定に係る事情**等に照らして，その**権利を濫用**したものと認められる場合には，当該命令は，**無効**とする。

28-1ウ
□　在籍出向には労働者の個別の同意は不要（判例）（平23）。

29-1D
□　**懲戒**が，懲戒に係る**労働者の行為の性質**及び**態様**その他の事情に照らして，**客観的に合理的な理由を欠き**，**社会通念上相当である**と認められない場合は，その**権利を濫用**したものとみなして，当該懲戒は，**無効**とする（平24）。

□　**解雇**は，**客観的に合理的な理由**を欠き，**社会通念上相当**

であると認められない場合は、その**権利を濫用**したものとして、**無効**とする（労基平18選）。

■ **期間の定めのある労働契約（有期労働契約）**

□ 有期労働契約について、**やむを得ない事由**＊がある場合でなければ、**契約期間が満了するまでの間**、労働者を**解雇**することができない（平22）。＊個別具体的に判断。

□ 使用者は、有期労働契約について、労働者を使用する目的に照らし、**必要以上に短い期間**を定めることにより、その労働契約を**反復して更新**することのないよう**配慮**しなければならない（平23）。

■ **平成24年改正で追加された有期労働契約の新ルール**

□ 有期労働契約が反復更新され始期到来前の契約期間を除いた**通算契約期間**＊が**5年**を超える労働者が、**期間の定めのない労働契約の締結の申込み**をしたときは、使用者は**当該申込みを承諾したものとみなす**。この場合の労働条件は、別段の定めがある部分を除き、現に締結している有期労働契約の内容である労働条件（契約期間を除く）と**同一の労働条件**とする。

＊ 契約期間の満了日とその次の契約期間の初日との間に**空白期間が6月**（一定の場合は厚生労働省令で定める期間）**以上**あるときは、当該空白期間前に満了した有期労働契約の契約期間は、通算契約期間に算入しない。

例 1年の有期労働契約の更新を繰り返す場合

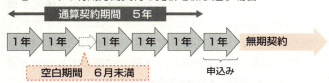

□ 次の①②のいずれかに該当する有期労働契約の契約期間の満了日までに労働者がその**更新の申込み**をした場合又は契約期間満了後遅滞なく**有期労働契約の締結の申込み**をし

第9章　労務管理その他の労働に関する一般常識

た場合で，使用者が**当該申込みを拒絶**することが**客観的に合理的な理由**を欠き，**社会通念上相当**であると認められない**4選**ときは，使用者は，従前の労働条件と**同一の労働条件で**当該申込みを承諾したものとみなす。

①**過去に反復して更新**されたことがあり，契約期間満了時に有期労働契約を終了させることが**解雇**の意思表示をして期間の定めのない労働契約を終了させることと**社会通念上同視**できると認められる

**4選**　②当該労働者において当該契約が**更新**されるものと**期待**することについて**合理的な理由**があると認められる

■　**労働契約法の適用除外**

□　①**国家（地方）公務員**，②使用者が**同居の親族のみ**を使用する場合の労働契約には，適用しない（平22）。

28-1オ　□　**家事使用人**には適用する（平24）。

**法**　⓫　**有期雇用特別措置法**（労働契約法18条１項の「無期転換ルール」に関して特例を定める法律）

□　次の①②の労働者について，その特性に応じた雇用管理に関する特別措置を事業主が講じる場合，無期転換申込権発生までの期間に関する特例が適用される。

27-2E　①　一定の専門的知識等を有する有期雇用労働者➡一定の期間内に完了予定の業務に就く期間（上限：**10年**）については，無期転換申込権が発生しない

②　定年後引き続いて雇用される有期雇用労働者➡定年後引き続き雇用されている期間については，無期転換申込権が発生しない（当該期間は通算契約期間に算入しない）

**法**　⓬　**職業訓練の実施等による特定求職者の就職の支援に関する法律**（特定求職者就職支援法）

【目的】**特定求職者**（雇用保険法の失業等給付を受給できない求職者であって，職業訓練等の就職支援を行う必要があると公共職業安定所長が認めた者）に対し，職業訓練の実

労働法規

施，職業訓練を受けることを容易にするための給付金の支給等の支援措置を講ずることにより，その職業及び生活の安定に資する。

□ 厚生労働大臣は，職業訓練を行う者の申請に基づき，当該職業訓練について，一定の基準に適合するものであることの**認定**をすることができる（**認定職業訓練**）。

□ 国は，公共職業安定所長が指示した認定職業訓練又は公共職業訓練等を特定求職者が受けることを容易にするため，**特定求職者**に対し**職業訓練受講給付金**を支給できる。

**法** **⓭ 青少年の雇用の促進等に関する法律**　　2-3 E

□ **青少年**について，**適性並びに技能及び知識の程度にふさわしい職業（適職）の選択**並びに**職業能力の開発及び向上に関する措置**等を総合的に講じ，雇用の促進等を図ることを通じて**青少年**がその有する**能力を有効に発揮**することができるようにし，もって福祉の増進を図り，あわせて経済及び社会の発展に寄与することが目的。

---

**！POINT**

**労働判例からの出題例**

○使用者は，業務の遂行に伴う疲労や**心理的負荷**等が過度に蓄積して労働者の心身の健康を損なうことがないよう注意する義務を負う（電通事件）（平25）。

○労働者が職種や業務内容を特定せず労働契約を締結した場合は，疾病等によって特定の業務についての労務の提供が十全にはできないとしても，**他の業務について労務の提供ができ，かつ，その提供を申し出ている**ならば，債務の本旨に従った履行の提供があると解するのが相当である（片山組事件）。　26-1 C

○**懲戒**するにはあらかじめ**就業規則**において懲戒の種別及び事由を定めておくことを要する（フジ興産事件）。　元-3 C　30-3 エ　26-1 A

○労働契約の内容である労働条件は，労働者と使用者との**個別の合意によって変更することができる**ものであり，このことは，就業規則に定められている労働条件を**労働者の不利益に**　29-1 B

**変更する場合であっても**，その合意に際して就業規則の変更が必要とされることを除き，**異なるものではない**と解される（山梨県民信用組合事件）。

**非正規労働者の格差是正に関する判例**

①　正職員に対する賞与（基本給×4.6月）は，正職員給与規則において必要と認めたときに支給すると定められているのみであり，……その支給実績に照らすと，算定期間における労務の対価の後払いや**一律の功労報償**，将来の労働意欲の向上等の趣旨を含むものと認められる。そして，正職員の基本給については，勤務成績を踏まえ勤務年数に応じて昇給するものとされており，**勤続年数に伴う職務遂行能力の向上に応じた職能給の性格**を有するものといえる上，おおむね，業務の内容の難度や責任の程度が高く，人材の育成や活用を目的とした人事異動が行われていた。これに対しアルバイト職員の職務の内容は相当に軽易であり，**人事異動は例外的かつ個別的な事情**により行われていた。**➡アルバイト職員に対する賞与の不支給は「不合理」に当たらない**（大阪医科（薬科）大学事件）。

②　正社員に対する退職金は，職務遂行能力や責任の程度等を踏まえた労務の対価の後払いや継続的な勤務等に対する功労報償等の複合的な性質を有するものであり，正社員としての職務を遂行し得る人材の確保やその定着を図るなどの目的から，様々な部署等で継続的に就労することが期待される正社員に対し退職金を支給することとしたものといえ……**契約社員Bは，売店業務に専従**していたものであり，両者の職務の内容に一定の相違があったことは否定できず，また，契約社員Bは，業務の場所の変更を命ぜられることはあっても，業務の内容に変更はなく，**配置転換等を命ぜられることはなかった。➡契約社員Bに対する退職金不支給は「不合理」とはいえない**（メトロコマース事件）。

③　郵便の業務を担当する者のうち，**正社員**には**夏期冬期休暇**を与えるが，**時給制契約社員**には夏期冬期休暇を与えないこ

とは，労働契約法20条にいう**不合理と認められるものに当たる**。➡休暇の取得の可否・日数は**勤続期間の長さで決まるものではない**こと，時給制契約社員は**業務の繁閑に関わらない勤務が見込まれている**こと等が考慮された（日本郵便事件）。

④　郵便の業務を担当する者のうち，正社員には**年末年始勤務手当**を支給し，時給制契約社員には支給しないことは，「**不合理**」と認められる。➡**業務の内容やその難度等に関わらず，所定の期間（12月29日から翌年1月3日まで）において実際に勤務したこと自体を支給要件とするもの**であり，その支給金額も，実際に勤務した時期と時間に応じて一律であるため。※**「継続的な勤務が見込まれる者」**に対する有給の病気休暇について，**契約社員は無給の休暇**としていることも争われた。**6か月契約の更新を繰り返す者が存する**ことなどから，この労働条件の相違も**「不合理」**とされた（日本郵便事件）。

⑤　郵便の業務を担当する者のうち，**正社員に対して年始期間の勤務に対する祝日給を支給**するが，**契約社員に対してこれに対応する祝日割増賃金を支給しない**ことは，「**不合理**」と認められる➡祝日給は通常の賃金の割増と解されるため。※また，正社員に対する**扶養手当**は「長期継続勤務の期待から生活保障・福利厚生を図り，**継続的な雇用を確保する目的がある**」と考えられ，**6か月（1年）契約の更新を繰り返す契約社員に扶養手当を支給しないことは「不合理」**とされた。

**【労働契約法20条（現在は削除されている）の概要】**

　有期契約労働者と無期契約労働者の労働条件の格差が問題となっていたこと等を踏まえ，有期契約労働者の公正な処遇を図るため，その労働条件につき，**期間の定めがあることにより不合理なものとする**ことを禁止したもの。「不合理」に当たるかどうかは，労働者の業務の内容及び当該業務に伴う責任の程度（「職務の内容」という），**当該職務の内容及び配置の変更の範囲その他の事情**が考慮される。

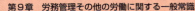

第9章 労務管理その他の労働に関する一般常識

# 第2 均等法，育児・介護休業法等

 **❶ 雇用の分野における男女の均等な機会及び待遇の確保等に関する法律（男女雇用機会均等法）**

☐ **性別を理由とする差別禁止事項**（選平15）

| 禁止規定 | ㋑募集・採用<br>㋺**配置**（業務の配分，権限の付与を含む），**昇進，降格，教育訓練**<br>㋩住宅資金の貸付その他これに準ずる**福利厚生**の措置<br>㊁**職種・雇用形態の変更**<br>㋭**退職の勧奨**，**定年・解雇・労働契約の更新** |

☐ **性別以外の事由を要件とする措置**（間接差別の禁止）

実質的に性差別となるおそれがある次の措置については，**合理的な理由**がある場合でなければ講じてはならない。

26-2 C

㋑労働者の**募集・採用**に当たり，労働者の**身長，体重**又は**体力**に関する事由を要件とすること

㋺労働者の**募集・採用，昇進，職種の変更**に当たり，**転居を伴う転勤に応ずることができる**ことを要件とすること

㋩労働者の**昇進**に当たり，**転勤の経験がある**ことを要件とすること

☐ **不利益取扱いの禁止等**（事業主は次の事項をしてはならない）

・**女性労働者**が婚姻し，妊娠し，出産したことを**退職理由として予定する定め**

・**女性労働者**が婚姻したことを理由とする**解雇**

3-4エ
27-2 A

・**女性労働者**が妊娠・出産したこと，労基法上の産前産後休業の取得，その他省令で定める事由（母性保護措置等）を理由とする**解雇その他不利益な取扱い**

※ 「妊娠中・産後1年以内の解雇」は，事業主が妊娠等を理由

労働法規

とする解雇でないことを証明しない限り，無効。

- □　独身者に対し住宅の貸与が男性のみとされている場合，代わりに女性には住宅手当を支給することは違法（平10）。
- □　**ポジティブ・アクション**（積極的差別是正策）

　　事業主が男女労働者間に事実上生じている格差の解消を目指し，積極的かつ自主的な取組み（ポジティブ・アクション）を行う場合には，**均等法に違反しない**（平11記）。なお，国は相談その他の援助を行うことができる。

- □　事業主は，母子保健法の規定による**保健指導，健康診査**を受けるための**必要な時間の確保，勤務時間の変更，勤務の軽減等**，必要な措置を講じなければならない（平20）。　30-4 E
- □　事業主は，職場における性的な言動に起因する問題に関して**雇用管理上必要な措置を講じなければならない。**
- □　セクシュアルハラスメント対策として**雇用管理上の措置を義務化**（男性，同性に対するセクハラも対象）（平20）。
- □　マタニティハラスメントの防止も義務化。
- □　事業主は，男女雇用機会均等推進者を選任するよう努めなければならない。
- □　**事業主**は，労働者から苦情の申出を受けたときは，**苦情処理機関**に対し苦情の処理をゆだねる等，**自主的な解決を図るよう努めなければならない。**
- □　都道府県労働局長は，労働者と事業主との紛争に関し，当事者の双方又は一方から**解決の援助**を求められたときは，必要な助言，指導又は勧告をすることができる。
- □　また，紛争（募集・採用を除く）について，その当事者の双方又は一方から調停の申請があった場合に必要があれば，**紛争調整委員会**に調停を行わせるものとする。
- □　紛争調整委員会は，**調停案を作成し**，関係当事者に対しその受諾を**勧告することができる。**
- □　**厚生労働大臣**は，事業主に対して**報告を求め，助言，指**

第9章　労務管理その他の労働に関する一般常識

導，**勧告**（勧告に従わなければ**公表**）することができる。

**法** **2** **育児休業，介護休業等育児又は家族介護を行う労働者の福祉に関する法律（育児・介護休業法）**

| 育児休業 | 介護休業 |
|---|---|
| 2-3A<br>□ 「育児休業」とは，労働者（**日々雇用**される者を除く）がその**子を養育するためにする休業**をいう。※休業開始予定日の繰上げは1回限り。 | □ 「介護休業」とは，**要介護状態**（**2週間以上**にわたり**常時介護**を必要とする状態）にある**対象家族を介護するためにする休業**をいう。*1 |
| □ **期間を定めて雇用される者**であっても，次の者は**育児休業（介護休業）**の申出をすることができる。 ||
| 子が**1歳6か月**に達する日までに，労働契約（更新される場合には，更新後の契約）が満了することが明らかでない者 | 介護休業開始予定日から起算して**93日**を経過する日から**6月**を経過する日までに，労働契約（更新される場合には，更新後の契約）が満了することが明らかでない者 |
| 29-2エ<br>□ 期間<br>　原則，**子が1歳**に達する日までの間で**2回**を上限として労働者が申し出た期間*2 | □ 期間<br>　対象家族1人につき，**通算93日**まで，**3回**を上限として労働者が申し出た期間 |

*1 **対象家族**……①配偶者（内縁含む），②父母，③子，④配偶者の父母，⑤祖父母・兄弟姉妹・孫

*2 次の場合，**1歳6か月**まで（更に延長した場合，最長**2歳**まで）の子について育児休業をすることができる。

　　労働者又は配偶者が，子の1歳到達日において**育児休業しており**，更に休業することが**雇用の継続のために特に必要と認められる場合**

　　（①保育所等における**保育の実施**を希望し，申込みを行っているが，子が1歳到達後も**実施が行われない場合**。②常態として子の養育を行っている配偶者が，子の1歳到達後も引き続き養育を行う予定であったが，死亡，負傷，疾病等により子を養育することが困難となった，子と同居しなくなった，

労働法規

産前6週間又は産後8週間を経過しない場合が該当する。）

また，**父と母が共に育児休業を取得する場合**，子が**1歳2** 28-2 B
**か月**に達するまで育児休業を取得することができる。

## ■ 育児・介護休業の申出拒否

| 育児休業 | 介護休業 |
|---|---|
| □ 事業主は，**原則として休業の申出を拒むことはできないが**，労使協定で定められた次の者については**拒否**できる。 | |
| ・雇用期間が**1年未満の者** <br> ・**1年（#は6月）以内に雇用関係が終了**することが明らかな者 <br> ・1週間の所定労働日数が**2日以下の者** | ・雇用期間が**1年未満の者** <br> ・**93日以内**に雇用関係が終了することが明らかな者 <br> ・1週間の所定労働日数が**2日以下の者** |
| #…1歳から1歳6か月まで，1歳6か月から2歳までの育児休業 | |

## ■ 出生時育児休業（産後パパ育休）

□ 労働者は，その養育する子について，事業主に申し出ることにより，**出生時育児休業**（育児休業のうち，原則として子の出生日から**8週間**を経過する日の翌日までの期間内に**4週間以内**の期間を定めてする休業）を取得できる。

□ **2回**まで**分割**することができ，日数は**28日**まで。

□ 期間雇用者は，その養育する子の出生日（原則）から起算して8週間を経過する日の翌日から6月を経過する日までに，その労働契約が満了することが明らかでない場合に限る。

## ■ 子の看護休暇・介護休暇

□ **小学校就学の始期に達するまでの子を養育する労働者**が事業主に申出➡**子の看護休暇**を取得することができる。

□ **要介護状態にある対象家族の介護等を行う労働者**が事業主に申出➡**介護休暇**を取得することができる。

□ いずれの休暇も，日数は1年度に**5労働日**（対象となる

475

第9章　労務管理その他の労働に関する一般常識

子又は対象家族が2人以上なら，**10労働日**）まで。**時間単位**の取得も可能。

■　**不利益取扱いの禁止**

□　**事業主は**，労働者が**育児（介護）休業の申出**をし，又は**育児（介護）休業をしたことを理由**として，労働者に対して**解雇その他不利益な取扱いをしてはならない。**

■　**所定外労働，時間外労働，深夜業の制限**

（いずれも，日々雇用される者等，一定の者を除く）

□　3歳未満の子を養育する労働者，要介護状態にある対象家族を介護する労働者**➡所定外労働**の制限を請求できる。

□　事業主は，**小学校就学の始期**に達するまでの子を養育する労働者\*であって，一定の者が請求したときは，**制限時間**（月24H，年150H）**を超えて労働時間を延長してはならない**（事業の正常な運営を妨げる場合を除く）。

\*　要介護状態にある対象家族を介護する労働者も同様。

□　事業主は，**小学校就学の始期に達するまでの子**を養育する労働者又は**要介護状態にある対象家族**を介護する労働者が**請求**した場合には，**深夜**（**午後10時から午前5時までの間**）**に労働させてはならない。**

■　**事業主が講ずべき措置**

□　事業主は，あらかじめ，育児・介護休業中の待遇，休業後の賃金・配置等の労働条件などに関する事項を定め，これを労働者に**周知**させるための措置を講じる（努力義務）。また，**ハラスメント防止措置**を講じる（義務）。

4-4B

□　常時雇用する労働者が**1,000人超え**の事業主**➡毎年1回**，**男性の育児休業取得率**を公表（義務）。

□　均等法と同様，苦情の自主的解決（努力義務規定），都道府県労働局長による解決の援助，調停の規定がある。

**法**　**③　短時間労働者及び有期雇用労働者の雇用管理の改善等に関する法律**

労働法規

□　短時間労働者（有期雇用労働者）の**就業規則を作成・変更**する際の**短時間労働者（有期雇用労働者）の過半数代表者の意見聴取**（努力規定）

□　**短時間・有期雇用管理者**の選任（**努力**規定）（平12，17）
➡常時10人以上の短時間・有期雇用労働者を雇用する事業所ごとに選任

□　事業主は，その雇用する短時間・有期雇用労働者の**基本給，賞与**その他の**待遇のそれぞれ**について，当該待遇に対応する通常の労働者の待遇との間において，当該短時間・有期雇用労働者及び通常の労働者の業務の内容及び当該業務に伴う責任の程度（以下「**職務の内容**」という），当該職務の内容及び配置の変更の範囲その他の事情のうち，当該**待遇の性質**及び当該**待遇を行う目的**に照らして適切と認められるものを考慮して，**不合理と認められる相違を設けてはならない。**

4-4E
3-4I
2-3B

□　**通常の労働者と同視すべき短時間・有期雇用労働者**＊
➡短時間・有期雇用労働者であることを理由として，基本給，賞与その他の待遇のそれぞれについて，**差別的取扱いをしてはならない**（平20）。

＊　**通常の労働者と同視すべき短時間・有期雇用労働者**……**職務内容同一短時間・有期雇用労働者**＊＊で，当該事業主との雇用関係が終了するまでの全期間における人材活用の仕組み（人事異動の有無や範囲）が通常の労働者と同じであると見込まれるもの。

＊＊　**職務内容同一短時間・有期雇用労働者**……職務の内容（業務の内容及び責任の程度）が当該事業所に雇用される通常の労働者と同一である短時間・有期雇用労働者

■　**通常の労働者と同視すべき短時間・有期雇用労働者以外の短時間・有期雇用労働者の賃金，教育訓練，福利厚生**

□　**賃金**は，通常の労働者との均衡を考慮し，職務の内容，

第9章　労務管理その他の労働に関する一般常識

成果, 意欲, 能力, 経験等を勘案して決定する（**努力規定**）。

☐　通常の労働者との均衡を考慮し, 職務の内容, 成果, 意欲, 能力, 経験等に応じて教育訓練を行う（**努力規定**）。

☐　通常の労働者が従事する職務の遂行に必要な能力を付与するための教育訓練については, **職務内容同一短時間・有期雇用労働者**に対しても, 実施する（義務規定）。

☐　健康の保持又は業務を円滑にするための福利厚生施設について, 利用の機会を与える（義務規定）。

■　**労働条件に関する文書の交付**

☐　事業主は, 短時間・有期雇用労働者を雇い入れたときは, 速やかに, 労働条件に関する事項のうち労基法の書面による明示事項以外の一定の事項（**特定事項**）を文書の交付等により明示**しなければならない**。

☐　上記の「特定事項」とは, ①昇給の有無, ②退職手当の有無, ③賞与の有無, ④雇用管理の改善等に関する事項に係る相談窓口とされている。

☐　労基法の書面明示事項, 上記の明示事項以外についても, **文書の交付等により明示**するように**努めること**。

■　**事業主が講ずる措置の内容等の説明**

☐　短時間・有期雇用労働者を雇い入れたとき➡速やかに, パートタイム・有期雇用労働法により措置を講ずべきこととされている一定の事項（労基法の書面による明示事項及び特定事項を除く）に関し講ずることとしている**措置の内容**について, 説明**しなければならない**。

☐　雇用する**短時間・有期雇用労働者から求めがあったとき**➡パートタイム・有期雇用労働法により措置を講ずべきこととされている一定の事項に関する**決定をするに当たって考慮した事項**について, 説明**しなければならない**。

■　**その他**

☐　短時間・有期雇用労働者の雇用管理の改善等に関する事

478

項に関し，雇用する**短時間・有期雇用労働者からの相談に
応じ，適切に対応するために必要な体制の整備**（**義務**規
定）。➡体制整備の例：相談担当者を決めて対応させるなど

□　**通常の労働者への転換**を推進するための措置（**義務**規定）

□　均等法と同様に「苦情の自主的解決（努力規定）」，「都道
府県労働局長による解決の援助」，「調停」の規定がある。

**法**　**❹　次世代育成支援対策推進法**

□　次世代育成支援対策に関し，基本理念を定め，
国・地方公共団体・事業主・国民の責務を明らかにすると
ともに，行動計画策定指針，地方公共団体・事業主の行動
計画の策定などの事項を定め，その対策を迅速かつ重点的
に推進➡次代の社会を担う子どもが健やかに生まれ，かつ
育成される社会の形成に資することが目的。

□　**令和７年３月31日まで**の時限立法。　27-2 D

□　常時雇用労働者数が**100人を超える一般事業主**には，**一　30選
般事業主行動計画**の策定，策定・変更時の厚生労働大臣へ　26選
の届出，公表及び労働者への周知の**義務**がある。

**法**　**❺　女性活躍推進法**　元選

□　女性の職業生活における活躍が一層重要となって
いることに鑑み，**男女共同参画社会基本法の基本理念**に
のっとり，所定の事項を定めることにより，女性の職業生
活における活躍を迅速かつ重点的に推進し，もって**男女の
人権が尊重**され，かつ，社会経済情勢の変化に対応できる
**豊かで活力ある社会**を実現することが目的。

□　**令和８年３月31日まで**の時限立法。

□　常時雇用労働者数が**100人を超える**一般事業主には，**一
般事業主行動計画**の策定，策定・変更時の届出，公表，労
働者への周知の**義務**がある。

□　定期的な情報の公表義務があるのは，常時雇用労働者数　29-2 オ
が300人を超える一般事業主である。

# 第9章 労務管理その他の労働に関する一般常識

## 第3 賃金関係法規

### 法 ❶ 最低賃金法

29-2ア

☐ 最低賃金額は，時間によって定めるものとする。

☐ 使用者は，最低賃金の適用を受ける労働者に対し，その最低賃金額以上の賃金を支払わなければならない。

☐ 最低賃金額に達しない賃金を定める労働契約は，その部分については無効（最低賃金と同様の定めをしたものとみなす）（平20選）。

☐ 最低賃金額に算入しないもの

　・1月を超える期間ごとに支払われる賃金

　・通常の労働時間又は労働日以外の賃金　等（平13）

5選 ☐ 都道府県労働局長の許可を受けたときは，次の労働者については，定められた最低賃金額から，最低賃金に労働能力その他の事情を考慮して厚生労働省令で定める率を乗じて得た額を減額した額による賃金を支払えばよい〔最低賃金の減額の特例〕。

　・精神又は身体の障害により著しく労働能力の低い者

　・試の使用期間中の者

　・一定の職業訓練を受ける者

　・軽易な業務に従事する者など

☐ 最低賃金の適用を受ける使用者は，最低賃金の概要を労働者に周知させるための措置を採らなければならない。

■ 地域別最低賃金（平24選）

☐ 地域における労働者の生計費，賃金，通常の事業の賃金支払能力を考慮して定められなければならない（平21）。

☐ 労働者の生計費を考慮するに当たっては，労働者が健康で文化的な最低限度の生活を営むことができるよう，生活保護に係る施策との整合性に配慮するものとする。

労働法規

（**厚生労働大臣又は都道府県労働局長**は，一定の地域ごと
に，中央最低賃金審議会又は地方最低賃金審議会の調査審
議を求め，その意見を聴いて，地域別最低賃金を決定する）

□ 派遣労働者には**派遣先**の地域別最低賃金を適用（平21）。　元-4 A

■ **特定最低賃金**

□ **労働者又は使用者の全部又は一部を代表する者**は，厚生
労働大臣又は都道府県労働局長に対し，**一定の事業，職業
に係る最低賃金**（**特定最低賃金**）の決定，又は現に適用さ
れている特定最低賃金の**改正若しくは廃止の決定**をするよ
う申し出ることができる。

**ポ** □ 地域別最低賃金額以上の賃金を支払わなかった場　26-2 D
合，最賃法40条により50万円以下の罰金を適用。

なお，特定最低賃金額以上の賃金を支払わなかった場合
は**労基法**の賃金全額払い違反（30万円以下の罰金）。　5選

**法** ❷ **賃金の支払の確保等に関する法律**

□ ・**貯蓄金の保全措置**……**強行**規定（平13，17）
・**退職手当の保全措置**……**努力**規定

**過** □ 事業主は，**毎年３月31日**における受入預金額につ
いて，**同日後１年間を通ずる貯蓄金の保全措置**を講じ
**なければならない**（平４）。

**法** □ 事業主が，退職労働者の**賃金**（**退職手当を除く**）
の全部又は一部をその**退職日**（**又は支払期日**）までに
支払わなかった場合，退職日の翌日から支払日までの期間
について**年14.6%の遅延利息**の支払が必要。

□ **未払賃金の立替払**とは，**労働者災害補償保険**の適用事業
の事業主（**１年以上継続していること**）が破産手続開始の
決定を受けた等の理由で，<sup>(注1)</sup>**一定期間内**に退職した者に係る
未払賃金があるとき➡労働者の請求により，**政府が未払賃**<sup>(注2)</sup>
**金の一部**を事業主に代わって（社会復帰促進等事業として）
弁済することをいう。

481

第9章　労務管理その他の労働に関する一般常識

（注1）　破産手続開始の申立等のあった日の**6月前から2年間**。

（注2）　**原則，未払賃金総額の8割**。ただし，基準退職日において〔30歳未満は**110万円**，30歳以上45歳未満は**220万円**，45歳以上は**370万円**〕の**8割が限度**（平14）。また，未払賃金総額が**2万円未満**の場合には，立替払は行わない。

**法**　**❸　勤労者財産形成促進法**

□　**勤労者財産形成貯蓄契約**

・払込期間…**3年以上**　・預入れから**1年間**，払出不可。

□　**勤労者財産形成年金貯蓄契約**
　　**勤労者財産形成住宅貯蓄契約**

・契約者…**55歳未満**　・払込期間…**5年以上**

※　年金貯蓄契約は，同時に2つ以上契約できない。

**法**　**❹　中小企業退職金共済法**

□　**中小企業者**が対象。

□　すべての従業員の包括加入が，当該契約の締結の原則であるが，次の者については，その適用を除外できる。

①期間を定めて雇用，②季節的業務に雇用されている者，③試用期間中の者，④現に退職金共済契約の被共済者，⑤共済契約解除の日から1年経過していない者　等

□　退職金共済制度，特定業種退職金共済制度の運営は，**独立行政法人勤労者退職金共済機構**が行う（平17）。

□　退職金共済契約の掛金月額は，**5千円**（短時間労働被共済者は**2千円**）**以上3万円以下**でなければならない。

□　勤労者退職金共済機構は，被共済者が退職したときは，退職金を支給する。ただし，掛金納付月数が12月未満のときは支給しない。

□　退職後**3年以内**に，退職金を請求せずに再就職し被共済者となった場合には，その者の申出により，掛金納付月数が**12月以上**（一定の場合には，12月未満でも可）のものを通算することができる。

482

## 第9章 労務管理その他の労働に関する一般常識

# 第4 集団的労働法規

**法** **1 憲法（28条）**（平14, 21選）

① **団結権，団体交渉権，団体行動権**の保障

② この労働3権の保障から，**労働組合法，労働関係調整法**が設けられている。

**法** **2 労働組合法**（平14選）

【目的】・労働者の地位の向上 ・労働者が**自主的**に組合を組織し**団結，団体交渉**することを擁護し，助成すること

□ 労働組合法上の**労働組合に該当しないもの**（平6）

㋑**役員，人事権を有する労働者，使用者の利益を代表する者等の参加**を許すもの（実質の権限から判断）

㋺**経理上の援助**を受けるもの

ただし，次のものは，経理上の援助には当たらない。

・**労働時間中**の使用者との**協議**に対し**賃金**を支払うこと
・**福利**や使用者の**寄附** **チェックオフ**
・**最小限**の広さの**事務所**の供与

㋩**福利事業**のみ又は主として**政治的活動**を目的にするもの

□ 労働組合法上の**労働者**とは，職業の種類を問わず，賃金，給料その他これに準ずる**収入によって生活する者**をいう（**失業者**も含まれる）（平23）。

□ 次のものは，**不当労働行為**として**禁止**されている。

① 労働者が組合員であること，組合に加入，結成しようとしたこと等を理由に**解雇，不利益な取扱**をすること

② 労働者が労働組合に加入せず又は脱退することを条件として雇用すること（**黄犬契約**）

③ 使用者が正当な労働者の代表者との**団体交渉を正当な理由がなくて拒む**こと 等

□ 複数の組合が併存する場合，**それぞれ**が使用者との団体

第9章 労務管理その他の労働に関する一般常識

交渉権を有する。使用者は**それぞれの組合**と団体交渉を行う義務を負う（平23, 25）。

□ **正当な同盟罷業**その他の**争議行為**で損害を受けても，使用者は，それを理由に**賠償請求できない**（平15）。

□ 労働協約は，書面に作成し，組合と使用者の署名又は記名押印によって効力を生ずる（平18, 23）。

□ 労働協約の有効期間は3年以内（3年超えの期間を定めたときは，3年の定めをしたものとみなす）。

□ **有効期間のない労働協約**は，当事者の一方が，署名し又は記名押印した文書によって，少なくとも90日前に予告することで，解約できる。

30-4 A □ 一の工場事業場で4分の3以上の常用労働者に一の労働協約の適用→他の同種の労働者にも適用（平13, 23）。

ポ □ **労働協約**中の「労働条件その他の労働者の待遇に関する基準」は，個々の労働契約を直接規律する規範的効力を有する（平11記）。

法 **3 労働関係調整法**

□ 争議行為の発生時に，当事者は，**直ちに**その旨を**労働委員会又は都道府県知事**に届け出なければならない。

□ **公益事業**が争議行為をするには，開始日の10日前までに**労働委員会及び厚生労働大臣**又は**都道府県知事**にその旨を通知しなければならない。

!POINT

### 労働争議の調整手続（平9, 12）

| | |
|---|---|
| あっ旋 | ・解決に努める手続（法12条）<br>・当事者の**双方又は一方の申請**，労働委員会の会長の**職権**に基づき開始 |
| 調停 | ・調停案の作成，**受諾の勧告**（法18条）<br>・当事者の**双方からの申請**，労働協約の定めに基づく**双方又は一方からの申請**，公益事業につき労働委員会の**職権**に基づく決議等により開始 |
| 仲裁 | ・**当事者双方に拘束力を有する**（法30条）<br>・当事者の双方からの申請，**労働協約**の定めに基づく**双方又は一方からの申請**による |

484

第9章　労務管理その他の労働に関する一般常識

# 第5 労務管理

## ❶ 総　論【労務管理の目的】

労務管理は，企業が成長するための根幹となる「人」を管理することにより，生産性向上，利益の確保等を図ることを目的としている。

### □　我が国の従来の労務管理の特色

①終身雇用制　②年功序列賃金　③企業別労働組合*

＊　労働組合の推定組織率（令和5年は16.3％）は低下傾向にあるが，パートタイム労働者の組合員数は増加傾向にある。

## ❷ 労務管理の沿革

### □　科学的管理法とは？

・F. W. テーラーが提唱した管理法（平13選）。

・（差別）出来高払制の採用（平7）

### □　人間関係論（人間関係管理）とは？

1924年〜1932年のアメリカのホーソン工場での実験を契機に労務管理に導入された理論。メーヨー教授，レスリスバーガー教授らによる。人間性重視の理論（平15）。インフォーマル組織での人間関係が，モラール（勤労意欲）の向上に影響を与え，モラールの向上が生産性向上に役立つ。

### □　行動科学とは？

モチベーション（動機づけ）のための理論。

① 　欲求5段階説……〔マズローが提唱〕

人間の欲求は，生理的→安全→社会的→自我→自己実現の欲求と，より高次のものへと移行。

② 　動機づけ衛生要因理論……〔F. ハーズバーグが提唱〕

満足要因（仕事内容，達成感，責任等）を動機づけ要因とし，不満足要因を衛生要因とした。

485

第9章　労務管理その他の労働に関する一般常識

③　X理論（人間性悪説），Y理論（人間性善説）
　　　　　　　　　……〔D．マグレガーが提唱（平12選）〕
　Y理論にもとづく労務管理を主張。

**3 人事考課**（平12選）

☐　**人事考課**とは？
・従業員の能力，適性，勤務実績等を客観的に評価し，**教育訓練，昇進・昇格，昇給，人事異動**等の資料にする。
・**客観的に評価**し，考課期間を限定し，複数の能力のある考課者で対応することが肝要である。
・**陥りやすい傾向**　①ハロー効果（一部の印象で全体を判断する）　②寛大化傾向（実際の成績より甘く評価する）（平12選）　③中央化傾向（評価に差が出ない）
・自己申告制，**ヒューマン・アセスメント**で補う。

☐　自己申告制
　従業員自身が自己の能力，適性，希望職種等を申告する制度で，能力開発，動機づけ等に役立つ（平13）。

☐　**ヒューマン・アセスメント**
　特別に訓練を受けた**アセッサー**（観察者）が行う。**従業員の潜在能力等を発見**し，従業員の適性把握に役立てる。

**4 賃金管理**

**[賃金額管理]**

☐　**総額賃金管理**
　諸経費のうち**適正人件費**が占める割合を計画し維持。

☐　**昇給基準線**
　新規学卒者が定年に至るまで勤務した場合に，標準の成績の者の昇給が毎年どのように上昇していくかを表にした賃金曲線。定期昇給の**あるべき姿**を示したもの（平7記）。

**[賃金体系管理]**（平8，9記）

☐　賃金体系とは，個々の従業員の賃金支払基準を決定するための仕組み。所定内給与，所定外給与に区分される。

労務管理

□ **基本給**……（賃金体系の中で最も重要なもの）

┌─**仕事給**……仕事の種類，内容，能力を基準に決定

├─**属人給**……労働者の年齢等の属性を基準に決定

└─**総合決定給**……上の２つを総合的に判断して決定

□ **職務給**

　仕事給の中に属するもの。「**同一労働・同一賃金**」の原則が成り立つ。配置転換の多い日本で，そのまま採用するのは困難さを伴い，現実には妥協の産物である**範囲職務給**（レンジレート。同じ職務に就いていても，仕事ぶりや熟練度によって賃金に幅を設ける制度）が主流（平７記）。

**ポ**　□ 職務給の導入には，**職務分析，職務評価**が不可欠。

　　□ **職務分析**とは？

　職務の内容や資格要件等の特色を分析し，他の職務との違いを明らかにすること。結果は，**職務記述書**に記入。**面接法，質問紙法，観察法，体験法**等の方法による。

□ **職務評価**とは？

　職務分析を基に，その職務の**相対的価値を判定**すること。

　非量的評価方法である**序列法，分類法**，量的評価方法である**点数法，要素比較法**等の方法による。

□ **職能給**

　仕事給の中に属するもの。従業員の「**職務遂行能力**」により決定される賃金。「**同一能力・同一賃金**」の考え方。

[**賃金形態管理**]

□ 賃金がどのような単位の下で計算されているかによる分類を**賃金（支払い）形態**という。日給制，月給制のような**定額制**と**出来高制**に分けられる（平10記）。

[**退職金の管理**，その抑制措置]

□ 退職金の算定基礎の変更

　①**別テーブル方式**……**賃金とは別に**，固定化した算定基礎給を設け，これに勤務年数等に応じた支給率を乗じて退職

487

金を算定（従来の主流は，退職時賃金×支給率）。

②**ポイント制退職金制度**……入社から退職まで，**職能資格**により**一定の点数**を定め，各資格の在任年数に応じた累積点に1点あたりの単位を乗じて退職金を算定。

□　支払金額の平準化

①退職金の**年金化**　②企業年金（**確定拠出年金，自社年金**）の活用

**5**　**教育訓練，能力開発**

□　**OJT（職場内訓練）**

職場内で上司・先輩が部下に，**日常の仕事を通じて必要な知識・技能・仕事への取組み等を教育する**こと。**【長所】**は，労働時間内に行うことができる，費用がかからない等。**【短所】**は，監督者が技術不足だと成果があがらない，業務が忙しいと教育時間がない　等。

□　**Off-JT（職場外訓練）**

**職場を離れて**，職務遂行の過程外で行われる教育。集合教育，通信教育，講習会など。**【長所】**は，体系的，専門的指導で，効率的に教育できる等。**【短所】**は，費用がかかる，単に知識だけが与えられる　等。

□　**教育訓練の技法**には，**MTP**（中間管理者層を対象），**TWI**（第一線監督者層を対象）などがある（平6**記**）。

**6**　**人間関係管理**

□　ホーソン実験に基づく人間研究の成果を労務管理に適用し，モラールを形成しようとする管理などを指す。

　　［人間関係管理の手段］

①**労使協議制**（平10**記**）　②**職場懇談会**

③**苦情処理委員会**　④**カウンセリング**　⑤**社内報**

⑥**提案制度**［業務改善，設備改善等，従業員から改善案を提出させ，優秀な案は採用したり，賞金等を出す］

⑦**自己申告制**（●P486参照）　⑧**目標管理**［従業員自身が

労務管理

自己の目標を設定し，計画，統制し，達成に努力する〕

⑨**小集団活動**〔職場内の問題点を，少人数の集団が**自主的**に改善しようとする活動。**QCサークル活動**（品質管理），**ZD運動**（欠点ゼロ）等があり，**生産性向上，コストダウン**の効果が期待されている。〕

⑩**従業員意識調査〈モラール・サーベイ〉**〔従業員の**勤労意欲**や経営に対する意見等を把握するための手法〕

**7　労使関係管理**

□　**ショップ制**

　労働組合の組合員資格と従業員としての資格の関係を定める制度。**ユニオン・ショップ制，クローズド・ショップ制，オープン・ショップ制**などがある。

〔その他の重要用語〕

| | |
|---|---|
| □ **ユニオン・ショップ制** | 雇用する際は，組合員であるかは問わないが，一度雇用されると，労働組合に加入しなければならず，**組合から除名，脱退したときは解雇される**制度。我が国の半数強の労働組合が採用。 |
| □ **法定福利費** | 健康保険・介護保険・**厚生年金保険**・雇用保険の保険料事業主負担分など，法律で義務づけられている支出。 |
| □ **法定外福利費**（平8記） | 福利厚生のために企業が支出する経費のうち，企業が任意に支出するもの。 |
| □ **労働分配率** | 付加価値に占める**人件費**の割合。不況時に上昇傾向を示す（平6，9記）。 |
| □ **カフェテリア・プラン** | 企業が設定した複数の福利厚生メニューの中から，従業員自身に選択させる。 |
| □ **インターンシップ** | 在学中の就業体験。産学連携による人材育成の手法。 |
| □ **成果主義的賃金（制度）**（平23選） | 業績や実績等の**成果の達成度**を基準として，基本給を決定する賃金制度。客観性や公平性をもった業績等の評価基準を確立 |

元-1C
28選

第9章　労務管理その他の労働に関する一般常識

l，従業員の納得を得ていく必要がある。

□ **キャリアコンサ
ルティング**
（平15）

労働者が，その**適性**や**職業経験等に応じ
て自ら職業生活設計を行い**，これに即した
**職業選択**や**職業訓練の受講等**の職業能力開
発を効果的に行うことができるよう，労働
者の希望に応じて実施される相談をいう。

□ **テレワーク**
（平15）

情報通信ネットワークを活用して，時間
と場所に制約されることなくいつでもどこ
でも仕事ができる働き方をいい，**在宅勤務**，
**サテライトオフィス勤務**，**モバイルワーク**，
**ＳＯＨＯ**がある。

□ **専門職制度**

部長，課長といったライン組織とは別に
専門家・スペシャリストとして人事処遇を
与える制度。

□ **資格制度**

各人の能力を主とする格付け。一定の資
格を設け，昇格，賃金決定等の基準にする
制度。〔属人的な資格から職能資格へ〕

□ **ワーク・シェア
リング**（平13選）

仕事の分かち合い。個々人の労働時間短
縮につながり，雇用者増をももたらす。

□ **役職（管理職）
定年制**

一定年齢で役職，管理職等のポストから
退き，専門職などに異動する制度。組織の
活性化，人材の育成が主なねらい。

□ **組織の活性化**

組織そのものへの介入によって，組織に
活力を与えること。目標管理，小集団活動
の導入，課制廃止，**組織開発**，プロジェク
トチーム制が主要な施策。

□ **キャリア・パス**

昇進を含めた配置異動のルートと異動の
際の基準・条件をいう。その基準をクリア
しないとその職位，職務に就けない。

□ **ジョブ・カード**

自分の職業能力・意識を整理できるキャ
リア形成支援ツールで，求職活動等に活用
できる。

第 **10** 章

# 社会保険に関する一般常識

# 第10章 社会保険に関する一般常識

第1

# 国民健康保険法

## 【法1条, 2条】 目 的

3-9 A
29選
① この法律は, 国民健康保険事業の健全な運営 を確保し, もって 社会保障 及び 国民保健の向上 に寄与することを目的とする (平10)。

29選
② 国民健康保険では, 被保険者の 疾病, 負傷, 出産又は 死亡 に関して必要な保険給付を行う。

## □ 保険者 (平25)

① 都道府県, 市町村・特別区

4-8 A
2選
28-6 ア
② 国民健康保険組合………15人以上の発起人が規約を作成し, 組合員となるべき者300人以上の同意, 都道府県知事の認可を受けて設立 (平21)。〔同種の事業又は業務に従事し, 当該地区内に住所を有する者で組織する法人〕

## □ 国, 都道府県及び都道府県の義務

① 国は, 保健, 医療及び福祉に関する施策等を積極的に推進する。

元選
30-10 E
② 都道府県は, 安定的な財政運営 など国民健康保険事業の健全な運営について中心的な役割を果たす。

③ 市町村は, 被保険者の資格取得・喪失に関する事項, 保険料の徴収, 保健事業の実施等の事業を適切に実施する。

3-7 A
## □ 被保険者

① 都道府県等が行う国民健康保険の被保険者 (平20)
……その区域内に住所を有する者は, 法律上当然に被保険者となる。ただし, 次の者は除く (平23)。
・健康保険法, 船員保険法, 国家公務員共済組合法, 地方公務員等共済組合法, 私立学校教職員共済法の規定による被保険者等とその被扶養者

社会保険法規

　　　・健康保険の日雇特例被保険者手帳の交付を受け，その手
　　　　帳に印紙を貼る余白がある者とその被扶養者
　　　・**高齢者医療確保法の被保険者**
　　　・**生活保護法による保護**を受けている世帯に属する者　　3-7B
　　　・**国民健康保険組合の被保険者**，その他
② **国民健康保険組合の被保険者**
　　……組合員及び組合員の世帯に属する者（上記適用除外
　者を除く）は，国民健康保険組合の被保険者（平19）。

**ポ**　□　国民健康保険には**被扶養者という概念はないが**，
　　　**退職被保険者に限り**認められている（平19）。

**法**　□　被保険者の属する世帯の**世帯主（組合員）**は，被
　　　　保険者の資格得喪の届出をしなければならない（原則
　14日以内）。

□　**世帯主（組合員）**は，市町村（組合）に対し，その世帯
　に属するすべての被保険者に係る**被保険者証の交付**を求め
　ることができる。

　※　特例……修学のため親元から離れて暮らす学生は，親元の
　　　世帯に属する者とみなされ，**親元の市町村の適用**を受ける。

□　被保険者記号・番号等について**告知要求制限**の規定が設　健保3-5A
　けられている（具体例；本人確認書類として被保険者証の
　提示を受ける者→記号・番号等の書写し不可）。

□　**被保険者資格証明書**
　㋑　世帯主（組合員）が**保険料を滞納**し，納期限から原則
　　として**1年間**が経過しても納付しない場合には，市町村　28選
　　（組合）は，世帯主（組合員）に対し**被保険者証の返還を**
　　**求め**，その代わりに**被保険者資格証明書**を交付する（世
　　帯に，18歳到達年度末までの被保険者がいるときは，別　元-9B
　　に「18歳到達年度末までの被保険者に係る有効期間を6
　　月とする被保険者証」も交付する）（平18）。
　㋺　市町村（組合）は，被保険者資格証明書の交付を受け

493

第10章　社会保険に関する一般常識

ている世帯主（組合員）が，①滞納している保険料を**完納したとき**，又は②滞納額の**著しい減少**，③**災害その他政令で定める特別の事情**があると認めるときは，世帯主（組合員）に対し，**被保険者証を交付**する。

□　市町村（組合）は，被保険者証，被保険者資格証明書の有効期間を定めることができる。国民健康保険の保険料等又は国民年金の保険料を滞納している世帯主等の被保険者証については，特別の有効期間（通常より短い有効期間）を定めることができる。

28-6イ　□　国民健康保険事業の運営に関する重要事項を審議するため，**都道府県**，**市町村**に 国民健康保険運営協議会 を置く（平19）。

■　**保険給付**

26-7B～D　□　**保険給付の種類**

法定必須給付 ……療養の給付，入院時食事療養費，入院時生活療養費，保険外併用療養費，療養費，訪問看護療養費，**特別療養費**，移送費，高額療養費等

元-6B　法定任意給付 ……出産育児一時金，葬祭費，葬祭の給付

任 意 給 付 ……傷病手当金，その他

□　**療養の給付**の範囲は，健康保険と同じ。

**一部負担金**

| ⓐ | 義務教育就学以後70歳までの者 | 10分の3 |
|---|---|---|
| ⓑ | 義務教育就学前の者*1 | 10分の2 |
| ⓒ | 70歳以上の者（ⓓを除く） | 10分の2 |
| ⓓ | 70歳以上の現役並み所得者*2 | 10分の3 |

＊1　**義務教育就学前の者**とは……6歳に達する日以後の最初の3月31日以前である者をいう。

＊2　**現役並み所得者**とは……療養の給付を受ける者の属する世帯に属する被保険者（70歳以上の者に限る）について，課税所得が145万円以上の者をいう。ただし，収入の

社会保険法規

額が520万円（単独世帯は383万円）に満たない場合は，原則として申請により２割負担となる。

※　市町村及び組合は，**条例**，**規約**で，**一部負担金の割合を引き下げ**，又は特別の理由があれば一部負担金の減額，免除，徴収を猶予することができる。

□　**特別療養費**

　　市町村及び組合は，被保険者資格証明書（●P493参照）の**交付**を受けている場合に，被保険者が保険医療機関等で療養（指定訪問看護を含む）を受けたときは，**世帯主又は組合員**に対し，その療養に要した費用について，**特別療養費**を支払う。

元-6 A
26-7 A

**ポ**　□　被保険者資格証明書を受けている間は，**療養の給付**は行われず，**入院時食事療養費**，**入院時生活療養費**，**保険外併用療養費**，**療養費**，**訪問看護療養費**も支給されない（特別療養費が支給される）。

□　特別療養費は，償還払いされる**現金給付**である。

□　市町村及び組合は，**特定健康診査等**を行うものとするほか，これらの事業以外の事業であって，**健康教育**，**健康相談**及び**健康診査**並びに**健康管理**及び**疾病の予防に係る被保険者の自助努力についての支援**その他の被保険者の健康の保持増進のために必要な事業を**行うように**努めなければならない。

□　市町村及び組合は，被保険者の療養のために必要な**用具の貸付け**その他の被保険者の療養環境の向上のために必要な事業，保険給付のために必要な事業，被保険者の療養又は出産のための費用に係る**資金の貸付け**その他の必要な事業を**行うことができる**。

□　診療報酬の審査及び支払いに関する事務は，国民健康保険団体連合会*又は社会保険診療報酬支払基金に委託することができる。

＊　診療報酬の審査・支払い，保険者間の連絡，保健事業，資金の融資，病院の経営，第三者行為求償事務の実施などを

4-8 E

495

第10章　社会保険に関する一般常識

元-6D　　行っている。設立の認可は，**都道府県知事**が行う（平21）。

□　診療報酬請求書の審査を行うため，都道府県の区域を区域とする連合会に，国民健康保険診療報酬審査委員会を置く。委員は，**都道府県知事**が委嘱する（平21）。

□　**保険給付の制限**（法59条〜63条の２）

| 制　限　事　由 | 制　限　内　容 |
|---|---|
| ①　被保険者が**少年院**などに収容されたとき，**刑事施設等**に拘禁されたとき。 | その期間の療養の給付等は**行わない**。 |
| ②　被保険者が**自己の故意の犯罪行為**により，又は**故意**に疾病にかかり，又は負傷したとき。 | 療養の給付等は**行わない**（平22）。 |
| ③　被保険者が**闘争，泥酔**又は**著しい不行跡**によって疾病にかかり，又は負傷したとき。 | 療養の給付等の**全部又は一部**を行わないことができる（平22）。 |
| ④　正当な理由がなく療養に関する指示に従わないとき。 | 療養の給付等の**一部**を行わないことができる。 |
| ⑤　保険者の行う強制診断等に，正当な理由がなく従わないとき。 | 療養の給付等の全部又は一部を行わないことができる。 |
| ⑥　世帯主又は組合員が**保険料を滞納**しており，かつ，**1年6月間**が経過しても納付しないとき（滞納につき災害その他特別の事情があると認められる場合を除く）（平9，15） | 保険給付の全部又は一部の支払を**一時差し止める。**<br>※　保険者は，**1年6月間**が経過していない場合にも，保険給付の全部又は一部の支払を差し止めることができる。 |

3-7C（④の行）

2-10B　□　被保険者資格証明書の交付を受け，上記⑥の適用を受ける者が，なお滞納分を納付しない場合，一時差止めに係る保険給付の額から**滞納保険料を控除**することができる。

4-10B　□　**医療保険各法**から医療に関する給付を受けることができる場合や**介護保険法**から国保の療養の給付等に相当する給付を受けることができる場合等には，その傷病について国保の療養の給付等は行わない（法56条1項）。

□　被保険者が日本国外にあるときに受けた療養は，保険給

496

付（療養費）の対象となる。

□ **不正利得の徴収**（法65条）

| 不 正 事 由 | 徴 収 内 容 |
|---|---|
| ① 偽りその他**不正行為**により保険給付を受けた者があるとき。 | 給付の価額の全部又は一部を徴収することができる。 |
| ② ①で保険医等が診断書に**虚偽の記載**をしたとき。 | 保険医等に対し，保険給付を受けた者と**連帯**して徴収することができる。 |
| ③ 保険医療機関又は指定訪問看護事業者が**不正行為**により療養の給付の費用等の支払いを受けたとき。 | **支払額の返還**と，返還額の**100分の40**の金額を支払わせることができる。 |

■ **費用の負担**

□ **国の負担**

　㋑ **組合に対する事務費の負担**……国は，政令で定めるところにより，組合に対し，事務費を負担。

　㋺ **療養給付費等負担金**……国は，**都道府県**に対し，**療養の給付等**に要する費用並びに高齢者医療確保法の規定による**前期高齢者納付金**及び**後期高齢者支援金**，**介護納付金**並びに流行初期医療確保拠出金の納付に要する費用について，一定の額の合算額の**100分の32**を負担。 <sub>27-6 A</sub>

　㋩ **調整交付金**

　　国は，財政を調整するため都道府県に対して調整交付金を交付する。

　㊁ **特定健康診査等に要する費用**

　　**国は都道府県**に対し，高齢者医療確保法の**特定健康診査等**に要する費用のうち政令で定めるものの**3分の1**相当額を負担。都道府県は，一般会計から，特定健康診査等費用額の**3分の1**相当額を国民健康保険に関する特別会計に繰り入れる。

□ **保険料**

4-9 A
3選

497

第10章　社会保険に関する一般常識

・市町村又は組合は，世帯主又は組合員から①**保険料を徴収**するか②**国民健康保険税を課す**（上限あり）。

・ただし，条例又は規約で，特別の理由がある者に対し，**保険料を**減免し，又は徴収を猶予することができる。

・保険料の徴収方法は，**原則として**老齢等年金給付*からの天引き（**特別徴収**）とするが，口座振替等による**普通徴収**もある。

　　＊　老齢等年金給付：老齢，退職，障害，死亡。

■　**賦課決定の期間制限**

□　年度最初の納期の翌日から起算して**2年を経過した日以後**には保険料の賦課決定はできない。

□　ただし，賦課決定後に，被保険者の責めに帰することのできない事由により医療保険各法との間で**適用関係の調整**が必要となったときは，2年を経過した日以後であっても保険料額の**減少**の賦課決定ができる（未適用事業所が遡及して健康保険等に加入する場合を想定している）。

■　**都道府県国民健康保険運営方針等**

□　都道府県は**安定的な財政運営**並びに当該都道府県内の市町村の国民健康保険事業の**広域的及び効率的な運営**の推進を図るため，おおむね6年ごとに都道府県国民健康保険運営方針を定める（あらかじめ**市町村の意見を聴く**）。🈹

□　**市町村**はこの方針を踏まえた事務の実施に努める。

□　**都道府県**は財政安定化基金を設ける。**市町村**は，**財政安定化基金拠出金**を納付しなければならない。

元-6E　□　国民健康保険審査会

　　「**一審制**」の審査請求機関で，**各**都道府県に設置（平21）。被保険者，保険者，公益の各代表の委員各3名で構成。保険給付に関する処分*，保険料等徴収金に関する処分について審査請求を行う（平6，16）。裁決前の提訴は不可。

29-6B

　　＊　被保険者証の交付の請求又は返還に関する処分を含む。

498

第10章 社会保険に関する一般常識

# 児童手当法

### 【法1条】目 的

　この法律は，子ども・子育て支援法7条1項に規定する子ども・子育て支援の適切な実施を図るため，**父母その他の保護者が子育てについての第一義的責任**を有するという基本的認識の下に，児童を養育している者に 児童手当 を支給することにより， 家庭等 における 生活の安定 に寄与するとともに，次代の社会を担う児童の 健やかな成長 に資することを目的とする。

27選

■ 定　義

□ 児童とは，18歳に達する日以後の最初の3月31日までの間にある者であって，日本国内に住所を有するもの又は留学等により日本国内に住所を有しないものをいう（平25）。

2-8A

□ 施設入所等児童とは，①小規模住居型児童養育事業を行う者又は里親に委託されている児童，②障害児入所施設等の施設に入所している児童等をいう。

■ **支給要件**（児童手当は，次のいずれかに該当する者に支給）

①支給要件児童\*を監護し，かつ，これと生計を同じくする父母等であって日本国内に住所を有するもの

2-10E

②日本国内に住所を有しない父母等の支給要件児童と同居，監護，生計を同じくする者のうち，**父母等が指定する**ものであって，日本国内に住所を有するもの（父母指定者）

③父母等又は父母指定者のいずれにも監護されず，又は生計を同じくしない支給要件児童を監護し，生計を維持する者であって，日本国内に住所を有するもの

④中学校修了前の施設入所等児童が委託されている**小規模住居型児童養育事業**を行う者若しくは里親又は**障害児入所施設等**の設置者

499

第10章　社会保険に関する一般常識

＊　支給要件児童……**15歳**に達する日以後の最初の３月31日までの間にある児童（中学校修了前の児童），中学校修了前の児童を含む２人以上の児童（いずれも施設入所等児童を除く）

**■ 児童手当の額**（月を単位として支給）

| 児童（施設入所等児童を除く） | 支給額（１人当たり月額） |
|---|---|
| ３歳未満 | 15,000円 |
| ３歳以上小学校修了前 | 第１子・２子＊　10,000円<br>第３子以降　　15,000円 |
| 小学校修了後中学校修了前 | 10,000円 |

＊　第何子かについては，18歳到達年度末までの間にある児童のうち，年長者から順に数える。例えば子が17歳，16歳，11歳の場合は，第３子分として15,000円を支給する。

□　**特例給付の額**　中学校修了前：１人につき月額**5,000円**

**■ 児童手当の支給**

□　支給を受けようとするときは，原則として，住所地の**市町村長**（公務員はその長）の**認定**を受けなければならない。

□　支給は認定の請求月の**翌月**～支給事由消滅**月**（平25）。

□　増額改定・減額改定も**翌月**から行う。

□　支払期月は原則**２，６，10月**（それぞれの前月分までを支払う）。

□　父母等，父母指定者（●P499参照）などに支給するが，死亡した場合は児童に未支払分の支給が可能。

**■ 費用の負担**

| 児童手当 | 一般事業主 | 国 | 都道府県 | 市町村 |
|---|---|---|---|---|
| 被用者（３歳未満の分） | 7/15 | 16/45 | 4/45 | 4/45 |
| 被用者（３歳以上の分） | ― | 2/3 | 1/6 | 1/6 |
| 被用者等でない者 |  |  |  |  |
| 特例給付 |  |  |  |  |

※　**公務員**に対する児童手当・特例給付に要する費用は，**所属庁，都道府県又は市町村**が，それぞれ**全額負担**する（平25）。

第10章 社会保険に関する一般常識

# 第3 高齢者の医療の確保に関する法律

### 【法1条】 目 的

この法律は，国民の**高齢期**における適切な医療の確保を
図るため，**医療費の適正化**を推進するための 計画の作成
及び保険者による 健康診査等の実施 に関する措置を講ず
るとともに，高齢者の医療について， 国民の共同連帯 の
理念等に基づき， 前期高齢者 に係る**保険者間の費用負担
の調整**， 後期高齢者 に対する**適切な医療の給付等**を行う
ために必要な制度を設け，もって 国民保健の向上 及び
高齢者の福祉の増進 を図ることを目的とする。

3-9C

☞ **前期高齢者**：65歳～74歳。保険者間で医療費の負担の
不均衡を調整。

**後期高齢者**：原則75歳以上で独立した医療保険に加入。

**法** ■ 総 則

□ 国民は，自助と連帯の精神に基づき，自ら加齢に
伴って生ずる心身の変化を自覚して常に健康の保持増進に
努めるとともに，**高齢者の医療に要する費用**を公平に負担
するものとする。

27選

□ 国民は，**年齢，心身の状況**等に応じ，職域，地域，家庭
において，高齢期における健康の保持を図るための**適切な
保健サービス**を受ける機会を与えられるものとする。

□ 国は，国民の高齢期における医療に要する費用の適正化
を図るための取組が円滑に実施され，高齢者医療制度の運
営が健全に行われるよう必要な各般の措置を講ずるととも
に，法1条の目的の達成に資するため，医療，公衆衛生，
社会福祉その他の関連施策を積極的に推進しなければなら
ない（平22）。

501

第10章　社会保険に関する一般常識

□　**地方公共団体**は，この法律の趣旨を尊重し，住民の高齢期における医療に要する費用の適正化を図るための取組及び高齢者医療制度の運営が適切かつ円滑に行われるよう所要の施策を実施しなければならない（平24）。

**法**　■　**医療費適正化の推進**

□　厚生労働大臣は，**医療費適正化基本方針**を定めるとともに，**6年**ごとに，**6年**を1期として，**全国医療費適正化計画**を定める（平21）。

5-10B
30-7A
□　都道府県は，医療費適正化基本方針に即して，**6年**ごとに，**6年**を1期として，**都道府県医療費適正化計画**を定める（平21）。

□　**厚生労働大臣**は，**都道府県**に対し，都道府県医療費適正化計画の作成上重要な技術的事項について**必要な助言**をすることができる（平24）。

□　**都道府県**は，都道府県医療費適正化計画の期間の終了日の属する年度の翌年度において，計画の**実績の評価を行う**（その内容を，**公表するよう努める**とともに，**厚生労働大臣に報告する**）。

□　**厚生労働大臣**は，全国医療費適正化計画の期間の終了日の属する年度の翌年度において，計画の**実績の評価を行う**とともに，上記の報告を踏まえ，各都道府県における医療費適正化計画の**実績の評価を行う**（その内容を**公表する**）。

□　**特定健康診査等基本指針等**

厚生労働大臣は，**特定健康診査**（糖尿病その他の政令で定める**生活習慣病**に関する健康診査をいう）及び**特定保健指導**の適切かつ有効な実施を図るための基本的な指針（**特定健康診査等基本指針**）を定める（平20選）。

29-8B
□　保険者は，特定健康診査等基本指針に即して，**6年**ごとに，**6年**を1期とし，**特定健康診査等実施計画**を定める。

□　**特定健康診査**

社会保険法規

- 保険者は，**40歳以上の加入者**に対し，**特定健康診査**を行 5選
  う（平20選）。
- 保険者は，加入者が安衛法等に基づく**特定健康診査**に相
  当する健康診断を受けた場合又は受けることができる場
  合は，**特定健康診査の全部又は一部**を行ったものとする。

■ **前期高齢者交付金**

□ ・**社会保険診療報酬支払基金**（以下「支払基金」）は，前期
  高齢者に係る**費用負担の調整**を図るため，保
  険者に対して，**前期高齢者交付金**を交付する。

- 支払基金は，年度ごとに，**保険者から前期高齢者納付金**
  及び**前期高齢者関係事務費拠出金**を徴収する。

**法** ■ **後期高齢者医療制度**

□ 後期高齢者医療は，高齢者の**疾病**，**負傷**又は**死亡** 29-8 A
  に関し必要な給付を行う。

□ 市町村は，**後期高齢者医療の事務**（保険料の徴収の事務 5-10C
  等を除く）を処理するため，**都道府県**の区域ごとにすべて 29-8 D
  の市町村が加入する**後期高齢者医療広域連合**（以下「広域
  連合」）を設ける（平22）。

□ **広域連合**及び**市町村**は，後期高齢者医療に関する収入及
  び支出について，**特別会計**を設けなければならない（平22）。

□ **被保険者** 4-7 A
  4-8 B
  **広域連合**の区域内に住所を有する**75歳以上の者**（**65歳以** 元-9 C, D
  **上75歳未満の者**であって，一定の**障害の状態**にある旨の広
  域連合の**認定**を受けた者も含む）（平22，23）

□ **生活保護法**による保護を受けている世帯（その保護を停 28-6エ
  止されている世帯を除く）に属する者等は**適用除外**。

□ **被保険者**は，被保険者の**資格の取得及び喪失**に関する事
  項等について**広域連合**に届け出なければならない。**世帯主** 4-7 B
  は，被保険者に代わって届出をすることができる。

□ 被保険者証の交付・被保険者資格証明書の交付は，**広域**

503

第10章　社会保険に関する一般常識

連合が行う（平25）。

□　**後期高齢者医療給付**

4-9 E
元-8 A～D

　療養の給付，高額療養費，高額介護合算療養費等，給付内容は原則として健康保険法と同様である。

5-10 E
元-8 E
4-7 C

□　条例の定めにより，①**葬祭費の支給又は葬祭の給付**を行う。②**傷病手当金**の支給を**行うことができる**。

□　**療養の給付の一部負担金**

　　原則➡100分の10　現役並み所得者＊➡100分の30

2-10 D

　　＊　所得の額145万円以上（ただし，収入の額が520万円（単独世帯は383万円）に満たない場合は，申請により対象外）

□　一定以上所得者＊＊⇒100分の20

　　＊＊　所得の額28万円以上（ただし，収入の額が320万円（単独世帯は200万円）に満たない場合は，1割負担。

□　**高額療養費及び高額介護合算療養費**

　高額療養費＝一部負担金等の額−**高額療養費算定基準額**

　**高額療養費算定基準額（自己負担限度額）〔月額〕**

| 区　　　　分 | 自己負担限度額 | （すべての自己負担 |
|---|---|---|
| | 外来（個人ごと） | 額を世帯で合算） |
| 所得690万円以上 | 252,600円＋（医療費−842,000円）×1％（多数該当140,100円） | |
| 所得380万円以上 | 167,400円＋（医療費−558,000円）×1％（多数該当93,000円） | |
| 所得145万円以上 | 80,100円＋（医療費−267,000円）×1％（多数該当44,400円） | |
| 一　　　　般 | 18,000円（年間　144,000円） | 57,600円（多数該当44,400円） |
| 低 所 得 者 Ⅱ | 8,000円 | 24,600円 |
| 低 所 得 者 Ⅰ | | 15,000円 |

　**低所得者**（市町村民税非課税世帯等）……Ⅰは所得が一定の基準に満たない者（所得がない者）等，ⅡはⅠ以外の者。

社会保険法規

### 高額介護合算療養費の自己負担限度額（年額）

| 区　　分 | 後期高齢者医療制度＋介護保険 |
|---|---|
| 所得690万円以上 | 2,120,000円 |
| 所得380万円以上 | 1,410,000円 |
| 所得145万円以上 | 670,000円 |
| 一　　　　般 | 560,000円 |
| 低 所 得 者 Ⅱ | 310,000円 |
| 低 所 得 者 Ⅰ | 190,000円 |

□　療養の給付等の支給は，労災保険法，介護保険法等，**他の法令による医療給付が行われる場合は，行わない。**

■　**費用の負担**（平22）

□　後期高齢者医療制度は，**公費５割**，**現役世代からの支援（約４割…後期高齢者交付金）**，保険料（**約１割…後期高齢者負担率**）でまかなわれる。

| | 国 | 都道府県 | 市町村 |
|---|---|---|---|
| **負担対象総額** * | ・12分の3<br>・12分の1（調整交付金） | 12分の1 | 12分の1 |

29-8 E

〔3/12＋1/12＋1/12＋1/12＝6/12＝1/2（5割）〕

\*　療養の給付等に要する費用の額から特定費用の額（現役並み所得者に係る療養の給付等に要する費用の額）を控除した額並びに流行初期医療確保拠出金の額から特定流行初期医療確保拠出金の額を控除した額の合計額。改

㊟　特定費用の額については，公費負担はない（後期高齢者交付金と保険料でまかなわれる）。

□　**後期高齢者交付金**

支払基金が広域連合に対して交付。支払基金が保険者から年度ごとに徴収する**後期高齢者支援金**をもって充てる。

5-10A
28-6ウ

□　後期高齢者負担率は，**2年**ごとに政令で定める（令和4年度及び令和5年度は，**100分の11.72**）。

505

第10章　社会保険に関する一般常識

## ■　保険料

4-7D
□　**市町村**は，**後期高齢者医療**に要する費用に充てるため，保険料を徴収しなければならない（平23）。

□　保険料は，**広域連合の全区域にわたって均一の保険料率**であること等の基準に従い，広域連合の**条例**で定めるところにより算定された保険料率によって算定される。

□　保険料率は，療養の給付等に要する費用の額の予想額，財政安定化基金拠出金及び特別高額医療費共同事業に要する費用の拠出金及び出産育児支援金並びに流行初期医療確保拠出金等の納付に要する費用の予想額，高齢者保健事業に要する費用の予定額，被保険者の所得の分布状況，国庫負担，後期高齢者交付金等の額等に照らし，おおむね**2年**を通じ**財政の均衡**を保つことができるものであること（平23）。**改**

□　**市町村**からの保険料の徴収

5-10D
➡**原則：老齢等年金給付**（●P498参照）からの**特別徴収**

4-9D
30-9C
特別徴収ができない場合は，**普通徴収**（**世帯主，配偶者**には連帯納付義務あり）（平23）

## ■　審査請求

4-7E
□　各都道府県に置かれた，**後期高齢者医療審査会**に審査請求をすることができる（平25）。

## ■　時効・賦課決定の期間制限（平25）

□　保険料等・後期高齢者医療給付に係る**時効**は，**2年間**。

□　国保法と同様の**賦課決定の期間制限**（●P498参照）の規定がある（2年経過日以後の例外も同様）。

## ■　保険者協議会

□　**保険者・広域連合**は共同して，**都道府県**ごとに**保険者協議会**を組織するよう**努め**なければならない。

第10章 社会保険に関する一般常識

# 第4 船員保険法

## 【法1条】 目 的

船員保険は，船員又はその被扶養者の 職務外の事由 3-9D による疾病，負傷，死亡，出産に関して保険給付を行うとともに，労働者災害補償保険 による保険給付と併せて船員の 職務上の事由 又は 通勤 による疾病，負傷，障害，死亡に関して保険給付を行うこと等により，船員の生活の安定 と 福祉の向上 に寄与することを目的とする。

☐ 保険者

① 船員保険は，**全国健康保険協会**（以下「協会」という）が管掌する（法4条）（平19）。

② 被保険者の資格及び喪失の確認，標準報酬月額及び標 5-7B 準賞与額の決定，保険料の徴収（疾病任意継続被保険者に係るものを除く）並びにこれらに附帯する業務は，**厚生労働大臣**が行う。

☐ 被保険者

① **強制被保険者**……**船員法第1条**に規定する船員として 5-7A **船舶所有者に使用される者**（平16，19）

② **疾病任意継続被保険者**……健康保険の任意継続被保険 30-8A 者と同様。保険料の前納可。**申出**による喪失可。 30-9E

☐ 船員保険協議会

船員保険事業に関して船舶所有者及び被保険者の意見を 30-6B 聴き，事業の円滑な運営を図るため，**協会**に船員保険協議会を置く。委員は12人以内で厚生労働大臣が任命。 4-8D

☐ 公務員である船員も**被保険者**であるが，実際には**保険給付及び保険料徴収は行わない**（平7）。

☐ 船舶所有者が**自ら所有する船舶に船長**として乗り組む場

507

第10章　社会保険に関する一般常識

合は，**被保険者とはならない**（平7）。

**ポ** □　労災保険分は労災保険から支給するとともに，船
員保険でもその一部を支給する。

**法** □　**保険給付**

①　医療保険に関する給付

28-7 A　健康保険と同じ内容のもの（一部負担金等の割合も同じ）
のほか，独自に，療養の給付として，被保険者の「**自宅以外
の場所**における療養に必要な**宿泊**及び**食事**の支給」を行う。

②　労災保険と併給される保険給付等

職務上の事由，通勤による疾病，負傷，障害，死亡又は
職務上の事由による行方不明に関する保険給付として，次
のものがある。

| | | 労災保険 | 船員保険 |
|---|---|---|---|
| 治療する場合 | | 療養（補償）給付 | **給付なし** |
| 休業 | 1～3日目 | 給付なし | **休業手当金** |
| | 4日目以降 | 休業（補償）給付 | **休業手当金** |
| | | 傷病（補償）年金 | **障害年金** |
| 死亡した場合 | | 遺族（補償）年金 | **遺族年金** |
| | | 遺族（補償）一時金 | **遺族一時金** |
| | | 葬祭料 | **給付なし** |
| 障害が残った場合 | | 障害（補償）年金 | **障害年金** |
| | | 障害（補償）一時金 | **障害手当金** |
| 介護が必要な場合 | | 介護（補償）給付 | **給付なし** |
| 行方不明となった | | 給付なし | **行方不明手当金** |

2-7 B, D

4-10D □　**傷病手当金**（医療保険に関する給付）

**待期はない**。1日につき，原則として，支給開始月以前
の直近の継続12月間の各月の標準報酬月額の平均額の30分
の1（以下，標準報酬月額の平均額の30分の1という）の
3分の2相当額を，支給開始日から**通算**して**3年**を限度に
支給する（報酬等との調整あり）。

社会保険法規

□ **傷病手当金の比較**

|  | 船員保険 | 健康保険 |
|---|---|---|
| 待　　　期 | なし | 連続3日間 |
| 支　給　額 | 1日につき**標準報酬月額の平均額の30分の1の3分の2** | 1日につき標準報酬月額の平均額の30分の1の3分の2 |
| 支給期間 | 支給開始後**3年間** | 1年6月 |

2-7 C

5選
28-7 B

□ **傷病手当金の資格喪失後の継続給付**

強制被保険者であった期間が，

$\left\{\begin{array}{l}\text{・資格喪失日前1年間に3月以上，又は，}\\\text{・資格喪失日前3年間に1年以上あることが必要}\end{array}\right.$

※　資格喪失後の出産給付についても，同じ要件が問われる。

□ **出産手当金**（医療保険に関する給付）

**産前**（**妊娠判明時**から）及び**出産日後56日**までの期間のうち，職務に服さなかった日について支給。額は，1日につき**標準報酬月額の平均額の30分の1の3分の2**。

28-7 C

※　傷病手当金に優先して支給。

□ **休業手当金**——職務上又は通勤による傷病につき療養のために労働することができない（労務不能の）ために報酬を受けない日についてする支給（労災法の待期期間3日分と，労災の休業補償給付に上乗せして支給するもの）

① 療養のため労務不能で報酬を受けない最初の日から**3日間**……**標準報酬日額の全額**

28-7 D

② 療養のため労務不能で報酬を受けない**4月以内の期間**（①④の期間を除く）……**標準報酬日額×40／100**

③ 療養のため労務不能で報酬を受けない期間であって，療養を開始した日から起算して**1年6月を経過した日以後の期間**（①④の期間を除き，労災法の休業給付基礎日額に係る年齢階層別の最高限度額が標準報酬日額の100分の60に相当する金額より少ない場合）……（標準報酬日額−最高限度額）×60／100

509

第10章 社会保険に関する一般常識

④ 療養のために労務不能で報酬を受けない**4月以内の期間**であって，療養を開始した日から起算して**1年6月を経過した日以後の期間**（①の期間を除き，標準報酬日額が労災法の休業給付基礎日額に係る年齢階層別の最高限度額より多い場合に限る）……②＋③

□ **行方不明手当金**──被保険者が職務上の事由により**1月以上**行方不明となったときに**被扶養者**に支給。

・額……1日につき，被保険者が行方不明となった当時の**標準報酬日額**に相当する額。

・支給期間……行方不明となった日の翌日から起算して**3月間**（平23）。

□ **葬祭料（費）**──被保険者が職務外の事由により死亡（**資格喪失後3月以内**の死亡も含む）したときに支給。内容は，健康保険の埋葬料（費）と同様。

□ **家族葬祭料**──健康保険の家族埋葬料と同様。

□ **費用の負担**（法114条，135条）

厚生労働大臣は，船員保険事業に要する費用に充てるため，保険料を徴収する（疾病任意継続被保険者の保険料は，協会が徴収する）。健保と同様，産休・育休免除あり。

□ **不服申立て**（法138条）

① 被保険者の資格，標準報酬，保険給付に関する処分に不服がある者は，社会保険審査官に対して審査請求をし，その決定に不服がある者は，社会保険審査会に対して再審査請求をすることができる（平23）。

② 保険料等の賦課，徴収の処分，滞納処分に不服がある者は，社会保険審査会に対して審査請求をすることができる。

ポ □ 協会は，船員保険事業に関する業務に係る**経理**については，その他の業務に係る経理と区分し，**特別の勘定**を設けて整理しなければならない。

第10章　社会保険に関する一般常識

# 第5 社会保険労務士法

### 【法1条】目的

　社会保険労務士 の制度を定めて，その業務の適正を図
り，もって 労働及び社会保険 に関する法令の円滑な実施
に寄与するとともに，事業の 健全な発達 と労働者等の
福祉の向上 に資することを目的とする（労一平19選）。

27選

□　社会保険労務士は，**常に品位を保持**し，業務に関する法
　令及び実務に**精通**して，**公正な立場**で，**誠実**にその業務を
　行わなければならない（平10記）。

□　**社会保険労務士の業務**

| | |
|---|---|
| ① | 労働社会保険諸法令に基づく**申請書等**（行政機関等に提出する申請書，届出書，報告書，審査請求書，再審査請求書等）**の作成** |
| ② | **申請書等の提出代行事務**（平23） |
| ③ | 申請等について，申請等に係る行政機関等の調査・処分に関し行政機関等に対する主張・陳述について代理すること（**事務代理**） |
| ④ | **個別労働関係紛争解決促進法**の**紛争調整委員会**における**あっせんの手続**並びに**障害者雇用促進法，労働施策総合推進法，男女雇用機会均等法，労働者派遣法，育児・介護休業法及び短時間・有期雇用労働者雇用管理改善法**の**調停の手続**について，**紛争の当事者を代理**すること |
| ⑤ | 地方自治法の規定に基づく都道府県知事の委任を受けて**都道府県労働委員会が行う一定の個別労働関係紛争**に関する**あっせんの手続**について，**紛争の当事者を代理**すること |
| ⑥ | 個別労働関係紛争に関する**民間紛争解決手続**であって，厚生労働大臣が指定するものが行うものについて，紛争の**当事者を代理**すること（紛争の目的の価額が**120万円**を超える場合は弁護士が共同受任しているものに限る） |

労一2-5ア
労一27-3ア

511

第10章　社会保険に関する一般常識

| ⑦ | 労働社会保険諸法令に基づく**帳簿書類の作成** |
|---|---|
| ⑧ | **労務管理**等，労働社会保険諸法令に基づく**社会保険**に関する事項について**相談**に応じ，又は**指導**すること |

労一4-5E
労一元-5B
□　表中④～⑥の業務（**紛争解決手続代理業務**）は，**紛争解決手続代理業務試験**に合格し，その登録に合格した旨の付記を受けた社労士（**特定社会保険労務士**）に限り，行うことができる（労一平19選）。

□　**提出代行事務**（表中②）には，提出書類について，行政機関等に対して**説明**を行い，行政機関等の**質問に対し回答**し，又は**必要な補正を行う**等の行為が**含まれる**（平23）。

□　紛争解決手続代理業務には，次の事務が含まれる。

・表中④の**あっせん及び調停の手続**，⑤の**あっせんの手続**，⑥の厚生労働大臣が指定する団体が行う民間紛争解決手続（**紛争解決手続**）について**相談に応じる**こと（平23）

・**紛争解決手続**の開始から終了までの間に**和解の交渉**を行うこと（労一平19選）

・**紛争解決手続**により成立した**和解における合意を内容**とする契約を締結すること

■　補佐人制度

労一5-5A
労一4-5A
労一3-5B
労一2-5イ
労一元-5C
労一28-3A
労一27-3イ
□　**社会保険労務士**は，事業における労務管理その他の労働に関する事項及び労働社会保険諸法令に基づく社会保険に関する事項について，**裁判所**において，**補佐人**として，**弁護士である訴訟代理人とともに出頭**し，**陳述**\*をすることができる。

労一29-3A
＊　この**陳述**は，当事者又は訴訟代理人が**自らした**ものとみなす（当事者又は訴訟代理人が取消し・更正したときを除く）。

労一30-5E
労一27-3ウ
□　**社会保険労務士法人**も，補佐人制度に係る事務の委託を受けることができる（この場合，**委託者に**，当該社会保険労務士法人の社員等のうちからその補佐人を選任させる）。

512

社会保険法規

## ■ 資　格

□　①社会保険労務士試験に合格した者又は試験科目免除者で，労働社会保険諸法令事務の従事期間が**通算して2年以上**又は厚生労働大臣がこれと同等以上の経験ありと認めるもの，②弁護士の資格を有する者

□　**社会保険労務士の資格を有しない者**……⑦未成年者　㋺**破産者で復権を得ないもの**　㋩懲戒処分により失格処分を受けた日等一定の事由に該当した日から**3年を経過しないもの**

労-4-5B

## ■ 試験の実施

□　厚生労働大臣は，**全国社会保険労務士会連合会**に社会保険労務士試験の実施に関する事務（合格の決定に関する事務を除く）を行わせることができる。

□　連合会が行う**試験事務に係る処分又はその不作為**について不服がある者は，厚生労働大臣に対して**行政不服審査法**による審査請求をすることができる。

29-6E

□　**紛争解決手続代理業務試験**は，紛争解決手続代理業務を行うのに必要な学識及び実務能力に関する研修であって**厚生労働省令**で定めるものを**修了**した社会保険労務士に対し，**毎年1回以上**，**厚生労働大臣**が行う。試験事務（合格の決定に関するもの以外）は，**連合会**に行わせることができる。

## ■ 登　録

□　社会保険労務士になるには，**社会保険労務士名簿に一定の事項の登録**を受けなければならない（平20）。

□　社会保険労務士名簿は，**全国社会保険労務士会連合会に備え，登録も全国社会保険労務士会連合会が行う**（平22）。

労-30-5A

□　一定の事由がある場合には，**登録を拒否**しなければならない。この際，あらかじめ申請者にその旨を通知し，**弁明する機会**を与えなければならない。

労-29-3B

第10章　社会保険に関する一般常識

労—30-5B　□　拒否された者は，**厚生労働大臣**に対して**行政不服審査法による審査請求**をすることができる。

□　登録事項に変更があった場合，変更の登録が必要。

労—29-3E　□　連合会は，登録を受けた者が次のいずれかに該当するときは，**資格審査会の議決**に基づき，当該登録を取り消すことができる。

・登録を受ける資格に関する**重要事項**について**告知せず**，又は**不実の告知**を行って登録を受けたことが判明したとき

・**心身の故障**により業務を行うことができないとき

・**2年以上継続**して**所在が不明**であるとき（平17）

□　紛争解決手続代理業務試験に合格した旨の付記を受けようとする社会保険労務士は，**付記申請書**に試験の合格を証する書類を添付し，社会保険労務士会を経由して**連合会に提出**しなければならない。

■　**社会保険労務士の権利及び義務**

□　**不正行為の指示等の禁止**

　　不正に保険給付を受けること，不正に保険料の賦課又は徴収を免れること，その他法令に違反する行為について指示をし，又は相談に応じてはならない。

労—29-3C　□　**信用失墜行為の禁止**（平10記）（罰則なし，平15）

　　社会保険労務士の信用又は品位を害する行為は禁止。

□　社会保険労務士は，社会保険労務士会，全国社会保険労務士会連合会が行う**研修を受け**，その**資質の向上**を図るよう努めなければならない（平3，13）。

□　社会保険労務士（法人）は，申請書等で他人の作成したものにつき相談を受けてこれを審査した場合に，当該申請書等が**労働社会保険諸法令に従って作成**されていると認めたときは，その旨を書面に記載して当該申請書等に添付し，又は当該申請書等に付記することができる（平24選）。

社会保険法規

□ **事務所**

　開業社会保険労務士（社会保険労務士法人の社員を除く）は，**2以上**の事務所を設けてはならないが，特に必要がある場合で厚生労働大臣の**許可**を受けたときは，この限りでない（平13，17）。

□ **帳簿の備付け及び保存**

　開業社会保険労務士は，業務に関する帳簿を備え，一定事項を記載し，帳簿閉鎖時から**2年間保存**（開業社会保険労務士でなくなったときも同様）しなければならない（平24**選**）。

労−5-5B

□ **依頼に応ずる義務**

　開業社会保険労務士は，**正当な理由**がある場合でなければ，**依頼（紛争解決手続代理業務に関するものを除く）を拒んではならない**（平17）。

□ **秘密を守る義務**（平20）

労−2-5オ

　開業社会保険労務士又は社会保険労務士法人の社員は，正当な理由なく，その業務に関し知り得た**秘密を他に漏らし**，又は**盗用**してはならない。開業社会保険労務士又は社会保険労務士法人の社員でなくなった後も同様とする。

□ **業務を行い得ない事件**

　㋑　**社会保険労務士**は，**公務員**として職務上取り扱った事件，仲裁手続により仲裁人として取り扱った事件について業務を行ってはならない。

　㋺　**特定社会保険労務士**は，次の紛争解決手続代理業務に関する事件について，**紛争解決手続代理業務**を行ってはならない。

　　「相手方の協議を受けて賛助し，又はその依頼を承諾した事件」，「相手方の協議を受けた事件で，その協議の程度・方法が信頼関係に基づくものと認められるもの」，「受任している事件の相手方からの依頼による他の事件（受任している事件の依頼者が同意した場合を除く）」等

515

第10章　社会保険に関する一般常識

### ■　懲　戒

労-4-5C,D
労-2-5ウ
労-30-5C

□　**懲戒の種類**……㋑戒告　㋺**1年以内**の開業社会保険労務士，社会保険労務士法人の社員等の**業務の停止**　㋩**失格処分**（平13，17，25）

□　**不正行為の指示等に対する懲戒**

①　**故意**に真正の事実に反して申請書等の作成，事務代理，不正行為の指示等をしたとき ｝ 上記㋺又は㋩

労-28-3C　②　**相当の注意を怠り**，①の行為をしたとき　㋑又は㋺

の処分を**厚生労働大臣**はすることができる（平25）。

□　**厚生労働大臣**は，社会保険労務士の信用，品位を害する行為をした社会保険労務士を**懲戒処分できる**（平3）。

26-6B　□　所属する社会保険労務士会の**会則**の**不遵守**（会則遵守義務違反）も，**懲戒処分**の事由となり得る。

労-元-5A　□　懲戒処分の権限は**連合会に委任されていない**（平20）。

□　**社会保険労務士会**又は**連合会**は，社会保険労務士会の会員について，**懲戒事由**に該当する行為又は事実があると認めたときは，**厚生労働大臣に対し**，会員の氏名，事業所の所在地等を**通知**しなければならない（平15）。

□　**厚生労働大臣**は，**戒告**又は**業務の停止**の懲戒処分をするときは，**聴聞**を行わなければならない（平4）。

□　**懲戒処分**をしたときは，遅滞なく，その旨を，その**理由を付記した書面**により当該社会保険労務士に**通知**するとともに，**官報に公告**しなければならない（平25）。

□　懲戒処分を受けても**登録は抹消されない**（平25）。

### ■　社会保険労務士法人制度

労-29-3D　□　社会保険労務士法人とは，➡P511の表中④～⑥の紛争解決手続業務を除いた業務を行うことを目的として，社会保険労務士が設立した法人をいう（1人で設立できる）。

労-28-3D　□　社会保険労務士法人の社員は，**社会保険労務士**でなければならない（平15，22）。

516

社会保険法規

□　社会保険労務士法人は，その主たる事務所の所在地において**設立の登記**をすることによって**成立**する。　労—5-5C

□　社会保険労務士法人は，成立の日から**2週間以内**に，**主たる事務所の所在地の社会保険労務士会を経由**して，連合会に届け出なければならない（連合会は，社会保険労務士法人の名簿を作成し，これを厚生労働大臣に提出）。

□　社会保険労務士法人の事務所には，その事務所の所在地の属する都道府県の区域に設立されている社会保険労務士会の会員である**社員**を**常駐**させなければならない（平22）。　労—3-5D

□　社員は，**自己**若しくは**第三者**のためにその社会保険労務士法人の業務の範囲に属する業務を行い，又は**他の社会保険労務士法人の社員**となってはならない（平20）。　労—5-5D

□　社会保険労務士法人の社員は，次の理由により**脱退**する。
①　社会保険労務士の登録の抹消　　②　定款に定める理由の発生　　③　**総社員の同意**　　④　除名

□　社会保険労務士法人は，次の理由により**解散**する。
①　他の社会保険労務士法人との合併　　②　破産
③　解散を命ずる裁判　　④　**厚生労働大臣の解散命令**
⑤　**社員の欠亡**　　⑥　**脱退**事由②③に該当したとき

□　**厚生労働大臣**は，社会保険労務士法人がこの**法律，命令**に**違反**し，又は運営が著しく不当と認められるときは，その社会保険労務士法人に対し，戒告，若しくは**1年以内の期間を定めて**業務の**全部若しくは一部の**停止を命じ，又は解散を命ずることができる。

■　**社会保険労務士会・全国社会保険労務士会連合会**

□　社会保険労務士　➡　**厚生労働大臣認可を受けて**かつ　➡　都道府県の区域ごとに，1個の**社会保険労務士会**

□　社会保険労務士会　➡　**会則を定めて**　➡　**全国社会保険労務士会連合会**

を設立しなければならない。

第10章　社会保険に関する一般常識

2-5エ
元-5A
□　**社労士会**は**会則の定め**により，法違反のおそれがある社労士（法人）に**注意を促し**，又は必要な措置を**勧告**できる。

□　連合会は，社会保険労務士会の会員の**品位**を保持し，その**資質の向上**と業務の改善進歩を図るため，**社会保険労務士会及びその会員の指導及び連絡**に関する事務並びに社会保険労務士の**登録**に関する事務を行うほか，**試験事務**及び**代理業務試験事務**を行うことを目的とする。

□　**連合会**は，**厚生労働大臣**に対し，社会保険労務士の制度の改善に関する**意見等の申出**ができる（平11）。

■　**罰則等**

| 対　象　と　な　る　行　為 | 内　　容 |
|---|---|
| ・不正行為の指示等をした者 | ３年以下の懲役又は，200万円以下の罰金 |
| ・秘密を他に漏らし，又は，盗用した者（告訴あれば）<br>・懲戒による業務停止処分に従わない者　等 | １年以下の懲役又は，100万円以下の罰金 |
| ・帳簿を備え付け，保存しなかった者<br>・正当な理由なく，依頼を拒んだ者　等 | 100万円以下の罰金（平24選） |

★　罰則は法令に基づく処分。
　　懲戒は厚生労働大臣が行える裁量的処分。

労-3-5A
□　**業務の制限**（平13）
　　社会保険労務士又は社会保険労務士法人でない者は，**報酬を得て**労働・社会保険に関する**相談・指導以外の業務を業として行ってはならない**（他の法律に別段の定めがある場合，政令で定める業務に付随して行う場合を除く）。

26-6D
□　上記の「政令で定める業務に付随して行う場合」に該当する事務には，紛争解決手続代理業務は含まれない。

□　社会保険労務士又は社会保険労務士法人でない者は，これに**類似する名称を用いてはならない**（名称の使用制限）。

26-6C
□　社会保険労務士（法人）は，業務の制限・名称の使用制限に違反する者から事件の**あっせん**を受け，又は**自己の名義**を利用させてはならない（違反すると**１年以下**の懲役又は**100万円以下**の罰金）（平23）。

第10章 社会保険に関する一般常識

# 第6 介護保険法

## 【法1条】 目 的

　　| 加齢 | に伴って生ずる心身の変化に起因する疾病等により, | 要介護状態 | となり, 入浴, 排せつ, 食事等の介護, | 機能訓練 | 並びに | 看護 | 及び療養上の管理その他の医療を要する者等について, これらの者が | 尊厳 | を保持し, 能力に応じ | 自立 | した日常生活を営むことができるよう, 必要な保健医療サービス及び福祉サービスに係る給付を行うため, | 国民の共同連帯 | の理念に基づき | 介護保険制度 | を設け, もって国民の | 保健医療の向上 | 及び | 福祉の増進 | を図ることを目的とする。(一部省略)

3-9 E
27選

**法** □　介護保険は, 被保険者の**要介護状態又は要支援状態**に関し, 必要な保険給付を行う。

□　保険給付は, **要介護状態等の軽減**又は**悪化の防止**に資するよう行われるとともに, **医療との連携**に十分配慮して行われなければならない (平20)。

□　保険者は, **市町村**及び**特別区**である (平15, 18)。

5-8 A

□　**国民**は, 自ら要介護状態となることを予防するため, 加齢に伴って生ずる心身の変化を自覚して常に**健康の保持増進に努める**とともに, 要介護状態となった場合においても, 進んでリハビリテーションその他の適切な保健医療サービス及び福祉サービスを利用することにより, その有する**能力の維持向上に努める**ものとする。

29選

□　**国民**は, **共同連帯**の理念に基づき, 介護保険事業に要する費用を**公平に負担**するものとする。

□　**国**は, 介護保険事業の運営が健全かつ円滑に行われるよう**保健医療サービス及び福祉サービスを提供する体制の確**

27-7 A

第10章　社会保険に関する一般常識

**保**に関する施策その他必要な**各般の措置**を講じなければならない（平20）。

□　**都道府県**は，介護保険事業の運営が健全かつ円滑に行われるように，**必要な助言及び適切な援助**をしなければならない。

□　**国**及び**地方公共団体**は，被保険者が，可能な限り，**住み慣れた地域**でその有する能力に応じ自立した日常生活を営むことができるよう，様々な（略）施策を，**医療及び居住**に関する施策との**有機的な連携**を図りつつ**包括的**に推進するよう努めなければならない。

4選　□　「**要介護状態**」とは，

身体上，精神上の障害があるため，日常生活における基本的な動作の全部又は一部について**6月間**にわたり継続して**常時介護**を要すると見込まれる状態であって，**要介護状態区分**（要介護1～5）のいずれかに該当するものをいう。

□　「**要支援状態**」とは，

（要介護状態に準じて）6月間にわたり継続して**常時介護**を要する状態の**軽減**もしくは**悪化の防止**に特に資する支援を要すると見込まれる状態等であって，要支援状態区分（要支援1～2）のいずれかに該当するものをいう。

□　「**要介護者**」とは，

①　**要介護状態**にある**65歳以上の者**

②　**要介護状態**にある**40歳以上65歳未満の者**であって，その原因である身体上又は精神上の障害が**加齢**に**伴って生ずる心身の変化に起因する疾病**であって政令で定めるもの（**特定疾病**）によって生じたものであるもの

□　**介護支援専門員**（ケアマネジャー）

要介護者等が自立した日常生活を営むのに必要な援助に関する専門的知識及び技術を有するものとして介護支援専門員証の交付を受けたもの（登録制，有効期間**5年**）。

26-8 E

社会保険法規

□　介護保険の**被保険者**は，次の 2 種類（平12，16，23，24）

| 第 1 号被保険者 | 市町村の区域内に住所を有する65歳以上の者 |
|---|---|
| 第 2 号被保険者 | 市町村の区域内に住所を有する40歳以上65歳未満の医療保険加入者 |

元-9 E

（介護保険施設等に入所のための転出は住所地特例あり）

4-10 E
元-9 A

□　「**医療保険者**」とは，**協会，健康保険組合，都道府県及び市（区）町村，国民健康保険組合，共済組合，日本私立学校振興・共済事業団**をいう。

□　当分の間，（指定）障害者支援施設の入所者で厚生労働省令で定めるものは，介護保険の被保険者としない。

□　介護保険の被保険者**資格の取得時期**は，

　・当該市町村の区域内に住所を有する医療保険加入者が40歳に達したとき。

　・40歳以上65歳未満の医療保険加入者又は65歳以上の者が当該**市町村の区域内に住所を有するに至ったとき。**

　・当該市町村の区域内に住所を有する40歳以上65歳未満の者が**医療保険加入者となったとき。**

　・当該市町村の区域内に住所を有する者（医療保険加入者を除く）が**65歳に達したとき。**（＃）

□　介護保険の被保険者**資格の喪失時期**は，

　・当該市町村の区域内に**住所を有しなくなった日の翌日**

　・ただし，その日に他の市町村の区域内に住所を有するに至ったときは，**その日**

　・**第 2 号被保険者**は，**医療保険加入者でなくなった日**

4-8 C
29-7 E

□　**第 1 号被保険者**は，被保険者の資格の取得及び喪失に関する事項等を**市町村に届け出**なければならない（ただし，上記＃に該当したときは，原則として，届出不要）。

□　第 1 号被保険者の属する世帯の**世帯主**は，第 1 号被保険者に代わって**当該届出**をすることができる。

第10章　社会保険に関する一般常識

□　被保険者は，市町村に対し，**被保険者証**の交付を求めることができる（資格喪失時には，速やかに返還）。

**4-9C**
**29-7D**
□　保険給付には，

①**介護給付**，②**予防給付**，③**市町村特別給付**がある。

**参**　□　介護給付の種類（それぞれについて予防給付が設けられている）

**元-7C**

| | |
|---|---|
| 居宅介護サービス費 | 特例居宅介護サービス費 |
| 地域密着型介護サービス費 | 特例地域密着型介護サービス費 |
| 居宅介護福祉用具購入費 | 居宅介護住宅改修費 |
| 居宅介護サービス計画費 | 特例居宅介護サービス計画費 |
| 施設介護サービス費 | 特例施設介護サービス費 |
| 高額介護サービス費 | 高額医療合算介護サービス費 |
| 特定入所者介護サービス費 | 特例特定入所者介護サービス費 |

□　介護給付，予防給付の利用者負担は，原則**1割**。

一定以上の所得を有する第1号被保険者は**2割**又は**3割**（負担が高額となる場合は，高額介護サービス費により負担上限を設ける）。

□　入院・入所者は，さらに食事及び居住費の負担限度額を負担する。

□　**介護給付**を受けようとする被保険者は，**要介護認定**を，**予防給付**を受けようとする被保険者は，**要支援認定**を受けなければならない（いずれも**市町村**の認定）（平24）。

□　**要介護（要支援）認定**を受けようとする被保険者は，申請書に**被保険者証**を添付して**市町村に申請**（指定居宅介護支援事業者などによる手続代行も可能）（平20，**選**平23）。

□　それを受けて**市町村**は，職員に，被保険者との**面接調査**をさせる。

□　**市町村**は，調査の結果，**主治医**の意見等を**介護認定審査会**に通知し，**審査**及び**判定**を求める（平15）。

**29-7B**
□　要介護認定の申請に対する処分は，原則として申請のあった日から**30日以内**にしなければならない。

社会保険法規

□ **介護認定審査会**は，その**結果**を**市町村に通知**する。 29-7 A

□ **市町村**は，要介護（要支援）認定したときは，その結果を**被保険者に通知**する。

□ **要介護（要支援）認定**は，その**申請のあった日にさかの**ぼってその効力を生ずる（平23**選**）。 5-8 C 元-7 A

□ 要介護（要支援）認定は，**有効期間（6月間\*）内**に限り，その効力を有する（平23**選**，平24）。

　\* 有効期間は，次の期間を合算した期間とする。

　① 認定が**効力を生じた日から当該日が属する月の末日**までの期間

　② **6月間**（市町村が介護認定審査会の意見に基づき特に必要と認める場合は，3月間〜12月間の範囲内で月を単位として市町村が定める期間）

　㊟ 認定の効力を生じた日が月の初日である場合は，②の期間を有効期間とする。

□ **要介護（要支援）更新認定**の申請は，有効期間**満了の日の60日前**から当該有効期間**満了の日までの間**に行う。（やむを得ない理由により，有効期間満了前に申請できなかったときは，その理由がやんだ日から**1月以内**に限り，申請できる。）（更新認定の有効期間は原則として**12月間**） 3-8 E 29-7 C

□ 要介護認定を受けた被保険者は，市町村に対し，**要介護状態区分の変更の認定**の申請をすることができる（平24）。 5-8 D

□ 市町村は，要介護認定を受けた被保険者が次のいずれかに該当するときは，認定を取り消すことができる。

　・要介護者に該当しなくなったとき

　・正当な理由なしに面接調査に応じなかったり診断命令に従わないとき（平18）

□ **介護認定審査会**は，**市町村**に置く（平17）。

□ 地方自治法に基づき，市町村が共同設置することも可。 27-7 B

□ 委員は，**要介護者等の保健，医療**又は**福祉**に関する**学識** 3-8 B

523

第10章　社会保険に関する一般常識

経験者から，**市町村長**が任命する（平13）。

5-8E
3-8D
29-6C

□　保険給付に関する処分又は保険料等に関する処分に不服がある者は，**介護保険審査会**（**各都道府県**に設置）に**審査請求**をすることができる（一審制）（平18，21）。

□　**事業者及び施設の指定等**（平18，20）

28-6オ

| 事業者・施設 | 指定・許可 | 指定・許可の有効期間は，**6年** |
|---|---|---|
| 指定地域密着型サービス事業者（平22）<br>指定地域密着型介護予防サービス事業者<br>指定介護予防支援事業者<br>指定居宅介護支援事業者 | **市町村長**の指定 | |
| 指定居宅サービス事業者（平22）<br>指定介護老人福祉施設<br>指定介護予防サービス事業者（平22） | **都道府県知事**の指定 | |
| 介護老人保健施設（平22）<br>介護医療院 | **都道府県知事**の許可 | |

※　後述の介護予防・日常生活支援総合事業のうち，第1号事業（一定の訪問事業，通所事業，生活支援事業，介護予防支援事業）を行う「**指定事業者**」の指定は，**市町村長**が行う。その指定の有効期間は，厚生労働省令で定める。

□　**地域支援事業**

元-7D

**市町村**は，**地域支援事業**を行う（利用者に利用料を請求できる）。具体的には，**被保険者の要介護状態等となることの予防又は要介護状態等の軽減若しくは悪化の防止及び地域における自立した日常生活の支援**のための施策を**総合的かつ一体的**に行うための**介護予防・日常生活支援総合事業**などを行うものとする。

元選

□　地域包括支援センターは地域住民の**保健医療の向上・福祉の増進**を包括的に支援する。

元-7E

□　市町村は，**3年**を1期とする市町村介護保険事業計画を定める（平13）。都道府県は，**3年**を1期とする都道府県介護保険事業支援計画を定める（平17）。

524

社会保険法規

## □ 費用の負担（平19，20）

| | 国 | 都道府県 | 市町村 | |
|---|---|---|---|---|
| 介護給付・予防給付に要する費用（一定の施設に係るものを除く） | ・100分の20<br>・100分の5<br>（調整交付金） | 100分の12.5 | 100分の12.5 | 27-7 C |
| 地域支援事業　介護予防・日常生活支援総合事業 | ・100分の20<br>・100分の5<br>（調整交付金） | 100分の12.5 | 100分の12.5 | 27-7 D |
| 地域支援事業　特定地域支援事業支援額 | 公費負担の合計100分の77<br>（詳細は省略） | | | |

※　介護給付・予防給付は公費50%，保険料50%となる。

□ 国は，市町村に対し，調整交付金を交付する（平13，20）。

## ■ 保険料

□ 第1号被保険者の保険料の水準は，段階的に市町村が定める（保険料は，条例で定めるところにより算定された保険料率をもとに決められる）（平21）。

□ 保険料率は，概ね3年を通じ財政の均衡を保つことができるものでなければならない。 30選

□ 保険料の賦課期日は，当該年度の初日とする（平21）。

□ 第1号被保険者の保険料は，原則として老齢若しくは退職，障害又は死亡を支給事由とする年金たる給付（老齢等年金給付）から特別徴収（天引き）により徴収する。

□ ただし，老齢等年金給付の額が，基準額（18万円）未満である者は，普通徴収により徴収する（平12）。

□ 1年以上滞納→被保険者証に支払方法変更の記載。 2-10A

□ 第2号被保険者については，医療保険各法で介護保険料を徴収する。社会保険診療報酬支払基金が，医療保険者から介護給付費・地域支援事業支援納付金として徴収し，市町村に対して介護給付費交付金及び地域支援事業支援交付金として交付する。 3-8 A

525

第10章 社会保険に関する一般常識

# 確定給付企業年金法, 確定拠出年金法

**法** ① 確定給付企業年金法

□ 事業主が従業員と給付の内容を約し,高齢期において従業員がその内容に基づいた給付を受けることができるようにする(目的)(平19)。

□ 次の2種類の制度がある(平17)。

| 規約型企業年金 | 基金型企業年金 |
| --- | --- |
| 労使が合意した年金規約に基づき,事業主と信託会社,生命保険会社等の資産管理運用機関との間で年金資金を積み立てる契約を締結し,母体企業外の機関で年金資金を管理運用し,年金給付等を行うもの | 事業主とは別法人の企業年金基金を労使合意に基づいて設立したうえで,その基金が年金資産を管理運用し,年金給付等を行うもの(厚生年金の代行は行わない) |

※ 施行令でリスク分担型企業年金も規定されている。

□ 厚生年金適用事業所の事業主は,確定給付企業年金を実施しようとするときは,確定給付企業年金を実施しようとする厚生年金適用事業所に使用される厚生年金保険の被保険者の過半数で組織する労働組合(ないときは,その過半数代表者)の同意を得て,規約を作成し,当該規約について厚生労働大臣の承認\*を受けなければならない。

\* 企業年金基金(以下,「基金」という)の設立については,厚生労働大臣の認可を受けること(平23)。

□ 加入者は,実施事業所に使用される厚生年金保険の被保険者(第1号又は第4号厚生年金被保険者に限る)(60歳未満という要件はない。また,規約で一定の資格を定めたときは,当該資格を有しない者は,加入者としない)。

□ 加入者である期間は原則として月単位で計算(資格取得月~資格喪失月の前月)。

社会保険法規

## ■ 給 付　26-9 A

### □ 老齢給付金　2-6 D, E

① 老齢給付金は，原則として，**年金**として**支給する**。　26-9 D
ただし，規約で定め，その全部又は一部を**一時金**とし
て**支給することができる**。

② 原則として，**60歳以上70歳以下の規約**で定める年齢に　30選
達したときに支給する。

③ 加入者期間の要件は，**20年を超えてはならない**。　26-9 E

### □ 脱退一時金　30選

加入期間が**3年**以下で**年金給付を受けられない場合**に支給する。　3選

### □ 障害給付金・遺族給付金（任意給付）　4-6 B

### □ 年金給付は，**終身又は5年以上**にわたり，**毎年1回以上**　2-6 C
**定期的**に支給する（平17）。　26-9 C

## ■ 裁定，掛金

### □ 給付を受ける権利は，受給権者の請求に基づいて**事業主**　26-9 B
**等**\*が**裁定**する（平15）。\*事業主等……事業主，基金

### □ 事業主は，裁定をしたときは，遅滞なくその内容を**資産**
**管理運用機関**に**通知**しなければならない。

### □ **資産管理運用機関**又は**基金**は，裁定に基づき，その請求
した者に**給付の支給**を行う。

### □ **掛金**は，**事業主負担**を原則とし，年1回定期的に拠出す　5選
る（加入者は，規約で定めるところにより，掛金の**一部**を　2-6 B
負担することができる）（平19）。5年ごとに再計算する。　28-8 D
4-6 C

## ■ 企業年金連合会　4-6 D, E

### □ **事業主等**は，確定給付企業年金の中途脱退者及び終了制　28-8 E
度加入者等に係る老齢給付金の支給を共同して行うととも
に，積立金の移換を円滑に行うため，**企業年金連合会**（全
国に1個）を設立することができる（法91条の2）。

※ 確定給付企業年金法による企業年金連合会の設立の時期は
未定（それまでは，存続連合会の規定が効力を有する）。

527

第10章　社会保険に関する一般常識

**法** **②　確定拠出年金法**

□　確定拠出年金法は，**個人又は事業主**が拠出した資金を**個人**が自己の責任において**運用の指図**を行い，高齢期において**その結果に基づいた給付**を受けることができるようにする（**法1条；目的**）（平14，18）。

□　種類は，「**企業型年金**」と「**個人型年金**」の2種類。

5-6B　□　**企業型年金**……厚生年金保険の適用事業所の事業主が**労使合意**に基づき実施。**厚年の被保険者**（**第1号又は第4号**厚年被保険者に限る）が加入対象（平22**選**）。

3-6B　□　企業型年金の掛金は，原則として事業主が拠出（**加入者**は，
3-6C　規約で定めるところにより**自ら掛金を拠出できる**）（平25）。

□　**企業型の掛金の拠出限度額**

27-8C

| 他の企業年金**なし** | 月額**55,000円** |
|---|---|
| 他の企業年金**あり** | 月額**27,500円** |

（他の企業年金……厚生年金基金，確定給付企業年金，私学共済等）

5-6E　□　**個人型年金**……**国民年金基金連合会**が実施。①**国民年金**
3-6D
30-10B　**の第1号被保険者**，任意加入被保険者（特例除く），②国民
29-9B　年金の**第2号被保険者**（企業型掛金拠出者等を除く），③**第**
27-8A　**3号被保険者**（平21）。掛金は，加入者が拠出。

□　老齢基礎年金，老齢厚生年金の**繰上げ受給者**は，個人型年金加入者としない。

□　**個人型の掛金の拠出限度額**

2**選**

| 国民年金の**第1号被保険者**，任意加入 | 月額**68,000円** |
|---|---|
| 会社員（企業年金**なし**） | 月額**23,000円** |
| 会社員（**企業型あり**） | 月額**20,000円** |
| 会社員（企業年金**あり**） | 月額**12,000円** |
| **公務員・私学教職員** | 月額**12,000円** |
| 国民年金の**第3号被保険者** | 月額**23,000円** |

528

- □ 運営管理機関とは，確定拠出年金の運営管理業務の**全部又は一部**を行う機関。運営管理業務には，**記録関連業務**と**運用関連業務**がある。
- □ 資産管理機関は，企業型において拠出した掛金を，会社財産から明確に分離する役目を担う。年金資産として保全するための機関で，信託会社（信託業務を営む金融機関を含む）等が行う。
- □ **加入者**は，個人ごとに**管理された資産**について運営管理機関から提示された運用商品の中から運用の指図を行う（平25）。
- □ 給付は，原則として60歳に到達した場合（老齢給付金）のほか，高度障害を負った場合（障害給付金）又は死亡した場合（死亡一時金）に支給する（平14，20）。
- □ 制度に加入しない者となり，加入年数が**1月以上5年以下**である等の要件に該当➡**脱退一時金**を請求できる。
- □ 資産が1.5万円を超えていても，個人型の脱退一時金の支給要件を満たす者は，個人型に移行することなく退職時に企業型の脱退一時金を受給できる。
- □ 給付を受ける権利は，受給権者の請求に基づいて，**企業型（個人型）記録関連運営管理機関等**が裁定する。
- □ 加入者が**離転職した場合等**においては，他の**企業型年金**又は**個人型年金**に個人ごとに管理された**資産を移換**する。
- □ 確定拠出年金から確定給付企業年金へ，企業型確定拠出年金から退職金共済（中退共）への移換も可能。
- 過 □ 事業主は，運営管理業務の全部又は一部を**運営管理機関に委託**することができる（平18）。
- □ **企業型記録関連運営管理機関等**は，**毎年少なくとも1回**，加入者等の**個人別管理資産額等**を**加入者等に通知**しなければならない（平17，25）。

# 第8 共通事項等，沿革

第10章　社会保険に関する一般常識

■ **年金積立金の運用**（国年法76条他，厚年法79条の3他）

国年元選
厚年30選
30-10D

□ 積立金の運用は，被保険者の利益のために，**長期的な観点**から，**安全かつ効率的**に行うことにより，将来にわたって，国民年金事業及び厚生年金保険事業の**運営の安定に資することを目的**として行う。

□ 厚年法の**特別会計積立金**及び**実施機関積立金**について，**主務大臣**は，毎年度，積立金の管理及び運用に関する事項を記載した**報告書**を作成し，これを**公表**するものとする。

㊟ 報告書は，**厚生労働大臣**があらかじめ案を作成し，**財務大臣**，**総務大臣**及び**文部科学大臣**に**協議**して作成。

■ **社会保険審査官・社会保険審査会**（設置場所・任命等）

| | | |
|---|---|---|
| 5-9A | **社会保険審査官** | 各地方厚生局（地方厚生支局を含む）に置く |
| | | **総括社会保険審査官**1人を置き，社会保険審査官をもって充てる（事務を総括） |
| | | 厚生労働省の職員のうちから厚生労働大臣が命ずる |
| 29-6A | **社会保険審査会** | 厚生労働大臣の所轄の下に置く |
| | | 委員長及び委員5人をもって組織し，その委員長及び委員は，人格が高潔であって，社会保障に関する識見を有し，かつ，法律又は社会保険に関する学識経験を有する者のうちから，両議院の同意を得て，厚生労働大臣が任命する。任期は原則3年。 |

2-9A, D
国年28-4ウ

□ 審査請求・再審査請求は文書でも口頭でもよいが，取下げは文書のみ。

2-9B

□ **代理人**が審査請求の取下げをするには**特別の委任**が必要（平24）。

■ **医療保険沿革のまとめ**……覚（平9，19，21）

共通事項等，沿革

## 医 療 保 険

| 大正11年 | 健康保険法制定 | 28選 |
| 昭和2年 | 健康保険法の全面的施行 | |
| 13年 | **国民健康保険法**制定 | |
| 14年 | 職員健康保険法制定，**船員保険法**制定（平22） | |
| 17年 | 職員健保を健康保険法に統合 | |
| 33年 | 国保法：国民皆保険の推進，5割給付 | |
| 36年 | 国民皆保険の実現 | |
| 38年 | **老人福祉法**制定 | 26-10A |
| 43年 | 国保法：7割給付完全実施 | |
| 47年 | 老人福祉法改正（老人医療の無料化） | 26-10B |
| 48年 | 健保法：高額療養費創設（平19選），家族給付7割 | |
| 52年 | 健保法：賞与について特別保険料創設 | |
| 55年 | 健保法：入院時の家族療養費8割給付 | |
| 57年 | 老人保健法制定（施行は昭和58年2月） | 26-10C |
| 59年 | 健保法：本人9割給付，**日雇健康保険制度**組入れ | |
| | 国保法：**退職者医療制度**創設（平22） | |
| 平成3年 | **老人訪問看護制度**創設 | |
| 6年 | 付添看護・介護に係る給付の改革（平6記） | |
| | 入院時食事療養費の創設，出産育児一時金の創設 | |
| | 老人保健福祉審議会の創設 | |
| 9年 | 介護保険法制定（平成12年4月施行），**健保本人の一部負担金2割に引上げ**，外来の薬剤に対する一部負担金制度創設，老人保健の入院一部負担金の引上げ，医療保険福祉審議会の発足 | 26-10E |
| 12年 | 社会保障審議会の発足（平成13年1月施行）**資格喪失後の傷病手当金と老齢退職年金との調整，一般保険料率と介護保険料率の分離等** | |
| 15年 | 健康保険で総報酬制導入，一般保険料率8.2%へ引下げ，**一部負担金の改正（原則3割）**，外来薬剤一部負担金の廃止 | |
| 18・19年 | **入院時生活療養費・保険外併用療養費を創設**（特定療養費を廃止），**70歳以上の一定以上所得者の一部負担金を3割に引上げ**，傷病手当金・出産手当金・出産育児一時金・埋葬料の支給額改正，標準報酬月額 | |

第10章　社会保険に関する一般常識

|  |  |  |
|---|---|---|
| | | 等級の改定 |
| 26-10D | 20年 | 高齢者医療確保法施行（老人保健法を廃止）（平22） |
| | 25年 | 健保法：目的条文の見直し（原則，労災保険の対象外の疾病・負傷等を健康保険の対象とする） |
| 元-10② | 28年 | 健保法：傷病手当金の算定基礎の見直し（直近の標準報酬→直近１年間の標準報酬の平均），被扶養者の範囲の見直し，短時間労働者への適用拡大 |
| | 令和４年 | 〔１月〕**任意継続被保険者の標準報酬月額**改正，任意継続被保険者の**申出**による資格喪失を可能とする，**傷病手当金の支給期間の通算化**（健康保険，船員保険），〔10月〕短時間労働者への健保適用を常時**100人超え**の企業に拡大，健保適用業種の見直し（一定の**士業**を追加），育児休業中保険料免除の要件緩和 |
| | ６年 | 短時間労働者への健保適用を常時**50人超え**に拡大 |

## ■　年金沿革のまとめ……覚（平９，19）

| 年　　　　金 | |
|---|---|
| 明治８年 | 海軍退隠令 |
| 昭和14年 | 船員保険法制定（施行は昭和15年） |
| 16年 | 労働者年金保険法制定（施行は昭和17年６月） |
| 19年 | 労働者年金保険法を厚生年金保険法に改定し，ホワイトカラー，女子に適用拡大 |
| **29年** | **厚生年金保険法大改正** |
| | 私立学校教職員共済組合独立 |
| 33年 | 農林漁業団体職員共済組合独立 |
| 34年 | 国民年金法制定(11月から無拠出型福祉年金支給開始) |
| 36年 | 国民皆年金（拠出制国民年金の実施）（平15選） |
| **48年** | **物価スライド制導入**（５％変動を要件）（平15選） |
| 60年 | **大改正：基礎年金の導入**・給付と負担の適正化・**婦人の年金権確立**・国民年金適用範囲拡大 |
| 平成元年 | **完全自動物価スライド制導入**(適用は平成２年度から) |
| | **20歳以上学生への強制適用**（適用は**平成３年度**から） |
| | **国民年金基金制度創設**（適用は**平成３年度**から）（平24） |
| ６年 | 60歳代前半の老齢年金の見直し |
| | **ネット所得スライド**，特別保険料の導入（賞与，育 |

共通事項等，沿革

|  | 児休業中の保険料免除，国民年金における70歳までの任意加入，国民年金第３号被保険者の特例届出，外国人に対する脱退一時金制度創設 |  |
|---|---|---|
| 9年 | **旧適用法人共済組合の厚生年金保険への統合** | |
| 12年 | **給付水準適正化（乗率５％引き下げ等），育児休業期間中の事業主負担保険料免除，学生の保険料免除制度創設，支給繰上げ率・繰下げ率の改定等** | |
| 13年 | **農林共済組合の厚年への統合**（平成14年度から） | |
| 14年 | 国民年金保険料半額免除制度創設<br>確定給付企業年金法の施行（平24）<br>厚生年金保険の被保険者資格を**70歳**まで延長 | |
| 15年 | **厚生年金保険**で**総報酬制**導入，報酬月額算定月の改正 | |
| 16年 | マクロ経済スライド制の導入，国庫負担割合の引上げ，60歳代前半の在職老齢年金２割カットの廃止，第３号被保険者の届出の特例，育児休業期間中の保険料免除措置対象を３歳未満に拡大 | |
| 18・19年 | **保険料多段階免除制度**の導入，**老齢厚生年金繰下げ支給制度**の創設，離婚時の**厚生年金分割制度**の創設 | |
| 20年 | **３号分割制度**の創設 | |
| 26年 | **遺族基礎年金の遺族の範囲**の拡大（父子家庭にも支給），老齢基礎（厚生）年金の支給繰下げ制度の見直し（70歳以後に申出をしても70歳までの繰下げは認める），基礎年金の国庫負担割合２分の１の恒久化，**産前産後休業期間中の保険料免除**の創設 | |
|  | **厚生年金基金**の見直し（今後は**新規設立を認めない**） | 29-9 A |
| 27年 | **被用者年金制度の一元化** | 元-10① |
| 28年 | 短時間労働者への適用拡大（厚生年金保険法），国民年金保険料の納付猶予を**50歳未満**の者に拡大，平成29年１月から個人型の**確定拠出年金**の対象者を拡大 | 元-10③ |
| 29年 | 老齢基礎年金の受給資格期間の短縮（25年→**10年**） | 元-10⑤ |
| 30年 | マクロ経済スライドにキャリーオーバー制導入 | |
| 令和元年 | 国民年金第１号被保険者の**産前産後免除**創設，**国民年金保険料の法定額を100円引上げ** | 元-10⑥ |
| 2年 | **国民年金第３号被保険者**に**国内居住要件**を追加（健康保険の被扶養者も同様），納付猶予制度（国年）延長 | |
| 3年 | マクロ経済スライドの見直し，寡婦年金の改正，脱 | |

533

第10章　社会保険に関する一般常識

| 厚年4-5E | 4年 | 退一時金の改正（上限年数を３年から５年に引上げ）<br>**国民年金手帳廃止**，支給繰下げの上限年齢を引上げ（70歳→75歳），老齢厚生年金の在職定時改定の導入，在職老齢年金見直し　※短時間労働者，適用業種については健保と同様に改正（厚年）<br>確定拠出年金について，加入者を「60歳未満」とする要件を撤廃，企業型加入者が個人型に加入する要件の緩和，脱退一時金の受給要件を緩和。 |
| --- | --- | --- |
| | 5年 | 老齢基礎年金・老齢厚生年金について，**請求の５年前時点**での「みなし繰下げ」導入 |
| | 6年 | 短時間労働者への厚年適用を常時50人超えに拡大 |

# 【索引】

## 労働基準法

### あ

育児時間 …………………………… 55
１年単位の変形労働時間制 ……… 31
１箇月単位の変形労働時間制 … 29
１週間単位の
　非定型的変形労働時間制 ……… 33
一定期日払いの例外 ……………… 13
打切補償 …………………… 24, 60

### か

解雇制限 …………………………… 24
解雇の予告 ………………………… 25
企画業務型裁量労働制 …………… 41
帰郷旅費 …………………………… 50
寄宿舎 ……………………………… 58
休業手当 …………………………… 14
休憩 ………………………………… 34
休日 ………………………………… 35
強制貯金 …………………………… 22
強制労働の禁止 ……………………… 4
均等待遇 ……………………………… 3
金品の返還 ………………………… 27
計画的付与 ………………………… 46
契約期間 …………………………… 16
減給の制裁 ………………………… 57
高度プロフェッショナル制度 …… 47
坑内業務の就業制限 ……………… 53
公民権行使の保障 …………………… 5
この法律違反の契約 ……………… 16

### さ

最低年齢 …………………………… 49
36協定 ……………………………… 36
産前産後 …………………………… 53
時間外及び休日労働 ……………… 36
時間外，休日及び
　深夜の割増賃金 ………………… 37
時間単位年休 ……………………… 45
時季指定権 ………………………… 44
時季変更権 ………………………… 44
事業場外労働 ……………………… 39
時効 ………………………………… 61
児童 ………………………………… 49

### た

就業規則 …………………………… 56
使用者 ………………………………… 8
職業訓練に関する特例 …………… 60
全額払いの例外 …………………… 13
前借金相殺の禁止 ………………… 22
専門業務型裁量労働制 …………… 40

退職時の証明 ……………………… 26
代替休暇 …………………………… 38
男女同一賃金の原則 ………………… 4
中間搾取の排除 ……………………… 4
直接払いの例外 …………………… 13
賃金 ………………………………… 10
賃金の支払 ………………………… 12
賃金台帳 …………………………… 61
通貨払いの例外 …………………… 13
出来高払制の保障給 ……………… 15
適用事業 ……………………………… 6
適用除外 ……………………………… 6

### な

妊産婦 ……………………………… 53
年次有給休暇 ……………………… 43
年少者の証明書 …………………… 49

### は

賠償予定の禁止 …………………… 22
罰則 ………………………………… 62
非常時払 …………………………… 14
比例付与 …………………………… 45
付加金の支払 ……………………… 61
フレックスタイム制 ……………… 30
平均賃金 …………………………… 10
法別表第１ ………………………… 21
法定労働時間の特例 ……………… 28

### ま

毎月１回以上払いの例外 ………… 13
未成年者 …………………………… 49

### や

雇止めの予告 ……………………… 18

### ら

両罰規定 …………………………… 62
臨時の必要（法33条）…………… 34

535

| | |
|---|---|
| 労働協約 ･････････････････････････ 2 | 労働者名簿 ･････････････････････ 61 |
| 労働契約 ･････････････････････････ 16 | 労働条件の明示 ･････････････････ 16 |
| 労働時間 ･････････････････････････ 28 | 労働条件の決定 ･････････････････ 2 |
| 労働時間及び休日（年少者）･･･････ 51 | 労働条件の原則 ･････････････････ 2 |
| 労働者 ･･･････････････････････････ 8 | |

## 労働安全衛生法

### あ

| | |
|---|---|
| 安全委員会 ･･･････････････････････ 74 | 事業者の行うべき調査等 ･･･････････ 92 |
| 安全衛生委員会 ･･･････････････････ 74 | 就業制限 ･････････････････････････ 84 |
| 安全衛生改善計画 ･････････････････ 89 | ジョイント・ベンチャー ･････････ 67 |
| 安全衛生管理体制（一般）･････････ 71 | 譲渡等の制限など ･････････････････ 79 |
| 安全衛生教育 ･････････････････････ 83 | 新規化学物質の有害性の調査 ･･････ 82 |
| 安全衛生推進者 ･･･････････････････ 73 | ストレスチェック制度 ･･･････････ 88 |
| 安全衛生責任者 ･･･････････････････ 76 | 製造等の禁止 ･････････････････････ 81 |
| 安全管理者 ･･･････････････････････ 69 | 製造の許可 ･･･････････････････ 78, 81 |
| 衛生委員会 ･･･････････････････････ 74 | 性能検査 ･････････････････････････ 79 |
| 衛生管理者 ･･･････････････････････ 69 | 総括安全衛生管理者 ･････････････ 68 |
| 衛生推進者 ･･･････････････････････ 73 | |

### か

### た

| | |
|---|---|
| 型式検定 ･････････････････････････ 80 | 通知対象物 ･･･････････････････････ 82 |
| 監督等 ･･･････････････････････････ 90 | 定期健康診断結果報告書 ･････････ 87 |
| 機械等並びに危険物及び | 定期自主検査 ･････････････････････ 80 |
| 　有害物に関する規制 ･････････････ 78 | 店社安全衛生管理者 ･････････････ 77 |
| 計画の届出等 ･････････････････････ 90 | 統括安全衛生責任者 ･････････････ 76 |
| 健康管理手帳 ･････････････････････ 89 | 登録型式検定機関 ･････････････････ 80 |
| 健康診断 ･････････････････････････ 85 | 登録個別検定機関 ･････････････････ 80 |
| 健康診断個人票 ･･･････････････････ 87 | 特定自主検査 ･････････････････････ 80 |
| 健康の保持増進のための措置 ･･････ 85 | 特定元方事業者 ･･･････････････････ 76 |
| 検査証 ･･･････････････････････････ 79 | |
| 個別検定 ･････････････････････････ 80 | |

### ま

| | |
|---|---|
| | 面接指導 ･････････････････････････ 87 |
| | 元方安全衛生管理者 ･････････････ 76 |

### さ

### ら

| | |
|---|---|
| 作業環境測定 ･････････････････････ 85 | 両罰規定 ･････････････････････････ 92 |
| 作業環境測定士 ･･･････････････････ 75 | 労働衛生指導医 ･･･････････････････ 91 |
| 作業主任者 ･･･････････････････････ 73 | 労働災害 ･････････････････････････ 66 |
| 産業医 ･･･････････････････････････ 72 | 労働者 ･･･････････････････････････ 66 |
| 事業者 ･･･････････････････････････ 66 | 労働者死傷病報告 ･････････････････ 91 |

## 労働者災害補償保険法

### あ

| | |
|---|---|
| 遺族特別一時金 ･･･････････････････ 137 | 遺族特別支給金 ･･･････････････････ 137 |
| | 遺族特別年金 ･････････････････････ 137 |

索　引

遺族補償一時金 …………………… 118
遺族補償給付 ……………………… 114
遺族補償年金 ……………………… 114
遺族補償年金前払一時金 ………… 118
一部負担金 ………………………… 122
逸脱 ………………………………… 98
内払 ………………………………… 125

**か**

介護補償給付 ……………………… 112
加重 ………………………………… 109
休業給付基礎日額 ………………… 101
休業特別支給金 …………………… 136
休業補償給付 ……………………… 106
求償 ………………………………… 133
給付基礎日額 ……………………… 100
業務起因性 ………………………… 96
業務災害 …………………………… 96
業務遂行性 ………………………… 96
控除 ………………………………… 133

**さ**

算定基礎日額 ……………………… 136
算定基礎年額 ……………………… 138
暫定任意適用事業 ………………… 95
支給制限 …………………………… 129
事業主からの費用徴収 …………… 130
時効 ………………………………… 132
自動変更対象額 …………………… 101
死亡の推定 ………………………… 127
社会復帰促進等事業 ……………… 136
若年停止対象者 …………………… 115
充当 ………………………………… 126
受給権の保護 ……………………… 130
障害特別一時金 …………………… 137
障害特別支給金 …………………… 137
障害特別年金 ……………………… 137
障害補償年金差額一時金 ………… 111
障害補償年金前払一時金 ………… 110

傷病特別支給金 …………………… 136
傷病特別年金 ……………………… 136
傷病の状態等に関する報告 ……… 120
傷病補償年金 ……………………… 107
葬祭料 ……………………………… 119

**た**

第三者行為災害 …………………… 133
第三者行為災害の届出 …………… 120
中断 ………………………………… 98
通勤の定義 ………………………… 98
定期報告 …………………………… 120
適用除外 …………………………… 95
転給 ………………………………… 115
特定事業 …………………………… 139
特定保健指導 ……………………… 124
特別加入制度 ……………………… 139
特別支給金 ………………………… 136

**な**

二次健康診断等給付 ……………… 123
日常生活上必要な行為 …………… 99
年金給付基礎日額 ………………… 102
年齢階層別の最低・最高限度額
　………………………………… 102

**は**

費用徴収 …………………………… 129
複数業務要因災害 ………………… 121
不服申立て ………………………… 131
併合繰上げ ………………………… 108
ボーナス特別支給金 ……………… 136

**ま**

未支給の保険給付 ………………… 128
民事損害賠償との調整 …………… 134

**ら**

療養補償給付 ……………………… 104
労働者災害補償保険審査官 ……… 131
労働政策審議会 …………………… 94
労働保険審査会 …………………… 131

## 雇用保険法

**あ**

育児休業給付金 …………………… 200
一般被保険者 ……………………… 147

移転費 ……………………………… 187
延長給付 …………………………… 170

537

## か

介護休業給付金 …………………… 198
確認 …………………………………… 152
寄宿手当 ……………………………… 174
技能習得手当 ………………………… 174
基本手当 ……………………………… 158
基本手当の減額 ……………………… 163
基本手当の日額 ……………………… 162
休業開始時賃金証明書 ……………… 154
休業開始時賃金証明票 ……… 154, 202
休業開始時賃金日額 ………………… 198
求職活動関係役務利用費 …………… 188
求職活動支援費 ……………………… 188
求職者給付 …………………………… 144
給付制限 ……………………………… 172
教育訓練給付 ………………………… 144
教育訓練給付金 ……………………… 189
教育訓練支援給付金 ………………… 193
訓練延長給付 ………………………… 170
広域延長給付 ………………………… 170
広域求職活動費 ……………………… 188
公課の禁止 …………………………… 157
高年齢求職者給付金 ………………… 175
高年齢雇用継続基本給付金 ……… 194
高年齢再就職給付金 ………………… 196
高年齢受給資格者 …………………… 175
高年齢被保険者 ……………………… 147
国庫負担 ……………………………… 146
個別延長給付 ………………………… 171
雇用安定事業 ………………………… 203
雇用継続給付 ………………………… 144
雇用調整助成金 ……………………… 204
雇用保険審査官 ……………………… 206
雇用保険二事業 ……………………… 203

## さ

再就職手当 …………………………… 183
算定基礎期間 ………………………… 167
算定対象期間 ………………………… 158
暫定任意適用事業 …………………… 146
資格取得届 …………………………… 152
資格喪失届 …………………………… 152
支給対象月 …………………………… 194
支給単位期間 ………………… 198, 200

支給日数 ……………………… 198, 201
時効 …………………………………… 205
失業等給付 …………………………… 144
失業の定義 …………………………… 156
失業の認定 …………………………… 160
就業促進手当 ………………………… 181
就業促進定着手当 …………………… 184
就業手当 ……………………………… 181
就職促進給付 ………………… 144, 181
就職への努力 ………………………… 156
受給期間 ……………………………… 168
受給資格の決定 ……………………… 160
受講手当 ……………………………… 174
譲渡等の禁止 ………………………… 157
傷病手当 ……………………………… 173
常用就職支度手当 …………………… 186
職業訓練受講給付金 ………………… 203
所定給付日数 ………………………… 164
全国延長給付 ………………………… 170

## た

待期 …………………………………… 167
短期訓練受講費 ……………………… 188
短期雇用特例被保険者 ……………… 147
賃金 …………………………………… 156
賃金日額 ……………………………… 161
通所手当 ……………………………… 174
適用事業 ……………………………… 146
適用除外 ……………………………… 147
特定受給資格者 ……………………… 164
特定理由離職者 ……………………… 166
特例一時金 …………………………… 175
特例受給資格者 ……………………… 175
届出 …………………………… 152, 154

## な

能力開発事業 ………………………… 203

## は

罰則 …………………………………… 205
被保険者 ……………………………… 147
被保険者期間 ………………………… 159
日雇労働求職者給付金 ……………… 177
日雇労働被保険者 …………… 147, 177
不服申立て …………………………… 206
返還命令等 …………………………… 157

索　引

### ま

未支給の失業等給付 …………… 157
みなし賃金日額 …………… 185, 194
みなし被保険者期間 ……… 198, 200

### ら

離職証明書 …………………… 152
離職票 ………………………… 152
労働保険審査会 ……………… 206
60歳到達時等賃金証明書 …… 202

## 労働保険の保険料の徴収等に関する法律

### あ

一元適用事業 ………………… 211
一括有期事業報告書 ………… 232
一般保険料 …………………… 219
一般保険料率 ………………… 219
印紙保険料 …………… 219, 235
請負金額 ……………………… 220
請負事業の一括 ……………… 217
延滞金 ………………………… 237
延納 …………………………… 226

### か

概算保険料 …………………… 224
概算保険料の申告・納付先 …… 230
確定保険料 …………………… 231
還付 …………………………… 232
強制適用事業 ………………… 209
継続事業 ……………………… 209
継続事業の一括 ……………… 216
継続被一括事業名称・
　　所在地変更届 …………… 217
口座振替制度 ………………… 233
雇用保険印紙 ………………… 235
雇用保険率 …………………… 220

### さ

災害度係数 …………………… 240
先取特権 ……………………… 237
暫定任意適用事業 …………… 209
事業 …………………………… 209
時効 …………………………… 247
下請負事業の元請負事業からの
　　分離 ……………………… 217
指定事業 ……………………… 216
収支率 ………………………… 240
充当 …………………………… 232
書類の保存義務 ……………… 247

増加概算保険料 ……………… 228

### た

第1種調整率 ………………… 239
第1種特別加入保険料 …… 219, 222
第3種特別加入保険料 …… 219, 222
第2種調整率 ………………… 241
第2種特別加入保険料 …… 219, 222
滞納処分 ……………………… 236
代理人 ………………………… 247
賃金 …………………………… 208
賃金総額 ……………………… 219
追加概算保険料 ……………… 229
追徴金 ………………………… 236
督促 …………………………… 236
特別加入保険料 ……………… 222
特例納付保険料 …………… 219, 223

### な

二元適用事業 ………………… 211
認定決定 …………………… 229, 231

### は

非業務災害率 …………… 221, 239
日雇労働被保険者手帳 ……… 235
不服申立て …………………… 247
報奨金 ………………………… 246
保険関係成立届 ……………… 210
保険関係の一括 ……………… 215
保険関係の消滅 ……………… 212
保険関係の成立 ……………… 210
保険料算定基礎額 …………… 222

### ま

名称, 所在地等変更届 ……… 213
メリット制 …………………… 239

### や

有期事業 ……………………… 209
有期事業の一括 ……………… 215

539

## ら

労災保険関係成立票 …………… 213
労災保険率 ………………… 220
労働保険 ………………… 208

労働保険事務組合 …………… 243
労働保険料の種類 …………… 219
労働保険料の負担 …………… 238
労務費率 ………………… 220

# 健康保険法

## あ

育児休業等を
　終了した際の改定 ………… 256
移送費 ………………… 277
一部負担金 ………………… 270
一般保険料率 ………………… 298
延滞金 ………………… 303

## か

介護納付金 ………………… 296
介護保険料率 ………………… 298
家族移送費 ………………… 282
家族出産育児一時金 ………… 282
家族訪問看護療養費 ………… 282
家族埋葬料 ………………… 282
家族療養費 ………………… 282
患者申出療養 ………………… 274
基本的理念 ………………… 252
基本保険料率 ………………… 298
現役並み所得者 ……………… 270
健康保険印紙 ………………… 302
健康保険組合 ………………… 265
健康保険組合連合会 ………… 267
高額介護合算療養費 ………… 286
高額療養費 ………………… 284
後期高齢者支援金 …………… 296
高齢受給者証 ………………… 270

## さ

産前産後休業を
　終了した際の改定 ………… 256
資格取得時決定 ……………… 254
資格喪失後の給付 …………… 287
時効 ………………… 306
指定健康保険組合 …………… 266
指定訪問看護事業者 ………… 276
社会保険審査会 ……………… 305
社会保険審査官 ……………… 305

社会保険診療報酬支払基金 …… 271
出産育児一時金 ……………… 280
出産手当金 ………………… 280
傷病手当金 ………………… 277
承認健康保険組合 …………… 299
賞与 ………………… 253
食事療養標準負担額 ………… 272
診療報酬 ………………… 271
随時改定 ………………… 254
生活療養標準負担額 ………… 273
全国健康保険協会 …………… 265
前期高齢者納付金 …………… 296
選定療養 ………………… 274

## た

待期 ………………… 278
滞納処分 ………………… 303
他の法令による
　保険給付との調整 ………… 291
地域型健康保険組合 ………… 267
地方社会保険医療協議会 …… 269
中央社会保険医療協議会 …… 269
追徴金 ………………… 303
定時決定 ………………… 253
適用除外 ………………… 260
特定健康保険組合 …………… 262
特定長期入院被保険者 ……… 273
特定被保険者 ………………… 299
特定保険料率 ………………… 298
特別療養費 ………………… 295
特例退職被保険者 …………… 262
届出 ………………… 258

## な

入院時食事療養費 …………… 272
入院時生活療養費 …………… 273
任意継続被保険者 …………… 261

索　引

## は

被扶養者 ························· 250
被保険者 ························· 260
被保険者証 ······················ 264
日雇拠出金 ······················ 303
日雇特例被保険者 ················· 292
評価療養 ························· 274
標準賞与額 ······················ 257
標準報酬月額 ····················· 253
費用の負担 ······················ 296
不服申立て ······················ 305
報酬 ····························· 252
法人の役員に係る特例 ············· 290
訪問看護療養費 ··················· 276

## 保険外併用療養費 ················· 274
保険給付の制限 ··················· 289
保険者 ··························· 265
保健事業及び福祉事業 ············· 267
保険者算定 ······················ 256
保険料の繰上徴収 ················· 301
保険料率 ························· 297

## ま

埋葬費 ··························· 280
埋葬料 ··························· 280

## ら

療養の給付 ······················ 268
療養費 ··························· 275

# 国民年金法

## あ

遺族基礎年金 ····················· 343
内払調整 ························· 322
延滞金 ··························· 367

## か

改定率 ··························· 327
学生納付特例 ····················· 362
過誤払調整 ······················ 322
合算対象期間 ····················· 325
寡婦年金 ························· 349
期間の短縮 ······················ 343
基礎年金 ························· 308
基礎年金拠出金 ··················· 356
基礎年金番号通知書 ··············· 317
給付水準の下限 ··················· 370
給付制限 ························· 354
強制加入被保険者 ················· 312
公課の禁止 ······················ 323
国民年金基金 ····················· 371
国民年金基金連合会 ··············· 373
国民年金制度の目的 ··············· 308
国民年金原簿 ····················· 317
国民年金事業の円滑な実施 ········· 368
国庫負担 ························· 355

## さ

財政均衡期間 ····················· 311

## 財政の現況及び見通し ············· 311
裁定 ····························· 318
先取特権 ························· 367
産前産後免除 ····················· 358
時効 ····························· 369
事後重症による障害基礎年金 ······· 338
実施機関たる共済組合等 ··········· 309
死亡一時金 ······················ 350
死亡の推定 ······················ 318
社会保険審査会 ··················· 368
社会保険審査官 ··················· 368
受給権の保護 ····················· 323
障害基礎年金 ····················· 337
障害認定日 ······················ 337
申請免除 ························· 359
政府及び実施機関 ················· 309
その他障害 ······················ 341
損害賠償請求権 ··················· 322

## た

第1号被保険者 ··················· 312
第3号被保険者 ··················· 312
第2号被保険者 ··················· 312
滞納処分 ························· 366
脱退一時金 ······················ 352
調整期間 ························· 311
調整率 ··························· 328

541

積立金の運用 …………………… 367
特別一時金 ……………………… 353
特例付加保険料 ………………… 366
特例保険料 ……………………… 366
届出 ……………………………… 316

## な

20歳前傷病による
　障害基礎年金 ………………… 338
任意加入被保険者 ……………… 313
年金額の改定 …………………… 310
年金の支給期間及び支払期月 …… 318
ねんきん定期便 ………………… 315
納付猶予 ………………………… 363

## は

はじめて２級以上に該当する
　障害基礎年金 ………………… 338
端数処理 ………………………… 323
被保険者 ………………………… 312
被保険者期間 …………………… 316
付加年金 ………………………… 348
付加保険料 ……………………… 365

不正利得の徴収 ………………… 323
物価スライド特例措置 ………… 330
物価変動率 ……………………… 328
不服申立て ……………………… 368
振替加算 ………………………… 331
併給の調整 ………………… 320, 340
法定免除 ………………………… 358
保険料 …………………………… 356
保険料納付済期間 ………… 310, 324
保険料の前納 …………………… 364
保険料の追納 …………………… 365
保険料免除期間 …………… 310, 325

## ま

マクロ経済スライド …………… 329
未支給年金 ……………………… 319
名目賃金変動率 ………………… 357
名目手取り賃金変動率 ………… 328

## ら

老齢基礎年金 …………………… 324
老齢福祉年金 …………………… 308

# 厚生年金保険法

## あ

育児休業等・産前産後休業の
　期間中の保険料の免除 ……… 440
遺族厚生年金 …………………… 418
内払調整 ………………………… 391
延滞金 …………………………… 444

## か

加給年金額 ………………… 398, 413
過誤払調整 ……………………… 391
基礎年金拠出金 ………………… 439
基本月額 …………………… 402, 409
基本手当との調整 ……………… 403
強制適用事業所 ………………… 378
繰下げ支給 ……………………… 407
経過的加算 ……………………… 406
経過的寡婦加算 ………………… 422
原簿 ……………………………… 389
公課の禁止 ……………………… 391
高年齢雇用継続給付との調整 …… 404

高齢任意加入被保険者 ………… 381
国庫負担 ………………………… 439

## さ

在職定時改定 …………………… 407
在職老齢年金 ……………… 402, 409
裁定 ……………………………… 390
再評価率 …………………… 395, 397
先取特権 ………………………… 444
支給停止調整額 ………………… 409
時効 ……………………………… 446
事後重症による障害厚生年金 …… 412
社会保険審査会 ………………… 445
社会保険審査官 ………………… 445
社会保障協定 …………………… 438
従前標準報酬月額 ……………… 389
受給権者に関する各種の届出 …… 446
受給権の保護 …………………… 391
障害厚生年金 …………………… 411
障害手当金 ……………………… 417

索　引

障害認定日 …………………… 411
賞与 …………………………… 378
船員任意継続被保険者 ………… 384
総報酬月額相当額 ………… 402, 409
その他障害 …………………… 415
損害賠償請求権 ………………… 391
存続厚生年金基金 ……………… 448
存続連合会 …………………… 450

**た**

第1号厚生年金被保険者 ……… 377
第3号厚生年金被保険者 ……… 377
第3種被保険者 ………………… 384
第2号厚生年金被保険者 ……… 377
滞納処分 ……………………… 443
第4号厚生年金被保険者 ……… 377
第4種被保険者 ………………… 382
脱退一時金 …………………… 427
脱退手当金 …………………… 426
短時間労働者の4要件 ………… 380
中高齢寡婦加算 ………………… 421
調整率 ………………………… 396
定額部分 ……………………… 396
適用事業所 …………………… 378
適用除外対象者 ………………… 380
当然被保険者 …………………… 379
特別加算 ……………………… 399
特例遺族年金 ………………… 425
特例老齢年金 ………………… 410
届出 …………………………… 387

**な**

二以上の種別の被保険者で
　あった期間を有する者に
　ついての特例 ………………… 434

任意単独被保険者 ……………… 381
任意適用事業所 ………………… 379

**は**

はじめて2級以上に該当する
　障害厚生年金 ………………… 412
端数処理 ……………………… 390
被扶養配偶者
　みなし被保険者期間 ………… 433
被保険者 ……………………… 379
被保険者期間 ………………… 385
標準賞与額 …………………… 386
標準報酬月額 ………………… 386
不正利得の徴収 ………………… 391
物価変動率 …………………… 396
不服申立て …………………… 445
併給の調整 ………………… 390, 414
平均標準報酬額 ………………… 397
平均標準報酬月額 ……………… 397
報酬 …………………………… 377
報酬比例部分 ………………… 396
保険給付の制限 ………………… 437
保険料 ………………………… 439

**ま**

未支給の保険給付 ……………… 390
名目手取り賃金変動率 ………… 395
免除保険料率 ………………… 440

**ら**

離婚時みなし被保険者期間 …… 431
老齢厚生年金 ……………… 393, 406

## 労務管理その他の労働に関する一般常識

**あ**

育児・介護休業法 ……………… 474

**か**

科学的管理法 ………………… 485
求職活動支援書 ………………… 460
建設労働者の雇用の
　改善等に関する法律 ………… 463

憲法 …………………………… 483
行動科学 ……………………… 485
高年齢者雇用等推進者 ………… 460
高年齢者等の雇用の
　安定等に関する法律 ………… 459
個別労働関係紛争の解決の
　促進に関する法律 …………… 464

543

## さ

最低賃金法 …………………………… 480
障害者の雇用の
　促進等に関する法律 ………… 461
紹介予定派遣 ………………………… 455
職業安定法 …………………………… 453
職業能力開発促進法 ……………… 463
女性活躍推進法 …………………… 479
青少年の雇用の促進等に
　関する法律 …………………… 469

## た

短時間・有期雇用管理者 ……… 477
短時間労働者及び有期雇用
　労働者の雇用管理の改善等に
　関する法律 …………………… 476
男女雇用機会均等法 ……………… 472
中小企業退職金共済法 ………… 482
賃金管理 ……………………………… 486
賃金の支払の
　確保等に関する法律 ………… 481

特定求職者就職支援法 ………… 468

## な

人間関係管理 ………………………… 488
人間関係論 …………………………… 485

## は

派遣可能期間 ………………………… 457
不当労働行為 ………………………… 483

## ま

目標管理 ……………………………… 488

## ら

労働関係調整法 …………………… 484
労働組合法 …………………………… 483
労働契約法 …………………………… 464
労働時間等の設定の
　改善に関する特別措置法 …… 463
労働施策総合推進法 ……………… 452
労働者派遣法 ………………………… 455

## わ

ワーク・シェアリング …………… 490

# 社会保険に関する一般常識

## あ

一部負担金 ………………… 494, 504

## か

介護認定審査会 …………………… 522
介護保険審査会 …………………… 524
介護保険法 …………………………… 519
確定給付企業年金法 ……………… 526
確定拠出年金法 …………………… 528
企業型年金 …………………………… 528
後期高齢者医療広域連合 ……… 503
後期高齢者医療審査会 ………… 506
後期高齢者医療制度 ……………… 503
高齢者の医療の
　確保に関する法律 …………… 501
国民健康保険組合 ………………… 492
国民健康保険審査会 ……………… 498
国民健康保険法 …………………… 492
個人型年金 …………………………… 528

## さ

児童手当法 …………………………… 499

社会保険審査官・
　社会保険審査会 ……………… 530
社会保険労務士法 ………………… 511
社会保険労務士法人 ……………… 516
船員保険協議会 …………………… 507
船員保険法 …………………………… 507

## た

調整交付金 …………… 497, 505, 525
特定健康診査等基本指針 ……… 502
特定社会保険労務士 ……………… 512
特別徴収 ……………………… 498, 506
特別療養費 …………………………… 495

## は

被保険者資格証明書 ……………… 493
普通徴収 ……………………… 498, 506
紛争解決手続代理業務 ………… 512

## や

要介護者 ……………………………… 520
要介護認定 …………………………… 522

本書の記述に関するご質問は，著者に転送いたしますので，お手数ですが文書（郵送・FAX）にて，小社社労士係までご送付ください。電話でのお問合せはお受けできませんので，ご了承ください。

　また，本書の範囲を超えるご質問にはお答えしかねることがあります。

　なお，追録（法令改正），正誤表などの情報に関しましては，小社ホームページに掲載いたします。

URL:https://www.chuokeizai.co.jp

**2024年版**
**ごうかく社労士　まる覚えサブノート**　　　ごうかく社労士シリーズ

| | |
|---|---|
| 2019年12月25日　　2020年版発行 | |
| 2020年 2 月15日　　2020年版第 2 刷発行 | |
| 2020年12月30日　　2021年版発行 | 監　修　秋　保　雅　男 |
| 2022年 1 月20日　　2022年版発行 | |
| 2023年 1 月15日　　2023年版発行 | 著　者　秋　保　雅　男 |
| 2024年 3 月10日　　2024年版発行 | 古　川　飛　祐 |

発行所　㈱中央経済グループ
　　　　パブリッシング

〒101-0051　東京都千代田区神田神保町1-35
電　話　03（3293）3381（代表）
https://www.chuokeizai.co.jp
印刷／昭和情報プロセス㈱
製本／誠　製　本　㈱

©2024
Printed in Japan

＊頁の「欠落」や「順序違い」などがありましたらお取り替えいたしますので小社までご送付ください。（送料小社負担）

ISBN978-4-502-49041-5　C2032

JCOPY〈出版者著作権管理機構委託出版物〉本書を無断で複写複製（コピー）することは，著作権法上の例外を除き，禁じられています。本書をコピーされる場合は事前に出版者著作権管理機構（JCOPY）の許諾を受けてください。
JCOPY〈https://www.jcopy.or.jp　e メール：info@jcopy.or.jp〉

**収録法令は変わらず，厚みを抑えて使いやすくなった新装版！**

# 社会保険労務六法

## 全国社会保険労務士会連合会［編］

社会保険制度や労働・福祉制度の大変革が進むなかで，これら業務に関連する重要な法律・政令・規則・告示を使いやすい2分冊で編集。社会保険労務士をはじめ企業の社会保険担当者，官庁，社会福祉，労働・労務管理・労使関係などに携わる方，社会保険労務士受験者の必携書

**毎年好評発売**

■**主な内容**■

**第1分冊**

社会保険関係法規 ■ 健康保険関係＝健康保険法／同施行令／同施行規則他　厚生年金保険関係＝厚生年金保険法／同施行令／同施行規則他　船員保険関係＝船員保険法／同施行令／同施行規則他　国民健康保険関係＝国民健康保険法／同施行令／同施行規則他　国民年金関係＝国民年金法／同施行令／同施行規則他　社会保険関係参考法規＝確定拠出年金法／確定給付企業年金法／日本年金機構法他

**第2分冊**

社会保険関係法規 ■ 児童手当及び高齢者福祉関係＝子ども手当関係法令／高齢者の医療の確保に関する法律／介護保険法他
労働関係法規 ■ 労政関係＝労働組合法／労働関係調整法他　労働基準関係＝労働基準法／同施行規則／労働契約法／労働時間設定改善法／労働安全衛生法／雇用均等機会法他　職業安定関係＝労働施策総合推進法／職業安定法／労働者派遣法／高年齢者等雇用安定法／障害者雇用促進法他　労働保険関係＝労働者災害補償保険法／雇用保険法／労働保険の保険料の徴収等に関する法律他　個別労働紛争解決関係＝民法（抄）／民事訴訟法（抄）／個別労働関係紛争解決促進法／裁判外紛争解決手続の利用の促進に関する法律／労働審判法他　労働関係参考法規＝労働保険審査官及び労働保険審査会法／行政不服審査法他
社会保険労務士関係法規 ■ 社会保険労務士法他

## 中央経済社

# 法改正に伴う「追録」はWebで

　社労士試験は，その年の法令等の適用日（例年４月中旬）に施行されている法令に基づいて出題されます。令和６年度試験に関し，本書発行後，法令等の適用日までに，本書に関する法改正があった場合の追補訂正（以下「追録」）を，弊社ホームページから無料でダウンロードできます（**プリントアウト可**）。

## ホームページからの追録ダウンロード方法

弊社ホームページ「サービス」の「オンラインストア」または右上の「ビジネス専門書Online」のボタンをクリック
⇒開いたページの一番下にある「ごうかく社労士シリーズ　追録はこちらから」のボタンをクリック
⇒追録データを開き，ダウンロードしてご利用下さい。
■**追録アップロード時期**……2024年６月中旬（予定）
■**弊社ホームページ**……検索→ 中央経済
　　https://www.chuokeizai.co.jp